아산재단 연구총서 제461집

# 한국 유교 圖像의 역사

한국 유교 圖像의 역사



This Edition was published by Jipmoondang in 2020, Seoul, Korea.

아산재단 연구총서 제461집

# 한국 유교 圖像의 역사

유 권 종

집문당

유권종(劉權鍾) 고려대학교 철학과 졸업
고려대학교 대학원 문학석사 철학박사
오스트리아 빈대학 방문학자교육학과 부교수
미국 뉴욕주립대학 스토니브룩대학 방문학자
중앙대학교 인문대학장(전)
한국공자학회장(전)
마음학회장(전)
중국 북경사범대학 객원교수(전)
LG연암재단 연구교수(전)
President, International Biocosmology Assosiation(전)
Chair, International Conference for Comparative Studies of Mind(전)
현재 중앙대학교 철학과 교수

아산재단 연구총서 제461집

**한국 유교 圖像의 역사**

2020년 6월 20일 1판 1쇄

저자 | 유권종
발행인 | 임동규
발행처 | **(주)집문당**
등록 | 1971. 3. 23. 제2012-000069호
주소 | 03134 서울시 종로구 돈화문로 82, 5층
전화 | +82-1811-7567
이메일 | sale@jipmoon.com
홈페이지 | www.jipmoon.com

ISBN 978-89-303-1874-7 94150
978-89-303-1500-5(세트)

**가격 23,000원**

이 도서의 국립중앙도서관 출판시도서목록(CIP)은 e-CIP홈페이지(http://www.nl.go.kr/ecip)와 국가자료공동목록시스템(http://www.nl.go.kr/kolisnet)에서 이용하실 수 있습니다.
(CIP제어번호: CIP2020020187)

# 머리말

조선시대 유학자들의 문집들을 들여다보면서 마주하게 되는 도상은 마치 문자들로 도포된 포장지에 쌓여 있다가 그 실체를 드러내는 귀중한 보물과도 같이 자체 발광을 한다. 이러한 보물들이 유학자들의 문집 곳곳에 담겨 있다. 이들을 이전에 한두 가지씩 연구의 대상으로 삼은 적이 있었다. 하지만 이 보물들을 한꺼번에 모아서 보는 것이 지금까지 알고 있는 것과는 다른 유교의 역사를 보게 될 것이라고 생각하고 그 역사 만드는 작업을 실행에 옮긴 것은 대략 16년 전쯤이다. 이때부터 이 보물들을 본격적으로 채굴하기 시작했다. 처음에는 한국문집총간 360여 책 및 소장하던 유학자들의 문집과 저술들을 두루 열람하면서 발견되는 도상들을 기록해두고, 또 학부생들과 대학원생들의 도움으로 이들을 그림 파일로 만들어 저장하는 작업도 집중적으로 이루어졌다. 물론 이 작업은 지금도 계속하고 있다.

그 무렵 이 작업 결과의 저술과 출판을 위한 연구비를 아산사회복지재단에서 지원받았다. 채굴 작업은 이듬해 오스트리아 비엔나 대학 철학과에 방문학자로 연구년을 보내는 동안에도 지속되었다. 당시에 비엔나대학의 아시아학부의 한국학과, 중국학과, 일본학과의 도서관을 두루 방문하고 이용하기는 했지만, 자료들이 거의 없었다. 유교 연구자에게 그쪽 도서관은 그리 좋은 환경이 되질 않았다. 유관 자료의 양과 종류가 너무나 적었다. 오히려 도상을 채굴하여 모으는 작업은 가지고 갔던 유학자들의 문집을 차례로 조사하고 또 인터넷을 통해서 한국 국립중앙도서관에 접속하여 문헌자료들을 탐색하는 방법으로 지속했다. 당시의 인터넷 속도는 지금보다 매우 느렸고, 또 비엔나의 인터넷은 서울의 인터넷에 비해서 요금도 비싸고 성능도 좋지 않았다. 다행히 비엔나 대학 철학과 김신자 교수님과 그분의 영민한 아드님 김요한 박사의 친절한 소개로 비엔나 대학에서 제공하는 질이 다소 좋은 인터넷을 집안까지 연결하여 사용했던 까닭에 이 작업을 꾸준히 할 수 있었다. 무엇보다도 좋았던 것은 당시에 한국의 국립중앙도서관에서 소장하는 고문서 자료들을 인터넷으로 열람하도록 공개가 시작되었던 점이다. 그래서 연구년의 귀중한 시간을 가족들과 함께 집에서 보내면서 작업에도 집중하였다.

귀국한 뒤에 저자가 재직하는 중앙대학교 문헌정보학과의 송일기 교수님과 유교도상의 수집 및 분류에 관한 주제로 한국연구재단의 지원을 받아서 2년간 수행한 연구도 이 작업의 성과를 올리는 커다란 추진력으로 작용했다. 불경연구의 독보적인 업적의 서지학자와 함께 이 연구를 함으로써 귀중한 서지 정보와 도상 자료들을 많이 확보하였고, 특히 사진 자료들을 대량으로 확보할 수 있었다. 송 교수님 덕분에 다른 대학이나 개인이 소장하는 귀중본들의 정보도 많이 얻었고, 權春蘭의 進學圖 전체를 확보한 것은 이 연구의 성공적 귀결을 예상케 해주었다. 아울러 안동시 소재 국학진흥원의 박원재 박사와 박경환 박사로부터 소개받은 배상열의 도상들은 연구의 촉진제 역할을 했다. 배상열처럼 조선후기 내지 말기까지 많은 유학자들이 활동하면서 제작했던 도상 혹은 도표, 도보들은 지속적으로 유교문명의 전통이 확고하게 형성되고 있었음을 느끼게 해주었다.

고려대학교의 장숙필 교수님과 전남대학교 김경호 교수가 도상 작업에 커다란 응원을 해주었다. 장 교수님은 旅軒 張顯光의 易學圖說

에 관한 연구를 깊이 있게 하도록 여러 계기를 만들어 주었다. 당대 성리학을 높은 수준으로 끌어올린 여헌의 역학도설에서 도상의 중요성과 의의를 뚜렷이 확인하였다. 조선시대 전반에 걸쳐서 유교 도상을 수집하고 그것을 빅데이터로 만들고 그것을 소재로 글을 쓰는 작업은 결말이 쉽게 보이지 않는 까닭에 자신과의 힘겨운 싸움의 과정이었다. 그때마다 이 작업의 의의가 작지 않음을 일깨워주고 힘을 준 것이 장 교수님이다. 김경호 교수는 기존에 연구된 유학자들의 도상의 그림파일들을 대량으로 제공했고, 컴퓨터용으로 개발된 상세한 인명사전을 제공해주어서 빅데이터 제작에 시간을 절약할 수 있었다.

그와 더불어 1990년대 말부터 茶山 丁若鏞의 喪禮四箋 祭禮考定 嘉禮酌義 등을 함께 읽어가며 예서에 등장하는 도상들을 꼼꼼하게 검토했던 의상학 전공인 순남숙 박사와의 인연도 도상 수집과 연구에 도전할 수 있는 힘을 불어넣었다. 상례사전에 등장하는 다산의 深衣 제도는 대단히 정교한 것이었고, 당시까지 제시된 여러 다른 유학자들의 심의 제도에 비해 실질적으로 착용이 가능한 옷을 만들 수 있는 제도이다. 반면 退溪 李滉이 朱子家禮의 제도법을 따라 지었던 심의는 그림에 나타난 옷의 모양은 그럴 듯하나 실제로 몸에 걸치기 어려울 정도로 균형이 맞지 않았다. 여기서 주자가례의 심의 제도가 실제 제작이나 착용을 해보지 않고 제시된 허구적 제도법이였음에도 점검했다. 이러한 주자가례의 허구성에도 불구하고 착용이 가능하고 심의라는 의미에도 부합하는 옷을 만들어가는 조선 후기 유학자들의 노력은 놀라울 정도로 철저하게 실용을 추구하는 섬세함과 치밀함이 있었다. 이를 따라가면서 다산의 제도법에 의한 심의, 주희의 주자가례 제도법에 의한 심의, 한백겸의 제도법에 의한 심의, 박규수의 제도법에 의한 심의들을 실제로 옷감을 떠서 각각의 학자들이 도상으로 제시한 제도법에 따라서 제작한 경험은 복식제도에 관한 그림들을 예사롭게 보아 넘기지 않도록 해주었다. 또 여러 유학자들의 禮書에 등장하는 각종 도상들과 관련 기록들을 상세하고도 꼼꼼히 따져보고 질문하는 순남숙 박사 덕분에 도상이 유교문물을 전달하는 데 얼마나 중요한 것인가를 더욱더 깊이 실감했다.

2000년대 초반부터 수업시간에 유교 도상들을 부교재로 많이 사용해왔다. 그중 陽村 權近의 入學圖說의 몇몇 그림들, 이황의 天命圖와 聖學十圖, 그리고 旅軒 張顯光의 宇宙要括帖을 학부 학생들에게 소개하고 그림을 분석하는 일이 성리학을 이해시키는 데 효과가 컸다. 그리고 장현광의 우주요괄첩의 마지막 그림인 反躬帖을 플래시무비로 만들어본 것은 이러한 도상들이 문화콘텐츠로서 활용할 가치가 무궁무진하다는 점을 확인케 해주었다. 이 플래시 무비는 당시 학부생이 예술적인 감각을 발휘해서 아름답게 만들어준 덕분에 지금도 대중 강연이나 학생들의 강의에서 잘 사용하고 있다.

2009년 북경대학에서 열린 儒藏작업과 관련된 국제회의에서 그동안 수집한 조선시대 유학자들의 심학 관련 도상을 엮어서 한국의 유교 전통이 중국의 유교 전통으로부터 변화된 점 내지 한국 유교의 독자성에 초점을 맞추어서 학술 발표를 했다. 중국 인민대학의 張立文 교수와 여러 중국인 원로교수들이 함께 저자의 발표를 경청했고, 이후 중국 학자들에게 이 도상에 대한 연구를 지시했다고 들었다. 이로 인하여 한국 유교의 학문적 유산으로서 유교 도상이 더욱 소중함을 자각하게 되었다.

한편 이 작업을 이어가는 과정에서 유교를 연구하는 저자의 관점에도 변화가 발생했다. 돌이켜 보건대 이 연구가 시작되기 전부터 시작된 이후 초반까지 저자는 유교 혹은 성리학이 현대 철학이나 현대 문명과 같은 점이나 다른 점에 대해서 특별히 주의를 기울이지 않았다. 즉 현대문명의 입장에서 객관화해야 할 유교의 내용에 초점을 맞추지 않았고 반면에 현대 한국 사회에 만연된 탈윤리적, 탈예의적 상황을 유교로써 치유하거나 극복할 수 있을 것이라는 생각에서 유교의 현대화에 초점을 맞추었다.

유교 도상 수집이 시작된 시기에 이미 진행하고 있었던 학제 간 연구는 이렇게 유교의 가능성을 현대사회에 안착시키는 것이 가능하다는 생각의 연장선상에 있었던 것이었다. 한국학계에 한국인심리학 분야를 처음으로 개척하였던 중앙대학교의 고 최상진 교수님, 인공지능 학자인 유원대학의 박충식 교수, 교육심리학자인 서라벌대학의 강혜원 교수 등과 인지과학 및 심리학에 입각하여 유교 성리학 심성 모델을 재정립하는 공동 연구를 행하던 때였다. 인지과학의 제3세대 이론으로 불리는 프란시스코 바렐라의 구성주의(enactivism)의 관점을 통해서 유교로써 유학자들이 추구했던 문명화의 성질을 더 정확하게 설명하는 것이 가능하겠다는 확신도 가지게 되었고, 그러한 확신은 특히 조선시대 유학자들이 중국의 유교로부터 더욱 심화 발전시킨 聖學, 心學, 혹은 爲己之學을 집중해서 연구하도록 해주었다. 그에 따라서 저자의 유교 연구는 이 시기부터 도상 연구 외에도 심학이나 위기지학에 집중하게 되었다.

당시나 지금이나 또 한국이나 중국의 유교 연구자들은 서양철학 특히 서양의 근대철학의 관점에 입각해서 유교를 그들과 유사한 논리나 이론적 구조 속에 넣어서 설명 가능한 방법을 찾는 것이 일반적이다. 그러한 철학적 성격이 농후한 주제를 유교로부터 찾아내서 탐구하는 것이 주요 과제로 정착한 탓에 한국 유교에서는 사단칠정논변, 인심도심논변, 인성물성동이논변 등에 연구가 집중되는 경향이 1970년

대부터 지금까지 40여 년이나 지속되고 있다. 이는 일종의 서양철학의 프레임으로써 유교의 본질을 찾거나 붙잡아내는 작업인 것이다. 반면에 그것은 유교 자체의 준거를 정립하고 그 준거에 따라서 유교를 정합적으로 설명해내는 작업과는 거리가 먼 것이다.

그러나 저자는 도자료의 정리와 도상의 역사에 대한 기술을 일단락 지으면서 유교는 과연 그렇게 철학의 연구 방법으로 해명될 성질의 학문인가라는 의문을 던지고자 한다. 아울러 유교는 또 서구식 철학의 접근방법으로 그 본질을 해명할 수 있는 대상인가라는 의문도 함께 던진다. 그런 의문에 대해서 그간 진행한 학제 간 연구의 경험은 부정적인 답변을 주고 있고, 오히려 유교 연구를 위한 학문적 프레임 내지 패러다임의 새로운 선택과 정립이 필요함을 강하게 호소하는 듯하다. 거기에는 유교가 유교를 다른 가르침으로부터 구별할 때 스스로 적용하게 되는 자기 준거를 분명히 하는 것이 우선 고려되어야 할 것이다. 이러한 생각은 2010년을 전후한 시기까지 유교 도상 연구와 더불어 저자 나름대로 유교에 대한 연구의 틀을 발전시킨 과정에서 얻은 경험의 소산이다.

유교를 현대적 관점으로 고찰하더라도, 유교의 자기준거를 명확히 하는 것이 중요하다는 생각은 바렐라류의 구성주의에 대한 연구와 더불어 니클라스 루만의 사회체계이론에 접하면서 더욱 확실하게 되었다. 최근 3, 4년의 시간에 독일의 사회학자 니클라스 루만 연구의 권위자인 동양대학교 이철 교수를 만나서 유교를 문명이라는 시각에서 보는 것이 필요하고 중요함을 더욱 확신하게 되었다. 어느 문명이든지 문명이란 자기준거가 뚜렷한 것이 아닐 수 없다. 즉 독자적인 체계로서 하나의 문명은 그 체계가 스스로 형성한 준거에 따라서 작동하는 것이다. 조선시대 유교는 그 준거가 분명한 하나의 문명이라는 점도 부인할 수 없는 것으로 저자에게 뚜렷하게 다가왔다. 근현대문명과 전근대문명의 차이를 체계이론으로 밝히는 루만의 이론은 바렐라의 구성주의 이론을 사회학에 응용한 것으로서 사회를 자기구성의 체계라는 단위로 보도록 해주는데, 그것을 통해서 유교에 근본을 둔 조선왕국의 체계와 현대 문명에 근본을 둔 대한민국의 체계에 근본적 차이가 있음은 잘 드러난다. 그로써 대한민국 사회가 존립하는 바탕인 현대 문명과 조선 왕국이 지속해온 유교 문명 사이에는 깊은 간극이 있음을 받아들이는 것이 현명함을 깨닫게 되었다.

그런데 아직까지 저자는 유교라는 전통을 현대 문명의 상황에서 어떠한 가치와 위상을 부여할 것인가에 대해 사실 진지한 논의를 하거나 명쾌한 결론을 내린 적이 없다. 또 유교는 문명인가 학문인가? 문명이라면 그것은 여전히 살아서 작용하는 우리의 문명인가 아니면 이제는 사용처를 정하기 어려운 과거의 문명인가? 학문이라면 철학인가, 교육학인가, 정치학인가 등등의 의문은 지금도 선명하게 답하기 어려운 점이 있고, 여러 다른 생각이 중첩되는 까닭에 답이 명쾌하지 않은 질문들이다. 한 가지 분명한 것은 유교는 우리에게 중요한 전통이기는 하지만 현재 우리의 삶의 방식과 사고의 방식과는 근본적으로 다른 점을 포함한다는 점이다. 따라서 유교는 현대 문명과 근본적으로 다른 체계를 형성한 문명인 것이다. 이번에 출판하는 저술은 이에 대해서 자세한 논의를 담은 것은 아니지만, 그 점에 대한 고려를 담고 있다.

저자가 유교 도상을 연구의 대상과 소재로 삼게 된 또 하나의 계기는 은사이신 윤사순 선생님 아래서 저자와 동문수학한 여러 학자들이 공동 출판한 《도설로 보는 한국유학》이라는 저술의 출판에 있었다. 이 저술에 저자는 연구물을 싣지 않았지만, 평소 도상 자료의 중요성을 느끼고 있던 차에 이 저술을 대하면서 연구의 규모를 더 확대하여 볼 결심을 하게 되었다. 여러 해 동안 거의 매일 유학자들의 문집을 뒤지고 국립중앙도서관 홈페이지를 방문해서 자료를 뒤지고 그림 파일을 만들고 빅데이터를 축적해가는 과정은 단순한 작업의 반복과 지속이라서 좀처럼 성과를 내지 못하는 작업이었다. 그러나 16년여를 지나면서 이 자료는 그 자체로 빛을 발휘하는 듯한 느낌이다. 그 느낌이 독자 여러분들에게도 공유될 수 있다면 다행이라 할 것이다.

아마도 아산사회복지재단의 출판지원에 관한 최후통첩이 없었으면 저자는 지금도 이 도상자료들을 붙잡고 결말을 기약할 수 없는 지루한 작업을 하고 있거나 아니면 가까운 미래에 출판을 포기하고 홀가분하게 살아갈지도 모를 일이었다. 그런데 작년 봄께 아산사회복지재단의 안종권 차장님으로부터 그 해 안으로 출판 지원 신청을 마감한다는 기별을 받고 용기를 내서 일단 이 작업의 중간 결산을 하자고 결단을 내렸다. 그래서 미흡한 점이 많은 원고를 붙잡고 2019년 후반 학기 내내 연말까지 여러 해 동안 묵혀 두었던 원고를 다듬고 함께 게재하려는 도상들을 점검하고 표를 보완하거나 다시 제작하는 작업에 많은 시간을 투여했다. 초교지를 받고 나서 고칠 것과 보완할 것이 너무 많아서 매일매일 초교지 수정 보완에 매달리면서 이번 겨울 방학의 시간은 매우 충실하게 지낸 셈이다. 대한민국과 전 세계에 번진 코로나 바이러스 감염 확산이 늦춰준 개강일자는 저자에게는 오히려 이 작업에 좀더 집중할 수 있도록 시간을 벌어주었다.

이 자리를 빌려 원고를 꼼꼼하게 읽고 바로잡아주면서 교정지를 꼼꼼하게 만들어주시고 수정 보완 내용을 잘 반영해주신 집문당 편집부 장이지 씨를 비롯하여 함께 작업해주신 직원 여러분께 심심한 사의를 표한다. 매우 많은 그림 파일 때문에 다루기 어려울 정도로 버

거운 대용량의 원고 파일을 능숙하게 정리정돈해 준 덕에 그림 및 표가 정확하게 제자리를 찾게 되었고, 그래서 읽기에 편한 책자로 태어났음을 거듭 깊이 감사드린다. 그리고 이미 박사과정을 수료하고 두 아이의 어머니가 된 양효순 씨에게도 깊은 감사를 드린다. 저자가 이 그림과 글 및 표를 함께 넣는 초고의 편집 작업에 힘겨워 할 때에 능숙한 솜씨를 발휘하면서 전혀 난색을 표하지 않고 기꺼이 원고 파일 제작을 도맡아 해준 일은 길이 잊지 못할 일이다.

마지막으로 오랜 기간이 지났음에도 불구하고 원고의 출판을 지원해준 아산사회복지재단의 관용과 후의에 깊은 감사를 드린다. 그동안 너무 길게 게으름을 피운 것이 이번에 천하에 공표되었지만, 이로써 업을 하나 덜게 되었음을 저자의 작업을 묵묵히 지켜보면서 격려해 준 가족과 함께 겸허하게 기쁨으로 간직하고자 한다.

2020년 6월 흑석동 華潭齋에서 저자 씀

## | 차 례 |

# | 표 차례 |

## | 그림 차례 |

제 1 장

# 서 론

# 제1장 서 론

## 왜 儒教의 圖를 연구하는가?

유교는 적어도 조선시대 500년 동안, 더 길게 잡으면 삼국시대 초기부터 최근까지 거의 2,000년 동안 한반도인에게 삶의 종합적 기술을 제공한 문명이다. 문명으로서의 유교는 삶의 여러 영역에 두루 관여하면서 한반도인의 정체와 한반도인들의 사회의 체계를 형성하는 기반으로 작용했다. 문명이란 관점으로써 본다면 유교란 어느 한두 분야의 학문으로 그 정체를 규정하기 어려운 것이다. 그러한 까닭에 한두 가지 학문 영역의 연구에 국한되었던 기존의 유교 연구의 범위를 문명이라는 차원으로 확대하여 유교를 조명하고 그 정체를 밝히려고 도전하는 것이 필요하다.

삶의 종합적 기술이란 의식주를 비롯한 생명을 보전하고 영위하기 위한 제반 활동들, 즉 천문, 역법, 정치, 경제, 법률, 과학, 기술, 예술, 복식, 음식, 의례, 군사, 지리, 건축, 역사, 철학, 교육 등에 필요한 장치를 마련하고 그것을 실천해가는 능력을 키우도록 도와주는 방법의 집약체이다. 한국인의 조상들은 인도와 중국을 문명의 젖줄로 삼아서 유교를 비롯하여 도교, 불교 등의 문명을 공급받았다. 그중에서 2,000년이란 시간 동안 한반도인들에게 줄기차게 영향력을 발휘하고 강화해 왔던 문명이 유교이다. 그런데 지금 한반도인들이 자신의 삶을 지속시키기 위해 의존하는 문명의 젖줄은 기존의 전통 외에도 서구와 미국, 기독교, 등으로 다변화되었다. 이러한 상황에서 오랜 전통을 이루었던 유교의 영향력은 과연 얼마나 실질적인 것인가?

유교 신봉자들과 연구자들 가운데 여전히 유교를 중요한 학문이자 사상으로 간주하는 경향이 존재함에도 불구하고, 유교는 더 이상 현대 한국인에게 문명의 중추적 기능과 역할을 하지 못하는 것이 분명하다. 더구나 현대 문명의 범주에 유교가 들어오기에는 현대문명과 유교 양자 사이의 이질적 성격이 매우 뚜렷하다. 현대에 들어와서 사회는 서구화되었으며, 정치·경제·문화·교육·학문·기술 등 대부분의 분야는 유교와는 전혀 다른 체계를 형성한 지 제법 오랜 시간이 흘렀다. 유교라는 문명에 의존하여 사회의 모든 영역들이 단일한 제왕적 지배원리로 통섭되는 大一統的 세계관과 군신(민) 상하의 수직적 위계질서에 기초해서 사회를 조직하고 운영하던 것이 조선이라는 왕조국가였다면, 그와 달리 기능별로 분화된 사회의 체계들이 각각 자체적으로 운영되면서 그들 간에 상호 조화를 이루는 한편, 법과 제도에 의하여 지도자와 국민이 동등한 권리와 의무를 행사하는 자유민주주의 국가가 바로 대한민국이다.

조선시대 전 시기에 유교라는 문명의 전개과정에 부침이 존재하겠지만, 조선 초기에 비해서 조선 후기로 올수록 理氣로써 엮어내는 全一的 형이상학의 세계관을 기본 틀로 삼아서 세상만사를 관리하고 사회를 경영하는 원칙을 강화해 가려는 사상적 동력이 지속적으로 제공되었다. 그것을 제공하던 문명이 性理學으로 지칭되는 유교였다.

그 문명 속에서 유교의 세계관 · 인간관 · 윤리관 등 철학적 내용들이 각종 학문연구를 비롯하여 儀禮 실천, 음악 연주, 정치, 경제, 군사, 천문관측, 역법, 의료, 농업, 공업, 생산, 측량, 공학, 기술의 실현과 분리되지 않았다. 유학자들은 사회와 개인의 이렇게 다양한 삶의 분야들을 유교의 이념으로 통합하면서 유교를 재생산하고 실현해왔다. 사실 사회의 영역들 전반을 비교해보더라도 현대 문명과 유교 문명은 모습의 차이가 극명하다.

그러므로 현대 문명에 의존하는 삶을 영위하면서도, 동시에 유교라는 우리의 오래된 전통에 대한 반성 없는 믿음을 그대로 밀고 나가서 그것이 미래에도 순기능을 할 것이라는 막연한 기대를 유지하거나 심지어 강화하기까지 하는 것은 옳은 일이 아니다. 전통에 대한 신뢰와 존중은 유지하되 유교로써 추구했던 문명, 즉 삶의 종합적 기술로서 유교의 미래적 가능성을 즉자적 태도가 아닌 대자적 태도로서 엄정하게 따져보아야 한다. 오히려 현대문명과의 차이를 객관적으로 냉정하게 인정해야 한다. 그렇게 함으로써 유교라는 전통이 미래에도 기여할 수 있는 내용을 새롭게 정립하는 작업, 버릴 것은 버리는 작업이 이루어져야 한다.

이미 이에 대한 연구는 여러 주제를 통해서 진행되어 왔고, 또 지금도 진행 중이다. 그러나 한국에서 대부분의 유교 연구는 철학의 방면에 집중되어 있고, 따라서 논의의 주제와 소재도 철학적 내용에 한정되어 있는 편이다. 유교를 주로 철학이라는 학문에 국한하여 연구하는 경향이 우세한 것이 학계의 현실이다. 그러나 이러한 경향은 현대 문명과 유교 문명 간의 相違에 대한 고찰을 어렵게 만든다는 문제를 노정시킨다. 유교를 문명으로서 간주하도록 해주는 관점과 방법론적 틀이 필요하다.

유교를 문명의 규모로 관찰하도록 해주는 시야를 확보하고자 노력하다가 주목하게 된 것이 바로 유교의 도 자료이다. 도 자료는 유교 문명의 다양한 모습을 담고 있기 때문이다. 유학자들이 제작한 도상을 모아서 체계적으로 정리해보는 것이 비록 많은 한계가 있더라도 유교 문명의 실상을 전면적으로 살피는 방법이 될 듯하다. 어떻든 書를 통해서 아는 것에 더하여 圖를 모아서 보는 것이 유교 문명의 면모를 보는 데 상호 상승효과를 낼 것이라고 믿는다. 이것이 도 자료를 모아서 일람하는 첫째 목적이다.

또 한 가지 본서의 목적은 도상을 이용했던 유학자들의 학문 방법의 체계화에 있다. 이것을 儒敎圖像學 혹은 儒敎圖學이라고 명명할 수 있을 텐데, 추후 논의가 필요하다. 중국에서는 圖史之學이라는 방법론적 접근이 이미 명대부터 존재하였다.[1] 圖史之學이란 圖를 통해서 역사를 기록하고 전달하는 학문이란 의미로 이해된다. 그리고 그 이전에 북송시대부터 도설을 제작하는 유학자들의 작업이 매우 광범위하게 전개되었다. 조선에서도 도 제작을 중요한 학문 방법으로 삼아서 그런 학문 전통을 형성하여 왔음은 본서에서 분명하게 드러낼 것이다. 이러한 전통을 학문 연구의 대상으로 수용하기 위해서 도 제작에 의한 유교적 문물의 표상과 기록을 하나의 독립적인 학문 방법으로 간주하고 그것을 연구의 영역으로 확보하고자 하는 것이 본 연구가 목표하는 바이다.

이러한 목표에 다가가기 위해서 圖의 제작에 의한 유교 지식 내지 문물의 표상과 전달 및 유교 이론의 체계화의 작업이 진행되어온 역사적 맥락을 고찰하고자 한다.[2] 지식의 표상과 전달, 유교 이론의 체

1) 《三才圖會》引. 余少年從事鉛槧 卽艷慕圖史之學.

2) 다만 본 저술에서는 지면의 한계로 인하여 조선시대 유교 圖의 역사에 한정하되,

계화 등의 방법으로서 圖는 글을 작성하는 書의 방법과 구별되는 독자성을 지닌다. 물론 圖는 문장으로 구성된 설명[書]을 수반해야만 정확한 의미 전달이 가능한 점이 있지만, 다른 한편으로 圖는 書로써는 완벽하게 해내기 어렵거나 불가능한 방법과 효과를 가져오기도 한다. 유학자들의 저술에서도 圖를 앞세우고 書를 붙이는 방법이 동원되기도 하고, 또는 도 자체만으로 자신의 의견을 제시하는 경우도 있다. 그것은 圖의 효능이 書의 그것과 다른 특수한 것이라는 인식이 이미 그들에게 있었음을 시사한다. 그러한 의미에서 유학자들의 圖 자료에 관한 정리 작업이 필요하다. 즉 유교의 도에 관한 특화된 연구 분야로서 유교 圖學 혹은 圖像學을 개발할 필요가 있다. 다시 말하면, 유교의 발전 과정에서 圖를 통한 기록, 교육, 연구, 실천의 사례는 어떠한 것들이며, 그 활동들이 유교의 발전에 기여한 바가 있는가, 기여한 바가 있다면 그것은 무엇이라고 평가해야 하는가 등의 의문을 구체화하고 그에 대한 답을 구할 필요가 있다. 아마도 그것을 종합적으로 평가하는 작업이 앞으로 유교 도상에 관한 연구의 중요한 과제가 될 것이다.

한국 또는 중국의 자료들의 수량의 풍성함, 그 주제와 내용의 심층성이나 다양성, 그리고 유교 특유의 정형화된 표상 방식 등만으로도 도에 관한 연구를 전문화할 필요를 느낀다. 그로써 유교라는 문명의 형상과 정체를 더욱 뚜렷하게 드러낼 수 있을 것이다. 아울러 현대학문의 이론에 의하여 더욱 심화된 분석과 평가를 한다면 유교의 도 자료는 유교라는 문명의 연구에 기여할 가능성을 더 집약적으로 보여줄 수 있을 것이다. 그러한 이유에서 도 자료들은 결코 문자 기록 자료

---

이 역사에 관한 저술을 출판한 뒤에 분야별 도의 내용에 대한 상세한 분석과 설명, 그리고 평가에 관한 저술을 낼 예정임을 밝힌다.

의 보조적 연구 자료에 머물지 않고 더 직접적이고 체계적인 연구의 대상이 되어야 한다.

서구 혹은 한국에서 聖畵의 이콘을 대상으로 삼은 도상학이나 도상해석학이 학문의 한 분야로서 정착되는 것은 그림과 사상의 연관성을 연구하는 좋은 사례이다.[3] 교육학적으로도 도상제작의 방식이 교육자와 피교육자에 미치는 효과를 논의할 수 있다.[4] 또한 인지과학 내지 언어학 그리고 철학의 분야에서는 인간의 인지작용의 과정에서 도식이 행하는 역할이나 그 중요성에 관한 논구가 이루어지고 있다.[5] 그리고 불교, 도교, 기독교 등의 종교적 도상에 관한 연구도 이미 폭넓게 진행되는 상황이다.[6] 이런 사실들을 볼 때 유교 도상을 특성화

---

3) 예를 들면 에케 하르트 캐멀링 편집, 이한순·박지형·송혜영·홍진경 옮김, 《도상학과 도상해석학》, 사계절, 경기도, 2005년,. 에르빈 파노프스키 지음, 이한순 옮김, 《도상해석학연구》 시공사, 서울, 2002년 등.

4) 이에 관한 연구는 다음과 같다. 김규선, 〈읽기 학습 지도의 효율화를 위한 도식 조직자(圖式組織者, Graphic Organizer)의 활용 연구〉, 《대구교육대학교 논문집》 제39집, 대구교육대학교 2004, 45쪽 참조.

5) 김종도, 〈영상도식변형연구〉, 《현대문법연구》 12, 현대문법학회, 1998.
정상헌, 〈언어표현의 영상도식적 가치 분석〉, 《현대문법연구》 12, 현대문법학회, 1998.
강영안, 〈칸트의 선험적 도식론의 기능〉, 《철학연구》 24집, 철학연구회, 1988.
김석현, 〈칸트 윤리학에 있어서 실천적 도식론으로서의 전형론과 시간〉, 《철학논총》 제11집, 새한철학회, 1995.
이승종, 〈칸트의 도식론-규칙론적 접근〉, 《철학연구》 제46집.
정석해, 〈圖式과 形象〉, 《인문과학》 14집, 연세대학교 인문학연구원, 1966.
이건환, 〈의미 확장에 있어서 도식의 역할〉, 《담화와 인지》 제5권 2호, 담화·인지언어학회, 1998년.
안형관·이태호, 〈화이트헤드의 상대성원리와 범주도식〉, 《철학논총》, 새한철학회, 2002.

6) 김정희, 〈中國道敎의 十王信仰과 圖像〉 《미술사학》 6집, 미술사학연구회, 1994.
이한순, 〈루터와 크라나흐의 프로테스탄트 圖像學〉, 《미술사논단》 1998-01, 한국미술사연구소, 1998.
박진원, 〈宗敎圖像學(iconography of religion)-宗敎學에 있어서의 宗敎圖像硏究의 필요성과 그 방법을 중심으로-〉, 《宗敎學硏究》 9집, 한국종교학연구회, 1990.

하여 다루는 연구가 필요하다. 그리고 연구는 종교 도상학적인 관심에서도 이루어질 수 있으며, 교육학적 관심에서도, 나아가서 철학, 인지과학 등의 관심에서도 이루어질 수 있을 것이다. 또는 본래 유교가 무엇인가를 알기 위해서도 그러한 연구를 필요로 할 것이다.

조선시대 유학자들이 남긴 도상들로써 유교 문명의 실상을 살피고자 할 때 미리 밝혀둘 사항이 있다. 즉 이 책에서 다루는 도 자료들을 통해서 재구성되는 조선시대 유교의 모습이 유교에 관한 새로운 인식을 낳을 것이라든가, 혹은 전혀 다른 유교의 세계를 보여줄 것이라고 기대하지는 않는다. 왜냐하면 도 자료들 역시 書 자료가 보여주는 유교와 동일한 유교를 근원으로 하기 때문이다. 또 圖와 書는 유교를 이해시키는 데에 상호보완적인 역할을 한다. 많은 유학자들이 도에 설명을 함께 붙이거나 혹은 문자로 된 설명에 도를 붙여서 양자의 종합을 통한 유교에 관한 지식의 충실한 전달을 꾀하였던 예가 대단히 많다. 즉 도의 장점이 실제의 형상을 보여주는 점이거나 이론이나 문자기록의 지리함과 난해함을 보완하는 것이라면, 書의 섬세함과 엄밀한 설명력은 도상의 상징성의 애매함이나 도상에 대한 엉뚱한 연상작용을 통제하기에 족하다. 그러므로 본 연구 역시 비록 도를 주자료로 삼아서 유교의 역사를 정리한다는 목적을 세웠더라도 書의 중요성을 배제하지 않는다.

하지만 도 자료를 중심으로 다룬다는 본서의 특성상 書와 대비되는 도 연구의 중심성을 확보하기 위해서 언급해 둘 것은 '圖는 書의 精神'이라는 관점 내지 인식이다.[7] 이 명제는 書로써 표현하는 내용

---

조수정, 〈헬레나와 콘스탄티누스대제의 도상학 연구-카파도키아의 비잔틴 교회를 중심으로〉, 《서양중세사연구》 13호, 2004.

7) 《三才圖會》 序. 古之學者 左有圖 右有書 圖者書之精神也.

의 정수를 뽑아서 표상하는 기능을 도에서 발견하고 중요하게 취급했음을 보여준다. 그 밖에도 그림은 문자나 언어에 비하여 더 실재를 실재답게 표현하는 수단이라는 점도 圖가 書에 비하여 지니는 장점이다.

교육학적 관점에 의하면 도식을 사용하는 학습법이 문자만을 사용하는 학습법에 비해서 개념 및 세목들의 장기 기억이 이루어지도록 한다는 장점이 있다.[8] 이 책에서 다루는 유교의 도는 도상 속에 문자를 함께 사용하는 것이 대부분이다. 경우에 따라서는 문자의 특이한 배열을 도라고도 한다. 그래서 유교의 도상은 기독교 이콘화 내지 불교의 도상이 비문자적 형태로 이루어진 것과는 다르다는 특징이 있다. 이러한 특징과 의의는 앞으로 더 깊이 연구해야 할 사항이지만, 현대의 도식 혹은 도상의 교육학적 효과에 대한 연구들은 유교의 학습과 기억 및 실천에 끼치는 도상의 영향력을 다시 생각해 보아야 함을 일깨워준다.

간략하게 선행연구들을 돌아보면서 본서의 방향을 밝혀본다. 한국 학계에는 조선시대 유학자들이 제작한 도설에 관한 연구들이 개별학자의 학문과 사상을 이해하기 위한 목적으로 비교적 다양하게 이루어졌다. 이러한 연구들이 본 저술의 기초 자료로 활용됨은 물론이다.

먼저 철학계에서는 권근의 《入學圖說》에 관한 연구,[9] 주세붕의 心圖에 관한 연구[10], 조식의 〈神明舍圖幷銘〉에 관한 연구들[11]을 비롯

---

8) 김규선, 〈읽기 학습 지도의 효율화를 위한 '도식 조직자(圖式組織者, Graphic Organizer)'의 활용 연구〉, 《대구교육대학교 논문집》 제39집, 대구교육대학교, 2004, 45쪽.

9) 정대환, 〈『入學圖說』을 통해 본 權近의 性理學〉, 《범한철학》 제26집, 범한철학회 2002.
유권종 〈《입학도설》과 조선 유학 도설〉, 《철학탐구》 제21집, 중앙대학교 중앙철학연구소, 2007.

하여 〈天命圖〉에 관한 여러 연구들,[12] 이황의 《성학십도》를 고찰한 다수의 연구들,[13] 및 역학분야 도설에 관한 연구들,[14] 양명학자 정제

---

10) 김윤제, 〈심도 해제〉《규장각》 제29집, 서울대 규장각 한국학연구원, 1996.
정순우, 〈주세붕의 《심도》 편찬과 그 사상사적 의미〉《퇴계학보》 123집, 퇴계학연구원, 2008.

11) 김충렬, 〈신명사도명의 새로운 고석〉, 《南冥學研究論叢》 제11집, 南冥學研究院, 2003.
배종호, 〈南冥聖學圖〉, 《南冥學研究論叢》 제11집, 南冥學研究院, 2003.
최석기, 〈南冥의 「神明舍圖」「神明舍銘」에 대하여〉, 《남명학연구》 4권, 경상대학교 남명학연구소, 1994.
전병윤, 〈남명조식의 「神明舍圖」고찰〉, 《남명학연구》 1권, 경상대학교 남명학연구소, 1991.

12) 정병련, 〈秋巒의 『天命圖說』製作과 退溪의 訂正〉, 《철학》 제38집, 한국철학회, 1992.
유권종, 〈退溪의 『天命圖說』연구〉《공자학》 제9호, 한국공자학회, 2002.
최봉근, 〈退溪의 『天命圖說』에 비친 理의 全一的 生命性〉《양명학》 제11호, 한국양명학회, 2004.

13) 금장태, 《성학십도와 퇴계철학의 구조》, 서울대학교 출판부, 2001.
고려대 민족문화연구원 한국사상사연구소 편, 《역주와 해설 성학십도》 예문서원, 2009.
배종호·이광호, 〈南冥學에 있어서 聖學十圖〉, 《경남문화연구》 11권, 경상대학교 경남문화연구소, 1988.
허남진, 〈聖學十圖와 聖學輯要의 연구〉, 《空士論文集》 제18집, 공군사관학교, 1984.
금장태, 〈성학십도 주석과 조선후기 퇴계학의 전개〉, 《퇴계학보》, 48권, 퇴계학연구원, 1985.
한형조, 〈퇴계의 『聖學十圖』: 주자학의 이념과 聖學의 설계도〉, 《南冥學研究》 제16집, 경상대학교 남명학연구소, 2003.

14) 금장태, 〈성이심(成以心)의 《인역(人易)》과 역(易)의 도학적 확장〉《퇴계학보》 119집, 퇴계학연구원, 2006.
장숙필, 〈盤谷 成以心의 「人易擬議圖說」과 그 사상적 특징〉, 《민족문화연구》 54집, 고려대학교 민족문화연구원, 2011.
김필수, 〈여헌 역학의 도덕론적 근거에 관한 연구: 역학도설을 중심으로〉, 동국대학교 박사학위논문, 동국대학교 대학원, 1990.
이현중, 〈圖書原理의 내용인 曆數原理〉, 〈도서원리와 시간성〉, 《범한철학》 24집, 범한철학회, 2001.
황광욱, 〈사재 장가순의 생애와 사상〉《한국철학논집》 6집, 한국철학사연구회, 1997.

두의 도상에 관한 연구,[15] 沈錥의 〈心君圖〉에 관한 연구,[16] 등에 관한 연구들이 이루어졌다. 한국사상사연구회의 《도설로 보는 한국유학》, 금장태의 《성학십도와 퇴계철학의 구조》, 이 두 저술은 도설에 관한 본격적 연구서이다. 《도설로 보는 한국유학》에서 다룬 유학자와 도설은 비교적 다양한 편이다.[17] 이는 주요 유학자의 주요 도설들을 선별해서 도설자료에 대한 소개와 그와 관련된 유학사상을 철학적 관점에서 분석한 논문들을 엮은 것이다. 그리고 금장태의 《성학십도와 퇴계철학의 구조》는 이황의 《성학십도》 각 도에 관해 고찰하고 《성학십도》의 도설에 대한 학문적 계승이 조선 말기에까지 유사한 도설 제작으로 이어지고 있음을 실제 자료에 입각해서 밝힌 것이다. 철학 분야 외에도 교육학 · 음악학 · 수학 · 공예학 · 공학 · 천문학(역학) 등의 분야에서 도 자료와 관련된 연구들이 이루어졌다.[18] 천병기의 박사학

---

김용헌, 〈김석문의 우주설과 그 철학적 성격〉, 《동양철학연구》 제15집, 동양철학연구회, 1995.

15) 김용재, 〈하곡 정제두의 체용론 분석-「良知體用圖」를 중심으로〉, 《동양철학연구》 제40집, 동양철학연구회, 2004년.
남상호, 〈하곡 정제두의 中極論〉 《陽明學》 제 13호, 한국양명학회, 2006.

16) 유명종, 〈樗村 沈錥의 心學에 관한 연구〉, 《동양철학연구》 제13집, 동양철학연구회, 1992.

17) 이 저술에서 다룬 유학자와 도설은 權近의 《입학도설》, 조식의 《학기도》, 이황의 《성학십도》, 이이의 〈심성정도〉와 〈인심도심도설〉, 장현광의 《역학도설》, 윤휴의 〈인심도심도〉를 비롯한 수양론에 관한 도설들, 정제두의 양명학적 주제의 도설들, 한원진의 〈역학답문〉의 도설들, 《대학도》와 《중용도》 및 이기론 인성론에 관한 도설들, 김석문의 《역학이십사도해》, 황윤석의 《이수신편》, 이항로의 성정도설 및 역학도설, 이진상의 심학에 관한 도설들이다.

18) 金容雲, 〈崔錫鼎의 魔法陣〉, 《論文集》 8, 한양대학교, 1974.
송지원, 〈19세기 유학자 柳重敎의 樂論: 『絃歌軌範』을 중심으로〉《韓國音樂研究》 제28집, 韓國國樂學會, 2000.
______, 〈徐命膺의 音樂관계 著述 研究〉, 《韓國音樂研究》 제27집, 韓國國樂學會, 1999.
이훈선, 〈'輪回梅'의 再現과 그 工藝史的 研究: 「青莊館全書」所載 '輪回梅十箋'

위 논문인 〈조선시대 도설교재 사용에 관한 연구〉[19]는 교육학의 관점에서 도설 자료를 직접적인 연구대상으로 삼은 논문이다. 또 김용운의 〈崔錫鼎의 魔法陣〉 연구는 수학 방면에서 도를 사용한 예에 관한 연구이고, 송지원의 연구들은 樂學과 관련하여 사용된 도상들에 관한 이해를 도모하는 데 많은 도움이 된다. 그리고 이훈선의 연구인 〈'輪回梅'의 再現과 그 工藝史的 硏究: 「靑莊館全書」所載 '輪回梅十箋'을 中心으로〉는 공예사 방면에서 유학자의 도에 관한 연구가 이루어졌음을 보여준다. 또 조효순의 번역서인 박규수의 《거가잡복고》는 복식학에서의 도를 다루는 연구서로서 귀중한 참고자료이다. 그밖에도 여러 분야의 저술들로부터 많은 도움을 받았음은 물론이다. 특히 금장태의 저술로부터는 조선시대 도설의 제작과 출판이 학맥과 전통 계승의 의지의 소산임을 깨달을 수 있었다. 그로 인하여 도설 상호간의 전승과 변화 발전의 맥락으로부터 도설의 역사를 재구성하여 보는 것이 필요하다는 생각을 더욱 굳힐 수 있었다.

다만 기존의 연구들과 본서가 차이나는 점은 다음과 같다. 기존의 연구들은 주로 특정한 분야나 주제의 도설에 한정하여 논구해왔다. 또 학자나 도설을 선별하여 특정 도설에 초점을 맞추어 연구한 것이 지금까지 진행된 유교 도설에 관한 연구의 일반적 동향이다. 그와 달리 본 연구서는 다양한 종류의 도 자료들을 두루 모아서 그들이 제작된 역사를 간략하게 보여주고자 한다. 그러한 까닭에 본서에는 철학적 혹은 이론적 내용과 무관한 도 자료들이 대거 포함되었다. 본서는 조선시대 유교의 도 자료, 도 제작자 및 시대별 제작 상황을 정리하여 보여주는 것이 목적이다.

---

을 中心으로〉, 漢陽大 敎育大學院 석사학위논문, 1987.

19) 효성여자대학교 박사학위논문 1988년.

# 제 2 장

# 圖의 명칭과 정의

# 제2장 圖의 명칭과 정의

## 1. 圖의 정의

유학자들이 제작한 그림을 지칭하기 위하여 사용한 명칭은 대체로 '圖'라는 글자이다. 그러나 모든 그림들의 명칭이 圖로 단순하게 통일되는 것은 아니다. 즉 圖에 한 글자를 더한 복합적 명칭인 '圖式, 圖表, 圖譜'라는 명칭이 사용되었고, 그밖에 圖자를 사용하지 않은 다양한 명칭이 있다. 이렇게 여러 종류의 異稱이 존재하는데도 불구하고 여기서는 일단 여러 종류의 이칭을 지닌 그림들을 圖라고 포괄하여 다루고자 한다. 그리고 현재는 圖보다는 '圖像'이 학술적 용어로 두루 사용되므로 집필 내용에서 도상을 사용할 수 있음을 미리 밝힌다.

먼저 圖의 의미를 사전적으로 살펴보면 다음과 같다. 《周禮》의 "직방씨가 천하의 圖를 관장하였다"[1]는 말에서 도는 地圖 혹은 版圖를 의미한다.[2] 《장자》에서는 화상 초상의 의미로 도를 사용하였다.[3] 이

---

1) 《周禮・夏官・職方氏》, 職方氏掌天下之圖.

2) 鄭玄注. 如今司空輿地圖也.

3) 《莊子》 田子方. 宋元君將畫圖, 衆史皆至, 受揖而立.

경우 도의 의미는 모방, 도화, 묘사 등의 의미로 사용된 것이다.

《설문해자》의 풀이에 의하면 圖는 '口'와 '啚'가 합성된 글자이다. 口는 規畫을 의미하는데 이는 원을 그리거나[規] 선을 그어서[畫] 면을 나누어 어떠한 모양을 만드는 것을 말하고, 啚는 어려운 것을 신중하게 다루는 것을 의미한다.[4] 이 양자의 의미를 합친 글자인 圖는 어려운 내용을 그림으로 그려서 헤아린다는 의미를 지니는 것이다.[5] 이것이 도의 사전적 의미라고 할 수 있을 것이다. 《설문해자주》에서는 이러한 설명과 관련하여 도에는 圖謀 혹은 慮圖한다는 의미가 있다고 설명한다. "무릇 謀는 반드시 성사될 것을 미리 따져 본 뒤에야 그것을 행한다"[6]는 《國語》의 글을 인용하고 이를 다음과 같이 설명하였다. "이는 어떠한 일을 성사시키기 위해서는 먼저 그 일의 처음부터 끝까지 선을 그어 연결해서 곡절을 역력히 볼 수 있도록 하여 만전을 기한 다음에야 행하는 것을 가리킨다. 그러므로 引伸하는 뜻으로 繪畫를 圖라고 한다".[7] 이는 시뮬레이션과 같이 어떤 일을 실행하기 앞서서 예상되는 과정과 과정의 단계마다 관련된 일들을 빈틈없이 점검하는 것이 바로 도의 용도임을 보여준다. 그밖에 모방 모사의 의미도 있다.

이것과는 달리 유교에서는 圖를 특별한 대상을 지칭하는 명칭으로 사용하여 온 전통이 있다. 그것은 河圖라는 명칭이다. 《주역》의 계사

4) 段玉裁 撰考,《斷句套印本 說文解字注》, 漢京文化事業有限公司, 臺北, 中華民國 72년, 277쪽. 从口 規畫之意 从啚 難意也 說从啚之意 啚者 嗇也 嗇者 愛濇也 愼難之意 同都切.

5) 위와 같은 곳, 圖 畫計難也.

6)《國語》권19〈吳語〉. 夫謀必素見成事 而後履之.

7) 위와 같은 곳. 國語曰 夫謀必素見成事焉而後 履之 謂先規畫其事之始終 曲折歷歷可見 出於萬全而後 行之也 故引伸之義謂繪畫爲圖.

전의 "황하에서 圖가 나왔다"는 언급으로부터 河의 圖라는 의미로 하도라는 명칭이 사용된 것이다.[8] 유학자들은 하도의 형상을 천지 만물의 生成과 관련된 상징적 수의 배열로 파악하고, 이로부터 《주역》의 괘상 원리가 비롯되었다고 믿었고 하도를 고유명사처럼 사용하여 왔다. 《논어》에서도 공자가 "봉황이 날아들지 않고 황하에서 도가 나오지 않으니 나도 다 되었구나!"[9]라고 하여서 河와 圖를 관련지어 인식하였다. 하도는 도참의 일종으로도 볼 수 있는데, 중국 北宋시대에 접어들면서 이 그림은 《주역》의 연구에서 역학적 상징체계 구성의 원점에 해당하는 것으로 간주되고, 이후 역학관련 도상의 응용과 전승에서 대단히 중시되었다. 조선시대 성리학자들의 역학에서도 하도는 매우 중요한 그림으로 취급되었다. 그러나 도를 하도의 의미로 사용하는 것은 역학 혹은 그와 관련된 그림의 경우에 한정된다. 그러므로 하도와 같은 특수한 경우를 제외하고 일반적인 의미의 도는 제작자가 일정한 의도 혹은 목적을 지니고 모종의 사물 혹은 의미를 묘사하거나 모종의 행위 또는 행사의 절차 및 방식을 보여주기 위하여 문자 혹은 상징을 조합하여 구성한 것이라고 할 수 있다.

유학자들의 圖가 단순한 묘사든 아니면 철저하게 구성된 것이든 그 의도와 목적은 무엇인가? 앞으로 더 구체적으로 밝히겠지만, 유학자들이 제작한 도들은 유학적 진실의 체계적이고도 정확한 전달이라는 목적과 그 진실의 내용을 쉽고도 직각적으로 이해시키려는 의도가 작용했다고 보는 것이 옳다. 또한 도 자료들은 유교적 진실의 객관화와 그것을 통한 진실의 공유를 목적으로 삼는다. 이는 書를 통한 기록의 목적과도 다르지 않지만, 도라는 양식을 통해서 그러한 목적을

8) 《周易・繫辭上》. 河出圖.
9) 《論語 子罕》, 子曰鳳鳥不至河不出圖吾已矣夫.

더 효과적으로 성취하고자 한다는 점에서 주목할 만하다.

전체적으로 통합해서 말한다면 도 제작의 목적은 유교 문물의 올바른 전수, 달리 말하면 문화적 원형의 보전과 전승이 커다란 비중을 차지한다. 문화적 원형의 보전과 전승은 대체로 고전적 교시의 원형 정립과 원형의 보전 및 전달을 의미하는데 이를 효과적으로 하는 방법으로서 유학자들은 도를 선택하였다. 물론 이러한 작업이 유학자의 관점 혹은 유학자가 속한 학문계열의 공동 태도 여하에 따라서 다른 모양이나 내용의 도를 낳는 것은 어쩔 수 없다.

그러나 이외에도 신문물에 관한 정보의 전달, 지리 정보 전달, 여러 다양한 실무적 용도를 충족하기 위한 도 제작도 이루어졌다. 기타 실무적 용도라는 것은 儀式의 절차나 의식을 행하는 사람들과 기물들의 位次나 각종 예기, 복식 등의 제도와 제작법의 확립이나 논의, 통계 자료의 제작, 정치적 현안과 관련된 문제적 사안의 도해 등이 해당된다. 이러한 내용들을 담은 도의 제작은 고전적 교시나 진실의 원형 보전과는 직접 관계가 없으며, 오히려 새로운 정보를 추가함으로써 유교문명의 외연을 확장하는 결과를 가져온다.

이와 더불어 유학자들이 대체로 도라는 명칭을 사용하면서도 表, 式, 制, 法, 譜, 帖, 目, 數 등의 명칭을 도와 결합하여 사용하거나 단독으로 사용하는 다양한 예를 살피도록 한다. 이러한 명칭의 용례는 본 저술에서 다루는 내용의 범위와 대상을 포괄적으로 제시하기 위해서 필요하다. 그로써 유학자들의 도의 범위와 그 형태 혹은 그 제작 방식의 다양함에 대한 인식에 접근할 수 있을 것이다. 이렇게 한다면 본서에서 다루는 도는 그림이냐 그림이 아니냐의 논란도 있을 수 있겠지만, 대체적으로 書의 틀에서 벗어난 형태의 표상자료들을 통칭하는 것이라고 규정할 수 있다.

즉 유학자들의 도 자료는 크게 세 종류로 구분된다. 첫째, 실물을 재현하는 도가 있는 반면에 둘째, 형체가 없는 것, 즉 이론, 이념 혹은 경전의 가르침 등을 표상하는 도가 있다. 전자는 당연히 유교에서 사용하거나 채택하는 기물을 재현하는 것인 까닭에 그 자체가 書는 불필요하거나 사용하였더라도 전적으로 부수적일 뿐이다. 부수적이란 재현된 기물의 설명 역할을 할 뿐 도 자체의 중심적 요소는 되지 못한다는 의미이다. 그런데 유교의 이론 내지 이념, 경전의 가르침을 다룬 도는 경우에 따라 차이가 있지만, 전자에 비해서 글의 비중이 높은 편이다. 즉 도마다 차이가 있더라도, 유학자들의 도에는 문장을 도면 위에 떼어놓고 그들을 선으로 이어가면서 문장들 간의 관계를 표상한 도들도 많다. 그렇지만 도에는 짧은 글이든 긴 글이든 혹은 글이 아닌 개념(문자)을 사용하더라도 선이나 도형 등의 상징적 부호들을 사용하여 글과 글, 문자와 문자의 관계를 일정한 방식으로 구조화하여 표상한다는 점이 書와 다르다. 셋째, 실물의 묘사도 아니고 이론이나 이념의 해명도 아니지만, 실용적 목적에서 제작하는 도표나 도보 등의 도가 있다. 이들은 실제 상황의 기록과 통계를 위한 표, 악보나 주법같이 실용적 용도를 지닌다.

유학자들의 도는 어떠한 형태이든 근본적으로는 유교를 알기 쉽게 소개하여 유교의 이념과 그 실질적 문명의 내용을 전달하고 공유하려는 목적의식에서 제작된 것이라고 보는 것이 본 저술의 근본 관점이다. 도 자료 가운데 단순한 사물의 모사라고 할지라도 그것은 예의 행사에 소용되는 기물이거나 복식으로서 일종의 법식으로 제시된 것이다. 이러한 단순한 그림 하나에도 법식을 제시하고 기록하기 위한 목적의식이 작용한 것이 유학자들의 그림이라고 이해된다. 그 밖에도 표, 제도, 악보(조곡), 첩, 계보도, 산법도, 수도, 목도(목록도), 위차도,

지도, 괘도, 등의 다양한 명칭의 제목이 붙었다는 사실은 유학자들의 그림이 매우 다양한 주제하에 그에 걸맞은 다양한 형태와 방식으로 개발되었음을 시사한다. 또는 이른바 후기실학자들에게서 보듯이 경세 등의 실무와 관련된 통계들은 유교 문명의 실천과정에서 얻은 경험적 내용의 표상이며, 이들을 보나 표 형태로 제공하는 것이 서보다 훨씬 효과적 방법임을 잘 보여준다. 즉 문명의 관리방법에 관한 연구도 도 자료의 제작과 관련된다고 할 수 있다.

이러한 이해에 근거하여 圖의 정의를 내리고자 한다. 유학자들의 圖는 그 표상의 방식으로는 사물의 모사로부터 선, 면 등의 도형과 문자의 혼합적 배치 배열, 혹은 문자와 수의 배열을 이용하였고, 표상의 형태는 도표 혹은 표, 도식 혹은 식, 악보 혹은 보, 보도 혹은 계보도, 법도 혹은 법, 수도 혹은 수, 제도 혹은 제, 위도 혹은 위, 차도 혹은 차, 지도, 괘도 등의 다양한 형태를 취하였고, 표상의 주제는 유교의 철학적 원리, 교육적 원리, 수신의 원리, 경세의 원리로부터 경학의 다양한 주제, 수학 · 과학 · 기술 · 지리 · 군사 등과 관련된 지식, 실생활과 관련된 자연 · 기물 · 복식 · 실천과 실용에 관련된 다양한 내용들을 취하여 표상한 그림이라고 정의할 수 있다. 그리고 문집에 실린 것이 대부분인 까닭에 여러 종류의 색채를 사용하는 회화와는 다르게 먹물을 사용한 흑백의 단순한 색채를 통해서 도상을 표현했다는 점이 특징이다.

## 2. 圖의 다양한 명칭과 실례

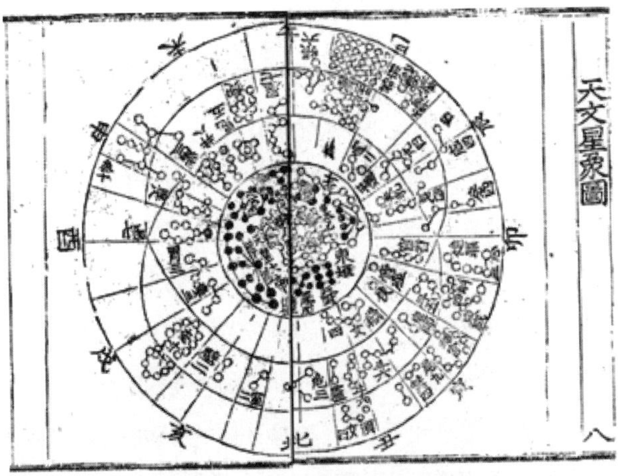


〈그림 2-1〉 김경장의 〈천문성상도〉

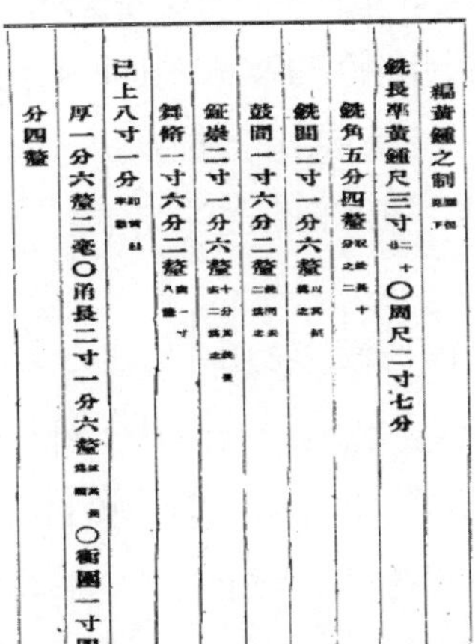
編黃鍾之制
銑長準黃鍾尺三寸〇周尺二寸七分
銑角五分四釐
銑間二寸一分六釐
鼓間一寸六分二釐
鉦崇二寸一分六釐
舞脩一寸六分二釐
已上八寸一分
厚一分六釐二毫〇甬長二寸一分六釐〇衡圍一寸四
分四釐

〈그림 2-2〉 정약용의 〈편황종지제〉

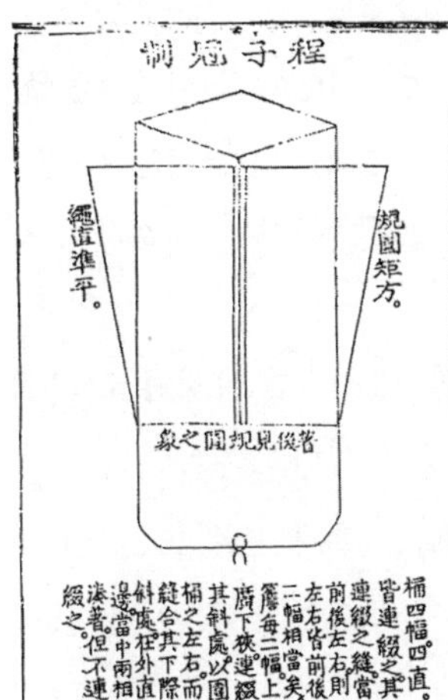


〈그림 2-3〉 유치명의 〈정자관제〉

### 1) 圖

조선의 유학자들은 그들의 그림에 이름을 붙일 때 일반적으로 圖라는 명칭을 사용하였다. 우선 일정한 주제로 엮어진 저술의 명칭 자체를 圖라고 한 경우이다. 李滉(1501~1570)의 《聖學十圖》, 裵相說(1759~1789)의 〈道學六圖〉, 〈易說諸圖〉, 張興孝(1564~1633)의 〈一元消長圖〉 등이 그러한 예이다. 이들 속에 다시 여러 개의 그림들이 존재하는데 그 그림들 역시 도라는 명칭을 붙였다.

또 일정한 주제로 엮은 저술 속에 부속된 주제를 표상한 것에 대한 명칭으로서 圖를 사용한 예가 많다. 張可順(1493~1550)은 《人事尋緖目》 속에서 〈家形之圖〉, 〈時世物事合圖〉 등, 金烋(1597~1638)의 《朝聞錄》 속 〈朝聞道夕死可圖〉, 白鳳來(1717~1799)의 《四書通理》 論語편 〈夫子問津不告津之圖〉를 비롯한 여러 그림들이 그러한 예이다. 金長生(1548~1631)의 《家禮輯覽圖說》에서는 〈三代宮廬圖〉, 〈三代器用之圖〉, 〈三代服飾之圖〉, 〈家禮總圖〉 등의 명칭을 붙였다. 柳重教(1821~1893) 역시 《絃歌軌範》 속에서 〈拾貳律陰陽辰位相生次第之圖〉, 〈七聲損益相生之圖〉 등의 명칭을 사용했다. 李震相(1818~1886)도 《心經竅啓》라는 저술에서 〈入敬圖〉, 〈絶四圖〉 등의 명칭을 사용했다.

그와 달리 그 자체가 하나의 독립된 주제로 설정된 것들의 사례 역시 매우 많다. 그중 하나만을 예로 들면, 李德弘(1541~1596)의 〈心體用圖〉, 〈爲學之圖〉, 〈爲政之圖〉가 그에 해당한다. 비록 여기서 거론한 예의 수는 적지만 실제로는 매우 많은 자료들이 이렇게 도라는 명칭을 사용했다. 예시한 그림은 金慶長(1597~1653)의 〈天文星象圖〉(〈그림 2-1〉)이다.

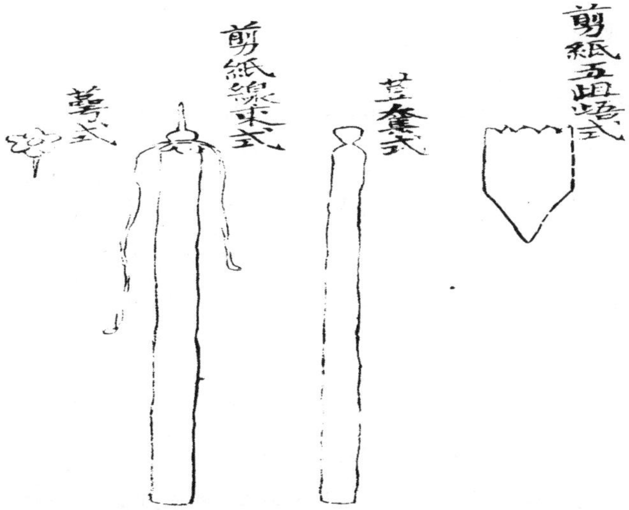

〈그림 2-4〉 이덕무의 〈전지오저어식〉 외

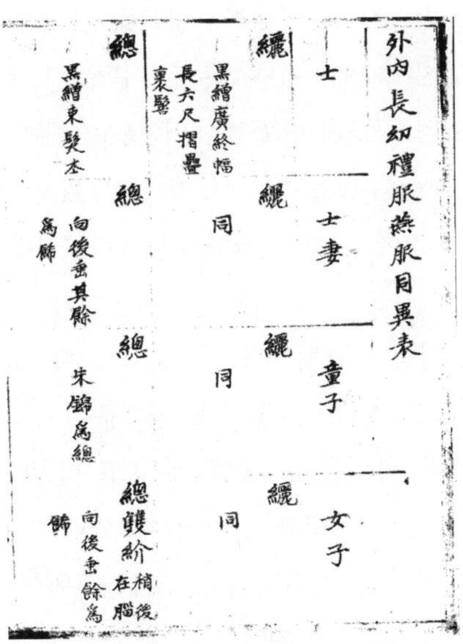

外內長幼禮服燕服同異表

| | 士 | 士妻 | 童子 | 女子 |
|---|---|---|---|---|
| 纚 | 黑繒廣終幅長六尺摺疊裹髻 | 同 | 同 | 同 |
| 總 | 黑繒束髮本 | 向後垂其餘爲飾 | 朱錦爲總 | 總雙紒 在梢後 在腦後 向後垂餘爲飾 |

〈그림 2-5〉 박규수의
〈외내장유예복연복동이표〉 일부

### 2) 圖說과 圖解

저자가 수집한 자료들은 일반적으로 圖說이라는 명칭이 붙은 경우가 흔하다. 도설은 그림과 그에 대한 설명을 의미한다. 圖說의 명칭이 붙은 예로는 잘 알려진 權近의 《入學圖說》과 鄭之雲(1509~1561)과 李滉의 《天命圖說》이 대표적이다. 그러나 그들의 저술 이후에도 시대별로 이러한 명칭을 사용한 예는 매우 많다. 그중 일부를 거론하면 다음과 같다. 張顯光(1554~1637), 鮮于浹(1558~1653) 등이 각각 《易學圖說》이란 명칭의 도설집을 편찬했다. 또 金長生은 《家禮輯覽圖說》, 申欽(1566~1628)은 〈經世衍易圖說〉, 趙翼(1579~1655)은 〈持敬圖說〉을 남겼고, 徐命膺(1716~1787)은 《啓蒙圖說》, 尹行任(1762~1801)은 〈祭禮圖說〉, 丁若鏞(1762~1863)은 〈靉靆出火圖說〉, 〈地球圖說〉, 李東幹(1757~1822)은 〈聖賢心學四圖說〉, 朴箕寧(1779~1857)은 〈中庸圖說〉, 李震相(1818~1886)은 〈主宰圖說〉, 〈心易動靜圖說〉, 李恒老(1792~1868)는 〈四端七情圖說〉, 〈性情中和圖說〉, 朴文鎬(1846~1918)는 〈洙泗二十七圖說〉을 남겼다. 이렇게 圖說이란 명칭을 사용한 자료들은 圖와 그에 대한 설명이 저술되어 함께 편찬된 형태가 일반적이다.

圖說과 유사한 명칭이 圖解이다. 즉 도와 그에 대한 해설의 의미로 붙인 것이 바로 도해라는 명칭이다. 정지운이 〈天命圖〉를 제작하고 그에 대한 해설을 붙인 《天命圖解》에서 그 명칭이 처음으로 확인된다. 그러나 그 이후에 이황과 함께 그 해설과 그림을 수정하면서 《天命圖說》이라는 명칭을 사용하였다. 조선 후기에 들어와 金昌協(1651~1708)은 〈太極圖解〉를 지었고, 金錫文(1658~1735)은 〈易學二十四圖解〉를 지었고, 그 밖에도 李爗(1729~1788)은 〈包羲氏仰觀府

察以劃八卦圖解〉, 書垣淳(1730~1783)은 〈誠爲太極圖解〉, 李恒老(1792~1868)는 〈律生五聲圖解〉, 〈八十四聲圖解〉, 〈六十調圖解〉 등을 지었다.

### 3) 制와 制圖

실제로는 도이지만 도 이외의 명칭을 사용한 예도 많이 있다. 그 중에 많은 사례로 보이는 것이 制라는 명칭이다. 김장생의 《家禮輯覽圖說》 가운데 〈曲裾裁制〉, 〈曲裾縫制〉, 〈曲裾成制〉, 〈裳制〉, 鄭齊斗(1649~1736)의 〈官制〉, 丁若鏞의 〈黃鐘無射大呂應鐘之制〉, 〈編黃鐘之制〉(〈그림 2-2〉), 〈黃鐘特磬之制〉, 〈查十二笛之制〉, 柳致明(1777~1861)의 〈程子冠制〉(〈그림 2-3〉), 유중교의 〈服制圖〉 가운데 〈朱子祧廟議狀〉 내의 〈本朝太廟制〉 등이다. 제라는 명칭은 주로 禮 또는 樂과 관련된 器物, 建物, 服飾의 실물 형상 혹은 그것의 제도를 도시하는 그림에 붙인 이름이라고 판단된다. 制 자체로도 그림을 보여주는 경우가 많지만 制가 圖와 결합된 制圖란 명칭이 그림의 한 형태를 지칭하는 용례도 있다. 그 예로는 김장생의 〈豊碑古制圖〉, 그리고 주희의 〈喪車制圖〉 등을 들 수 있다.

### 4) 式과 圖式

式이란 모종의 사물이나 서류, 혹은 의례의 방식과 관련된 표준적 격식을 가리키는 말이다. 이 이름을 붙인 그림은 다음과 같다. 김장생의 《家禮輯覽圖說》에 〈昏禮納采具書式〉, 〈昏禮納采復書式〉, 〈修名刺式〉, 〈慰大官門狀式〉, 〈弔祭祝文式〉, 〈告后土氏祝文式〉, 〈神主全式〉, 〈尺式〉 등의 명칭, 朴世采(1631~1695)의 〈祭饌陳設私式〉,

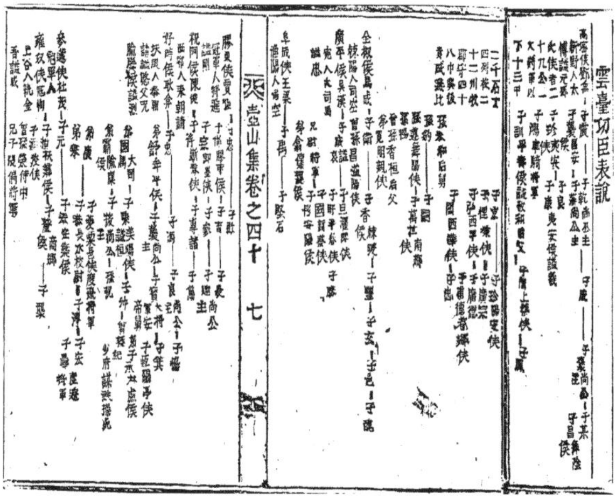

〈그림 2-6〉 박문호의 〈운대공신표설〉 일부

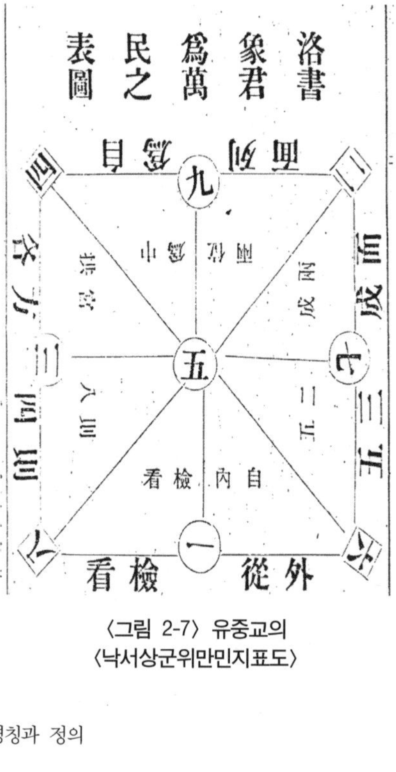

〈그림 2-7〉 유중교의
〈낙서상군위만민지표도〉

李德懋(1741~1793)의 〈梅花骨式〉, 〈剪紙五岨峿式〉, 〈剪紙線束式〉(〈그림 2-4〉), 〈桃花瓣式〉, 〈桃葉式〉, 朴珪壽(1807~1877)의 《居家雜服攷》에서 〈服玄端式〉, 〈服深衣式〉, 〈服事佩式〉, 〈著幅巾式〉, 〈深衣方領折諸式〉, 〈作笄式〉, 〈服加裙束帶式〉 등의 사례를 찾아볼 수 있다. 김장생과 박세채가 사용한 식이란 명칭들은 제목에서 보아 알 듯이 禮를 집행할 때에 필요한 서장, 신주, 櫝, 服飾 등의 표준적 제도를 제시하기 위하여 제작한 그림들에 붙인 것이다. 이러한 의미로 볼 때 이덕무의 그림에서 식이란 명칭은 일종의 공예품인 윤회매의 제작 법식 혹은 그 표준적 형태를 의미하며, 박규수의 경우 복식의 제도를 보여주는 명칭이다.

이와 달리 공관의 실무에 사용되는 서류의 법식을 지칭하는 경우도 있다. 정약용의 〈褒貶題目式〉(〈그림 2-11〉)이 그러한 예이다.

圖式이란 그림으로 제시하는 법식의 의미를 지닌 것으로 이해된다. 이것 역시 일종의 표준적 형상을 제시하려는 목적으로 사용되는 이름이다. 吳達濟(1609~1637)의 《忠烈公遺稿附錄》의 〈顯節祠祭物陳設圖式〉, 李萬敷(1664~1732)의 〈相揖禮圖式〉이 있다. 중국에도 《朱子家禮》의 〈喪服圖式〉이란 명칭의 도가 있다. 조선시대 유학자들로부터 수집된 도설자료 가운데 이 두 가지 용례만 발견될 정도로 희귀한 예이다. 〈현절사제물진설도식〉은 제사 시 모시는 신위를 비롯하여 제물의 종류와 그것의 수 및 진설의 위치를 밝힌 그림이고, 〈상읍례도식〉은 鄕校 혹은 書堂에서 相揖禮를 거행할 때 건물의 위치에 준하여 설치하는 물건과 사람들의 연동 위치 등을 표상한 그림이다.

### 5) 表와 表說

表는 상호 관련은 있지만 세부적인 내용에서는 서로 차이가 있어서 다양하거나 복잡한 사안들을 상호 비교에 입각한 판정과 평가가 가능하도록 하나의 틀 속에 기준을 정하여 분류하는 방식이다. 일종의 통계적 사안을 표상하는 방법이다. 따라서 이것은 도처럼 비문자적 상징을 사용하는 경우는 거의 없어서 일반적 의미의 도와는 그 형태가 다르지만, 도처럼 전체를 한눈에 파악할 수 있는 직각적 효과를 거두는 표상 방법이다. 양명학자인 정제두의 〈潮汐說 表〉가 있으며, 소위 후기실학자인 정약용의 여러 저술에서 다양한 표를 발견할 수 있다. 그의 《주역사전》의 〈周易四箋 括例表〉, 《상례사전》의 〈免制縱橫表〉, 〈受服表〉, 〈受葛表〉, 〈五服沿革表〉 등, 《악서고존》의 〈相生表〉, 〈十二笛表(五鉉琴)〉, 〈聲氣之元(旋宮表)-律氏新書〉, 〈四通表〉, 《경세유표》의 〈一部十二坊表〉, 〈魚稅表〉, 〈餼貸經緯表〉 등 〈奉天省通共人表〉, 〈餼表〉 등 많은 표가 있다. 이렇게 표를 많이 제작한 것은 통계에 입각한 고증 혹은 실증, 그리고 비교 고찰을 주요한 학문방법으로 삼았음을 시사한다. 그외에 박규수의 《居家雜服攷》의 〈外內長幼禮服燕服同異表〉(〈그림 2-5〉), 〈玄端九服之外爲九服之本而爲士之家服表〉, 〈六服宵衣表〉가 있으며, 박문호의 〈雲臺功臣表說〉(〈그림 2-6〉), 權敦仁(1783~1859)의 〈古尺各等校表〉 등도 존재한다. 表說이란 표와 그것에 대한 해설이라는 의미이다. 표라는 명칭이 붙은 것을 바로 도와 동일시하는 것이 매번 타당한 것은 아니라고 할 수 있다. 예를 들면 정약용은 표와 도를 대체로 엄밀하게 구별하여 사용하였다.

이름은 비록 표라고 붙어 있지 않더라도 이와 유사한 성격을 지닌 것으로서 申景濬(1712~1781)의 〈詩則 格〉을 언급할 수 있다. 다만 유중교의 〈洛書象君爲萬民之表圖〉(〈그림 2-7〉)의 경우는 예외적인 명칭이다. 이 도의 명칭에서 표는 낙서가 임금이 만민의 표상 혹은 表德을 상징한다는 의미로 읽힌다. 그러므로 이 경우는 表와 圖의 합칭이라고 할 수는 없다.

### 6) 譜와 譜說

譜라는 명칭은 악보 혹은 계보의 의미로 사용된다. 이는 일정한 사안에 해당하는 내용들의 계통을 나타내기 위한 표상방법이다. 이러한 의미에서 사전적으로 보를 系圖라고도 부른다. 유중교의 〈開元樂譜風雅十二篇〉 등에서 사용된 譜는 악보를 의미한다. 그와 달리 박문호의 〈西漢經師傳授譜說(〈그림 2-8〉)에서는 《易》, 《書》, 《書古文》, 《詩》,

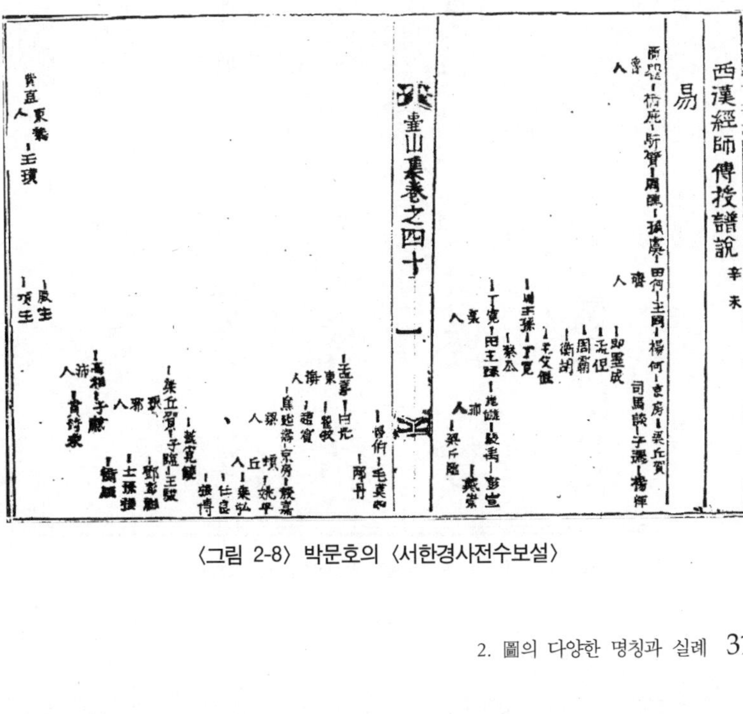


〈그림 2-8〉 박문호의 〈서한경사전수보설〉

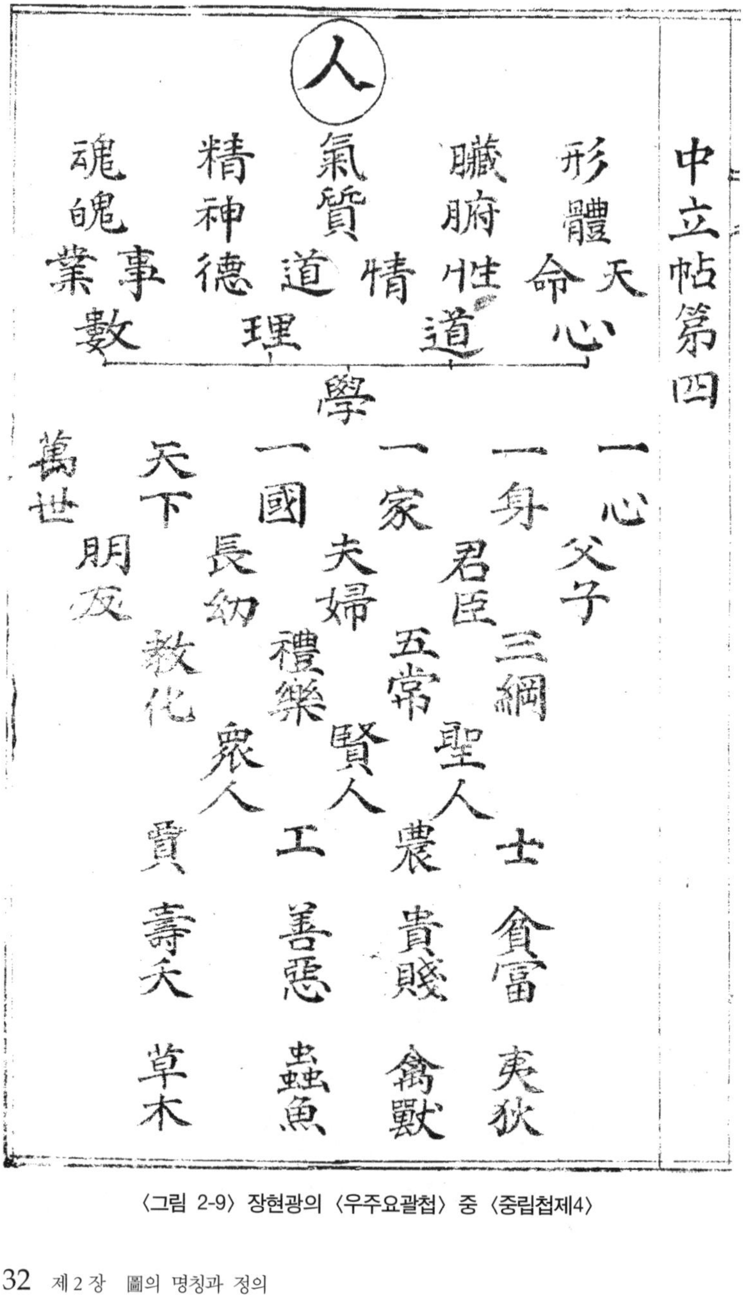


〈그림 2-9〉 장현광의 〈우주요괄첩〉 중 〈중립첩제4〉

《禮》, 《春秋公羊傳》, 《春秋穀梁傳》, 《春秋左氏傳》 등의 경전의 분야별로 서한 시대의 경사의 계보를 도식화하고 아울러 그에 대한 설명을 붙여서 譜說이라는 명칭을 사용하였다. 이러한 사실로 미루어보면, 譜는 일반적으로 系譜 즉 인간이든 사물이든 어떤 개체들의 상호 연속되는 계통을 표방하기 위하여 문자와 비문자적 형상을 사용하여 제작한 그림에 붙이는 이름이며, 음악에서는 연주를 위하여 연속되는 악기의 주법을 표상하는 방법이라고 정의할 수 있다.

특히 계보를 밝히는 의미에서의 譜와 비슷한 것이 道統圖 종류이다. 예를 들면 박세채의 〈道統前後相承之圖〉, 또는 장현광의 《역학도설》 속의 〈道統之圖〉, 박문호의 《壺山全書》 속의 〈東國道統圖〉 등이 그러한 예다. 그러나 악보를 지칭하는 명칭으로 사용되었을 경우에는 그 형태와 표상의 방식이 주로 문자의 배열에 의존하지만, 거기에 육률 등을 표시하여 음의 변화의 방식을 표상하였다. 정약용의 《악서고존》에서만 발견되는 것으로서 〈笛字譜〉의 〈商調曲〉과 〈宮調曲〉의 사례가 있다. 이는 피리 연주를 위한 글자로 만들어진 악보의 한 형태이다. 이는 보의 파생된 형태로 볼 수 있다. 중국의 성리학의 圖 가운데 《書經集傳》의 〈唐虞夏商周譜系圖〉, 《詩經集傳》의 〈諸國譜系圖〉 등이 譜(圖)의 선행 모델이 되었다고 할 수 있다.

### 7) 帖

帖이란 명칭은 장현광의 《宇宙要括帖》의 10개의 그림들에서 사용한 것과 《性理說》 〈氣爲理緯排說之帖〉의 4개의 그림 등에서 발견되며, 김성호의 〈闇修帖〉, 〈日省帖〉, 〈進修帖〉 등의 도상에서도 발견된다. 帖은 비망록의 일종으로서 간편하게 열람할 수 있도록 제작한 책자이다. 〈그림 2-9〉는 장현광이 유교의 원리와 자신의 공부에 관한 중요한 정보들을 10첩의 圖로 제작한 가운데 네 번째 그림인 〈중립첩〉이다.

### 8) 法과 法圖

法은 법칙 혹은 법식을 표상하는 그림을 지칭하는 명칭이다. 이황의 〈開方之法〉을 비롯한 7건의 산법에 관한 그림들, 김장생의 《經書辨疑》의 〈測影之法〉, 정제두의 《河洛易象》 속 〈洛書法〉, 정약용의 〈五服制度法〉, 〈首經五分殺一之法〉, 〈辨十二律上下相生之法〉, 유중교의 〈拾貳律正變倍半之法〉, 成海應(1760~1839)의 〈家禮裁衣前法〉, 〈家禮裁衣後法〉, 黃胤錫(1719~1791)의 〈授時曆法〉, 〈退溪啓蒙傳疑所引卜筮元龜以錢代蓍法〉, 〈平方尺寸冪法〉, 〈袖裏法(掌中定位法)〉, 〈方田求積法〉, 〈堆積還源 圭垜 小梯垜 大梯垜 算法〉〈邵子經世韻法〉, 〈韻法橫圖〉(〈그림 2-20〉), 〈韻法直圖〉(〈그림 2-21〉) 등 꽤 많은 수의 그림이 법의 이름을 붙였다. 이 가운데 〈韻法橫圖〉와 〈韻法直圖〉는 운법을 橫圖와 直圖의 방식으로 나타내는 차이를 구별하는 것이므로 이를 총합해서 韻法圖라고 총칭할 수 있을 것이다. 그리고 산법에 관한 그림들은 산법도라고 부른 예가 있으므로 이들을 산법도라고 칭해도 무방할 듯하다. 산법도라는 명칭의 예는 이덕홍의 〈算法圖幷序大總數四十五〉를 들 수 있다. 그리고 申景濬(1712~1781)의 〈詩則制作法圖〉 역시 法圖라는 명칭의 예이다.

### 9) 目, 目式, 目圖 및 目錄圖

目이란 어떤 사안의 부분에 해당하는 내용들을 단위로 삼아서 표상하는 그림에 붙이는 명칭이다. 目 혹은 目式, 目錄圖 등은 어느 일정한 주제에 부속된 여러 항목이나 명목으로 구분되는 개념들이나 원리들, 혹은 저술의 내용들 각각의 의미와 상호 간의 관계를 일거에 파악하기 위한 용도로 제작된 그림에 붙이는 이름이라고 판단된다.

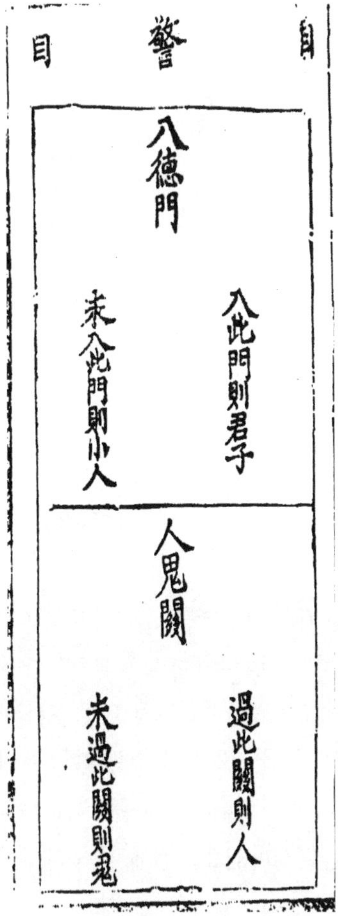

〈그림 2-10〉 박인로의 〈자경목〉

장현광의 《역학도설》 속 〈五禮之目之圖〉와 《性理說》의 〈性情經緯北說之圖〉에는 〈心與物接/身與物接之目〉이 존재한다. 이와 유사하게 조선 전기의 인물로 중종 반정에 참여한 尹衡老(?~?)의 《戒懼菴集》에는 〈心名目圖〉, 〈性名目圖〉 등의 이름이 보인다.[10] 이 명목도는 명칭들의 배열을 중시한 그림이다. 배상열의 《道學六圖》 속 〈第四心該萬化之圖〉에는 그에 부속된 그림으로서 〈理名目〉이라는 명칭의 그림이 있다. 이들은 心 혹은 性, 理라는 각각의

10) 윤형로, 한국문집총간 219책(戒懼菴集), 106쪽. 단 이 그림의 명칭만 전하고 그림은 전하지 않는다.

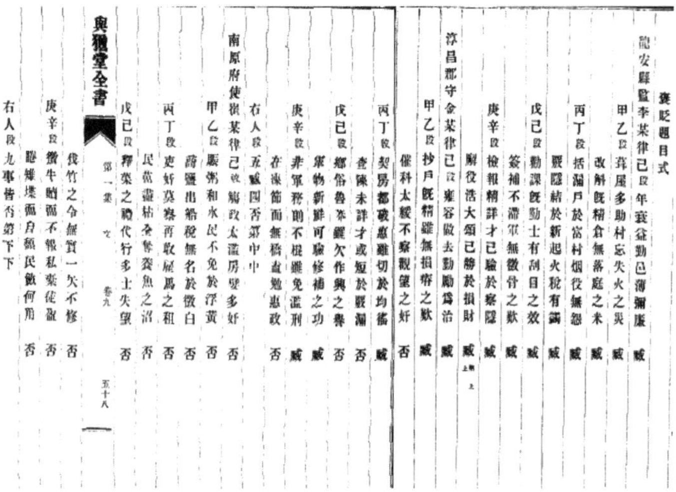

褒貶題目式
龍安縣監李某律己段 年衰益勤邑薄彌廉 臧
甲乙段 葺屋多助村忘失火之災 臧
改解既稍倉無落庭之米 臧
丙丁段 括漏戶於富村烟役無怨 臧
覈隱結於新起火稅有謫 臧
戊己段 勸課既勤士有刮目之效 臧
簽補不滯軍無徵骨之歎 臧
庚辛段 檢報精詳才已驗於察隱 臧
解役浩大須已騰於損財 臧 上中 上
淳昌郡守金某律己段 雍容做去勤勵爲治 臧
甲乙段 抄戶既精雖無損瘠之歎 臧
催科太緩不察觀望之奸 否
丙丁段 契房都破惠雖切於均徭 臧
查陳未詳才或短於覈漏 否
戊己段 鄉俗魯莽難欠作興之舉 否
軍物新鮮可驗修補之功 臧
庚辛段 非罪務則不規雖免濫刑 臧
存恤節而無稽盍勉惠政 否
右人段 五臧四否第中中
南原府使崔某律己段 矯政太濫房變多奸 否
甲乙段 賑粥和水民不免於浮黃 否
蒔鹽出船稅無名於徵白 否
丙丁段 吏奸莫察再敢屠馬之租 否
民荒盡枯全奪蠶魚之沼 否
戊己段 釋奠之禮代行多士失望 否
與猶堂全書 第一集 文 卷九 五十八
伐竹之令無實一矢不修 否
庚辛段 徵牛賄碼不報私藥徒盈 否
聽雜堞瘓自稱民徵何用 否
右人段 九事皆否第下下

〈그림 2-11〉 정약용의 〈포폄제목식〉

개념에 부속되어 있는 항목과 의미를 도해한 것이다. 그리고 朴仁老(1561~1642)는 〈自警目〉(〈그림 2-10〉)이라는 그림을 남겼고, 정약용에게는 〈褒貶題目式〉(〈그림 2-11〉)이라는 자료가 존재한다. 여기서 목식은 목을 표시하는 일정한 격식을 표상하는 그림이다. 그리고 李珥(1536~1584)의 〈聖學輯要目錄圖〉가 특이한 형태로 조사되었는데, 이는 《성학집요》 전체 내용의 항목을 하나의 그림 형태로 표상하였다.

### 10) 數와 數圖

數 혹은 數圖의 명칭은 易學, 書經學, 樂學, 禮學 분야의 수와 관련된 법칙 혹은 이치를 나타내는 그림들에 붙는 경우가 많다. 대체적으로 수 혹은 수도의 성격은 다음과 같이 구분된다. 첫째 우주의 이치, 시간의 전개, 사물의 법칙 등과 관련된 수의 질서를 나타내는 그

림들로서 이들은 대체로 역학이나 홍범에 이론적 연원을 둔다. 둘째 악학과 관련하여 악률의 이치를 수로 표상하는 것과 관련된 그림들, 예학에서 禮器나 禮服에 해당하는 물건들의 정확한 제도를 제공하기 위한 그림들의 부류이다. 셋째 경세와 관련된 실무에서 실제로 조사해서 파악했거나 실무에 적용하기 위해 제작한 통계에 해당하는 내용들을 표상하는 그림들이 있다.

첫째 범주에 속하는 그림들은 다음과 같다. 권근의 《입학도설》 속 〈天地生成之數〉과 〈河圖中宮之數〉, 金麟厚(1510~1560)의 〈洪範數圖〉, 이덕홍의 〈範數方圖〉, 〈範數橫圖〉, 〈洪範皇極內篇九九積實數圖〉, 서명응의 〈方位內圖順數逆數圖〉, 〈方位外圖順數逆數圖〉, 〈老陽三變策數圖〉, 김장생의 《經書辨疑》 속 〈周世數圖〉, 申欽(1566~1628)의 《經世衍易圖說》 속 〈萬物動植之數〉와 〈聲音之數〉, 장현광의 《易學圖說》 속 〈伏羲先天八卦亦合洛書數圖〉, 〈文王後天八卦亦合河圖數圖〉, 〈河圖十五中宮之數〉, 〈天地各五數之圖〉, 〈天地數各再自乘以中數乘除得大衍體用數之圖〉, 〈天地之數相得作九位備大衍體用數圖〉, 〈經世一元消長之數圖〉, 〈大衍洪範本數圖〉, 權榘의 〈陰陽體數用數之圖〉, 〈四五乘中數圖〉, 李恒老(1792~1868)의 〈九九圓數圖〉, 〈九九方數圖〉, 〈九九行數圖〉, 〈九九積數圖〉, 〈綱數目數圖〉, 황윤석의 〈國朝石本天文圖所載二十八宿星數度數去極度數〉, 〈經世四象體用之數圖〉 등이다. 이러한 數圖의 선례로는 《皇極經世書》의 〈經世四象體用之數圖(萬物之數)〉(〈그림 2-12〉)가 있다. 둘째 부류에 속하는 것은 김장생의 《家禮輯覽圖說》의 〈五服衰冠升數〉, 유중교의 《絃歌軌範》의 〈拾貳律寸分釐毫絲數〉, 정약용의 〈蔡氏七音之數〉 등이 있다. 셋째 부류에 속하는 것으로는 정약용의 〈六部摠數〉, 〈九等摠數〉 등이 있다.

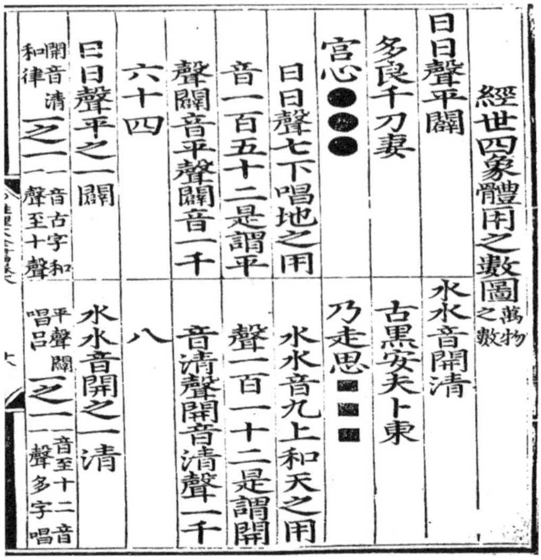

經世四象體用之數圖 萬物之數

日日聲平闢 水水音開清

多良千刀妻 古黑安夫卜東

宮心●●● 乃走思■■■

日日聲七下唱地之用 水水音九上和天之用

音一百五十二是謂平 聲一百一十二是謂開

聲闢音平聲闢音一千 音清聲開音清聲一千

六十四 八

日日聲平之一闢 水水音開之一清

開音清和律之一 一音古字和聲至十聲 平聲闢唱呂之一 一音至十二音聲多字唱

〈그림 2-12〉 황극경세서 〈경세사상체용지수도〉 일부

## 11) 次와 位

位와 次는 자리나 위치를 표상하는 그림에 붙이는 명칭이다. 宋翼弼(1534~1599)의 〈殯位次〉(〈그림 2-13〉), 尹宣擧(1610~1669)의 〈愼齋先生禮葬時賓客序立位次〉, 〈朱子月朝會鄕校拜先聖位次門外立位〉, 〈栗谷間月會書院拜先聖位次門外立位〉, 〈外次拜揖位〉, 鮮于浹의 〈大易理象〉, 〈伏羲先天之易以生出爲次〉, 尹拯(1629~1711)의 〈廟庭中序立位次/堂上坐次圖〉, 尹鑴(1617~1680)의 〈星土九州十有二次〉(〈그림 2-14〉), 유중교의 〈祫享位次〉 등이 그러한 사례이다. 李載亨(1665~1741)의 〈喪主之位〉, 〈尊長位〉와 같은 자료들은 도를 대신하는 명칭으로서 위를 사용한 예이다.

주로 공간적 위치와 배열에 관한 그림일 경우에 붙이는 개념인 위 혹은 차와 도가 결합되어 위차도, 혹은 차도, 위도의 형태의 명칭으로 굳어진 예도 많이 발견된다. 그 예에 해당하는 것은 이황의 〈朱子擬定宋祫享位次圖〉, 張福樞(1815~1900)의 〈朱子擬定宋祫享位次圖退溪擬定文昭殿圖〉, 〈賓主位次圖〉, 유중교의 〈參謁位次圖〉, 〈神壇位次圖〉, 安鼎福(1712~1791)의 〈會集坐次圖〉, 서명응의 〈建會辰次圖〉, 그리고 柳成龍(1542~1607)의 〈星宿方位圖〉, 유중교의 〈八卦正位圖〉 등이다.

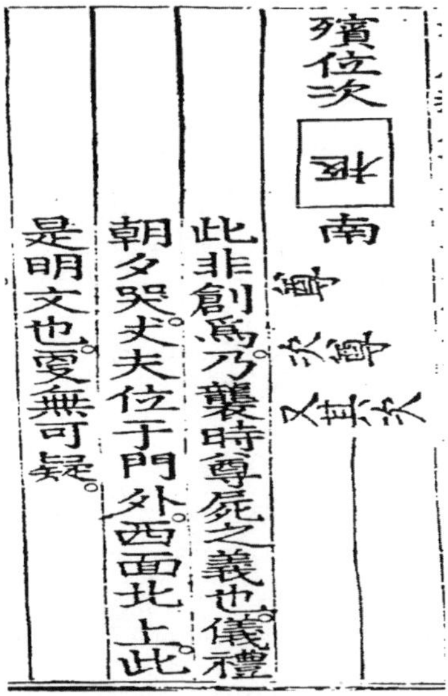
殯位次

此非創爲乃襲時尊㞍之義也儀禮
朝夕哭丈夫位于門外西面北上此
是明文也更無可疑

〈그림 2-13〉 송익필의 〈빈위차〉

## 12) 卦圖類

매우 많은 수를 보이는 것이 卦圖이다. 이는 《주역》의 괘상을 표상한 것, 그 괘상의 변화를 추구하는 그림, 즉 괘변도와 같은 것이 그에 해당한다. 예를 들면 가장 많이 인용되었던 그림이 〈伏義八卦圖〉, 〈文王八卦圖〉(〈그림 2-15〉)[11] 부류가 있고, 윤선거의 〈辟卦圖〉, 洪良浩(1724~1802)의 〈先天八卦重卦圖〉, 金烋(1597~1638)의 《朝聞補錄》 속 〈謙卦圖〉, 서명응의 《계몽도설》 속 〈反對序卦圖〉, 〈互卦之互卦圖〉, 〈一卦變爲六十四卦圖〉, 黃德壹(1748~1800)의 〈心易議擬六十四

11) 張顯光, 《易學圖說》 권6.

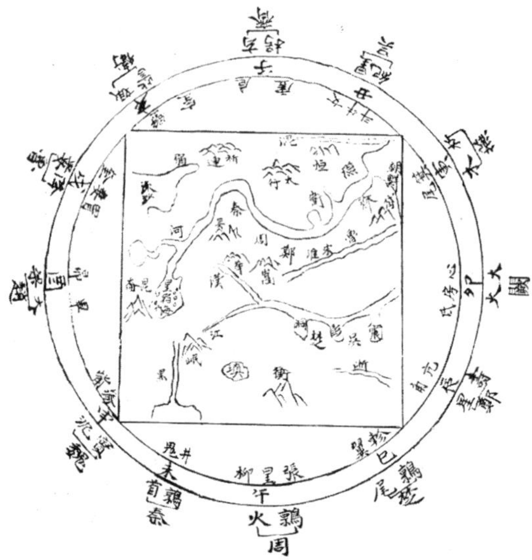

〈그림 2-14〉 윤휴의 〈성토구주십유이차〉

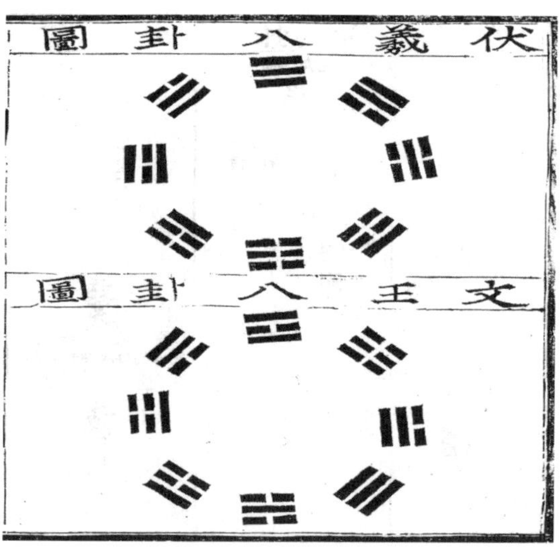


〈그림 2-15〉 장현광 《역학도설》의 〈팔괘도〉

卦圖〉, 배상열의 《易說諸圖》 속 〈以八卦爲太極復生兩儀四象八卦圖〉 등 무수한 예가 있다.

### 13) 地圖

地圖는 지형 혹은 지리적 위치 등을 표시하는 그림에 붙이는 명칭이다. 지도라는 명칭이 붙은 예로는 黃俊良(1517~?)의 〈倭國地圖〉가 있고, 비록 명칭은 지도라고 붙이지 않았어도 군사요충지의 지리를 그린 崔晛(1563~1640)의 〈碧團鎭〉, 〈阿耳鎭〉, 〈山羊會堡〉 등의 그림도 이에 속한다. 또 崔漢綺(1803~1895)의 《地毬典要》 속 〈諸國圖〉도 60여 건의 지도를 담았다.

이 밖에 여기에 거론하지 않은 많은 그림들은 위에 예로 든 명칭을 붙이지 않고 표상하고자 하는 대상의 이름을 그대로 붙여서 도의 제목으로 삼았다. 예를 들면, 이덕홍의 〈惺心元〉은 마음 수양의 원리를 도식화한 것이다. 박규수의 〈外服圖〉의 〈玄冠〉처럼 복식의 이름을 그대로 도의 명칭으로 삼은 것도 있다. 정제두의 저술 가운데 성리학(양명학)의 원리에 관한 그림인 〈天極〉, 〈身極〉과 같이 도의 명칭을 붙이지 않은 것들이 있다. 또 배상열의 〈身心性情之德〉은 《道學六圖》 속 〈第五人事物理之圖〉의 부분도의 명칭이다. 윤선거의 〈堂上禮見之儀〉, 선우협의 《大易理象》 속 〈伏羲之易自兩儀始〉, 〈四象立象〉, 〈八卦立象〉 등이 그러한 예이다. 그리고 어떠한 사실에 대한 조례를 도표 형태로 정리한 것도 있다. 정약용의 〈考課條例〉(〈그림 2-16〉)이 그 예이다.

이상에서 살핀 내용을 종합하면 圖라는 명칭이 가장 일반적이고, 表, 式, 制, 法, 譜, 帖, 目, 數, 位, 次 등의 명칭은 圖를 붙이는 경

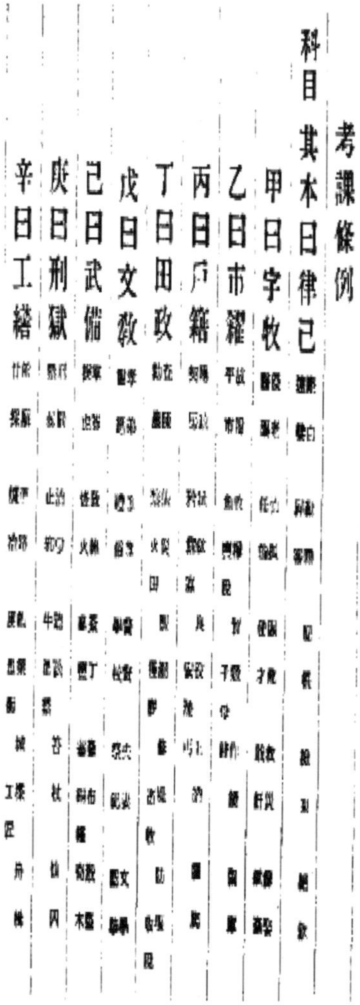

考課條例

科目 其本曰律己

甲曰字牧

乙曰市糴

丙曰戶籍

丁曰田政

戊曰文敎

己曰武備

庚曰刑獄

辛曰工繕

〈그림 2-16〉 정약용의 〈고과조례〉

우와 그렇지 않은 용례가 많이 발견된다. 이는 조선조 유학자들이 圖를 일반적인 명칭으로 사용하였다는 증거가 된다. 그리고 비록 圖라는 명칭을 붙이지 않더라도 表, 式, 制, 法, 譜, 帖, 目, 數 등도 도의 한 형태로 간주할 수 있음을 위의 사례에서 확인할 수 있다. 이렇게 도와 기타 문자가 병칭된 그림, 혹은 도가 아닌 다른 이름으로 칭한 그림들이 도라고 칭한 그림들과 그 방식이나 형태에 커다란 차이가 없음은 본서에 예시되는 그림 자료들을 통해서 확인이 된다. 다만 표라는 명칭을 사용할 경우 학자에 따라서는 도와 구별하여 사용하는 예가 있으므로 무조건 동일시하기는 어려운 점이 있다. 또 位, 次 등도 사실은 圖와 결합이 되든 안 되든 그림의 한 형태로 일반화될 수 있는 명칭이다. 본 연구에서는 도라는 명칭의 자료들과 그렇지 않은 명칭의 자료들을 통합해서 일단 도 자료로 부르고자 한다.

## 3. 圖 형식과 관련된 명칭

### 1) 전체와 부분의 명칭

유교의 도가 처음 제작될 때는 도 자체의 요소를 지칭하는 명칭들이 사용되지 않았던 듯하다. 그러나 조선시대에 도 제작의 역사가 진전되면서 점차로 도 자체의 요소를 지칭하는 명칭도 생겼다. 하나의 도에 동원된 상징적 표현이 복합적일 때 도의 내용을 설명하거나 도의 내용이나 표상 방식에 대한 논의를 할 때 도의 부분이나 전체를 지칭하는 것은 자연스러운 일이다. 이것은 도에 대한 해설을 접할 때 자연스럽게 이해될 수 있지만, 여기서는 그러한 것들이 향후 유교의 도에 관한 연구에 기초적 요소가 될 것으로 판단하여 정리해두고자 한다.

여러 개의 도를 하나의 그림으로 모아서 표상할 경우, 전체를 지칭하는 명칭으로서 行과 全圖가 사용되었다. 먼저 行에 대해서 살펴보자. 李載亨(1665~1741)의 《性命圖說》에는 다음과 같은 설명이 붙어 있다. "선생의 본도는 一行 三層이다. 지금 글자를 자세하게 배열하는 것이 어려워서 먼저 공곽(내용이 없는 외곽선)을 설치하여 그 몸을 보여준 뒤에 세 그림을 나누어서 그 자세함을 드러내니 합하여 살펴보면 그림의 뜻을 모두 알 수 있다."[12] 여기서 行이란 여러 건의 부분도가 합쳐져서 하나의 전체의 그림을 이루었을 때 그 전체를 지칭하는 용어로 사용되었음을 알 수 있다.

이것과는 달리 《홍재전서》에는 全圖와 散圖를 함께 대응하는 개념

12) 松巖集 卷5, 한국문집총간 179책 449쪽(이하 총간 179-449로 표기함). 先生本圖 一行三層 今因字細難排 先設空郭 以見其體 後分三圖 以著其詳合而觀之 可盡圖意.

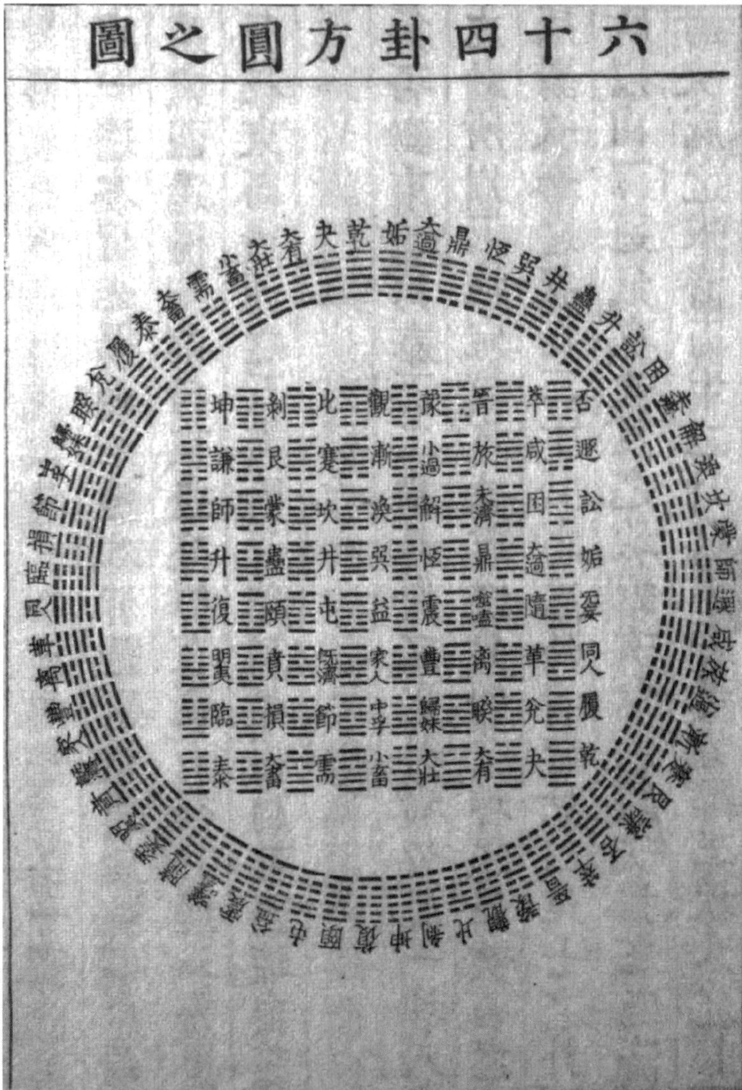


〈그림 2-17〉 김상악의 〈육십사괘방원지도〉

으로 사용하여 전체 그림과 그것의 부분 그림이라는 의미로 사용한 예가 있다. 즉 〈游衡車全圖〉[13]라는 개념은 游衡車의 전체 모양을 그린 것이고, 〈游衡車散圖〉의 輪, 軸, 伏免, 輿는 그 수레의 부분을 그린 것이다. 이러한 예는 朴珪壽의 《거가잡복고》에서 〈冠衣散形圖〉라는 명칭하에 〈玄冠九辟〉에 대해서 4건의 부분도를 그린 것도 있다. 이와 유사한 방식의 구분이 있다. 그것은 《주자가례》의 神主式에 있어서 전체를 '全式'이라 칭하고 부분을 '分式'이라고 칭한 예이다.

### 2) 그림의 형태에 따른 구분

縱書의 방식이 일반적인 문서들은 위로부터 아래로 열을 이루고 열은 좌로부터 우로 전개되는 방향이 일정하였다. 그러나 그와 달리 圖는 내용의 전개방향이 자유로웠다. 그러한 까닭에 도에서는 그 내용의 전개방향에 따른 구별을 보여주는 명칭이 사용되었다. 먼저 역학의 괘상을 표상하는 도의 방식 가운데 일반적인 것이 圓圖, 方圖, 그리고 橫圖와 直圖라는 구별이 있다. 원도란 괘를 둥글게 배열한 그림이고 방도란 괘를 방형으로 배열한 그림이다. 두 형태를 함께 보여주는 것은 金相岳의 《山天易說》에 제시된 〈六十四卦方圓之圖〉(〈그림 2-17〉)이다. 그림에서 보듯이 가운데 방형으로 배열된 괘상들이 방도 형태이고 겉에 둥글게 배열된 괘상들이 원도 형태이다.

또 白鳳來(1717~1799)는 《四書通理 · 中庸》에서 〈二十四圖爲四十四章一輪圖〉(〈그림 2-18〉)라는 도상을 제작하였다. 여기서 '輪圖'라는 표현은 圓圖와 같은 형태이다.

---

13) 弘齋全書卷63, 총간263-495.

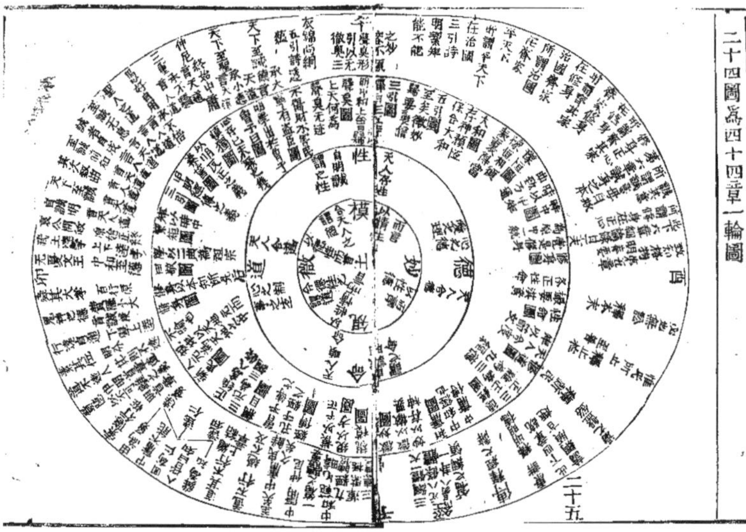


〈그림 2-18〉 백봉래의 〈이십사도위사십사장일륜도〉

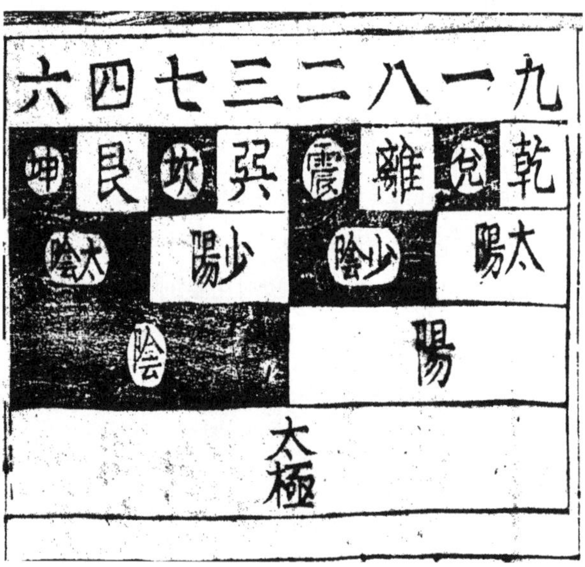


〈그림 2-19〉 최상룡의 〈팔괘횡도〉

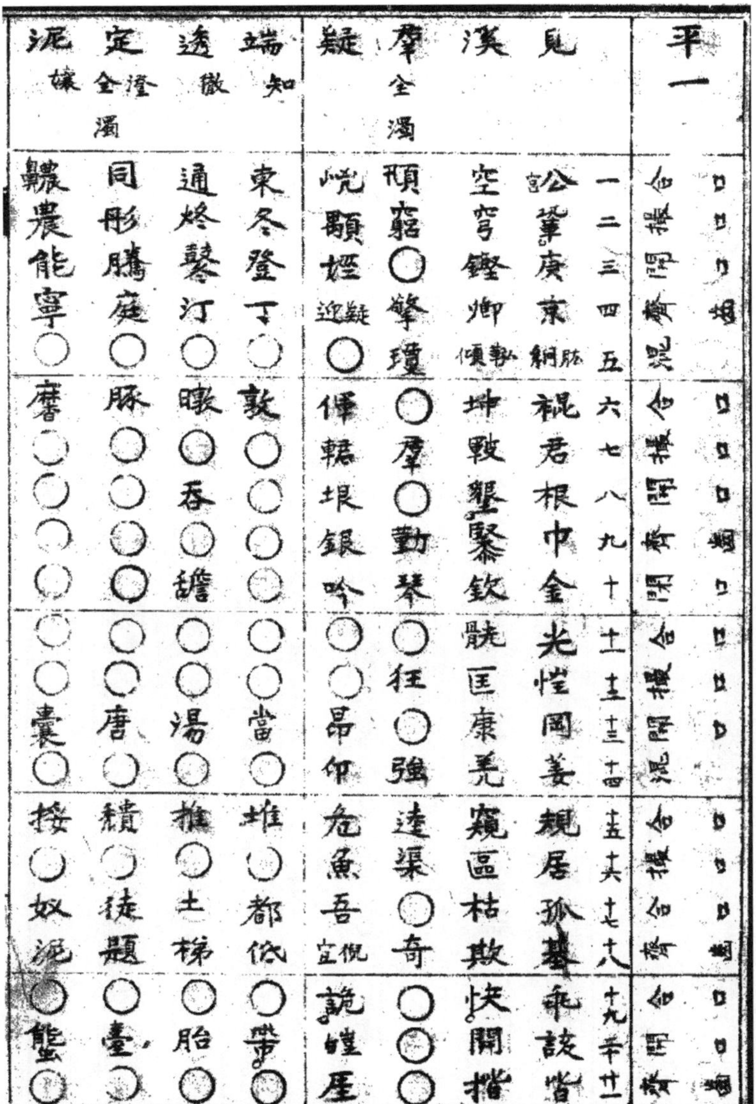

〈그림 2-20〉 황윤석의 《이수신편》 〈운법횡도〉

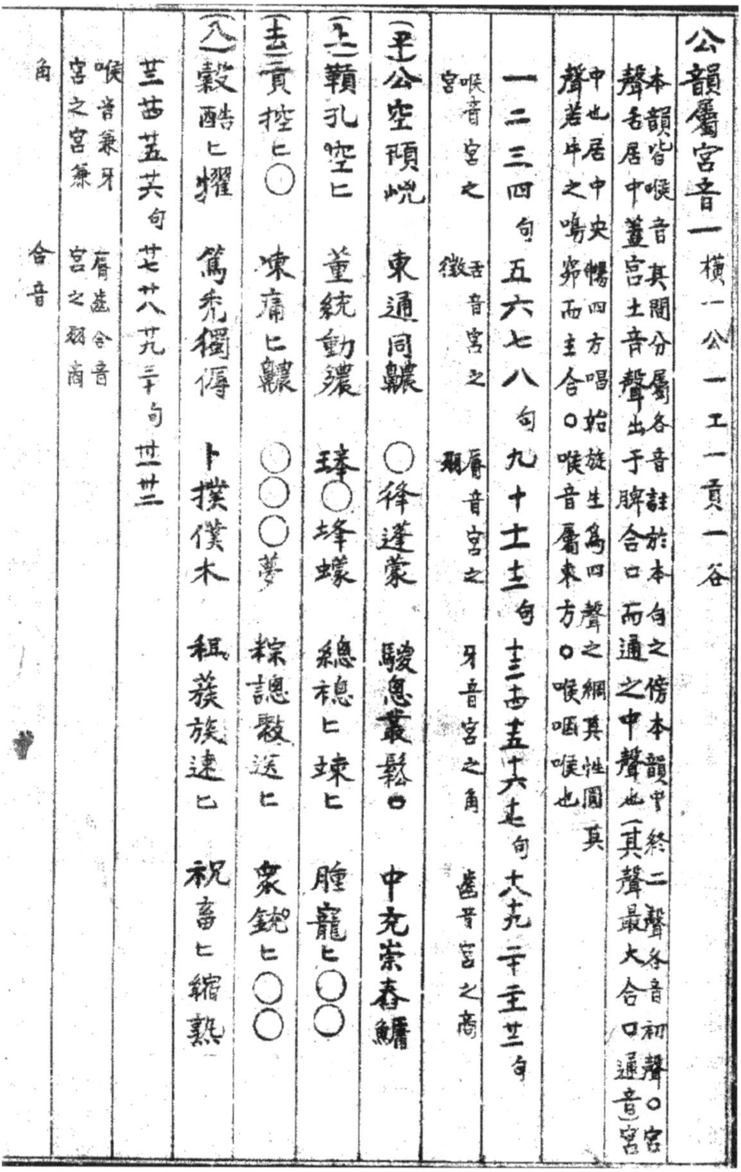

公韻屬宮音一 橫一公 一工 一貢 一谷

本韻皆喉音其間分屬各音註於本句之傍本韻中終二聲各音初聲○宮聲舌居中蓋宮土音聲出于脾合口而通之中聲也(其聲最大合口通音)宮

中也居中央暢四方唱始施生爲四聲之綱其性圓其聲若牛之鳴窌而主合○喉音屬來方○喉咽喉也

一二三四句五六七八句九十十一十二句十三十四十五十六十七句十八十九二十二十一二十二句

喉音宮之宮 舌音宮之徵 脣音宮之羽 牙音宮之角 齒音宮之商

(平)公空硿崆 東通同䑋 ○蓬蓬蒙 駿悤叢鬆○ 中充崇舂鱅

(上)𩐻孔空ㄷ 董統動㶇 琫○埄蠓 總揔ㄷ㨶ㄷ 腫寵ㄷ○○

(去)貢控ㄷ○ 凍痛ㄷ齈 ○○○夢 糉謥𢿈送ㄷ 衆銃ㄷ○○

(入)穀酷ㄷ㿀 篤秃獨㒔 卜撲僕木 祖蔟族速ㄷ 祝畜ㄷ縮熟

廿三廿四廿五廿六句廿七廿八廿九三十句卅一卅二

喉音兼牙宮之宮兼 脣齒合音宮之羽商

角 合音

〈그림 2-21〉 황윤석의 〈운법직도〉 일부

이밖에 橫圖와 直圖가 있다. 횡도란 그림의 요소들을 배열하는 법이 좌로부터 우로 혹은 역으로 전개해가는 형태를 말한다면 직도란 그림의 요소들을 배열하는 법이 문서의 작성법처럼 위에서 아래로 그리고 좌에서 우로 이어가는 형태를 말한다. 최상룡의 문집 속에 있는 〈八卦橫圖〉(〈그림 2-19〉)는 《주역》의 음양 분화 및 괘상의 성립을 설명할 때 많이 사용한다. 그리고 직도라는 명칭은 黃胤錫의 《理藪新編》에서만 발견되는데, 이는 위에서 아래로 문자가 배열되는 방식의 그림 형태를 지칭하는 용어이다.
《이수신편》 속 〈韻法橫圖〉(〈그림 2-20〉)와 〈韻法直圖〉(〈그림 2-21〉)가 그 예이다.

### 3) 도의 내부 구성과 부분적 요소에 관한 용어

도 제작의 역사가 진행되면서 점차 유학자들은 도상의 구성요소를 지칭하는 명칭을 사용하여 그림의 구도나 그림 위의 위치, 혹은 일정한 부위를 지시하였다. 이런 것들은 이황의 〈天命圖說後敍〉에서 사용된 예가 관찰되며 이후 조선 후기의 도 자료에서 간혹 발견되는데, 그러한 사례가 많은 것은 아니다.

일단 그림의 내부적 구성을 설명하는 용어들의 예를 들면 다음과 같다. 〈河圖洛書說〉의 〈洛書象君爲萬民之表圖〉(〈그림 2-7〉)에 대한 설명에서 柳重教는 環列, 拱中, 特立, 統外 등의 용어를 사용하여 도상의 형상을 설명하였다. "洛書의 바깥 여덟 자리가 둥글게 늘어서서[環列] 중앙을 둘러싸고[拱中] 있는 흐름이 있으며, 중앙의 한 자리는 홀로 서 있어서[特立] 바깥을 통어하는[統外] 자세가 있다. 이에 천왕이 만민에게 표준을 세워 바로잡는 상이다."[14] 이러한 용어들은

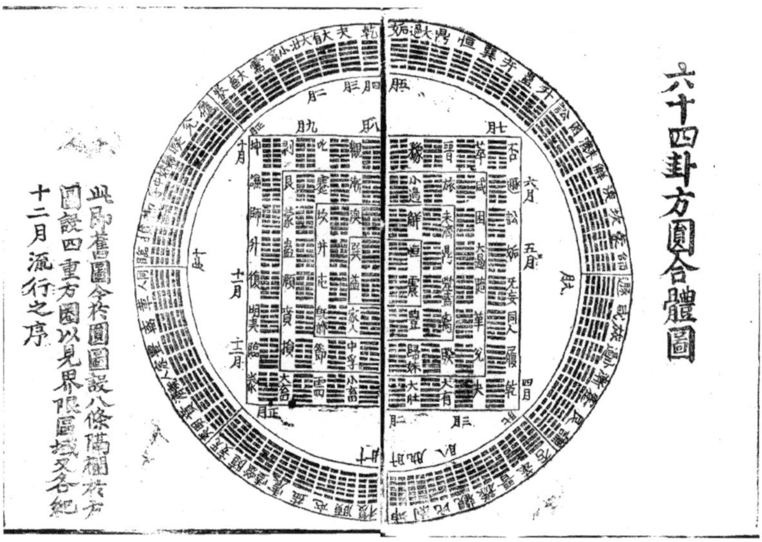

〈그림 2-22〉 유중교의 〈육십사괘방원합체도〉

비록 이 한 그림에만 특수한 것으로서 그림의 요소들을 설명하는 방식으로 많지 않은 예에 해당한다. 그러면 이제 주목되는 용어들을 살피도록 한다.

圈: 도의 세부적 단위를 표현하는 용어로는 먼저 圈을 들 수 있다. 유중교의 〈六十四卦方圓合體圖〉(〈그림 2-22〉)에 대한 설명 가운데 "방형의 그림의 첫째 건곤권"[15]이라는 설명이 그것이다. 이 경우 권은 폐쇄곡선(사각형 포함)을 가리킨다. 그리고 유중교의 〈太極圖說大旨〉에서는 空圈, 第五層 萬物圈 등의 용어도 사용되었는데, 이는 그림의 부분들 가운데 원형의 폐곡선을 표현하는 말이다.[16]

---

14) 柳重教, 《省齋集》 권29-18~19. 外八位環列而有拱中之勢 中一位特立而有統外之勢 乃天王表正萬民之象也.

15) 위의 책, 권26-21. 方圖 第一乾坤圈也.

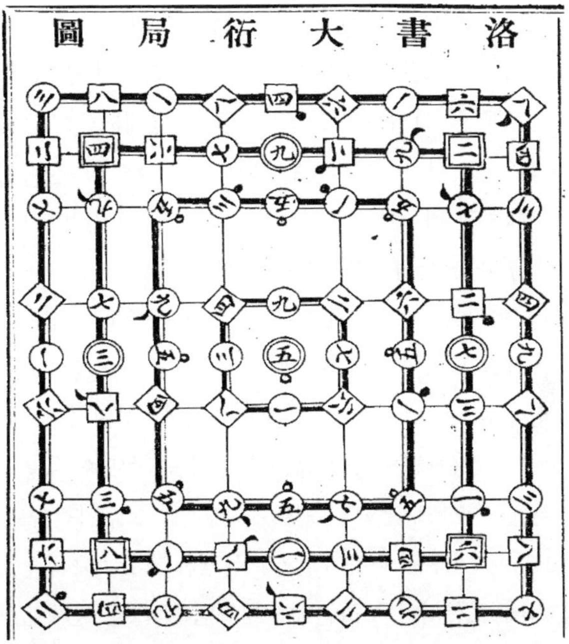


〈그림 2-23〉 유중교의 〈낙서대연국도〉

劃: 그림 속의 직선을 가리키는 용어로는 《명재유고》의 〈노재왕씨 인심도심도〉에서 사용된 劃이란 개념이 있다. 이는 圖 안의 직선을 가리키며 큰 것은 大劃, 작은 것은 細劃으로 구분한다.

重圈과 旁圈: 중권은 이중 동심원 형상에 대해서 사용하는 개념이며, 옆에 친 원을 방권이라고 부른다. 유중교의 〈洛書大衍局圖〉(〈그림 2-23〉)에서 원형이든 방형이든 이중으로 된 폐곡선을 사용한 형태와 그 옆에 친 점이 각각 중권과 방권에 해당한다.

그 용례는 다음과 같다. "모든 국의 中位는 重圈을 사용하여 구별

---

16) 위의 책, 권30 〈太極圖說大旨〉.

하고, 5의 수는 旁圈을 사용하여 구별한다."[17]

圓點과 半點: 〈그림 2-23〉에 보면 좌측 하단의 원 안의 수 一과 三, 그리고 사각형 안의 수 二의 테두리 바깥에는 각각 굵은 원형의 점이 표시되었고, 하단 중앙의 원 안의 수 七과 九, 사각형 안의 수 六과 八의 테두리 바깥에는 각각 삐친 점이 표시되었다. 유중교는 전자를 원점 후자를 반점이라고 하여 구별한다.[18]

層: 여러 학자들의 그림 해설에서 자주 사용되는 용어이다. 이는 몇 개의 분리된 도형이 세로로 결합되어 있는 도상에서 사용된다. 예를 들면 金幹(1646~1732)이 〈答申明允〉에서 "상변의 五層圖는 옳은 듯한데 하변의 四層圖는 옳지 않은 듯하다"는 설명이 좋은 예이다.[19] 또 尹衡老는 〈與柳晦之〉의 別紙에 게재한 〈심학건순오상삼층도〉(〈그림 2-24〉)에 대해서 다음과 같이 설명하였다. "健順과 五常은 모두 심권 속에 포함되어야 하는데 이 그림은 心과 健順 五常을 삼층의 그림으로 만들었으니 이것이 의문을 가질 만하다."[20]

또 동일한 예로 유중교의 〈太極圖說大指〉 첫머리에 "도의 제일층 태극권은 《주역》에서 말하길, '易에 태극이 있다'고 하였으니 이것이 곧 그 형상이다."[21]

상하의 구별: 또 그림의 내용을 나누어서 표기할 때 위와 아래로 나누어서 표기하는 용어로서 上圖와 下圖라는 용어를 사용하는 예가

---

17) 위의 책, 권29, 《河圖洛書說》. 〈洛書大衍局圖〉의 설명. 諸局中位 用重圈別之 五數用旁圈別之.

18) 위와 같은 곳. 凡進數用圓點標 計數宜化一作十 零數用半點標 計數宜化十作一.

19) 金幹, 《厚齋集》 卷10(총간, 155-180). 上邊五層圖似得之 下邊四層圖恐未安.

20) 尹衡老, 《戒懼菴集》 卷 3(총간, 217-104). 健順五常 皆當包在心圈中 而今以心與健順五常 作三層圖之 是可疑.

21) 《省齋集》권30 〈太極圖說大指〉. 圖第一層太極圈 易曰易有太極 此卽其象也.

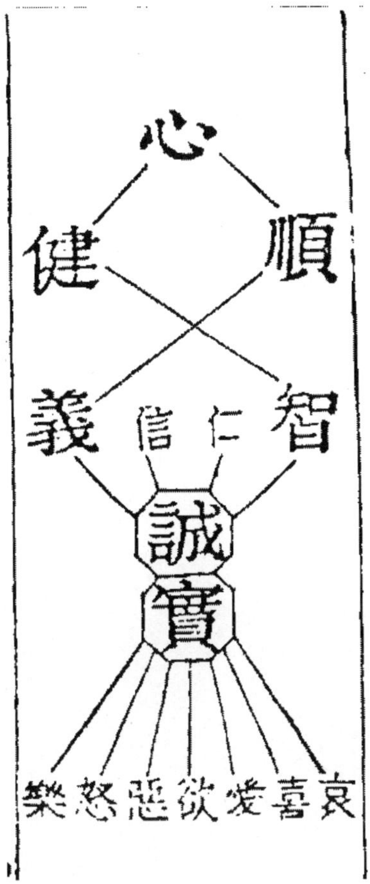


〈그림 2-24〉 윤형로의 일명
〈심학건순오상삼층도〉

있다. 윤형로의 〈中庸圖上圖〉와 〈中庸圖下圖〉가 그 명칭이다.[22] 이상에 거론한 것 외에도 많은 용례가 있을 법하다. 이에 대해서는 훗날의 연구를 통해서 더 보완하여 체계화하기로 한다.

---

22) 《戒懼菴集》 卷9.

# 제 3 장

# 중국 유교의 圖

# 제3장 중국 유교의 圖

중국의 圖 자료들은 유교의 圖에 한정하더라도 긴 역사를 지닌다. 조사한 바에 의하면 北宋시대에 제작된 도 자료들 다수가 현재까지 전하며, 그 이후 도 자료는 꾸준히 제작되어 왔다. 이 장에서는 중국의 도 자료들의 종류와 그 특징을 대표적인 도 자료를 중심으로 살피되, 특히 조선 시대 유교의 주축이었던 朱子學과 관련된 도 자료들에 초점을 맞추어서 살피고자 한다. 조선 유교와 관련된 중국 유교의 도설 자료를 살펴보는 목적은 다음과 같다. 첫째 유교의 학문 방법으로서 도 제작의 목적과 방식의 고찰, 둘째 조선시대 유교의 도 자료 연원의 추적, 셋째 조선 유교의 도 자료들의 특징을 파악하기 위한 비교의 기준으로서 중국 유교 도 연구 등이다.

중국 유교의 도들을 살필 때 유교의 경전 및 기타 유교의 문물에 관한 도를 대량으로 파악할 수 있는 것은 宋代부터의 일이다. 즉 송대부터 중국 유학자들은 다양한 도를 본격적으로 제작하여 오늘까지 전했다. 이 사실은 송대 유학자들이 도 제작을 주요 유교적 학문 방법론으로 삼았고, 또 그들이 경전의 연구 또는 교육과 관련하여 도의 효과가 뛰어나다는 사실을 잘 인지하고 있었음을 의미한다.

그렇다고 할 때에 중국 유교의 발전과 도의 제작은 어떠한 연관이 있는 것일까? 또 북송대부터 제작된 도 자료들은 유교적 학문 방법으로서 어떠한 특징과 의의를 지니는가? 학문 방법이란 학문의 목적을 성취하기 위하여 사용하는 것이다. 도 제작을 하나의 학문 방법이라고 본다면 그 목적은 유교의 문물 혹은 유교의 이념과 학문 원리 내지 경전 내용의 구도와 그 의미를 이해하기 쉽게 그리고 정확하게 전달하는 것에 두게 마련이다. 도에 관한 학문을 圖史之學이라고 표현한 사실로 보더라도 이미 도를 하나의 독자적인 학문 분야 혹은 학문 방법으로 간주한 예가 있었음을 알 수 있다.

중국 유교와의 친연성이 높은 조선 유교 도 자료들이 지니는 특성을 중국 유교 도 자료들과의 비교를 통해서 검토하는 것은 당연한 일이다. 그러나 그것이 단지 양자의 친연성을 확인하기 위한 것만은 아니다. 오히려 한국 유교가 중국 유교를 수용한 뒤에 자체적으로 발전시키고 변화해 나아간 한국 유교의 흐름과 독자성 확인을 위해서 비교가 필요한 것이다. 본 연구에서 그러한 비교를 위해서 다루고자 하는 중국 유교의 자료들은 다음과 같다. 중국 유교의 도설들은 송대 이후 꾸준히 제작되어 그 수가 매우 많은데, 본 연구에서는 송대부터 현대까지 가능한 자료를 동원하여 살피고자 한다. 참고 자료로는 《四庫全書圖鑑》, 《三才圖會》, 《性理大全》, 《朱子全書》, 《朱子家禮》, 《五經大全》, 《四書翼經圖解》, 《六經圖》, 《四書章圖》 등을 사용하였다.

## 1. 圖의 의미와 기원

### 1) 圖의 의미와 書와의 관계

도의 의미에 대해서는 이미 앞에서 살폈기 때문에 재론은 삼가되 다만 도와 서의 관계에 대한 중국 학자들의 인식을 살펴보기로 한다. 앞서 살핀 내용에 의하면 도는 일반적으로 모종의 사물을 묘사한 그림을 의미하지만, 하도처럼 '우주의 원리에 대한 상징적 도상'이란 의미로 이해될 수도 있다. 또 달리 정의하면 도는 '모종의 이념이나 학문적 원리에 대한 상징적 표상' 내지 '어떤 특정한 의도와 목적을 위해서 어렵거나 복잡한 내용을 좀 더 쉽고 간단하게 헤아리게 해주는 표상'으로 정의될 수 있다. 표상의 방법은 실물이나 실제의 묘사의 방법과 형상 없는 것에 형상을 부여하는 형상화 방법 외에도 유교에서 일반화한 핵심 개념 또는 문구를 상징과 함께 강조하는 방법 등이 있다. 필자의 생각으로는 이러한 정의들이 각각 유용하다고 생각된다. 그 이유는 앞으로 유학자들의 다양한 도를 대하다 보면 저절로 밝혀질 것으로 생각된다.

특히 유교에는 도상이 실물 묘사에 그치지 않고 이론, 이념, 경전의 내용, 형이상적 원리 등을 다루는 것들도 많다. 그 때문에 도를 그려놓고도 서에 의한 설명이나 해명이 필수적인 경우가 많다. 또 그러한 이유로 도에 해설을 붙이는 도해 혹은 도설의 방식이 널리 사용되었다. 예를 들면, 〈태극도설〉, 〈천명도해〉, 〈천명도설〉, 〈역학도설〉 등등 매우 많은 사례가 있다. 이때 도 뒤에 붙은 解나 說은 문자에 의한 해명 혹은 기록이라는 점에서 서와 다름이 없다. 즉 도해나 도설은 도와 서의 상호보완 관계에 대한 명칭이다.

그런데 중국 문자의 특수성 때문에 양자의 구분이 아주 명확하지 못하다는 점도 고려할 필요가 있다. 즉 상형문자로서 출발한 중국 문자에는 일종의 圖書 同源의 입장이 보인다. 그러나 그러한 입장이 있음에도 불구하고 圖와 書를 구분할 경우 도가 더 핵심적이라는 입장이 발견된다. 다음 글이 그러한 예이다.

> 옛날의 학문에는 左에 圖가 있었고 右에 書가 있었다. 圖는 書의 精神이다. 거북과 용이 나타나서 하도와 낙서가 일어나고, 하도와 낙서가 일어나니 蒼頡이 書를 만들고 史皇이 畫를 만들었으니 도와 서는 서로 붙어서 다녔다. 周官에서 國子들을 교육할 字學의 머리에 말하길, 象形으로는 모든 것을 표현하지 못하자 諧聲·會意·指事·轉注·假借의 법이 돕게 되었으니 書는 圖의 궁함을 구해낸 것이라고 하였다. 圖譜가 전하지 않으니 三才의 이치를 상고할 수 없어서 비록 書가 있다 하더라도 소경과 똑같을 뿐이다.[1)]

위 글은 도와 서의 관계에 대해서 중요한 추정 몇 가지를 담고 있다. 첫째, 圖와 書는 근원적으로 자연에서 유래한 것에 대한 표상으로서 동일한 근원을 지니며 상호 수반된다는 점이다. 둘째, 圖야말로 書의 정수로서 자연의 이치(三才의 이치)를 정확하게 표현하는 방법이며 따라서 서만으로는 그 이치를 전달하거나 궁구할 수 없다. 셋째, 그럼에도 불구하고 도만으로는 자연의 정수를 모두 이해시키는 데 한계가 있다. 넷째, 따라서 서를 사용하는 것이니 서는 도의 부족함을 보완하는 방법이다. 따라서 이 글은 도와 서의 상호 불가분의 관계와

---

1) 《三才圖會》序. 古之學者 左有圖 右有書 圖者書之精神也 自龜龍見而河洛興 河洛興而蒼頡造書 史皇制畫 圖與書相附而行 周官敎國子字學 首曰象形之不能盡而後諧聲會意指事轉注假借之法助之 書者所以濟圖之窮 圖譜絶而三才之理無所考.

상호 보완적인 관계를 설명하면서도 삼재의 이치 전달에서는 서가 추종할 수 없는 도만의 탁월함 혹은 필수성을 강조한다.

따라서 이 인용문에서 본서의 주제와 관련하여 주목할 것은 '圖는 書의 精神'이라는 명제이다. 정신이란 개념은 어떤 존재의 가장 정묘한 작용을 하는 요소를 뜻한다면, 이는 문자로 설명된 내용[書]의 핵심과 요점을 응집하여 상징적으로 표상하는 것이 도임을 의미한다. 또 위 인용문의 '圖譜가 결여된 書만으로는 삼재의 이치를 전하지 못한다'는 설명은 삼재의 이치를 전하는 데 도가 효과적일 뿐 아니라 필수적임을 의미한다.

그렇다면 그 圖의 필요성 혹은 필수성은 어디에 기인할까? 그것은 바로 서에 결여된 도만의 특수성을 시사한다. 그 특수성에 대해서는 도마다 달리 설명될 수 있다고 하더라도 여기서 말하는 삼재의 도는 사물의 형상을 살려서 그대로 묘사하는 점에 그 특징이 있다. 이 점을 강조하는 까닭에, '百聞이 不如一見'이라는 속담에 빗대어 표현하자면 '百文이 不如一圖'라고 할 수 있다. 즉 백 가지 문장이라 해도 그림 하나만 못하다는 의미이다. 이와 관련하여 주공교가 《삼재도회》의 서문에서 지적하는 도의 두 가지 효용을 음미할 필요가 있다. 첫째는 格物의 일단으로서 致知에 도움이 된다는 점, 둘째는 문자로써 도저히 표현하거나 묘사할 수 없는 사물이나 인물의 모양을 곧바로 전달해서 알 수 있게 해준다는 점이다.[2] 格物이란 《大學》에서 언급된 공부 방법의 첫째 단계로서 사물 혹은 실제에 입각해서 이치를 파

2) 《三才圖會》 序. 君子貴多識 一物不知漆園以爲視肉撮囊 且儒者不云乎致知在格物 按圖而索而上天下地 往古來今 靡不若列眉指掌 是亦格物之一端 爲益一也 萬物鼓鑄於洪鈞 形形色色不可以文字揣摩 留侯狀貌如婦人好女 匪圖是披將以爲魁梧奇偉一大男子食蟹者 儻盡信書直爲勸學死耳 得是圖而存之 無俟讀書半豹 而眼中具大見識 鴻乙無誤 爲益二也.

헤쳐 보는 것이다. 탁상에서 생각만으로 헤아려보는 것이 아니다. 도보가 그런 작용을 가능하게 해준다는 것이 주공교의 견해이다.

하지만 그렇게 중요한 게 도임에도 불구하고 왜 도는 학문세계의 뒷그늘에 가려져 있었을까? 주공교는 도가 궁하게 된 사정 역시 두 가지로 밝혔다. 그에 의하면 첫째 당시에 士에게 圖를 그리도록 하지 않으니 士가 도를 사용하지 않게 되었다는 점, 둘째 도를 단청이나 칠하는 일로 간주하는 상황에서 유치하고 장난스러운 일로 여기니 옛사람들의 左圖 右史를 기꺼이 존신하지 않는 상황이 되었다는 점이다.[3] 이는 서의 정신으로까지 인식될 수 있는 도의 존귀한 기능과 학문방법을 몰각하였던 현실에 대한 개탄이다.

## 2) 圖의 기원

도가 서에 비해 실재에 대해서 더 직접적이고 명확한 앎을 주는 까닭에 도를 중시해야 한다면 그러한 사유의 기원에 대해서 좀 더 자세히 살필 필요가 있다. 중국에서 도의 기원 혹은 원천은 어디에서 찾을 수 있을까? 도의 기원 혹은 원천을 두 가지로 나누어 살펴보겠다. 먼저 중국인들이 도에 부여하는 의미의 원천과 둘째, 도의 제작과 관련된 사실적 발단과 그 역사적 흐름이다. 전자와 관련해서 도의 철학적 원천과 그 의의에 관한 중국인들의 사고와 설명을 살펴보고, 후자와 관련해서는 실제로 제작되었던 도에 관한 역사를 살펴보도록 한다.

3) 위와 같은 곳. 然鐘鼓不以饗爰居 而冠冕不以適裸國 方今圖不以課士 士又安用圖爲是亦爰居之鐘鼓 裸國之冠冕也 爲圖一窮 筆精墨妙 爲吾輩千古生涯 子雲且薄爲小技 矧圖涉丹青之事 卽童稚且嬉戲視之 孰肯尊信如古人所謂左圖右史者乎 是爲圖二窮.

철학적 원천에 관해서 살펴보면, 앞서 살핀 것처럼 하도와 낙서라는 도상을 圖의 근원으로 보는 관점이다. 이 관점은 송대 경학의 전개와 깊은 관련이 있다. 여기서 말하는 경학은 특히 《주역》 및 《서경》과 관련이 있다. 성리학자들에게 이 점은 圖가 성리학의 철학적 근원을 표상하거나 밝히는 핵심적 방법임을 알려주는 설명으로서 중요하다. 즉 용마와 거북에 나타난 형상을 각각 圖로 나타낸 하도와 낙서는 인위적으로 조작된 것이 아니라 자연에서 얻은 상이며, 그것으로부터 연역되는 유교의 道는 자연의 불변적 원리의 표상으로서 절대성을 지니기 때문이다. 이 점을 달리 말하면 궁극적 실재로서의 天道를 표상한 것이 곧 하도와 낙서이며, 그것을 바탕으로 전개되는 《주역》의 원리 및 《서경》, 《서경》 가운데 특히 洪範의 원리는 곧 천도에서 연원하는 절대적이고 보편적인 것이다. 이러한 사고방식은 송대 유교 진리관이 일종의 실재론적 사고와 반영론적 관점에 의하여 형성되어 온 것임을 시사한다.

《주역》 繫辭傳의 글이 실은 그러한 전통의 시단을 열었다. "옛날에 포희씨가 천하를 다스리면서 위로 우러러 하늘에 나타난 상을 관찰하고, 아래로 굽어보아 땅에 나타난 법을 관찰하고, 새와 짐승의 문양과 지상의 마땅함을 살피고, 가까이 자신의 몸에서 취하고 멀리 사물에서 취하여 이에 처음으로 팔괘를 지어서 신명의 덕에 통하고 만물의 정황을 분류하였다."[4] 이는 《주역》의 괘상들과 그것들의 배열이 단지 인간의 인위적 조작에 의해서 만들어진 것이 아니라 천지의 각종 현상과 그 사이의 인간 자신을 비롯한 각종 존재들에 표상된 천도를 반영하는 방식으로 만들어진 것임을 의미한다. 이 괘상들이 만들

4) 《周易》 繫辭傳下. 古者包羲氏之王天下也 仰則觀象於天 俯則觀法於地 觀鳥獸之文與地之宜 近取諸身 遠取諸物 於是始作八卦 以通神明之德 以類萬物之情.

어진 다음, 그에 이어서 《주역》의 十翼이 순차적으로 부가되었다는 사고는 천도의 표상에 있어서 圖는 書보다 논리적인 면에서 뿐 아니라 사실적인 면에서도 선행한다는 사고까지도 보여준다. 그렇다고 할 때 圖는 천도의 원리를 인사의 이치로 변환하는 일차적인 정보 변환의 장치라고 인식되었던 것이다. 그러나 이러한 설명은 전설 시대 성인들의 일로서 실증할 수 없기 때문에 실제 역사의 사건이라고 볼 수 없다.

그렇다면 실제 역사의 현상으로서 도의 제작이 시작되고 진행된 것은 언제부터이고 또 그 실상은 어떠하였을까? 도 혹은 도설이 제작된 역사의 전말을 상세하게 알려주는 문헌들은 많지 않지만, 중국의 명대에 제작된 《四書翼經圖解》 序에서는 중국의 圖譜에 관한 학문이 병서에 기원을 두고 있다는 견해를 제기하였다.

> 옛 사람들의 圖譜의 학문은 생각건대 한대 임굉의 병서 한 종류가 나뉘어 4종이 되면서 글은 53가가 있었고 도는 43권이 있었는데 《七略》에 실렸다. 宋·齊의 시기에 여러 서적들이 그 차례를 잃어버리니 왕검이 다시 《七志》를 지어서 그것을 기록하였다. 칠지 가운데 육지는 글을 담고 나머지 일지는 오로지 도만을 담았다. 이로부터 圖譜의 학은 성현의 은미한 뜻을 알기 쉽게 풀이할 수 있게 되었으니, 어찌 이러한 지난날의 자취로써 우리의 안목을 어지럽힐 수 있겠는가?[5)]

이러한 설명은 유교의 도해와는 거리가 다소 있지만, 중국에서 도

5) 〈四書翼經圖解序〉. 古人圖譜之學 惟漢任宏兵書一類 分爲四種 有書五十三家 圖四十三卷 載在七略 至宋齊之間 羣書失次 而王儉復作七志以爲之紀 六志收書 一志專收圖 自是而圖譜之學要能詮釋聖賢微義 奚用此陳迹以溷吾眼目哉.

보 제작이 한대의 《칠략》에서 시작되면서 후대에 이어져 온 역사가 있음을 간접적으로 시사한다. 이는 《삼재도회》의 서에서도 똑같이 언급된다.[6] 이 글 다음에 이어지는 내용을 보면, 어떻게 도보 제작의 명맥이 지속되었는가를 추정할 수 있다.

> 그러나 晉의 張華가 漢 궁실의 千門 萬戶를 이야기하는 것을 보면 그 딱 들어맞는 것이 마치 메아리같이 똑같아서 남들이 그가 옛 사물을 두루 아는 것에 탄복했으나 장화가 본디 楊佺期의 〈洛京圖〉를 얻었던 것은 알지 못했다. 唐의 武平一이 魯의 三桓과 鄭의 七穆과 《春秋》의 族系에 대해서 빠뜨림 없이 알았으니 남들은 그가 《춘추》에 몹시 밝다는 것은 알았으나 평일이 본디 杜預의 《公子譜》를 얻었던 것은 알지 못했다. 그러므로 도보의 학문은 유익한 바가 대단히 크다. 이 시대에 유학자들이 울기하면서 재식이 각출하여 성현의 은미한 뜻에 해석을 첨가하는 것으로써 의미를 요해하였다고 하면서 매번 宋人의 학문이 우활하고 쓸모가 없다고 업신여긴다. 그러나 나만은 돌이켜 보건대 송인의 학문은 현재 학자들보다 더 실효가 있다고 생각한다. 四書 주해 가운데 明堂과 井田의 종류는 매번 한두 가지의 圖說을 篇首에 두어서 후인이 圖에 근거하여서 象을 살피고, 象을 따라서 이치를 밝히도록 하였다. 그러나 오늘날에는 圖를 포기하고 단지 理만을 말할 뿐이니 훗날에 이름은 같지만 실상은 각각 다르게 되고[名同而實各異], 또 그 다름을 의심하다가 그 같은 것마저 모두 잃게 되고, 어렸을 때부터 익혔다지만 늙어서도 여전히 헷갈리니 유식한 사람들의 웃음거리가 되는 것이 어찌 이상하겠는가?[7]

6) 《三才圖會》 序. 余嘗嘆息而深維其故 漢初典籍無紀自中壘 創意摠括 分爲七略 收書而不收圖 一厄也.

7) 上同. 然觀晉之張華談漢宮室千門萬戶 其應如響 人服其博物 而不知華固是從楊佺期洛京圖得來 唐之武平一談魯三桓鄭七穆春秋族系無有遺者 人服其能明春秋而不

이 인용문은 도보 혹은 도해의 역사가 한당 이후에 특히 송대에 와서 맥이 이어지던 사실, 그리고 중국 송대의 유학자들이 유교 경전인 사서의 주해에 정확한 사물의 이해를 위하여 도를 사용하였던 사실을 소개하고 그 사실을 중시하고 있다. 그리고 도에 근거하여 실제의 형상을 살피고, 그 형상을 근거로 이치를 밝히도록 하는 것이 도해의 근본 취지이자 경전 이해에서 필수 사항임을 밝혔다. 특히 주목되는 것은 중국 명대 유학자들이 도의 중요함을 무시한 점에 대한 비판이다. 그들은 도의 효용을 외면하고 단지 추상적인 이치만을 따졌는데, 그 방식이 명칭과 실상의 불일치를 야기하여 결국에는 경전의 사물과 이치에 관해 진실한 지식을 얻기 어렵게 되었다는 문제점을 되짚었다. 따라서 위 글은 이 문제점과 대비하여 宋人의 도보를 중시하는 방식이 학문적 실효가 더 큼을 밝히는 점이 특히 주목된다.

도보를 중시하는 데서 유교가 추상적이거나 논리적 사유에만 치중하지 않고 실제에 입각한 합리적 사유를 추구한다는 점이 잘 드러난다. 앞 인용문 가운데 "圖에 근거하며 象을 살피고, 象을 따라서 이치를 밝히는" 언급은 도에 의해 묘사된 실제를 사유의 출발점으로 삼고 있음을 보여주기 때문이다. 이는 진실된 지식을 얻기 위하여 도가 중요한 근거와 기준이 된다는 점, 따라서 도를 진실한 지식을 구하는 방편으로 삼는 태도를 드러낸다는 점에서 주목된다.[8] 사실 현재 확인되는 많은 수의 도설 자료들이 송대에 이루어진 것이다. 그러므로 송

---

知平一固是從杜預公子譜得來 然則圖譜之學 其所裨益宏矣 當代名儒蔚起 手眼各出 以添釋聖賢微義爲了義 每鄙宋人之迂腐 迺予顧獨謂宋人之學比於今 尤爲實効 四子書註解 若明堂井田之類 每存一二圖說於篇首 以俟後人卽圖而觀象 因象而明理 而今且棄圖而獨言理 祇恐異代之後名同而實各異 又因疑其異而併失其同 則童習白紛爲有識者所竊笑 亦奚足怪哉.

8) 또 다른 한편으로 도보 역사의 중단 과정을 모두 6시기로 설명한 《삼재도회》의 서문도 이에 대한 참고가 될 법하다.(《三才圖會》 제1책 9~10쪽)

대의 유학자들이 경전의 연구와 관련하여 도를 제작한 것은 유교가 실제에 입각한 합리성을 추구하는 방향성을 확립하는 데 중요한 작용을 했다고 평가하는 것이 마땅하다.

이 글의 내용에 따르면 중국에서의 도 제작의 실제적 역사는 병서에 기원을 두면서 발전하여 오다가 송대에 이르러서 유학적 원리와 문물에 대한 도상 제작이 활발하게 전개되었다는 것이다. 그리고 명대에 와서 오히려 도상 제작이 저조해졌다는 사실도 알 수 있다. 이에 따라서 본다면, 조선시대 유교의 도상 제작의 전통이 남다르게 발달한 점은 송대 주자학의 수용 이후 이를 유일한 정통 학문으로 삼고 반면에 양명학을 이단으로 배척해 갔던 것과도 긴밀한 관련이 있다는 추론이 가능하다.

또 위의 글과는 다른 관점으로 도 제작이 중시된 맥락을 추정할 필요가 있다. 즉 圖의 방법을 중시하는 전통이 중국 남송시대의 주희에게서 본격화된 이유를 살펴보도록 한다. 그는 《易本義》 서두에 〈河圖〉, 〈洛書〉, 〈先天圖〉 4종, 〈後天圖〉 2종, 〈卦變圖〉 등 모두 9종의 圖를 게재하고 다음과 같은 설명을 붙였다.

> 易의 圖 아홉에는 天地 自然의 易이 있고, 伏羲의 역이 있고 文王과 周公의 역이 있고, 孔子의 역이 있다. 복희 이전의 시대에는 모두 문자가 없었고 단지 圖書가 있을 뿐이어서 가장 깊이 완미해야만 易을 지은 본원의 정미한 뜻을 볼 수 있었다. 文王 이후에 비로소 문자가 생겼으니 곧 현재의 《周易》이다.[9]

9) 《易本義》. 右易之圖九 有天地自然之易 有伏羲之易 有文王周公之易 有孔子之易 自伏羲以上皆無文字 只有圖書最宜深玩 可見作易本原精微之意 文王以下 方有文字 卽今之周易.

이러한 주희의 설명은 그림[圖畵]으로써 역학의 본원을 전하는 방식이 문자 이전부터 시작되었고 그것이 역학의 주요 전통이 되었음을 시사한다. 《역본의》에서는 모두에 〈하도〉와 〈낙서〉를 게재한 뒤에 "황하가 圖를 내고 낙수가 書를 내니 성인이 그것을 본받았다"[10]는 〈계사전〉의 글을 인용하였다. 이는 역의 원리가 천지자연의 현상에 드러난 수에 근원함을 표방하는 것이다.

그렇다면 그 도가 함축하는 원리는 무엇인가? 《尙書正義》에 따르면 〈하도〉란 黃河에서 용마가 나타나 그 등에 나타난 문양을 본떠서 팔괘를 그은 것을 말하고,[11] 〈낙서〉란 洛水에서 출현한 거북 등의 문양에 수가 9까지 이르니 우임금이 이를 따라서 수를 매겨서 9류를 이룬 것이다. 주자학에서는 이에 근거하여 이들이 모든 일들의 순서라고 여기는 태도가 정착되었다.[12] 《역본의》 부록에는 〈하도〉와 〈낙서〉를 근원으로 삼는 전통이 중국 漢代의 孔安國(?-?)과 劉歆(기원전 50?~23), 魏의 關郎을 거침으로써 분명하게 되고, 그것이 宋代 邵雍(1011~1077)에게 전승된 것임을 보여준다. 특히 소옹의 다음과 같은 인식을 주희는 그의 역학 원리와 체계를 구성하는 근본으로 끌어들였다.

"소옹이 말하기를, 둥근 것은 별이며 曆紀의 수는 이로부터 비롯되었고, 모난 것은 땅이며 나라의 땅에 획을 그어서 우물 모양으로 나누는[井地] 법이 이를 본뜬 것이다. 원형은 〈하도〉의 수의 배열이고 방형은 〈낙서〉의 문양이다. 그러므로 복희와 문왕은 〈하도〉의 원형

---

10) 《易本義》. 繫辭傳曰 河出圖 洛出書 聖人則之.
11) 《尙書正義》. 河圖八卦 是伏羲氏王天下 龍馬出河 遂則其文以劃八卦 謂之河圖.
12) 《尙書正義》. 天與禹洛出書 神龜負文而出 列於背有數至於九 禹遂因而第之以成九類 常道所以次敘.

에 근거해서 역을 지었고, 우임금과 箕子는 〈낙서〉를 풀어서 〈홍범〉을 지었다."13) 이는 역학을 근원으로 해서 성립하는 유교의 경학 체계와 〈홍범〉을 근원으로 해서 성립하는 유교의 정치사상이 공히 천지 자연의 원리를 현상한 〈하도〉와 〈낙서〉에 기인한 것이라는 인식을 보여준다.

이렇게 본다면 복희로부터 소옹에 이르는 과정이 주희가 인식하는 圖畵의 역사적 맥락이다. 도화의 역사가 유교가 시작되는 근원에 놓여 있다는 사고를 통해서 주희는 도를 제작하는 것이 천지자연의 원리를 인간세계에 구현되도록 하는 필수적·핵심적 과제라는 인식을 하게 되었다. 이러한 주희의 사고는 《삼재도회》 편찬자의 도보 역사에 관한 인식과는 또 다른 계통에 속하는 도상 제작의 맥락에 대한 인식을 보여준다. 그리고 이러한 인식은 도상제작이 천지자연의 이치 내지 형이상적 원리에 대한 표상을 가능하게 한다는 인식을 확실하게 보여준다.

## 2. 중국의 圖 자료집

그러면 중국의 도 자료에는 어떠한 것들이 있는지를 개략적으로 살펴보도록 한다. 이 고찰을 통해서 중국 유교의 도 자료들의 개황을 살피는 한편, 그와 관련되거나 대비되는 주자학 관련 도 자료들의 학문적 위상과 성격을 이해할 수 있을 것이다. 주요 고찰 대상은 《三才圖會》와 《四庫全書圖鑑》이다. 전자는 중국 명말에 도 자료들을 집성편찬한 것이고, 후자는 최근에 과거의 도 자료들을 선집한 것이다.

---

13) 《易本義》 附錄. 邵子曰 圓者星也 曆紀之數 其肇於此乎 方者土也 劃州井地之法 其放於此乎 蓋圓者河圖之數 方者洛書之文 故羲文因之而造易 禹箕敍之而作範也.

이들이 중국의 도설집을 대표하는 것이라고 단정 지어 말할 수 있는가 하는 점은 별도의 논의를 요한다. 하지만 적어도 유교의 도설 자료들을 충분하게 갖추고 있다는 사실만으로도 이들은 중국 유교의 도 자료들에 관한 중요한 정보를 담고 있음에 틀림없다.

중국 明代 말기인 1607년 王圻에 의해 편찬된 《삼재도회》는 유교의 관점에 의해서 天文 · 地理 · 人物을 비롯한 각종 사안을 도를 그려서 제시하고 그에 대한 해설을 수록하였다. 周孔教는 서문에서 다음과 같이 이 도 자료들의 범위와 영역을 설명하였다.

> 이른바 《삼재도회》는 위로는 天文으로부터 아래로는 地理에 이르고 중간에는 인물에 미친다. 정밀한 것은 禮樂 · 經史, 거친 것은 宮室 · 舟車, 변한 것(幻)은 神仙 · 鬼怪, 먼 것은 卉服 · 鳥章, 重한 것은 珍奇 · 玩好, 작은 것은 날짐승 · 물고기 · 동물 · 식물 등 모두 虎頭(저자: 호두는 위진남북조 시대의 화가 顧愷之의 字이니, 그 같은 훌륭한 화가를 의미함)의 손을 빌리고 神姦의 상을 본떠서 권질이 백권에 들어찼으니 이름하여 圖海라고 한다.[14]

이 글은 《삼재도회》가 천문 · 지리로부터 천지 사이의 자연적 존재와 문명적 요소들의 상을 두루 망라한 것임을 말하고 있다. 논자의 관점에서 관심의 대상이 되는 것은 그림의 종류와 내용, 그리고 그들을 분류하여 세운 체계에 관한 것이다. 이 글에서는 《삼재도회》의 모든 그림을 다룰 수는 없으므로 그림 자료들의 분야만을 소개한다.

《삼재도회》는 天文 4권, 地理 16권, 人物 14권, 時令 4권, 宮室 4권,

---

14) 《삼재도회》 서. 所謂三才圖會 上自天文下至地理 中及人物 精而禮樂經史 粗而宮室舟車 幻而神仙鬼怪 遠而卉服鳥章 重而珍奇玩好 細而飛潛動植 悉假虎頭之手效神姦之象 卷帙盈百 號爲圖海.

器用 12권, 身體 7권, 衣服 3권, 人事 10권, 儀制 8권, 珍寶 2권, 文史 4권, 鳥獸 6권, 草木 12권의 분야가 합성되어 체계화되어 있다. 이 가운데 文史 속에는 易圖, 皇極經世圖를 비롯하여 詩經圖, 書經圖, 禮記圖, 周禮圖, 春秋圖 등 경전과 관련된 도 자료들이 수록되어 있다. 그리고 의제, 기용, 의복, 인사 등 중국 고유의 문화적 품물의 원형을 전달해주는 그림들이 다양하게 게재되었다. 이러한 분류는 천문·지리와 인간 및 자연물을 비롯하여 각종 문물들을 부류별로 분배하여 포괄하는 방식이다. 그리고 각 부류에 해당하는 문물 혹은 대상들에 대한 그림은 실물의 원형을 전달하려는 목적으로 제작된 것이 대부분이다. 그리고 대부분의 도상에 대하여 해설을 붙인 것이《삼재도회》의 구성 방식이다. 이러한 도의 제작 방식을 세분하면 더욱더 다양한 도상의 방식에 대한 분석과 설명이 가능하지만 그에 대해서는 지면 관계로 생략한다.

《삼재도회》는 비록 유교적 관점에서 중국 문화를 정리한 것이라고 할 수 있지만, 그 수록된 도의 범위가 유교에만 한정되지 않는다. 그 중에 仙家와 釋家에 관한 그림들을 수록한 것은 주목할 만하다. 이는 편찬자가 선가와 석가를 숭앙하였기 때문이 아니고, 그 실상을 파악함으로써 유교적 인물과의 대비를 얻기 위함이었다. 따라서 이 그림들을 수록한 사실 때문에《삼재도회》가 곧 유교적 문물의 도록이 아니라고 말할 수는 없다. 따라서 이외에도 神姦이나 珍奇한 것들의 그림을 함께 게재한 것은 博學 혹은 格物의 관점에서 이루어진 것으로 볼 수 있다.

《四庫全書圖鑑》은 2004년 1월에 출간된 중국 도설집이다.《삼재도회》가 도설집 제작상 전근대적 방식을 보여주었다면 이는 현대적 방식을 보여준다. 전체 10책으로 이루어진 이 圖鑑은《四庫全書》의 서적들로부터 圖와 文이 함께 뛰어난 가작들을 선별하여 편집한 것이다. 여기에 실린 도설자료들은 정선된 것으로서 그렇지 못한 것들을 포함하면 중국의 학술사에는 더욱 많은 도설자료들이 존재한다고 추정된다.

張福江의 서문에 의하면 經史子集 四部의 중국 역대 저술들로부터 經部 대표작 40부, 史部 대표작 14부, 子部 대표작 15부, 集部 대표작 1부 등 모두 17류의 도 자료들을 집성한 것이 곧 《사고전서도감》의 전체 체계이다.

이 체계 속에서 경부의 도 자료들의 종류와 유형을 살펴보면 다음과 같다. 《사고전서도감》 경부에는 易流 3부, 書類 3부, 詩流 1부, 樂類 3부가 편집되었다. 역류의 도자료들은 북송대 劉牧의 저술인 《易數鉤隱圖》, 북송대의 朱元昇이 찬한 《三易備遺》, 元代의 張理가 찬한 《大易象數鉤深圖》이다. 이 가운데 《역수구은도》의 저자인 유목은 소옹보다 앞선 시기에 활동한 학자이면서 한대 이후 본격화된 象數역학의 맥을 잇는 가운데 圖書 즉 하도와 낙서를 통해서 역경의 이치를 풀기 시작한 학자로 간주된다.[15] 소옹의 상수역학과 도서를 중심으로 한 先天·後天의 학설도 이러한 북송대 학풍의 맥 속에서 형성된 것임은 물론이다. 그렇지만 유목의 이 저술은 소옹의 圖書설과는 다른 점이 여러 가지 있다. 그중 가장 두드러진 차이점은 하도의 수를 9라고 하고 낙서의 수를 10으로 한 점이다.

書류에는 송대의 程大昌이 찬한 《禹貢山川地理圖》, 명대 胡廣 등이 明太祖의 諭旨를 받들어서 蔡沈의 《書經集傳》을 주로 하여 편찬한 《書經大全》 중 도설부분을 추린 것, 청대 지리학가 胡渭가 찬한

15) 《사고전서도감》 1-1. 漢儒言易多主象數 至宋而象數之中 復岐出圖書一派 牧在邵子之前 其首倡者也

《禹貢錐指》 중 〈禹貢錐指圖〉 47폭이 들어있다. 이 중 《우공산천지리도》는 그 원도가 유실되었으며, 현재 존재하는 것은 《永樂大典》의 繪製에 근거한 것이다. 다만 〈九州山水實證總圖〉와 〈禹河漢河對出圖〉는 빠졌다. 《서경대전》의 도설 부분은 상고의 역사와 경전의 내용을 전해주는 것으로서 〈唐虞夏商周系譜圖〉, 〈歷象授時之圖〉, 〈堯典四仲〉, 〈虞書日永日短之圖〉, 〈閏月定時成歲之圖〉, 〈七政之圖〉, 〈六律 六呂圖〉, 〈虞書律度量衡之圖〉 등을 게재하였다. 그리고 《禹貢錐指》는 九州山水脈絡의 연혁과 변화에 대해서 상세한 설명을 가한 것으로서 중국 고대 지리연혁의 중요한 참고서이다. 이 속의 〈우공추지도〉 47폭 가운데 주요한 것으로는 〈九州分域圖〉, 〈九州貢道圖〉, 〈導山圖〉, 〈導弱水圖〉, 〈導黑水圖〉, 〈導河圖〉, 〈西域河源圖〉, 〈導江圖〉, 〈導淮圖〉 등이 있다.

詩류에는 원대에 朱公遷이 찬한 《詩經疏義會通》 1부가 편집되었다. 이는 《詩經》의 내용에 등장하는 사물과 禮器 등을 소개한 것이다. 주요한 도를 거론하면 〈思無邪圖〉, 〈四始圖〉, 〈正變風雅之圖〉, 〈十五國風地理之圖〉, 〈泮宮圖〉, 〈七月流火之圖〉, 〈楚丘定之方中圖〉, 〈公劉相陰陽圖〉 등이 있다.

樂류에는 모두 3부의 저작을 선록하였다. 그들의 제명은 《皇祐新樂圖記》, 《樂律全書》, 《御製律呂正義後編》이다. 《황우신악도기》는 송대의 阮逸과 胡瑗이 인종의 유지를 받들어 《周禮》 및 역대 경전, 제도를 참고하고 비교연구를 거쳐서 律呂와 度量 등 물건을 만든 것을 기록한 것이다. 당대에 사용되는 율려와 악기가 《주례》와 역대 경전과 합치되지 않는 부분을 밝히고 새로운 율려와 악기의 표준과 척도를 제시한 것으로서 중국의 음악학 발전을 고증할 때 중요한 참고 가치가 있다. 《악률전서》는 명대의 律學家인 朱載堉이 찬한 것으로서 전인들의 樂律이론을 총결한 것이며, 도감은 《악률전서》 가운데 六代의 小舞譜 부분을 선록한 것이다. 선록된 부분은 고대의 六舞를 소개하였다. 《어제율려정의후편》은 청조의 允祿, 張照 등이 乾隆의 유지를 받들어 편찬한 것이다. 도감은 이 가운데 樂器攷 부분을 선록하였다. 수록된 악기는 60여 종이다. 이 도설의 구성은 악기의 형상을 그린 그림을 앞에 두고 뒤에 악기의 尺寸의 대소, 형상, 역사연혁 등을 빠짐없이 서술하는 방식을 취하였다.

## 3. 송대 성리학의 圖 제작의 취지

주지하다시피 주자학은 북송시대에 유교의 새로운 흐름을 주도한 다섯 학자들(주돈이, 장재, 소옹, 정호와 정이 등)의 학문을 계승하고 집성하여 이루어진 것이다. 따라서 주자학 관련 도 자료들의 범위는 북송시대의 도 자료들에까지 소급하여 보는 것이 마땅하다. 중국의 유교 역사에서 도가 빈번하게 제작되고 사용된 것은 대체로 北宋시대 이후의 일이며 따라서 송대 유학 즉 성리학의 발흥과 더불어 이루어진 일이다. 그 이전에도 경전의 내용과 관련된 사물들의 형상 혹은 사실들의 내용을 도보로 제작하여 전하는 일이 없던 것은 아니었다. 그러나 북송시대에는 유교 문물의 사실적 전달 혹은 그것을 재현하기 위한 사실적 묘사를 목적으로 하는 도 이외에도 유교의 이념이나 원리의 표상을 위하여 도의 방법을 적극적으로 사용했다. 그리고 남송대 이후 본격화한 유교적 의례의 실천 방식에 관한 도해 역시 단지 의례 관련 기물의 형상을 모사하여 전달하는 것과는 다른 의미를 지니는 도 방법론이다. 이외에도 주희에 의하여 진행된 고대 음악의 연주법을 담은 악보 제작도 중요한 사례인데, 도의 방법을 동원하지 않고는 전달하기 어려운 것이다. 이를 차례로 살펴보도록 한다.

주자학의 전통에서 볼 때에 邵雍(1011~1077)의 〈先天圖〉와 周敦頤(1017~1073)의 〈太極圖說〉은 주자학 원리의 골격이 되었다. 현재 〈선천도〉는 전하지 않는다. 주돈이의 〈태극도〉(〈그림 3-1〉)의 원형은 도교 술사들의 도상이라는 설이 있지만, 비록 도교의 도상을 차용하였다고 할지라도 주희를 비롯한 그 계열의 학자들은 이를 태극이라는 본원, 태극으로부터 음양오행이 발생하는 원리, 및 인간과 만물이 화생하는 이치를 표상하는 도로 이해하고 중시하였다. 주희는 이 도설을 자신의 理氣論의 원리를 정립하는 틀로 사용하였다. 그리하여 〈태극도〉의 도상 방식이 이후 성리학자들의 이기론적 사유를 표상하는 원형이 되었다.

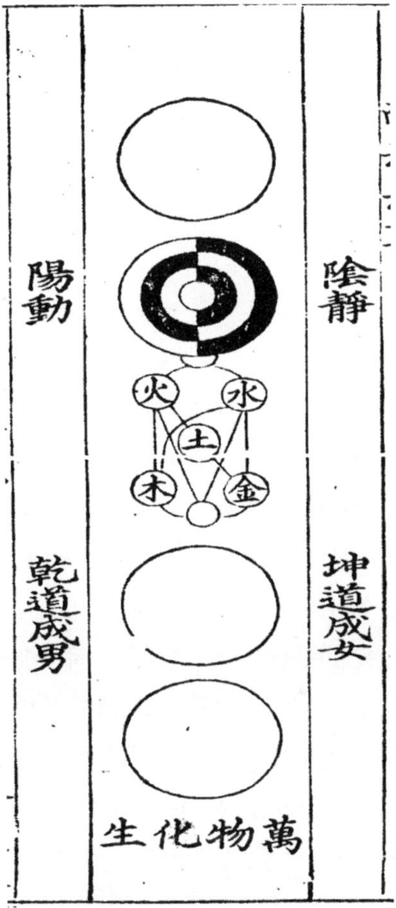

〈그림 3-1〉 주돈이의 〈태극도〉

이 도상의 구성은 모두 5층의 圓圈으로 구성되었다는 점, 특히 제2층의 太極과 그것을 둘러싼 陰陽의 動靜을 표상하는 黑白의 교차된 형상은 나중에 음양의 對待를 표상하는 원형적 상징이 되었다. 예를 들면 조선의 조식 〈三才一太極圖〉, 정지운·김인후·이황 등의 〈天命圖〉들에서 그러한 형상을 확인할 수 있다.

소옹의 〈선천도〉는 중국 고대의 성인으로서 문자가 발명되기 이전에 괘획을 그어서 천지만물의 이치를 보여준 伏羲의 팔괘 도상을 표상한 것이다. 주희는 이러한 선천 관념을 매우 중시한 유학자이다. 《주역》 계사전의 "옛날에 포희씨가 천하를 다스리면서 위로 우러러 하늘에 나타난 상을 관찰하고, 아래로 굽어보아 땅에 나타난 법을 관찰하고, 새와 짐승의 문양과 지상의 마땅함을 살피고, 가까이 자신의 몸에서 취하고 멀리 사물에서 취하여 이에 처음으로 팔괘를 지어서 신명의 덕에 통하고 만물의 정황을 분류하였다"[16]고 한 글과 "역에 태극이 있어서 이것이 兩儀를 낳고 兩儀는 四象을 낳고 四象은 八卦를 낳았다"[17]고 한 글을 근거로 주희는 선천의 원리를 설명하였다. 그에 의하면 易은 河圖에 의해서만 이루어지는 것이 아니라 천지만물 모든 것에 내재한 태극에서 비롯되는 것이기도 하다. 따라서 복희 같은 성인이 하늘을 우러러 살피고 땅을 굽어 살피고 멀리 사물에서 구하고 가까이 자신에게서 취한 모든 내용들을 초월적 입장에서 음미함으로써 자신의 마음에서 이 모든 이치가 하나로 부합되는 것을 스스로 자각하게 되었다고 하였다.[18] 그리고 그 깨달음의 내용은 태극으로부터 양의가 분화되고 사상과 팔괘가 분화되는 이치이다. 이를

---

16) 《周易》 繫辭傳下. 古者包羲氏之王天下也 仰則觀象於天 俯則觀法於地 觀鳥獸之文 與地之宜 近取諸身 遠取諸物 於是始作八卦 以通神明之德 以類萬物之情.

17) 《周易》 繫辭傳上. 易有太極 是生兩儀 兩儀生四象 四象生八卦.

18) 《性理大全》 〈易學啓蒙〉二. 大傳又言包羲畫卦所取如此 則易非獨以河圖而作也 蓋盈天地之間 莫非太極陰陽之妙 聖人於此 仰觀俯察遠求近取 固有以超然而默契於其心矣.

추연하여 나아가면 4로부터 8이 되고 8로부터 16이 되고 16으로부터 32가 되고 32로부터 64가 되고 그것이 계속 분화되어 가면 무궁한 수가 된다는 법인데, 거기에 만사만물이 포함된다는 이치이다. 이는 모든 것이 음과 양의 관계로 분화되고 분류된다는 법칙을 수로 표현할 수 있다는 것이다. 이러한 방식으로 수를 분화하고 확산하여 가는 방법을 加一倍法이라고 불렀다.[19]

주희가 이 선천의 도상을 중시하는 이유는 무엇보다도 이것이 인간의 心思 작용이 개입되지 않고 자연의 이치를 그대로 담아 표상하고 있다는 점에 있다. 심사가 개입한다는 것은 인위적 작용(사고)이 자연의 이치를 변형시키게 됨을 의미한다. 그 때문에 심사가 개입하기 이전의 자연의 순수하고 원천적인 이치를 구하고자 했던 것이다. 〈선천도〉로부터 인위적으로 조작되기 이전의 순수한 천지만물의 이치를 보는 법을 얻을 수 있고, 그렇게 해서 깨닫는 이치가 학문과 도의 궁극적이고 절대적인 표준이 된다고 주희는 생각했다. 그의 《易學啓蒙》은 이러한 소옹의 〈선천도〉를 자신의 역학 원천으로 추앙한 입장을 잘 보여주는 저술이다. 이렇게 보면 북송의 주돈이와 소옹은 주자학의 기반이 되는 중요한 학문적 관점을 제공한 인물일 뿐 아니라, 圖 분야에서도 중요한 선구가 되었던 학자들이다.

도설의 중요성은 이렇게 복잡한 이치를 한 눈에 알아볼 수 있도록

---

19) 이는 소옹의 先天易數의 법칙인데, 정이(혹은 정호)가 "소옹의 수는 加一倍法"이라고 한 것에서 나온 명칭이다.(《程氏外書》 12) 기본적으로 홀수와 짝수의 두 가지 구분으로부터 시작해서 2는 1의 배수가 되고, 4는 2의 배수가 되고, 16은 8의 배수가 되는 등의 방식으로 설명하는 방법을 말한다. 이는 하나의 개체 사물은 1로부터 多로 나아가는 분화 과정의 소산임을 말하는 방식이다. 또는 단순한 것으로부터 복잡한 무궁무진한 과정 속에서 하나의 대립적이면서도 상호의존적인 유기적 전체를 형성하는 것이 우주만물임을 표상하는 방법이다.(来源: 易经大辞典. http://baike.yidao5.com/xiangshu/xianhoutian/10301.shtml)

표상하는 기능에 있다. 이러한 사정을 잘 보여주는 것은 다음과 같은 黃瑞節의 언급이다.

> 易은 네 성인을 거치면서 그 象이 뚜렷해졌고, 洪範은 우임금에게 주어졌으나 수가 전해지지 않았다. 九峯 蔡(이름은 沈) 씨가 皇極內篇數를 찬집하여 하나의 서를 만들었는데 이에 範數圖가 존재하게 되었다. 81장에 육천오백육십일 변을 포함하였다. 西山 眞(이름은 德秀) 씨가 말하길 채 씨의 범수도와 세 성인의 역은 공이 같다고 하였으니 옳은 말이다.[20]

위 인용문에서 보듯이 역의 상을 뚜렷하게 알린 성인의 공에 範數圖(〈그림 3-2〉)의 공을 동격으로 인정받고 있다. 그 이유는 우에게 홍범이 주어졌지만 그 이후로는 홍범의 근본을 이루는 수에 관한 이치가 전해지지 않았는데, 이를 채침이 範數圖를 제작함으로써 비로소 그 수의 이치를 세상 사람이 잘 알아볼 수 있게 되었으니 그 공이 매우 크다는 점이다. 그림에서 보듯이 역의 괘상과 수가 변하는 방식과 괘상 상호간의 관계가 한눈에 들어오도록 한 것이 바로 범수도이다. 다시 말하면 범수도의 특징은 많은 글을 동원하여 풀이하더라도 지루하기만 할 뿐 곧장 이해가 되지 않는 것을 오히려 한번만 보아도 전체 괘상의 관계와 그 변화 과정이 파악된다는 장점이 있다. 이 점은 앞에서 거론하였던 '도는 서의 정신'이라고 하는 사고와도 상통한다. 그 이유는 범수에 관한 설명의 정수를 범수도가 명백하게 보여주기

---

20) 《性理大全》 권24, 3장(여기서 장수 표시는 국립중앙도서관 전자도서관의 자료번호를 따른 것임) 소주. 黃氏瑞節曰 易更四聖而象已著 範錫神禹而數不傳 九峯蔡氏撰皇極內篇數爲一書 於是有範數圖 有八十一 六千五百六十一變 西山眞氏云 蔡氏範數與三聖之易同功者 是也.

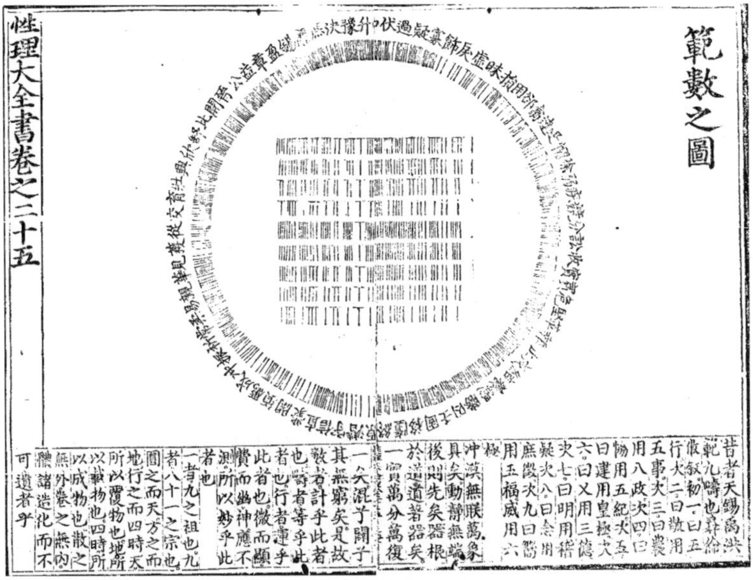

〈그림 3-2〉 채침의 〈범수지도〉

때문이다.

'도는 서의 정신'이라는 의미는 범수도에만 국한되지 않는다. 예학 방면에서 도를 제작한 楊復의 사례도 그 점을 잘 보여준다. 주희의 문인인 그는 《儀禮抄圖》를 제작하였는데 陳普는 그 序에서 도 제작의 효과를 다음과 같이 설명했다.

楊復은 이전에 선사 朱文公을 따라서 《의례》를 읽으면서 예문의 뜻을 이해하고자 하나 이해되지 않으면 뜻에 맞도록 圖를 그려서 예문의 내용을 표상하였다. 도가 이루어지니 禮義가 뚜렷해졌다. 무릇 位의 선후질서, 물건의 경중에 따른 균형, 예의 공손함과 문식의 분명함, 仁의 충후함과 정성스러움, 義의 시의를 잃지 않는 적절함, 智의 문리와 치

밀한 살핌 등 세밀한 것과 굵직한 것, 근본과 말엽 등을 훤하게 알아 볼 수 있었다.[21]

陳普는 세상의 학문 가운데 易처럼 밝히기 어려운 것이 없으나 괘상을 통해서 그 이치를 찾을 수 있듯이, 의례처럼 읽기 어려운 것이 없으나 圖로써 그 이치를 알아볼 수 있다고 설명하고, 또 그 도가 곧 역의 상과 같다[22]고 설명했다. 진보의 설명에서 《의례》처럼 읽기 어려운 것이 없다고 하는 이유는 다음과 같다고 이해된다.

《의례》는 시공간의 구성을 비롯하여 삶의 문화 전반이 지금과는 다른 과거의 문물과 건축 등을 배경으로 행위자들의 동작과 위차를 설정하므로 그 공간적 구성과 시간의 흐름에 따른 행위의 방식과 내용이 직접 시연해보기 이전에는 자못 이해하기 어려운 경전이다. 특히 문자만으로 전하는 의례는 실공간과 실물에 대한 실천적 경험이 없거나 그에 대한 전승이 단절된 상태에서는 더구나 이해가 되지 않는 내용이 되기 쉽다. 양복이 그린 그림들 가운데 〈筮于廟門之圖〉(〈그림 3-3〉), 〈陳服器及卽位圖〉(〈그림 3-4〉) 등은 주로 의례적 위차와 행동에 관한 것으로서 공간의 위치에 대한 것이다. 이러한 그림들은 단지 문자기록만을 보는 것보다는 훨씬 더 분명한 공간과 실물에 대한 이해를 낳는 것은 물론이다. 때문에 이를 역의 괘상에 비유하였던 것이다. 그리고 공간의 구도와 인물 혹은 기물의 배치를 그림에 표시함으로써 실천에 앞서서 마음속으로 일종의 가상적 실험(simulation)이 가능하도록 하였다.

---

21) 《儀禮抄圖》 序. 復曩從 先師朱文公讀儀禮 求其辭而不可得 則擬爲圖而象之 圖成而義顯 凡位之先後秩序 物之輕重權衡 禮之恭孫文明 仁之忠厚懇至 義之時措從宜 智之文理密察 精粗本末 昭然可見.

22) 上同. 雖然莫難明於易 可以象而求 莫難讀於儀禮 可以圖而見 圖亦象也.

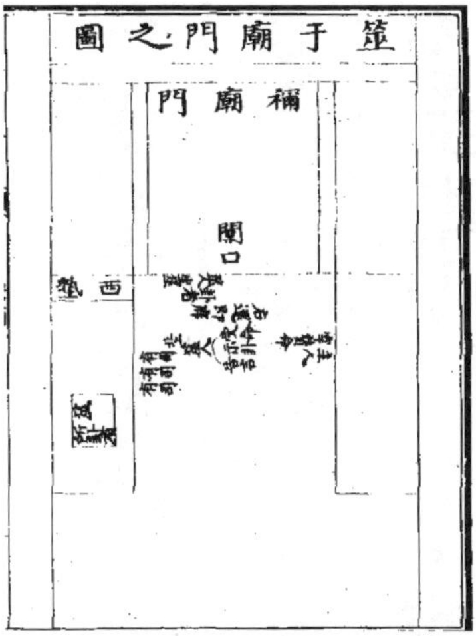

〈그림 3-3〉 양복의 〈서우묘문지도〉[23]

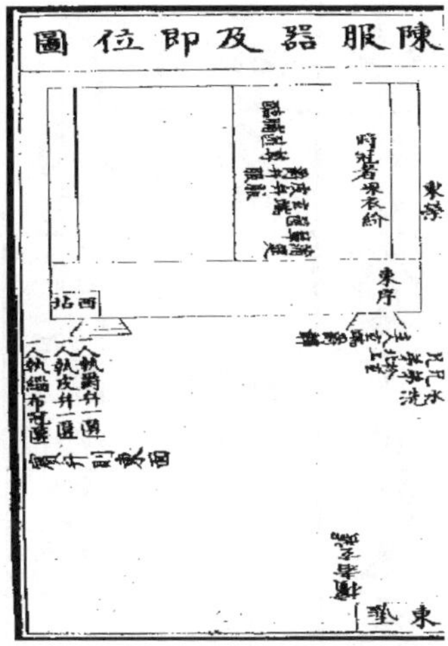

〈그림 3-4〉 양복의 〈진복기급즉위도〉[24]

이와 다른 도 제작의 의의를 보여주는 또 하나의 예가 있다. 그것은 고대의 문물을 재현하기 위한 근거자료 확보에 무엇보다도 도가 가장 유용함을 보여주는 예이다. 주희의 《儀禮經傳通解》의 學禮편 詩樂 권24에는 風·雅의 십이편 詩譜가 있다. 이 시보는 《詩經》의 風과 雅의 시 가운데 歌로 부를 수 있는 것에 聲調를 붙인 일종의 악보이다. 원래 중국 고대 사회에서 詩는 장단을 넣고 성조를 달리하여 읊는 聲歌의 방식이었다. 예를 들면 《시경》의 〈鹿鳴〉, 〈四牡〉, 〈皇皇者華〉 세 편의 시는 임금과 신하가 宴樂할 때에 불러서 상호 노고를 위로함으로써 상호 간의 화합을 두텁게 하는데, 태학에 입학한 학생들은 장차 군신 간의 화합 도모를 위해서 익혀야 했다.[25] 그렇지

---

23) 《중국기본고적고》의 그림.

24) 《중국기본고적고》의 그림.

25) 《儀禮經傳通解》 詩樂 제24 小雅. 傳曰 大學始教 宵雅肄三 官其始也 小註: 宵之

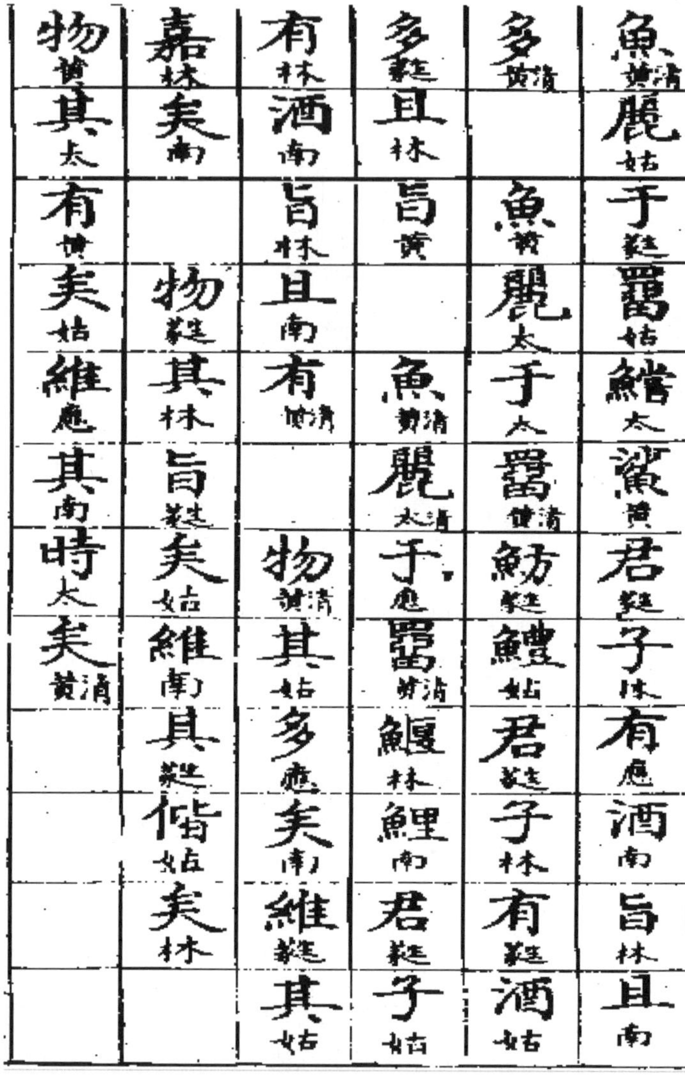


〈그림 3-5〉 주희의 〈채빈삼장장사구무역청상〉

言小也 肄習也 習小雅之三 謂鹿鳴四牡皇皇者華也 此皆君臣宴樂 相勞苦之詩 爲始學者習之 所以勸之以官 此取上下相和厚.

만 그 성조가 전하지 않기 때문에 주희 당시에는 그것을 익히기 어려웠다. 이렇게 시의 성조가 사라진 것은 후한말기로 추정되는데, 그나마 唐의 《開元禮》에 남아 있는 성조를 趙彦肅이 전하는 것을 주희가 입수하여 구비해놓은 것이다.(〈그림 3-5〉)[26]

그러나 성조를 기록한 시보를 채보했다고 해서 시의 성가가 완벽하게 재현되는 것은 아니다. 주희는 그 이유를 과거의 樂에서 사용했을 법한 唱과 歎을 전혀 확인할 수 없다는 점이라고 설명했다.

唱이란 唱者가 歌句를 시작하면 和者가 그 聲을 이어받아서 노래를 부르는 방식과 관련된 것이고, 歎이란 가사 가운데 중첩된 글자와 散聲에 대해서 그 멋을 내기 위하여 발하는 소리이다.[27] 그런데 이는 시보에도 기록되지 않았고, 전하는 악사도 없기 때문에 완벽하게 성가를 재현하고 습득할 수 없게 되었다는 것이 주희의 설명이다. 하지만 시보에 따라서 시구의 글자를 하나씩 성조를 붙여서 부르면 고시 각편을 성가로 재현할 수 있을 것으로 기대한다고 그는 설명했다.[28] 그가 詩詞와 성조를 하나로 합하여 기록해둔 것은 이러한 노력을 통해서 훗날에 재현될 수 있는 소지를 마련해두겠다는 뜻으로 이해된다.

위에서 살핀 채침, 양복, 그리고 주희의 사실들로써 본다면, 중국의 유학자들 특히 송대의 유학자들은 상고시대의 문물을 이해하고 그것을 자신의 문명으로 수용하기 위하여 노력하였는데, 그 노력의 중요한 방식의 하나가 도에 의하여 고대문물과 성현의 가르침을 표상하

26) 上同. 至唐開元 鄕飮酒禮其所奏樂乃有此十二篇之目 而其聲今亦莫得聞矣 此譜乃趙彦肅所傳 云卽開元遺聲也.

27) 上同. 疑竊古樂有唱有歎 唱者發歌句也 和者繼其聲也 詩詞之外 應更有疊字散聲以歎發其趣 故漢晉之間 舊曲旣失其傳 則其詞雖存而世莫能補 爲此故也.

28) 上同. 若但如此譜直以一聲叶一字 則古詩篇篇可歌 無復樂崩之歎矣 夫豈然哉.

는 작업이었다. 그들에게는 그것이 고대의 문물을 후세에 전하는 가장 유용한 방식이었던 것이다. 양복의 《의례도》든 주희가 전하는 조언숙의 시보든 그 점에서는 동일한 의미를 지닌다. 주희에 의하여 보존된 시보가 조선에서는 유중교의 《絃歌軌範》에 전하게 되었다.

## 4. 주자학의 圖學 세계

위에서 대강 살핀 바에 의하면, 중국 송대부터 유학자들은 도 제작을 통해서 고대 문물과 유교 문화의 복원을 꾀하면서 유교의 이치에 대한 명료한 이해를 추구하는 한편, 〈선천팔괘도〉, 〈태극도설〉과 같이 우주의 본원에 대한 철학적 이해의 모델을 정립하기도 하였다. 여기서는 특히 주자학 계열의 중국 유학자들에 의해서 이루어진 도 작업의 대강 내용을 표를 통해서 살피고, 수집한 자료의 범위 내에서 그들이 작성한 도의 세계를 설명해보고자 한다.

앞서 밝혔듯이 주자학의 전통에서 도 자료의 선하를 이루는 것은 邵雍의 〈先天圖〉와 주돈이의 〈太極圖說〉이다.[29] 이 두 도의 근원은 모두 역학과 관련이 있는 것이고 천지 만물의 근원과 그 생성의 원리를 밝힌 점에서 공통점이 있다. 그러나 양자 간에는 차이점도 크다. 그 차이점은 다음과 같다.

〈태극도〉는 역학의 이치를 근본으로 삼되 태극으로부터 음양, 오행, 건곤, 만물의 단계로 구체화되어가는 과정을 모두 5층의 원을 세로로 연결하는 방식으로 표현한 것이다. 즉 위로부터 차례를 말하면, 무극이면서 태극이라는 우주의 본원 상태, 태극의 動靜에 따른 음양

29) 《性理大全》 권15 易學啓蒙二. 黃氏瑞節曰 先天圖與太極圖同時而出.

의 파생, 음양의 작용에 의한 오행의 발생, 음양과 오행의 합성에 의하여 건곤이 구별되고 남녀의 성이 구별되는 단계, 그리고 건곤 남녀로 구별된 존재들 간의 화합에 의하여 개별적 존재가 化生하는 단계를 각각 하나의 구별되는 단계로 표상하고, 그들이 순차적으로 연결되어 진행되는 과정임을 보여준다.

이와 달리 〈선천도〉는 8괘로 표상된 단 하나의 층과 권역으로 이루어진 도상으로 추정된다. 〈선천도〉는 선천역을 상징하는 도상으로 간주되며, 이것이 복희씨가 그린 〈팔괘도〉에 준하는 것이라고 간주된다. 이 도상에는 소옹에 의하여 주창된 先天의 관점이 담겨 있다. 先天은 後天에 상대되는 개념인데, 양자의 차이는 다음과 같은 구별이 가능하다. 주희는 先天은 天地의 所以然을 모사한 것이고 後天은 天地의 所當然의 이치를 정돈한 것이라 규정한다. 이렇게 되면 전자는 天理 그 자체를 보여주는 것이고, 후자는 그 천리를 인사에 맞도록 그 순서를 바꾼 것이라는 설명이 된다.[30]

주희는 이 같은 관점에서 先天易과 後天易을 구별했다. 그는 소옹의 설에 근거하여서 선천역은 伏羲가 그린 역이고, 후천역은 文王이 그것을 推衍한 역으로 구별했다. 선천역은 문자가 발명되기 이전 시대에 복희가 하나의 그림(〈팔괘도〉〈그림 2-15〉) 속에 괘의 象과 數를 배열하고 천지만물의 이치와 陰陽始終의 변화를 거기에 갖추었던 것이다.[31] 반면에 후천역은 문왕의 역으로서 당시에 전하는 《周易》이며 孔子가 傳을 붙인 것이다. 선천과 후천을 그림으로 나타낼 때의

30) 《性理大全》〈易學啓蒙〉 二(1085). 或謂先天乃模寫天理之所以然 純乎天理者也 後天乃整頓天地所當然之理 合以人事 此意固自然.

31) 《性理大全》〈易學啓蒙〉 二(1081). 朱子曰 據邵氏說先天者 伏羲所畫之易也 後天者文王所演之易也 伏羲之易初無文字 只有一圖以寓其象數 而天地萬物之理 陰陽始終之變具焉.

차이에 대해 주희는 다음과 같이 설명했다. “처음에 획을 긋기 이전부터 여섯 획이 꽉 찬 곳에 이르기까지 설명하는 것이 邵子의 이른바 先天의 학이고, 卦가 이루어진 뒤에 각 하나의 뜻을 따라서 미루어 설명하는 것은 소자의 이른바 後天의 학이다.”[32] 이러한 구별을 통해서 주희는 역학의 연구 범위를 선천의 범위까지 심화시키고자 하였고, 그것을 통해서 사물의 상과 수가 나타나기 이전의 태극의 본원에 대한 앎을 터득하는 것이 중요하다는 입장을 취했다.

그리고 한 가지 특기할 점은 주희가 “선천학은 심법이므로 圖는 모두 중앙으로부터 일어나니 온갖 조화와 온갖 일들이 심으로부터 생긴다”[33]고 한 언명이다. 선천학이란 문자나 도상으로 표현되기 이전의 태극의 시점까지 소급하는 것이고, 그 태극은 아직 구체적인 상과 수로 미분화되기 이전이지만 만사만물의 이치와 상수를 그 속에 빽빽하게 갖추고 있으므로 이것을 관조하고 터득하기 위해서는 사실 아직 그러한 양상이 구현되지 않은 시점[未然]에 마음으로 그 모든 것을 그려보고 추구하는 것이 필요하다.

이러한 의미에서 주희는 심법과 선천학을 동일시하였다. 선천학의 학문분야를 제시함으로써 주희의 학문은 주돈이의 학문과 소옹의 학문을 하나의 근원으로 소급하여 융화시킬 수 있었으며, 선천역학의 관점에 기초한 理氣論의 체계를 건립할 수 있었다. 특히 선천학이 자연의 수를 그대로 드러낸다는 것은 곧 천지의 객관적이고 절대적인 실체를 알게 해주는 통로가 되고 그로써 모든 인사의 표준을 정할 수

32) 《性理大全》〈易學啓蒙〉 二(1081). 自初未有畫時說到六畫滿處者 邵子所謂先天之學也 卦成之後各因一義推說 邵子所謂後天之學也.

33) 《性理大全》〈易學啓蒙〉 二(1073). 又曰 先天學心法也 故圖皆自中起 萬化萬事生于心也.

〈표 3-1〉《황극경세서》의 도

| 圖의 명칭 |
| --- |
| 伏羲始畵八卦圖 |
| 八卦正位圖 |
| 八卦重爲六十四卦圖 |
| 六十四卦方圓圖 |
| 陽九陰六用數圖 |
| 經世衍易圖 |
| 經世天地四象圖 |
| 經世天地終始之數圖 |
| 經世六十四卦數圖 |
| 經世一元消長之數圖 |
| 經世四象體用之數圖(萬物之數) |
| 正聲正音 |

있다는 인식을 보여준다. 이후 조선의 유학자들이 선천과 후천에 관한 그림을 많이 제작하거나 탐구하였던 것은 이와 깊은 관련이 있다.

앞에서 밝힌 것 이외에 주희 이전에 도 제작을 했던 인물로 邵雍의 아들 邵伯溫(1055~1134)을 들 수 있다. 그는 부친의 저작에 관련된 도를 제작하였다. 소옹은 《皇極經世書》를 저술하여서 다음과 같은 사항을 밝혔다. 易의 天地의 數에 비견하는 元會運世의 수의 이치를 밝히고, 그 수에 기초하여 天時와 人事의 상관관계의 歷年을 밝힘과 아울러 陰陽剛柔의 수로써 律呂聲音의 수를 밝히고, 律呂聲音의 수로써 萬物의 수를 밝히고, 日月星辰과 만물의 수를 궁구하여서 천지만물의 이치를 밝히고, 皇帝王覇의 사건들을 기술하여 大中至正의 도를 밝힘으로써 陰陽의 消長과 古今의 治亂을 분명하게 알아볼 수 있도록 했다.[34] 소백온이 그린 그림은 〈一元消長圖〉 등의 그림이라고 한다. 지금 전하는 《性理大全》의 《皇極經世書》에는 이를

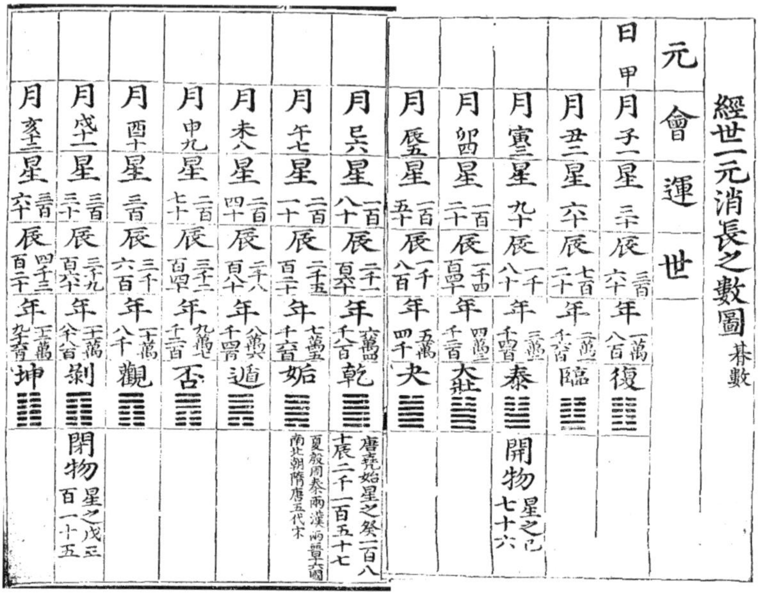

〈그림 3-6〉《황극경세서》의 〈경세일원소장지수도〉

推衍하여 그린 蔡沈의 그림들이 실려 있다.(〈그림 3-6〉)

주희의 저술집인 《주자전서》에는 《易學啓蒙》과 《儀禮經傳通解》 속에 많은 그림들이 있다. 그리고 《주역본의》에도 도가 수록되어 있으며, 《朱子家禮》에도 도가 많이 있다. 그러나 《주자가례》의 도의 진본 여부에 대해서는 의문점이 많이 제기되었고, 그 그림을 주희의 자

---

34) 《性理大全》〈皇極經世書〉 一, 邵伯溫曰 皇極經世書凡十二卷 其一之二 則總元會運世之數 易所謂天地之數也 三之四 以會經運列世數與歲甲子 下紀帝堯至于五代歷年表 以見天下離合治亂之迹 以天時而驗人事者也 五之六 以運經世列世數與歲甲子 下紀自帝堯至於五代 書傳所載興廢治亂得失邪正之迹 以人事而驗天時者也 自七之十 則以陰陽剛柔之數 窮律呂聲音之數 以律呂聲音之數 窮動植飛走之數 易所謂萬物之數也 其十一之十二 則論皇極經世之所以爲書 窮日月星辰飛走動植之數 以盡天地萬物之理 述皇帝王覇之事 以明大中至正之道 陰陽之消長 古今之治亂 較然可見矣.

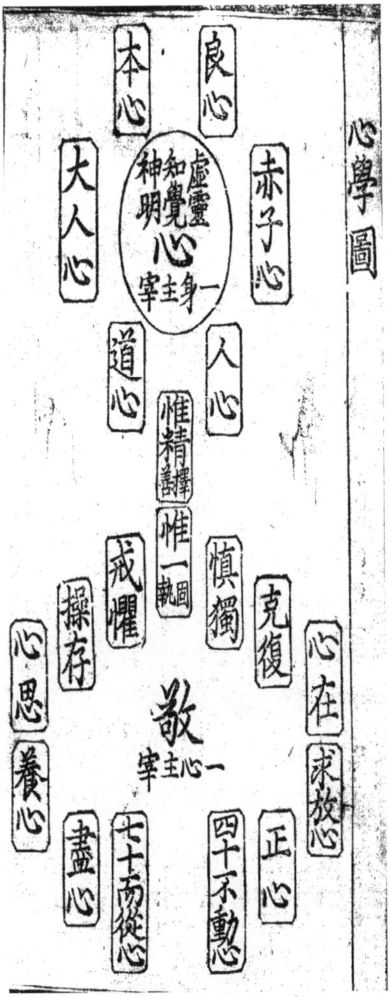


〈그림 3-7〉 정복심의 〈심학도〉

〈그림 3-8〉 왕백의 〈인심도심도〉

작으로 보지 않는 입장이 특히 조선의 영남 쪽의 학자들에게서 두드러지게 제기되었다. 그 의문점이란 《주자가례》의 도들이 《주자가례》

禮文의 내용과 서로 어긋나는 점이 많다는 점이다. 때문에 《주자가례》의 도들은 원문에 대한 이해가 올바르지 않은 사람의 소작으로 의심받게 되었다.

주희의 영향은 그의 제자들과 후학들에게 미쳐 도 제작이 지속되었다. 채침에 의하여 《서경》과 《황극경세서》의 내용을 표상한 도, 또 《洪範皇極內篇》 도들이 제작되었다. 그리고 《律呂新書》의 편찬도 이루어졌는데 이 속에 역시 여러 도가 수록되었다. 그리고 주희의 문인 眞德秀(1178~1235)는 《心經》을 편찬하였고, 250여 년 뒤에 명대의 程敏政(?~1499)이 附註를 편찬했다. 《心經附註》를 편찬하는 과정에서 정민정은 원나라의 유학자인 程復心(1257~1340)의 〈心學圖〉(〈그림 3-7〉)와 王栢의 〈人心道心圖〉(〈그림 3-8〉), 趙致道의 〈誠幾圖〉, 范浚의 〈舜蹠圖〉를 덧붙여서 《심경》의 이해를 도왔다.

〈심학도〉를 그린 정복심은 《四書章圖》라는 대작을 남겼다. 《사서장도》는 《논어집주》, 《맹자집주》, 《대학장구》, 《중용장구》등 주희의 주석과 장구의 주요 내용을 장별로 작성한 도를 모은 것이다. 이 저술의 구성은 《논어》, 《맹자》, 《대학》, 《중용》 거의 각 장마다 그 내용과 구조를 요약하여 도해한 것이다. 이러한 방식의 도가 각 장마다 빠짐없이 제작된 것은 아니고, 더러 도가 없는 장도 있다.

《사서장도》 가운데 《대학》과 《중용》에는 경전 전체의 주요 내용을 서두에 요약한 도를 제시하는 체제로 구성한 것이 《논어장도》 《맹자장도》와 다른 점이다. 《大學章圖》에는 서두에 〈三綱領八條目爲學次第〉를 두고 이어서 〈大學綱領〉, 〈綱領體用圖〉(〈그림 3-9〉), 〈明德圖〉, 〈復初圖〉(〈그림 3-10〉) 등의 명칭을 붙인 그림들을 배치하여서 《대학장구》를 이해하는 주자학적 관점을 분명히 시사하고 있다. 또한 《中庸章圖》에서는 초두에 〈中庸道統之傳〉(〈그림 3-11〉), 〈中庸名義〉(〈그

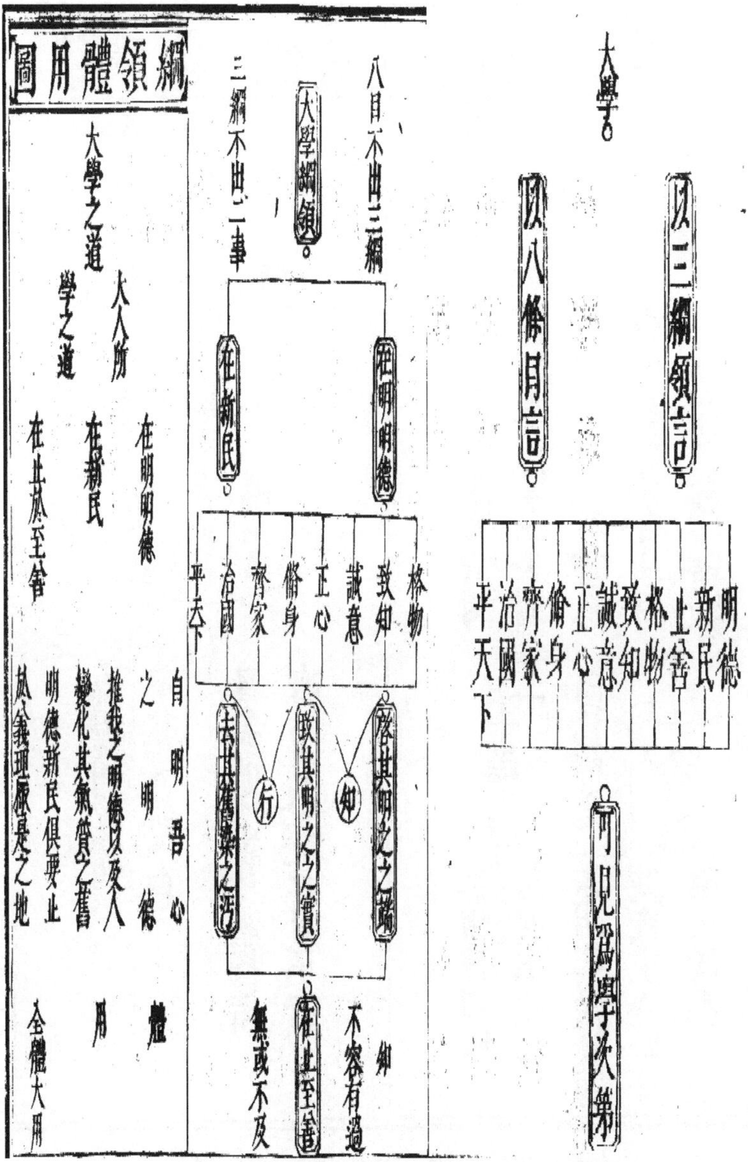


〈그림 3-9〉《사서장도-대학》〈위학차제〉〈대학강령〉 및 〈강령체용도〉

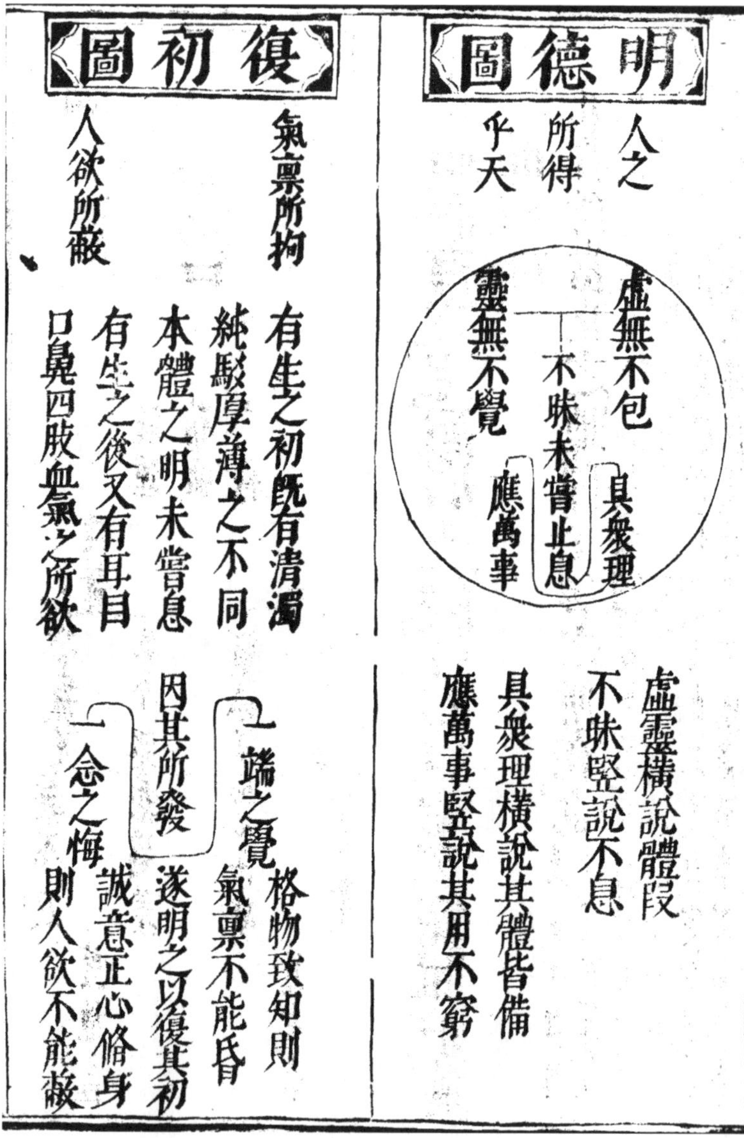


〈그림 3-10〉《사서장도-대학》〈명덕도〉와 〈복초도〉

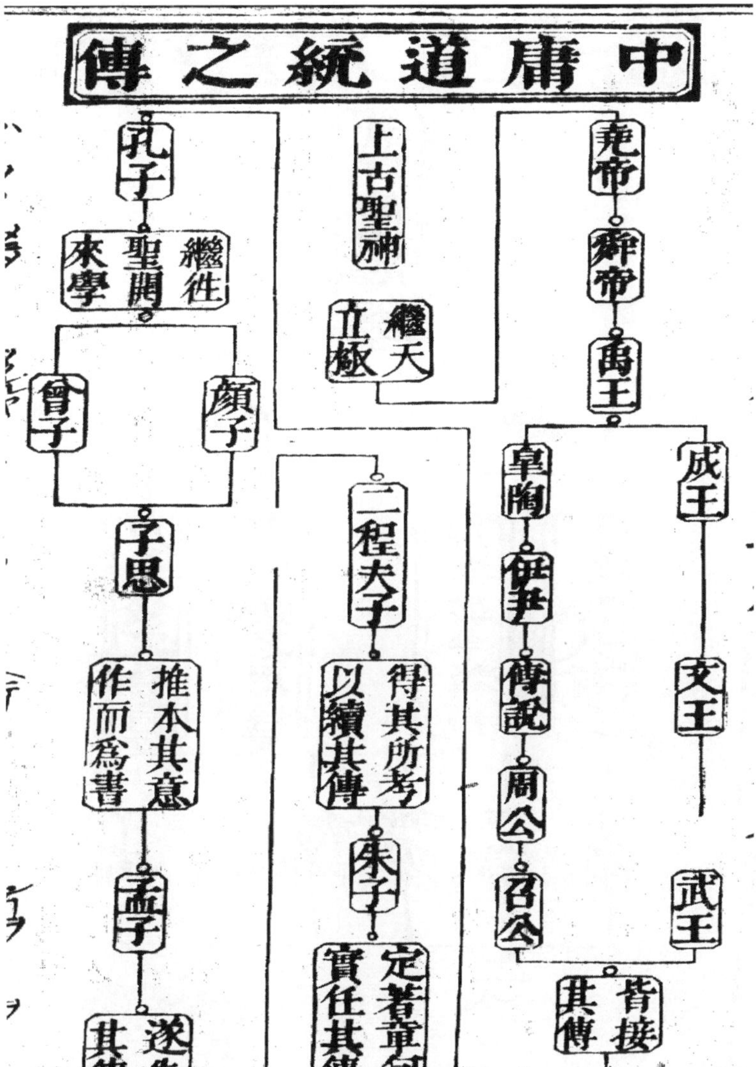


〈그림 3-11〉《사서장도-중용》의 〈중용도통지전〉

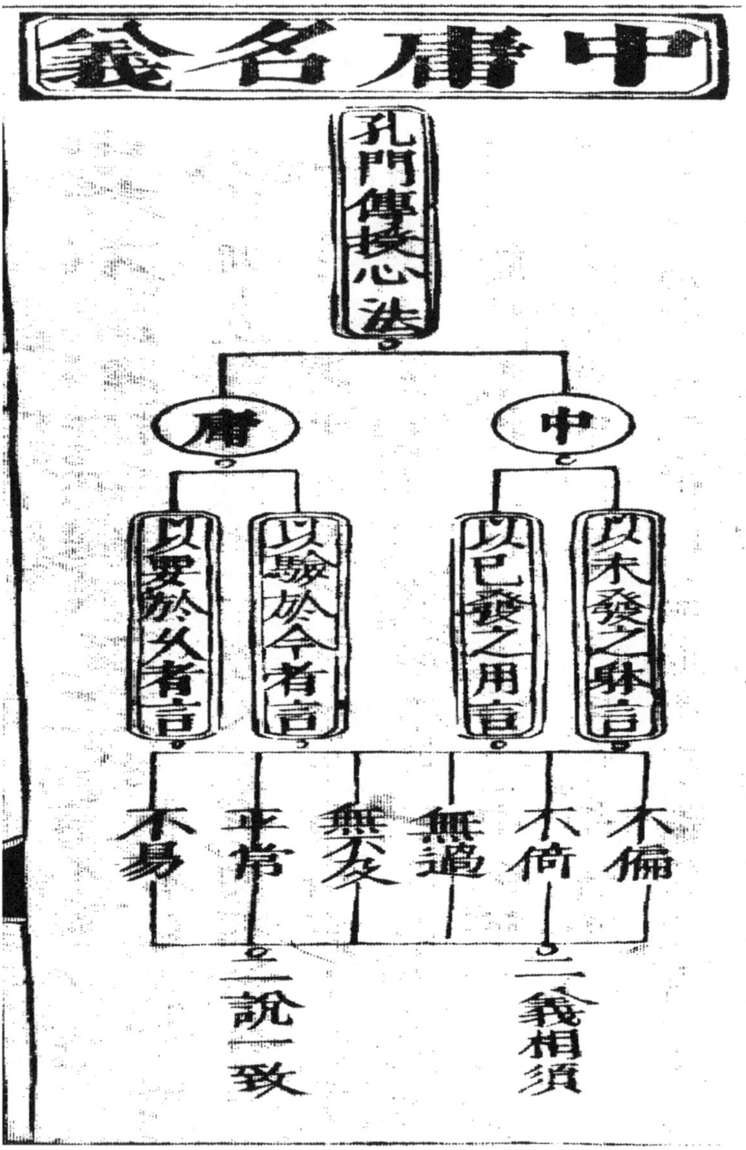


〈그림 3-12〉《사서장도-중용》의 〈중용명의〉

림 3-12〉) 등의 명칭이 붙은 도를 배열하였다. 그의 《사서장도》에 실린 도는 이후 조선에서 사서의 장별 내용을 요약하여 도해하는 모델이 되었다.

그리고 명대에 들어와서는 《博古圖錄》이 중수되면서 선왕의 法服과 法器에 대한 도들이 대거 수록된다. 서문이 1528년(嘉靖 7년)에 작성된 것으로 보아 도록이 중수된 시기를 이 무렵으로 잡을 수 있다. 이렇게 복식과 기물에 대한 도상을 제작하고 수록하는 이유는 옛 사람들이 사용했던 기물들을 살핌으로써 옛 사람의 정치를 알 수 있게 된다는 생각에 기초한 것이다.[35] 이는 과거 삼대의 법복과 법기 등의 제도를 살필 수 있도록 그 실물을 직접 모사한 것으로서 의의가 크다.[36]

## 5. 주자학의 圖 자료들

그러면 주희 및 주자학 계통의 학자들이 제작한 도 자료는 어떠한 것들일까? 이들을 목록으로 살펴보도록 한다. 중국의 上海古籍出版社에서 출판한 《朱子全書》에서 수집한 도 자료는 모두 118건이다. 이들은 역학에 관한 저술인 《역학계몽》의 도, 《의례경전통해》를 비롯한 의례 관련 도, 그 외에 樂에 관한 도들이다. 또 이황의 《성학십도》에도 인용된 〈인설도〉는 주희의 인에 관한 사상을 잘 밝혀주는 그림이다.

이외에 《성리대전》에는 〈朱子性圖〉가 수록되었고, 조선의 黃胤錫

35) 《重修宣和博古圖錄》 蔣暘序. 有志者 考古人之器則知古人之政矣.

36) 이상에서 살핀 것은 아직 중국 유교의 도설에 대한 체계적인 파악이 이루어지지 않은 상태에서 한정적으로 수집된 도설 자료에 근거한 내용이다. 따라서 앞으로 더욱 많은 보완이 필요하다. 현재 수집된 자료들은 조선의 유학자들에 의하여 제작된 도자료들을 비교하여 고찰하기 위한 최소한의 자료에 불과하다.

의 《理藪新編》에 전재된 〈東銘圖〉 역시 주희의 자료로 간주할 수 있다. 이는 주희의 문인 楊道夫가 모사한 것이다.[37] 〈朱子擬定宋祫享位次之圖〉는 이황의 《退溪集》과 김장생의 《經書辨疑》 中庸篇에서 수집한 도이다. 그리고 〈朱子周大祫圖周時祫圖〉는 장복추의 《四未軒集》, 〈朱子周世數圖(朱子大全)〉는 柳重敎의 《省齋集》, 〈朱子天地四象圖〉와 〈朱子以爲數分卦之圖〉는 張顯光의 《易學圖說》에서 각각 수집한 것이다.

〈표 3-2〉 주희의 도 자료들(계속)

| 圖의 제목 | 출전 | 비고 |
|---|---|---|
| 易圖 河圖(朱熹集錄) | 朱子全書 1卷 | 易本義 |
| 易圖 洛書 | 朱子全書 1卷 | 易本義 |
| 伏羲八卦次序 | 朱子全書 1卷 | 易本義 |
| 伏羲八卦方位 | 朱子全書 1卷 | 易本義 |
| 伏羲六十四卦次序 | 朱子全書 1卷 | 易本義 |
| 伏羲六十四卦方位 | 朱子全書 1卷 | 易本義 |
| 文王八卦次序 | 朱子全書 1卷 | 易本義 |
| 文王八卦方位 | 朱子全書 1卷 | 易本義 |
| 卦變圖 | 朱子全書 1卷 | 易本義 |
| 河圖洛書 | 朱子全書 1卷 | |
| 易有太極 | 朱子全書 1卷 | |
| 兩儀 四象 八卦 四爻卦 五爻卦 六十四卦 | 朱子全書 1卷 | |
| 伏羲八卦圖 | 朱子全書 1卷 | |
| 伏羲六十四卦圖 | 朱子全書 1卷 | |
| 文王八卦圖 | 朱子全書 1卷 | |
| 蓍策 扐掛 | 朱子全書 1卷 | |
| 考變占 | 朱子全書 1卷 | |
| 律呂相生圖 | 朱子全書 2卷 | |
| 十二律寸分釐毫絲數 | 朱子全書 2卷 | |

37) 《理藪新編》 上 2책 949쪽. 〈朱子東銘圖〉 제목하단. 今楊道夫寫此圖看.

| | | |
|---|---|---|
| 伍聲伍之象淸濁高下之次 | 朱子全書 2卷 | |
| 伍聲相生損益先後之次 | 朱子全書 2卷 | |
| 十二律正變倍半之法 | 朱子全書 2卷 | |
| 旋宮八十四聲之圖 | 朱子全書 2卷 | |
| 風雅十二詩譜 | 朱子全書 2卷 | |
| 戰陳圖 | 朱子全書 2卷 | |
| 五服圖 己爲本宗服圖 | 朱子全書 4卷 | |
| 五服圖 爲人後者爲其本宗服圖 | 朱子全書 4卷 | |
| 五服圖 女子子適人者爲其本宗服圖 | 朱子全書 4卷 | |
| 五服圖 爲姑姊妹女子女孫適人者服圖 | 朱子全書 4卷 | |
| 五服圖 天子諸侯正統旁期服圖 | 朱子全書 4卷 | |
| 五服圖 大夫降服或不降圖 | 朱子全書 4卷 | |
| 五服圖 丈夫婦人爲大宗服圖 | 朱子全書 4卷 | |
| 五服圖 己爲母黨服圖 | 朱子全書 4卷 | |
| 五服圖 母黨爲己服圖 | 朱子全書 4卷 | |
| 五服圖 妻爲夫黨服圖 | 朱子全書 4卷 | |
| 五服圖 己爲妻黨服圖 | 朱子全書 4卷 | |
| 五服圖 妻黨爲己服圖 | 朱子全書 4卷 | |
| 五服圖 臣爲君服圖 | 朱子全書 4卷 | |
| 五服圖 臣從君服圖 | 朱子全書 4卷 | |
| 五服圖 君爲臣服圖 | 朱子全書 4卷 | |
| 五服圖 妾服圖 | 朱子全書 4卷 | |
| 五服圖 公卿大夫士爲妾服圖 | 朱子全書 4卷 | |
| 五服式 始死變服圖 | 朱子全書 4卷 | |
| 五服式 襲絰帶旁通圖 | 朱子全書 4卷 | |
| 五服式 男子成服旁通圖 | 朱子全書 4卷 | |
| 五服式 成服冠制 | 朱子全書 4卷 | |
| 五服式 成服衰裳制 衰制 | 朱子全書 4卷 | |
| 五服式 成服衰裳制 裳制 | 朱子全書 4卷 | |
| 五服式 衰分制圖 | 朱子全書 4卷 | |
| 五服式 衰分制圖 衽 | 朱子全書 4卷 | |
| 五服式 婦人成服旁通圖 | 朱子全書 4卷 | |
| 五服式 布總 | 朱子全書 4卷 | |

| 五服式 斬衰箭笄 | 朱子全書 4卷 | |
|---|---|---|
| 五服式 齊衰惡笄有首 | 朱子全書 4卷 | |
| 喪車制圖 | 朱子全書 4卷 | |
| 奔喪變服圖 | 朱子全書 4卷 | |
| 王弔服 | 朱子全書 4卷 | |
| 諸侯弔服 | 朱子全書 4卷 | |
| 啓葬反哭虞卒哭變服圖 | 朱子全書 4卷 | |
| 男子卒哭受服旁通圖 | 朱子全書 4卷 | |
| 婦人卒哭受服旁通圖 | 朱子全書 4卷 | |
| 男子練除服受服圖 | 朱子全書 4卷 | |
| 婦人練除服受服圖 | 朱子全書 4卷 | |
| 大祥服圖 | 朱子全書 4卷 | |
| 禫服圖 | 朱子全書 4卷 | |
| 禮器圖 籩 | 朱子全書 13卷 | |
| 禮器圖 籩巾 | 朱子全書 13卷 | |
| 禮器圖 豆 | 朱子全書 13卷 | |
| 禮器圖 俎 | 朱子全書 13卷 | |
| 禮器圖 簠 | 朱子全書 13卷 | |
| 禮器圖 簋 | 朱子全書 13卷 | |
| 禮器圖 犧尊 | 朱子全書 13卷 | |
| 禮器圖 象尊 | 朱子全書 13卷 | |
| 禮器圖 太尊 | 朱子全書 13卷 | |
| 禮器圖 山尊 | 朱子全書 13卷 | |
| 禮器圖 著尊 | 朱子全書 13卷 | |
| 禮器圖 壺尊 | 朱子全書 13卷 | |
| 禮器圖 冪尊疏布巾 | 朱子全書 13卷 | |
| 禮器圖 洗罍 | 朱子全書 13卷 | |
| 禮器圖 洗 | 朱子全書 13卷 | |
| 禮器圖 爵 | 朱子全書 13卷 | |
| 禮器圖 祝板坫爵坫同 | 朱子全書 13卷 | |
| 禮器圖 龍勺 | 朱子全書 13卷 | |
| 禮器圖 篚 | 朱子全書 13卷 | |
| 禮器圖 造禮器尺 | 朱子全書 13卷 | |

| | | |
|---|---|---|
| 太極圖 | 朱子全書 13卷 | |
| 大學圖(추정) | 朱子全書 14卷 | |
| 易有太極 兩儀 四象 八卦 | 朱子全書 16卷 | |
| 手指畵 | 朱子全書 16卷 | |
| 明堂 太廟 | 朱子全書 17卷 | |
| 太極 陰陽 五行과 元亨利貞 | 朱子全書 17卷 | |
| 仁說圖 | 朱子全書 17卷 | |
| 祧廟議狀幷圖 古廟制 | 朱子全書 20卷 | |
| 祧廟議狀幷圖 古室制 | 朱子全書 20卷 | |
| 本朝太廟制 | 朱子全書 20卷 | |
| 見行祫享位次 | 朱子全書 20卷 | |
| 今禮官所議祫享位次 | 朱子全書 20卷 | |
| 今擬定祫享位次 | 朱子全書 20卷 | |
| 面奏祧廟劄子幷圖 | 朱子全書 20卷 | |
| 邵氏文王之學의 圖 | 朱子全書 21卷 | |
| 鹿鳴三章八句黃鍾淸宮 | 儀禮經傳通解 권14 學禮 | |
| 四牡五章章五句黃鍾淸宮 | 儀禮經傳通解 권14 學禮 | |
| 皇皇者華五章章四句黃鍾淸宮 | 儀禮經傳通解 권14 學禮 | |
| 魚麗六章三章章四句三章章二句黃鍾淸宮 | 儀禮經傳通解 권14 學禮 | |
| 南有嘉魚四章章四句黃鍾淸宮 | 儀禮經傳通解 권14 學禮 | |
| 南山有臺五章章六句黃鍾淸宮 | 儀禮經傳通解 권14 學禮 | |
| 關雎三章一章章句二章章八句無射淸商 | 儀禮經傳通解 권14 學禮 | |
| 葛覃三章章六句無射淸商 | 儀禮經傳通解 권14 學禮 | |
| 卷耳四章章四句無射淸商 | 儀禮經傳通解 권14 學禮 | |
| 鵲巢三章章四句無射淸商 | 儀禮經傳通解 권14 學禮 | |
| 采蘩三章章四句無射淸商 | 儀禮經傳通解 권14 學禮 | |
| 采蘋三章章四句無射淸商 | 儀禮經傳通解 권14 學禮 | |
| 朱子祧廟議狀 本朝太廟制 | 省齋集 | |
| 朱子周大祫圖周時祫圖 | 四未軒集 | |
| 朱子周世數圖(朱子大全) | 省齋集 | |
| 朱子擬定宋祫享位次之圖 | 退溪集/經書辨疑 中庸 | |
| 幅巾圖 帶輒帶/左帶/右帶(朱子大全圖) | 家禮輯覽圖說 | |
| 朱子性圖 | 性理大全 | |

〈표 3-3〉《역학계몽통석부도》의 도

| 圖의 명칭 | 출전 | 비고 |
|---|---|---|
| 伏羲則河圖以作易圖 | 易學啓蒙(玉齋胡氏通釋附圖) | |
| 大禹則洛書以作範圖 | 易學啓蒙(玉齋胡氏通釋附圖) | |
| 先天八卦合洛書數圖 | 易學啓蒙(玉齋胡氏通釋附圖) | |
| 後天八卦合河圖數圖 | 易學啓蒙(玉齋胡氏通釋附圖) | |
| 伏羲六十四卦圓圖 | 易學啓蒙(玉齋胡氏通釋附圖) | |
| 伏羲六十四卦方圖 | 易學啓蒙(玉齋胡氏通釋附圖) | |
| 邵子天地四象圖 | 易學啓蒙(玉齋胡氏通釋附圖) | |
| 朱子天地四象圖 | 易學啓蒙(玉齋胡氏通釋附圖) | |
| 掛扐過揲總圖 | 易學啓蒙(玉齋胡氏通釋附圖) | |
| 近世揲蓍後李變不掛圖 | 易學啓蒙(玉齋胡氏通釋附圖) | |

《주자전서》의 권1에는 《周易本義》의 도들이 게재되어 있다.(〈표 3-2〉) 이 표를 기준으로 보자면, 〈易本義圖〉는 河圖 洛書와 괘의 차서와 방위 및 괘의 변상에 대한 그림들로 구성되어 있다. 《易本義》의 관점이 선천역을 중시하는 까닭에 伏羲의 팔괘 차서 및 방위를 강조하는 그림이 들어가 있으며, 그 점은 그의 《역학계몽》 그림들과 별반 차이가 없다. 아울러 《역학계몽》의 도를 보완하기 위하여 胡方平(?~?, 송대 말기~원대 초기)이 제작한 《易學啓蒙通釋附圖》의 목록을 함께 제시한다.(〈표 3-3〉) 호방평의 이 저술은 조선초기부터 주희의 역학을 연구하는 데 필수적 교과서가 되어서 조선의 유학자들에게 많이 인용되었다.

《주역》과도 관련되지만 동시에 《서경》과도 관련되는 것이 바로 홍범에 관한 그림들이다. 그러므로 먼저 《서경집전》의 도 목록(〈표 3-4〉)을 제시하고 이어서 《홍범황극내편》의 도 목록을 제시한다.(〈표 3-5〉) 《서경》은 삼대 선왕들의 爲政에 관한 기록들을 편집한 고대 중국의 역사서이다. 여기에 담긴 기록들은 그들이 천지 사물의 이치를 밝히고 그 이치를 따라서 선정을 베풀었던 사실들이다. 특히 개인적으로는 하기 어렵고 국가적 차원에서 추진할 수 있었던 天文, 曆法, 律呂 등의 기초를 확립한 제왕들의 치적들이 이 경전에 기록되어 있다. 이러한 내용들은 고대 중국에서 왕국을 경영하기 위해 필요한 공간과 시간을 천지간 변화 현상으로부터 설정하고 그 속에 담긴 만물의 현상에 질서를 부여하는 규준을 알려준다. 고대 중국에서는 천문과 역법 및 율려 등의 규준을 구할 때 자연적 사실로부터 절대적 규준을 이끌어내고자 했다. 그때 그 사실에 해당하는 것이 日月을 비롯한 행성들의 운행이다. 이들의 운행은 정치와 같이 절도가 있다고 해서 七政이라고 일컬었다. 그 때문에 《주역》에서는 특히 일월의 교체로부터 규정한 음양의 이치를 도출하여 절대적인 규준으로 삼았으며, 일월의 교체에 따른 음양의 변화로부터 만물의 象과 數가 파생된다고 보는 이론적 체계를 정립했다. 《서경집전》의 도 자료들은 바로 이러한 내용들을 도해한 것들이 대부분이다. 일월이 교체되고 천문과 기후가 변화하는 현상을 관찰하고 그에 근거해서 시간을 정해주는 장치의 역할을 보여주는 도(〈그림 3-13〉), 〈낙서〉의 원리에 입각하여 天下의 경영에 필수적인 9개의 범주를 정하여 통치의 원리를 구조화한 〈홍범구주〉의 도(〈그림 3-14〉)가 그러한 예이다. 그리고 《홍범황극내편》은 《서경》의 〈洪範九疇〉편과 관련된 역학적 이치를 밝힌 내용이다. 주희의 사위인 채침에 의하여 편찬된 이 저술에 실린 도 자료는 조선시대의 유학자들에게 매우 많이 인용되고 논의되었다. 이밖에도 《서경집전》에는 고대 제왕의 禮器, 樂器, 兵器, 車制를 비롯한 服飾, 律度量衡 등을 복원한 도들이 함께 게재되었다.

이들은 고대 문물의 형상을 보여줄 뿐 아니라 고대 문명과 사상이 구현했던 실제를 짐작케 해준다. 이러한 도 자료들의 제작은 당시 유

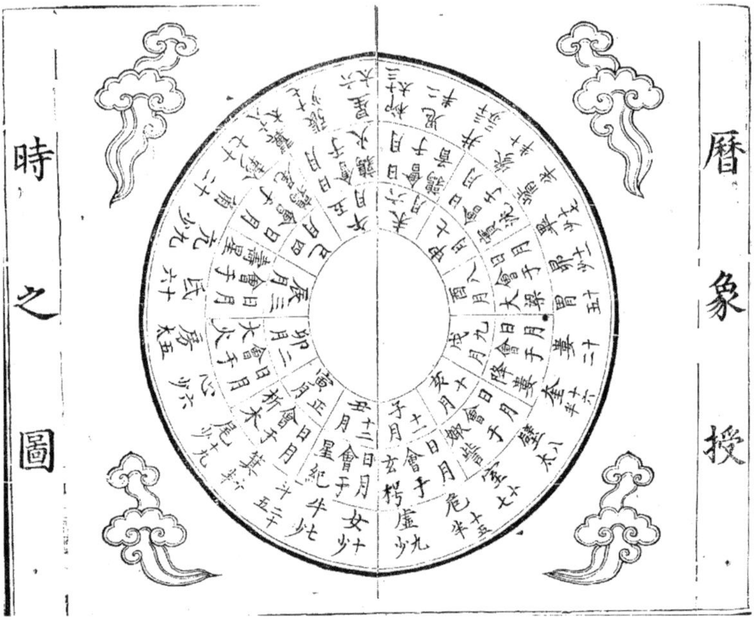


〈그림 3-13〉《서전》의 〈역상수시지도〉

학자들이 단순한 학문적 이론과 원리만을 정립하는 데 그치지 않고 실물 혹은 실제의 형상을 재현함으로써 당시 문명 전체를 이해하고자 노력했음을 잘 보여준다.

조선 시대에 《시경》에 관한 연구는 《역》이나 《서경》, 《예기》 또는 《의례》에 비하여 매우 적은데, 뒤에서 다룰 조선 유학자들의 도설 자료의 통계표에 드러나듯이 매우 희귀한 편이다. 그러나 참고로 《시경》의 내용과 관련된 도의 목록을 제시하고자 한다.(〈표 3-6〉) 《시경집전》의 도들은 모두 시에 관련되지만, 다양한 주제와 도의 유형을 보여준다. 이는 그만큼 시의 주제와 내용들이 도상으로 표상해야 할 것들이 다양함을 시사한다. 먼저 일종의 系譜 형태의 도(譜系圖), 《시

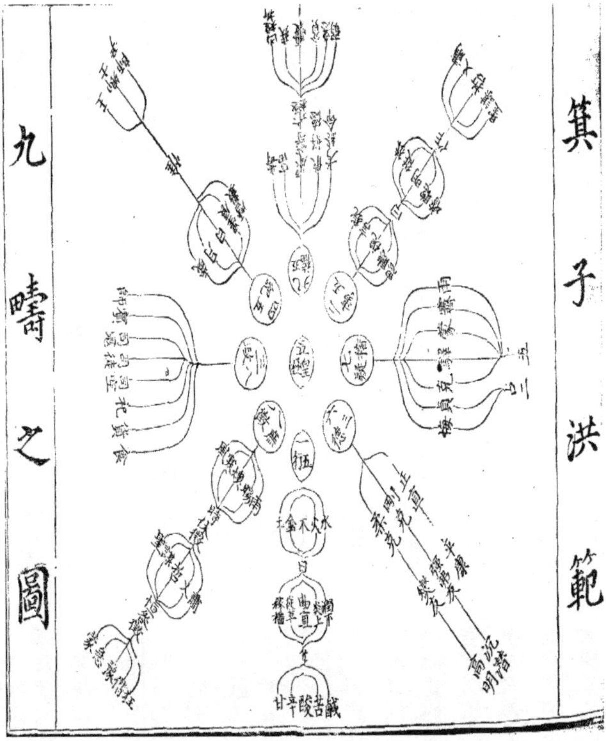


〈그림 3-14〉 《서전》의 〈기자홍범구주지도〉

경》 속 각각의 시가 지어진 시기를 商代로부터 東周시대까지 왕조 혹은 왕대에 맞추어 분류한 그림(〈作詩時世圖〉), 공자가 언급한 "思無邪"의 문자 도해(〈思無邪圖〉)(〈그림 3-15〉), 《시경》에 산입된 시의 4가지 분류를 말하는 風·大雅·小雅·頌마다 각각 처음에 나오는 시를 표기하는 〈四始圖〉(〈그림 3-15〉), 《시경》의 風과 雅를 正과 變으로 나누고 그에 해당하는 시의 종류와 수를 도해한 그림(〈正變風雅圖〉)(〈그림 3-15〉), 시의 육의를 經緯의 관계로 정리한 〈詩有六義圖〉(〈그림 3-16〉), 15국의 風의 지리적 분포를 지도에 표기한 그림(〈十五國風

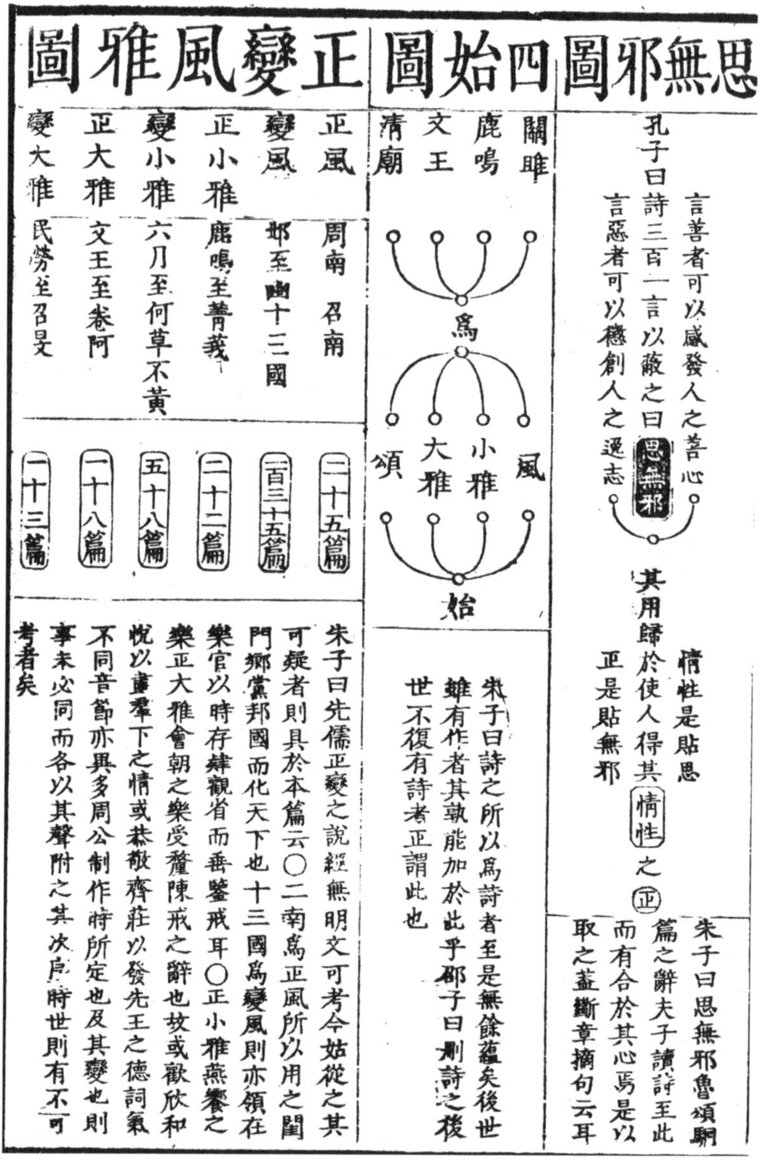

思無邪圖

孔子曰詩三百一言以蔽之曰思無邪

言善者可以感發人之善心

言惡者可以懲創人之逸志

其用歸於使人得其情性之正

情性是貼思

正是貼無邪

朱子曰思無邪魯頌駉篇之辭夫子讀詩至此而有合於其心焉是以取之蓋斷章摘句云耳

四始圖

關雎 鹿鳴 文王 清廟

爲

風 小雅 大雅 頌

始

朱子曰詩之所以爲詩者至是無餘蘊矣後世雖有作者其孰能加於此乎邵子曰刪詩之後世不復有詩者正謂此也

正變風雅圖

正風 周南 召南 二十五篇

變風 邶至豳十三國 一百三十五篇

正小雅 鹿鳴至菁莪 二十二篇

變小雅 六月至何草不黃 五十八篇

正大雅 文王至卷阿 一十八篇

變大雅 民勞至召旻 一十三篇

朱子曰先儒正變之說經無明文可考今姑從之其可疑者則具於本篇云○二南爲正風所以用之閨門鄉黨邦國而化天下也十三國爲變風則亦領在樂官以時存肄觀省而垂鑒戒耳○正小雅燕饗之樂正大雅會朝之樂受釐陳戒之辭也故或歡欣和悅以盡羣下之情或恭敬齊莊以發先王之德詞氣不同音節亦異多周公制作時所定也及其變也則事未必同而各以其聲附之其次序時世則有不可考者矣

〈그림 3-15〉《시전》의 〈사무사도〉, 〈사시도〉, 〈정변풍아도〉

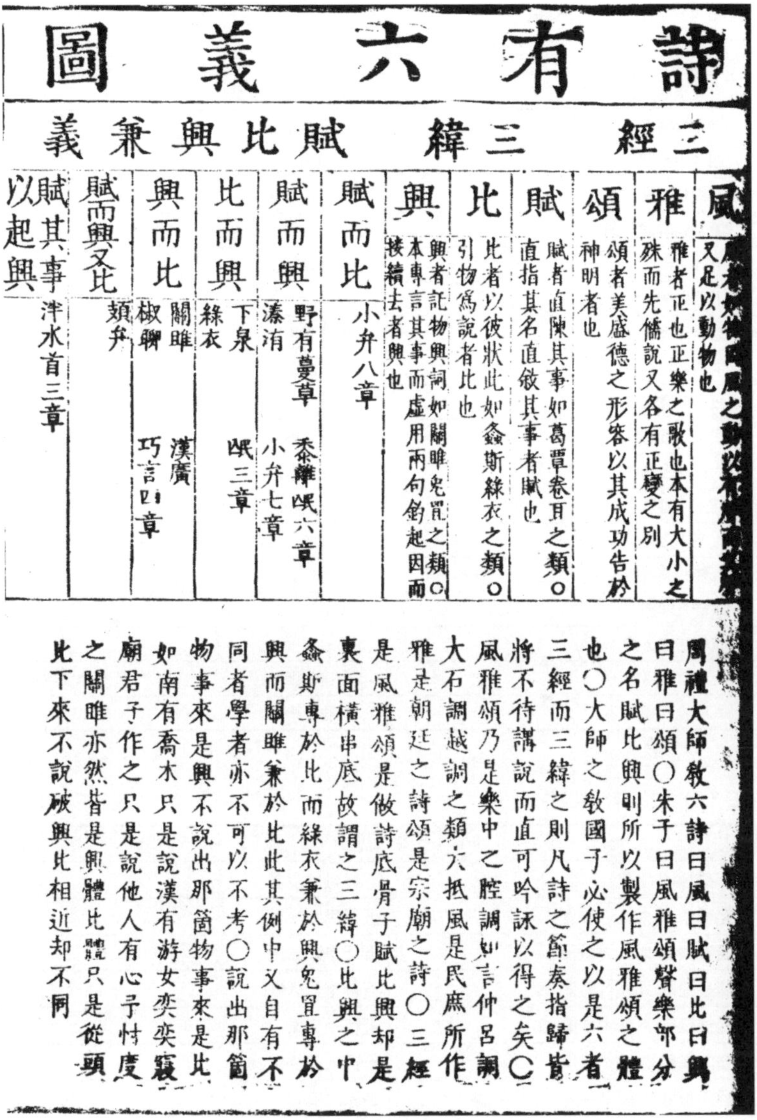

# 詩有六義圖

三經 三緯 賦比興兼義

風：[illegible]又足以動物也

雅：雅者正也正樂之歌也本有大小之殊而先儒說又各有正變之別

頌：頌者美盛德之形容以其成功告於神明者也

賦：賦者直陳其事如葛覃卷耳之類○直指其名直敍其事者賦也

比：比者以彼狀此如螽斯綠衣之類○引物爲說者比也

興：興者託物興詞如關雎兔罝之類○本專言其事而虛用兩句鉤起因而接續去者興也

賦而比：小弁八章

賦而興：野有蔓草 溱洧 黍離 氓六章 小弁七章

比而興：下泉 綠衣 氓三章

興而比：關雎 椒聊 漢廣 巧言四章

賦而興又比：頍弁

賦其事以起興：泮水首三章

周禮大師敎六詩曰風曰賦曰比曰興曰雅曰頌○朱子曰風雅頌聲樂部分之名賦比興則所以製作風雅頌之體也○大師之敎國子必使之以是六者三經而三緯之則凡詩之節奏指歸皆將不待講說而直可吟詠以得之矣○風雅頌乃是樂中之腔調如言仲呂調大石調越調之類大抵風是民庶所作雅是朝廷之詩頌是宗廟之詩○三經是風雅頌是做詩底骨子賦比興却是裏面橫串底故謂之三緯○比興之中螽斯專於比而綠衣兼於興兔罝專於興而關雎兼於比此其例中又自有不同者學者亦不可以不考○說出那箇物事來是興不說出那箇物事來是比如南有喬木只是說漢有游女奕奕寢廟君子作之只是說他人有心予忖度之關雎亦然皆是興體比體只是從頭比下來不說破興比相近却不同

〈그림 3-16〉《시전》의 〈시유육의도〉

〈표 3-4〉《서경집전》의 도

| 圖의 명칭 | |
|---|---|
| 唐虞夏商周譜系圖 | 大衍洪範本數圖 |
| 曆象授時圖 | 律度量衡圖 |
| 四仲中星圖 | 諸侯玉帛圖 |
| 日永日短圖 | 十二章服圖 |
| 閏月定時成歲圖 | 禮器諸圖 |
| 七政之圖 | 樂器諸圖上 |
| 五辰之圖 | 樂器諸圖下 |
| 璿璣玉衡圖 | 服飾器用諸圖 |
| 明魄朔望圖 | 兵器諸圖 |
| 日月冬夏九道圖 | 濬畎澮距川圖 |
| 五聲八音圖 | 車制之圖 |
| 六律六呂圖 | 禹弼五服圖 |
| 河圖洛書圖 | 堯制五服圖 |
| 九疇本洛書數圖 | 隨山濬川之圖 |
| 九疇相乘得數圖 | 任土作貢圖 |
| 洪範九疇圖 | 周營洛邑圖 |
| 皇極居次五圖 | 商七廟圖 |
| 九疇虛五用十圖 | 商遷都圖 |
| 九疇合八疇數圖 | 召誥上中圖 |

〈표 3-5〉《홍범황극내편》의 도

| 圖의 명칭 | |
|---|---|
| 洪範皇極圖 洛書 | 五行動物屬圖 |
| 洪範皇極圖 九九圓數圖 | 五行用物屬圖 |
| 洪範皇極圖 九九方數圖 | 五行事類吉圖 |
| 洪範皇極圖 九九行數圖 | 五行事類凶圖 |
| 洪範皇極圖 九九積數圖 | 五行干支圖 |
| 皇極內篇數總名 | 五行人體性情圖 |
| 皇極內篇數總名 81자에 대한 81圖 | 易象之圖 |
| 五行植物屬圖 | 範數之圖 |

〈표 3-6〉《시경집전》의 도

| 圖의 명칭 | |
|---|---|
| 諸國譜系圖 一 | 大東總星之圖 |
| 諸國譜系圖 二 | 靈臺圖 |
| 諸國譜系圖 三 | 皐門應門圖泮宫圖 |
| 諸國譜系圖 一, 二, 三, 四 | 禮器諸圖上 |
| 作詩時世圖 一, 二, 三, 四, 五 | 禮器諸圖下 |
| 思無邪圖 | 樂器諸圖上 |
| 四始圖 | 樂器諸圖下 |
| 正變風雅圖 | 腹飾器用諸圖上 |
| 詩有六義圖 | 腹飾器用諸圖中 |
| 十五國風地理之圖 | 腹飾器用諸圖下 |
| 豳公七月風化之圖 | 兵器腹諸圖上 |
| 七月流火之圖 | 兵器腹諸圖下 |
| 公劉相陰陽圖 | 車制諸圖上 |
| 楚邱定之方中圖 | 車制諸圖下 |

〈표 3-7〉《주자가례》의 도

| 圖의 명칭 | |
|---|---|
| 家廟之圖 | 喪服圖式 |
| 祠堂之圖 | 冠絰絞帶圖式 |
| 深衣前圖 | 斬衰杖屨圖 |
| 深衣後圖 | 齊衰杖屨圖 |
| 著深衣前兩襟相掩圖 | 喪祭器具之圖 |
| 裁衣前法 | 喪轝之圖 |
| 裁衣後法 | 本宗五服之圖 |
| 曲裾裁制 | 三父八母服 |
| 曲裾成制 | 妻爲夫黨服圖 |
| 曲裾縫制 | 外族母黨妻黨服圖 |
| 深衣冠子之圖 | 神主式 |
| 行冠禮圖 | 櫝韜藉式 |
| 昏禮親迎圖 | 櫝式 |
| 衿鞶篋笥楎施圖 | 尺式 |
| 小斂圖 | 大宗小宗圖 |
| 襲含哭位之圖 | 正寢時祭之圖 |
| 大斂圖 | 每位設饌之圖 |

〈표 3-8〉《의례초도》의 그림

| 圖의 명칭 | |
|---|---|
| 筮于廟門之圖 | 主人酬賓圖 |
| 陳服器及卽位圖 | 介酢主人圖 |
| 送賓之圖 | 主人獻衆賓圖 |
| 若不醴則醮用酒圖 | 樂賓圖司正中庭奠觶圖 |
| 孤子冠圖 | 旅酬圖 |
| 納采及問名圖 | 二人擧觶爲無算爵始圖 |
| 庶子冠圖 | 無算爵圖 |
| 納徵禮圖 | 鄕射禮圖 |
| 親迎(이하 제목 闕) | 司射誘射圖 |
| 夫婦卽席圖 | 上耦升司馬命鵠侯司躬命射圖 |
| 婦見舅姑及醴婦圖 | 上耦次耦升降相左圖 |
| 婦饋舅姑圖 | 三耦再射釋獲圖 |
| 舅姑饗婦一獻(이하 제목 闕) | 大夫與其耦射圖 |
| 士相見受摯 | 再射取矢視算圖 |
| 設席陳器圖 | 飮不勝者圖 |
| 主人迎賓圖 | 獻獲者及釋獲者圖 |
| 主人獻賓圖 | 大夫與其耦拾取矢圖 |

地理之圖〉), 시에 등장하는 자연현상의 과정(〈七月流火之圖〉)이나 별자리에 관한 도상(〈大東總星之圖〉), 및 기물·거제 등 다양한 주제와 방식의 도상들이 《시집전》의 도다.

《의례》 혹은 예학과 관련된 그림들은 이미 목록을 제시한 《주자전서》의 《의례경전통해》에 속한 그림 자료들이 해당한다. 이 외에도 조선조 유학자들이 많이 참고하였던 것은 주희의 《가례》 도상들과 주희의 제자 楊復이 편찬한 《儀禮抄圖》(〈표 3-8〉)와 명나라 때 童承敍가 편찬한 《의례방통도》로 중요한 자료이다.

그런데 특히 《주자가례》의 도들은 《주자가례》의 내용과 부합하지 않는 내용의 표상들이 많기 때문에 의문과 논의의 대상이 되었다. 따라서 조선의 유학자들은 이들에 대해서 연구와 토론을 전개하면서, 이들을 수정·보완하거나 새로운 도를 제작하기도 하였다. 그렇다고 하더라도 일단 조선시대의 의례 보급과 관련하여 매우 중요한 교과서 역할을 하였던 것이므로 그 목록을 제시한다.(〈표 3-7〉)

五經이라 불리는 유교의 경전체계는 樂에 관한 경전이 제대로 복원되기만 한다면 六經이라고 부를 수 있다. 《律呂新書》의 주희 서문에 의하면, 고대의 樂이 없어진 지 오래되었지만, 그래도 秦漢의 사이에는 고대의 악기와 성음이 남아 있었기 때문에 악의 도는 바르게 행하지 못하였어도 그 법도에 대해서는 異論이 없었다. 그러나 東漢의 말과 西晉의 초 사이에 여러 다른 설이 침투하고 魏·周·齊·隋·唐 오대를 거치면서 악을 논하는 사람이 더욱 늘어나면서 악의 법은 더욱 불안정하게 되었다고 그는 설명하였다.[38] 주희의 견해는 곧 악이 멸망하여 없어진 것이 우선적인 문제이지만, 악에 관한 여러 이설의 등장이 더욱 악의 복원을 어렵게 하는 문제라는 것이다. 그리고 송대에 들어와 여러 학자들의 논의가 있었지만 종내 합일되지 못하는 상황이었고, 그에 따라 선비들이 鐘律에 관한 공부에 관심을 두는 이가 없게 되었다. 그렇지만 주희는 다른 저술이나 학설과는 구별되는 가치를 지닌 것으로 蔡元定의 《율려신서》 저술을 높게 평가하는데, 《율려신서》는 黃鐘의 둘레와 직경에 관한 수, 다섯 가지 聲과 두 가지의 變聲에 관한 例 등 고대의 악법과 관련된 내용이 매우 정확하고 진실하다고 주희는 평가했다.[39] 《율려신서》의 내용과 도 자료

---

38) 《성리대전》〈율려신서〉 朱熹序. 古樂之亡 久矣 然秦漢之間 去周未遠 其器與聲猶有存者 故其道雖不行於當世 而其爲法猶未有異論也 逮于東漢之末以接西晉之初 則已浸多說矣 歷魏周齊隋唐五季 論者愈多而法愈不定.

39) 위와 같은 곳. 予嘗得而讀之 愛其明白而淵深 縝密而通暢 不爲牽合傅會之談而橫斜曲直 如珠之不出於盤 其言雖多出於近世之所未講而實無一字不本於古人已試之

〈표 3-9〉《율려신서》의 그림

| 圖의 명칭 |
|---|
| 律生五聲圖 |
| 八十四聲圖 |
| 六十調圖 |
| 律呂長短圍徑之數 |
| 漢後志京房六十律 |

들(〈표 3-9〉)은 채원정이 악에 관한 내용을 담은 고문헌들을 열람 고증하여서 작성하였기에 주희가 그 가치를 높이 평가한 듯하다.

도가 제작된 경우에 한하여 볼 때 조선에서는 악에 대한 논의를 본격적으로 일으킨 학자가 서명응과 정약용이며, 뒤이어 유중교가 악에 관한 학문적 입장을 밝혔다. 서명응의 저술은《元音鑰》과《詩樂妙契》이다. 정약용의《樂書孤存》에는 성리학의 악설을 비판하는 글과 그 증거로 제시된 도표들이 매우 많다. 그렇지만 柳重教는《絃歌軌範》을 지어서 주희와 채원정의 악설을 대체로 수용하는 태도를 보였다. 조선의 유학자들에 의한 악학관련 도상에 대해서는 뒤에 다시 소개한다.

심학은 주희의 학문이 나아가는 여러 갈래 중의 하나인데, 그것이 조선에서는 매우 중요한 학문 영역으로 정착되고 발전되었다.《심경》을 편찬한 것은 주희의 문인 진덕수이지만, 거기에 註를 붙여서 심학의 내용과 논의를 풍성하게 한 학자는 명대의 程敏政이다. 그는《心經附註》를 편찬하면서 송원대에 제작된 도 자료들을 편입시켰다. 그것들이 훗날 조선의 유학자들에게 많이 인용되고 심학 관련 주제의

---

成法 蓋若黃鐘圍徑之數 則漢斛之積分可攷 寸以九分爲法 則淮南太史小司馬之說可推 五聲二變之數 變律半聲之例 則杜氏之通典具焉….

〈표 3-10〉《심경부주》의 그림

| 圖의 명칭 | 출전 | 제작자 |
|---|---|---|
| 心學圖 | 心經註解叢編1卷12 | 程復心 |
| 人心道心圖 | 心經註解叢編1卷22 | 王栢 |
| 誠幾圖 | 心經註解叢編1卷118 | 趙致道 |
| 舜蹠圖 | 心經註解叢編1卷272 | 范浚 |

도를 다양하게 발전시키는 단초가 되었다. 〈표 3-10〉에 제시된 《심경부주》의 그림들은 조선의 여러 학자들에 의하여 논의되었고, 이에 기초하여 많은 그림들이 새롭게 그려졌다.

## 6. 중국 圖 자료의 특징과 의의

이상에서 제시한 목록들은 중국의 송대부터 명대까지 이루어진 도 자료들이다. 위에 제시되지는 않았지만 명대와 청대로 들어오면서 더 많은 도설이 제작된 것으로 추정된다. 그 가운데 정복심의 《사서장도》는 우선 그 도의 수도 많고, 사서의 장구별로 도를 작성한 까닭에 사서의 장별로 그 내용과 관련된 다양한 주제를 담고 있다. 동시에 사서의 장별 혹은 전체의 주제를 도의 주제로 삼았기 때문에 사서 각각의 내용을 파악하기에 용이하다는 특징도 있다. 이러한 방식의 도 제작도 조선의 유학자들에게 많은 영향을 준 것으로 생각된다. 조선의 유학자들에게서도 사서 혹은 《심경》의 장별 내용을 주제로 삼은 연작 형태의 도설집이 많이 편찬된 것은 이 《사서장도》의 영향을 받은 결과로 이해된다.

앞에서 제시한 목록과 그림의 형태 및 내용에 기초하여 중국 유학자들의 도설의 특징을 간단하게 추론하자면 다음과 같다.

첫째 특징은 중국의 유학자들 특히 송대의 유학자들은 고대 문물의 복원과 계승이라는 역사적 사명감을 도설자료의 제작에도 잘 나타내었다. 古禮의 복원을 위한 의례관련 각종 복식과 기물 및 제도에 관한 圖의 제작, 古樂의 복원을 위한 율려 성음의 이치에 관한 도표의 제작과 詩譜의 보존 등이 좋은 예이다.

둘째 특징은 고대 문물과 성왕들의 경세관의 근저에 작용하는 근원적 원리로서 천도 혹은 천리의 궁극에 관한 철학적 성찰과 연구를 진행하고 그 결과를 도상과 도표로 제작하여 남겼다. 예를 들면, 주돈이의 〈태극도〉와 소옹의 〈선천팔괘도〉와 같은 도 자료가 그것이다. 아울러 그 이치를 象과 數로써 파악하고 數圖 형태로 표시한 것도 그에 해당한다.

셋째 특징은 경전의 주요 사상적 내용에 관한 해명을 위하여 도설을 제작한 사실이다. 예를 들면 주희의 〈인설도〉가 좋은 예이고, 《서경집전》의 〈曆象授時圖〉(〈그림 3-13〉), 〈箕子洪範九疇圖〉(〈그림 3-14〉)를 비롯한 여러 도, 《시경집전》의 〈思無邪圖〉, 〈四始圖〉, 〈正變風雅圖〉(〈그림 3-15〉), 〈詩有六義圖〉(〈그림 3-16〉) 등 여러 도들이 그러한 예이다. 이외에도 정복심의 《사서장도》의 여러 도들이 모두 그러한 도들이다.

넷째 특징은 경전들 간의 내용을 원리적 차원, 특히 수를 사용하여 회통시켜 보려는 학문적 노력이 도 자료들에도 잘 나타난다는 점이다. 경전들 간의 내용과 원리를 회통시키고자 하였다는 것은 단지 경전들에 대한 고증과 훈고의 노력만으로는 어려운 것이고, 경전들의 이치를 하나로 융합할 수 있는 심안을 키우지 않으면 안 된다. 주희가 소옹의 〈선천도〉를 근거로 선천의 원리를 정립하고, 특히 數를 도구로 근원부터 만사만물의 이치를 포괄하는 방식을 세우면서 선천도를 심법에 기초한 것으로 설명한 것은 중요한 예이다. 즉 만사 만물이 모두 수로 설명될 수 있으며, 加一倍法에 의하여 모든 종류의 현상과 존재가 수에 포괄된다고 믿는 사고는 太極이라는 궁극적 실재를 확신한다는 학문적 입장의 확고한 표현이다. 즉 태극으로부터 음양이 분화되는 것은 一로부터 兩으로 나아가는 수의 분화과정이고, 음양으로부터 四象으로 분화되는 것은 二로부터 四로 나아가는 수의 분화과정이다. 이러한 분화과정은 무궁무진하게 전개되어서 결과적으로는 삼라만상을 모두 엮어 들이는 수의 세계를 구성하게 된다. 반면에 이 분화과정을 역으로 추산하면 모든 분화된 수 내지 삼라만상의 수는 근원의 一로 귀일된다. 그때의 一은 단지 여러 수 가운데 하나의 수가 아니라 모든 수를 포괄하고 동시에 모든 수의 근원이 되는 수이다. 이러한 사고는 미분화된 一의 상태, 즉 태극의 속에 모든 존재의 이치와 수가 빽빽하게 들어 있다는 사고를 낳기도 하였고, 또 태극의 형상 속에서 삼라만상의 형상과 변화를 감지하고 파악하는 심적 능력의 고양을 강조하는 이유가 되기도 하였다. 위의 목록들 특히 《주역》과 《서경》 관련 도 자료들, 《황극경세서》, 《홍범황극내편》의 그림들로부터 그러한 도 제작의 배경이 된 학문적 태도를 읽을 수 있다.

다섯째, 심학에 관한 도가 작성된 점이다. 인간의 마음이란 형상도 없고 자취도 없기 때문에 파악하기가 매우 어렵다. 심학의 발달은 주희가 성인의 心法을 중시하면서 이미 예견되었지만 진덕수가 《심경》을 편찬하고 정민정이 《심경부주》를 편찬함으로써 본격화되었다. 그런데 《심경》이 편찬될 무렵 혹은 그 뒤에 〈심학도〉, 〈성기도〉, 〈인심도심도〉, 〈순척도〉 등의 그림이 제작된 것은 인간의 마음의 미묘한 구조와 작용에 대한 인식 혹은 그것의 표현이 중요하다는 자각이 깊어졌음을 시사한다.

여섯째, 도상의 사용과 관련하여 볼 때 도의 여러 형태를 정립한 점이 주목된다. 달리 말하면 상징적 도형의 사용이 송대에 이르러 본격화된 것이 특기할 점이다. 송대에 들어와 정착되는 상징적 도상의 존재는 유교의 도상학적 상징체계가 원초적이나마 비로소 자리잡게 되었음을 의미한다. 이러한 상징적 도상의 존재는 유교의 도에 대한 도상학적 해석학의 도입이 필요함을 시사한다. 예를 들면 〈태극도〉의 원권을 태극으로 표시하고, 그 원권이 곧 태극 동정의 무궁한 반복과 순환을 상징하는 점이 기호학적으로 유의미하다. 또 무궁한 태극 동정의 반복은 음양을 지속해서 낳고, 그 지속되는 음양이 곧 오

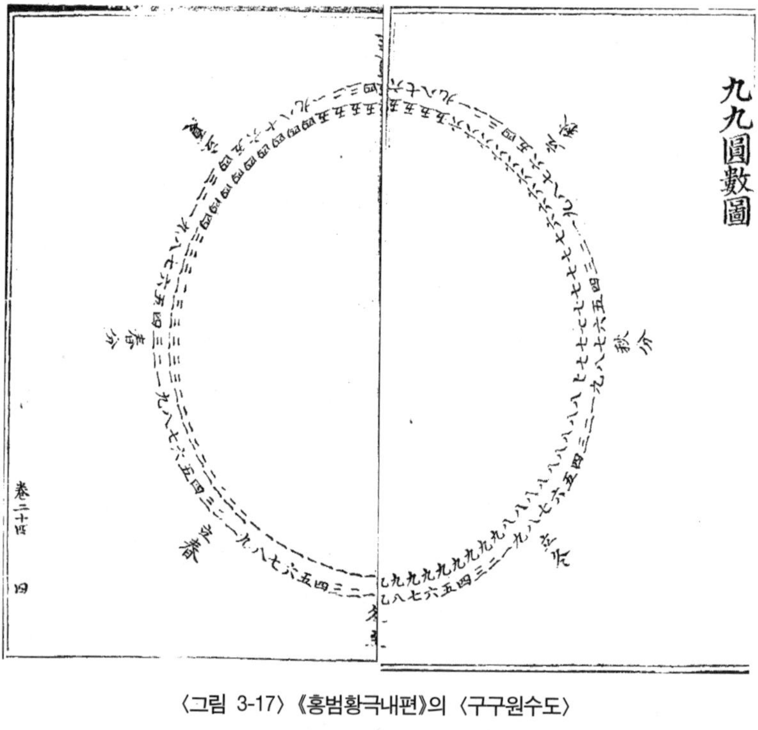


〈그림 3-17〉《홍범황극내편》의 〈구구원수도〉

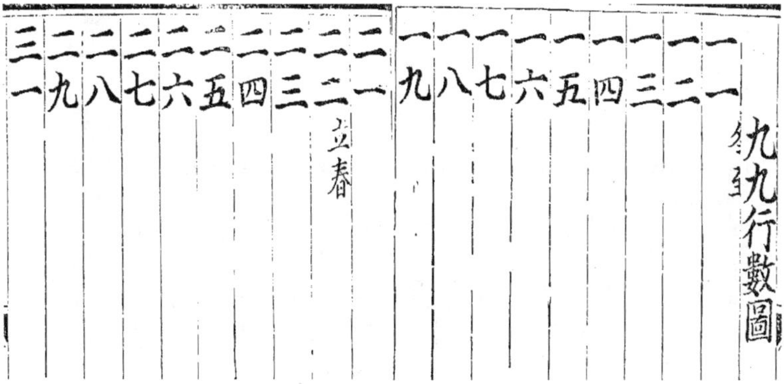


〈그림 3-18〉《홍범황극내편》의 〈구구행수도〉

행과 만물의 근원이 된다는 사고를 보여준 점은 도상에서의 원권이 만물을 포괄하는 의미를 지니는 상징으로 확립되는 계기를 마련했다고 판단된다. 이는 《황극경세서》 혹은 《역학계몽》 등의 도에서 소옹의 팔괘도를 그리는 이치와도 통한다.

또 소옹의 선천을 상정하는 팔괘도에서는 원권의 순환성도 중시하지만, 그와 더불어 원주의 내심에 해당하는 비어 있는 공간에 주목한 점이다. 이것은 心의 공간화의 방식이 원을 사용하는 쪽으로 나아가는 계기로 볼 수 있다. 물론 모든 도가 심을 원으로 상징하는 것은 아니다. 그와 다른 예를 들면 篆書體 형태로 心을 표상하는 경우도 있다. 그러나 대부분은 원형의 내부 공간의 비어 있는 부분을 心의 상징으로 표상하는 도상들이다.

아울러 괘상의 배열을 둥글게 하는 방식은 圓圖의 형태로, 방정하게 배열하는 방식은 方圖의 형태로 정착되었다. 이러한 원도와 방도의 방식이 단순히 괘상의 배열 방식에 그치지 않고, 天圓과 地方의 사고와 통하여 천지의 수를 표상하는 방식의 의미까지도 지닌다. 또

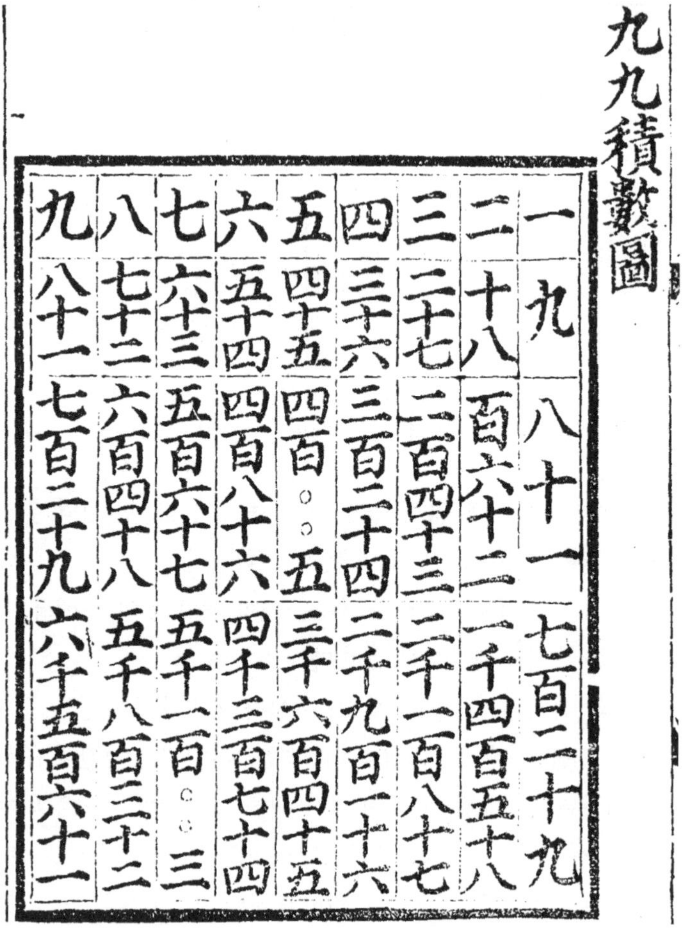

九九積數圖

| | | | |
|---|---|---|---|
| 一 | 九 | 八十一 | 七百二十九 |
| 二 | 十八 | 百六十二 | 一千四百五十八 |
| 三 | 二十七 | 二百四十三 | 二千一百八十七 |
| 四 | 三十六 | 三百二十四 | 二千九百一十六 |
| 五 | 四十五 | 四百○○五 | 三千六百四十五 |
| 六 | 五十四 | 四百八十六 | 四千三百七十四 |
| 七 | 六十三 | 五百六十七 | 五千一百○○三 |
| 八 | 七十二 | 六百四十八 | 五千八百三十二 |
| 九 | 八十一 | 七百二十九 | 六千五百六十一 |

〈그림 3-19〉《홍범황극내편》의 〈구구적수도〉 일부

소옹과 주희를 비롯한 중국의 유학자들은 자연의 이치를 파악하는 열쇠로서 수를 매우 중시하였다. 이에 따라서 수를 통한 천지 자연의 이치의 파악을 돕기 위하여 數圖의 방식을 정립하였다. 《洪範皇極內篇》의 〈九九圓數圖〉(〈그림 3-17〉), 〈九九行數圖〉(〈그림 3-18〉), 〈九九

## 九九方數圖

| | | | | | | | | |
|---|---|---|---|---|---|---|---|---|
| 九九 | 九八 | 九七 | 九六 | 九五 | 九四 | 九三 | 九二 | 九一 |
| 八九 | 八八 | 八七 | 八六 | 八五 | 八四 | 八三 | 八二 | 八一 |
| 七九 | 七八 | 七七 | 七六 | 七五 | 七四 | 七三 | 七二 | 七一 |
| 六九 | 六八 | 六七 | 六六 | 六五 | 六四 | 六三 | 六二 | 六一 |
| 五九 | 五八 | 五七 | 五六 | 五五 | 五四 | 五三 | 五二 | 五一 |
| 四九 | 四八 | 四七 | 四六 | 四五 | 四四 | 四三 | 四二 | 四一 |
| 三九 | 三八 | 三七 | 三六 | 三五 | 三四 | 三三 | 三二 | 三一 |
| 二九 | 二八 | 二七 | 二六 | 二五 | 二四 | 二三 | 二二 | 二一 |
| 一九 | 一八 | 一七 | 一六 | 一五 | 一四 | 一三 | 一二 | 一一 |

〈그림 3-20〉《홍범황극내편》의 〈구구방수도〉

積數圖〉(〈그림 3-19〉), 〈九九方數圖〉(〈그림 3-20〉)와 같은 그림들은 수도의 대표적 유형이다. 여기서 주목할 점은 수의 배열에 따라서 圓數圖, 方數圖, 行數圖, 積數圖의 형태가 정립된 점이다.

## 7. 중국유교 圖와 조선유교 圖의 관계

이상의 내용은 그 이전 도설들과 비교는 하지 못했고 또 중국 유교와 다른 사상이나 종교의 도설들과의 비교 역시 결여된 상태라서 중국 유교 도설자료의 특징이라고 하려면 추후 보완이 필요함을 먼저 밝힌다. 그러나 여기서는 주로 조선의 유학자들에 의하여 제작된 도설들과 연계성을 찾는 관점에서 중국 유교 도설 자료들의 특징을 추론한 것이다. 이러한 추론과 관련하여서 조선조 유학자들의 도설 자료와 관련된 그들의 의의를 어떻게 예측할 수 있는가를 밝히고자 한다. 이는 결론의 형태로 설명하는 것이 아니라 앞으로 조선 유학자들의 도설자료를 어떤 눈으로 보는 것이 바람직한가를 미리 설명하기 위함이다.

이 같은 고찰에 근거해 볼 때 조선시대 유교의 도설과 관련되는 중국 유교 도설의 의의는 다음과 같다. 첫째, 조선 유학자들의 도상의 기본적 형태와 도 표상방식의 원형이 된다. 중국뿐 아니라 조선 유학자들의 도설 제작에 지대한 영향을 끼친 주돈이의 〈태극도〉, 혹은 소옹의 〈선천팔괘도〉의 예를 들 수 있다. 〈태극도〉의 원권과 음양을 흑과 백으로 대비시키는 상징적 도상은 조선 유학자들의 도상에 매우 많은 영향을 주었다. 또 〈선천팔괘도〉는 선천의 학을 이해하기 위해 작성되는 여러 가지 도상의 기본 도상으로 활용되었다. 또한 數圖의 형태도 계승되었다.

그러나 조선 유학자들이 중국 유교의 도의 형태와 내용을 그대로 답습하기만 한 것은 아니다. 물론 기본적인 도상의 형상과 방식은 계승했지만, 그것을 이용하여 더욱 진전된 내용을 담은 도상을 제작한 사례가 매우 많다. 이러한 사실로 본다면, 중국 유교의 도 혹은 도설 자료들은 조선시대 유교의 기초적 자료로 잘 활용되었다고 할 수 있다.

중국 유교 도설의 둘째 의의는 오경의 관계를 하나의 원리로 통합하여 볼 수 있는 관점을 제공한 점이다. 특히 소옹의 《황극경세서》의 이치와 이를 표상한 그림들, 그리고 그것을 계승한 주희의 학문은 경의 내용들이 궁극적으로는 선천의 역을 大體로 삼아서 그에 통합되는 것임을 밝히고 각 경마다 用의 구현에 차이가 있음을 정설화하였다. 이러한 사고가 經에 대한 유기적 이해를 도모하는 기초가 됨은 물론이다.

셋째 의의는 성인의 정치와 도덕에 접근하고 그것을 스스로 성취할 수 있는 길에 대한 이해를 넓혔다고 하는 점이다. 물론 이는 송대 유교가 제시한 '배움을 통해서 성인이 될 수 있다'[聖可學]는 주돈이의 《통서》 혹은 《태극도설》 속의 명제로 주장된 것이다. 그렇지만 주돈이의 〈태극도〉와 소옹의 선천의 역을 보여주는 〈복희팔괘도〉, 주희의 《역학계몽》, 《홍범황극도》 등의 그림들은 신비에 쌓여 있던 성인들의 비밀스런 영역, 즉 우주 만물의 궁극적 이치와 그것을 풀어가는 비결을 수와 괘상의 방식을 공부함으로써 접근할 수 있음을 보여주었다. 물론 이에 대한 설명들이 더 많은 분량으로 존재하지만, 도는 도 나름대로 성인의 도덕 사업에 참여하고 성취하는 방식을 전체적으로 그리고 체계적으로 집약하여 보여주는 까닭에 觀省의 자료로서 매우 중요한 역할을 하였다. 조선의 유학자들이 도설을 많이 제작하였던 이면에는 이와 같이 도 제작과 그것에 대한 관성을 통해서 언을 수 있는 효과가 지대하다는 판단이 있었다고 생각된다.

넷째 의의는 심학과 관련된 도의 작성이 중요함을 시사하고 그 길을 열어준 점이다. 조선 유학자들에게 심학의 심화과정에 많은 논의와 궁구의 기초 자료로 활용된 것이 바로 중국 유학자들의 심학 관련 도 자료들이다. 하지만 조선 유학자들은 그들을 본받으면서도 독자적인 심학적 도상들을 많이 발전시키고 그 세밀한 관찰력을 그림으로써 표상하였다. 추후 밝히겠지만, 조선의 심학 관련 도상들은 중국 심학의 도상들보다 그 깊이와 상징성에서 매우 많이 진화된 차원에 속한다고 할 수 있다.

다섯째 의의는 적어도 중국 요순 이래 하·은·주 시대 문화의 이상에 접근할 기초적 자료를 도를 통해서 확보해 놓은 점이다. 이는 어디까지나 조선에서 일어나는 주자학의 발전이라는 역사적 맥락에 한정해서 내리는 평가이다. 조선의 유학자들이 개별적으로는 尙古의 방식과 상고의 이상 자체에도 차이가 있었던 것은 사실이지만, 어떻든 이들의 작업은 전체적으로 송대 유학자들이 구성한 중국 고대의 문물을 이상적 모델로 삼았다는 점에서는 많은 예외가 존재하지 않는다. 조선 유학자들이 상고의 노력에 기본적인 자료로 적극적으로 활용한 것은 무엇보다도 송대와 명대에 이루어진 자료들이었다. 특히 禮器, 服飾, 儀禮, 廟制 등에 관한 도 자료들은 매우 중요하게 취급되었다.

그러나 중국과 조선을 거쳐서 이루어진 유학의 발전 과정에서 보자면 중국 유학의 도설 자료들이 완벽한 것은 아니었다. 비록 조선의 유학자들이 주희를 朱子로 숭봉하면서 그의 학문을 절대시한 경향이 매우 강했지만, 그렇더라도 조선의 유학자들은 의심할 것은 의심하고 문제 삼을 것은 문제 삼는 태도를 분명히 발휘하였다. 또한 조선 후기의 새로운 경학풍은 송대 경학과 다른 고대 유교적 이상을 모색하기도 하였다. 그러므로 중국에서 제작된 도 자료를 그대로 자신들의 저술에 인용하고 전재하는 경우도 있었지만, 그것으로는 부족하다고 판단되면 스스로 도를 제작하였다. 즉 중국 유교 도 자료들은 조선 유교의 도 자료의 발전에 단초를 제공하였고, 조선 유학자들에 의하여 보완되고 개정되는 경우도 많았고 조선 유학자들이 새로운 것을 창조하기도 했다.

마지막으로 중국 유교의 도 자료들이 비록 조선시대 유교의 발전에 토대가 되었다는 점을 인정하더라도, 그 한계가 있다는 점도 밝히지 않을 수 없다. 그 한계란 조선의 유교와 비교할 때에 더욱 분명하게 인식된다. 대체로 중국 유교의 도 혹은 도설들은 과거 문물의 형상을 복원한 점과 고대 성왕들의 경세 치적에 작용한 궁극적 원리들을 밝히기는 했지만, 성인의 도를 구현할 인재를 양성하는 구체적 방식에 대한 논의를 담은 도는 찾아보기 어렵다. 그 방법은 위기지학 내지 聖學 등의 방법을 말한다. 이는 유교의 이념과 여러 문화적 장치에 통달한 주체를 양성하는 방법이다. 이와 관련된 도로서 물론 〈심학도〉라든가 〈성기도〉, 〈인심도심도〉, 〈심통성정도〉 등이 부분적이나마 그러한 논의 혹은 탐구의 흔적을 보여주지만, 그들은 매우 소략한 개념도에 불과하다. 전반적으로 보자면 성인의 도에 관한 구체적 구현 방법과 원리를 표상한 도 자료는 많지 않다.

또한 위기지학 내지 성학의 방식은 유교의 원리에 따라서 이루어지는 자신의 실천과 그로 인한 체험을 다시 도의 제작에 반영하는 결과를 낳기 마련인데, 중국 유교의 자료들로부터 그러한 자취를 발견하기는 어렵다. 그렇다면 조선의 유학자들에 의하여 제작된 도들은 어떠한 내용과 주제를 추구했으며, 그들의 특징은 무엇인가를 살피는 것이 과제가 된다.

마지막으로 일본 유교의 도설 자료에 대해서 간단하게 언급하고자 한다. 필자가 수집한 일본 유교의 도설 자료는 《五經圖彙》이다. 《주역》, 《상서》, 《시경》, 《戴記》, 《춘추》 등 다섯 경전의 내용과 관련된 도상을 모은 것이 바로 《오경도휘》이다. 이외에 일본 유학자들의 도상에 대한 조사가 미진하기 때문에 평가적인 견해를 밝히는 것은 유보하고, 다만 이 도집의 특성은 주로 기물에 관한 그림들을 모은 것임을 밝힌다.

제 4 장

# 조선시대 유교 圖의 역사

# 제4장 조선시대 유교 圖의 역사

## 1. 圖의 제작자와 圖 자료

비록 시대를 조선시대로 한정했지만, 도 자료들의 수집이 이루어진 전체적인 시기는 14세기 말부터 20세기 중엽까지이다. 1391년에 제작이 시작된 권근의 《入學圖說》을 효시로 하여[1] 崔秉心(1874~1957)의 〈日用存誠圖〉와 〈學規圖〉가 제작되기까지 대략 6세기의 세월이 해당한다. 이 기간에 제작된 도로서 현존하는 것들을 대상으로 삼아서 도의 역사를 시기별로 살펴보고자 한다. 시기의 구분은 아직까지 학계의 정설이 없기 때문에 대략적으로 현재 밝혀진 유교의 맥락에 기준하되 도에 의하여 시기가 나누어질 수 있는 것을 기준으로 삼기로 한다.

여기에서는 먼저 도와 그 제작자들에 대한 간단한 소개를 하고자 한다. 이들의 이름과 도에 관한 정보를 모두 제공하기에는 지면의 제약이 크다. 때문에 이를 일람표 형태로 제시하기로 한다. 이 일람표에는 저자의 이름과 태어난 해, 사망한 해, 문집 또는 자료집의 이름,

1) 권근이 《입학도설》을 저술하기 앞서서 정도전은 〈學者指南圖〉를 지은 것으로 보이지만 이름만 전할 뿐이다.

대표적인 도 자료의 이름, 그리고 해당 저자의 전체 도 자료의 수를 항목을 나누어 표기한다. 도 자료의 이름들 가운데 자료의 수가 많고 종류가 다양한 것은 부득이하게 그 자료가 관련된 분야를 표기하거나, 대표적인 자료의 명칭만을 표기하기도 하였다. 아울러 도의 총수는 참고를 위하여 제시한 것이다. 이 수는 필자가 조사해서 수집한 자료의 수이다.2)

〈표 4-1〉 도를 제작한 유학자들과 도 자료들(계속)

| 이름 | 생년 | 출전 | 자료집/도 자료 명칭 | 圖數 |
|---|---|---|---|---|
| 權近 | 1352~1409 | 入學圖說 | 天人心性合一之圖 외 | 40 |
| 崔恒 | 1409~1474 | 易學啓蒙要解 | 本圖書第一河圖 외 | 13 |
| 金宏弼 | 1454~1504 | 景賢附錄 | 情志交孚契會圖, 廟室圖 외 | 4 |
| 張可順 | 1493~1550 | 花潭及門諸賢集上 | 人事尋緖目 10도 | 10 |
| 周世鵬 | 1495~1554 | 心圖 | 心圖 20도 | 20 |
| 黃孝恭 | 1496~1553 | 龜巖先生易範圖 | 易範圖 12도 | 12 |
| 李滉 | 1501~1570 | 退溪集 | 聖學十圖 10도, 天命新圖, 啓蒙傳疑 33도, 安文成公享圖 祭饌圖, 외 | 75 |
| 曺植 | 1501~1572 | 南冥先生文集 | 學記類篇(初刊本) 24도, 神明舍圖, 爲學次序圖 외 | 35 |
| 鄭之雲 | 1509~1561 | 秋巒實紀 | 天命圖解/天命圖說 | 3 |
| 金麟厚 | 1510~1560 | 河西全集 | 天命圖, 洪範揲著作卦之圖, 五行植物屬圖 외 오행 관련 6도, 洪範數圖 | 10 |
| 李楨 | 1512~1572 | 龜巖集 | 存養圖 | 1 |
| 盧守愼 | 1515~1590 | 穌齋集 | 人心道心圖 | 1 |

2) 다만 조선의 조정이 주도하여 인륜을 계몽하기 위해 편찬 보급한 《三綱行實圖》, 《二倫行實圖》 등과 관찬 의례서인 《국조오례의》와 같은 서적의 도들은 여기에서 다루지 않았다. 그 이유는 개별 학자의 학문관이나 교육관을 추출하기 어렵다는 점, 그리고 도상들이 주로 윤리적 행실의 묘사에 한정된다는 점 등이다. 물론 이들이 圖를 통한 계몽의 효과를 거두었다는 점이 주목받을 수 있겠고, 개별 유학자의 도의 효용에 대한 인식을 제고하고 또 도 제작을 촉진하였던 작용을 했을 것으로 짐작된다. 그러나 그 점에 대해서는 다른 기회에 다루는 것이 좋을 듯하다.

| 이름 | 생년 | 출전 | 자료집/도 자료 명칭 | 圖數 |
|---|---|---|---|---|
| 黃俊良 | 1517~? | 錦溪集 | 倭國地圖 | 1 |
| 柳贇 | 1520~1591 | 易圖目錄 | 河圖生數統成數圖 외 | 48 |
| 趙穆 | 1524~1605 | 月川集(心經稟質) | 人心道心精一執中圖 3도 | 3 |
| 金隆 | 1525~1594 | 勿巖集 | 做人錄 2도 | 2 |
| 奇大升 | 1527~1572 | 高峯集 | 天命圖 | 1 |
| 鄭介淸 | 1529~1590 | 愚得錄 | 伸圓圖爲橫圖 외 易圖 3도 | 4 |
| 高應陟 | 1531~1605 | 杜谷集 | 九天圖, 四端圖, 天人合一圖 외 7도 | 10 |
| 權好文 | 1532~1587 | 松巖集 | 內外有別之圖, 洞鑑 酒禮 | 2 |
| 宋翼弼 | 1534~1599 | 龜峯集 | 殯位次 | 1 |
| 成渾 | 1535~1598 | 牛溪集 | 心性情圖(율곡 그림) | 1 |
| 李珥 | 1536~1584 | 栗谷全書 | 心性情圖, 聖學輯要目錄圖, 正寢時祭之圖 외 4도 | 7 |
| 金誠一 | 1538~1593 | 鶴峯集 | 時祭共一卓圖 | 1 |
| 柳雲龍 | 1539~1601 | 謙菴集 | 追遠雜儀의 7도 | 7 |
| 權春蘭 | 1539~1617 | 晦谷先生進學圖 | 進學圖 26도 | 26 |
| 李德弘 | 1541~1596 | 艮齋集, 艮齋集續集, 心經講錄 | 心體用圖, 爲學之圖, 夫婦有別圖 외 11도 | 14 |
| 柳成龍 | 1542~1607 | 西厓全書, 西厓集 | 洪範皇極內篇九九積實數圖, 星宿方位圖, 鍼灸要訣, 十二經穴處治法針炙直橫圖, 天地人物氣侯相應圖, 人體圖, 儀禮練除服受服圖 외 4도 | 11 |
| 鄭逑 | 1543~1620 | 寒岡全集 | 五服沿革圖 34도 | 34 |
| 趙憲 | 1544~1592 | 重峰集 | 先師廟, 躬耕養親圖 외 7도 | 9 |
| 李舜臣 | 1545~1598 | 李忠武公全書 | 長柄鎌, 全羅左水營龜船 외 8도 | 10 |
| 曺好益 | 1545~1609 | 芝山集, 芝山續集 | 絜矩之圖, 曲禮首章圖, 易象說2도 외 7도 | 11 |
| 金長生 | 1548~1631 | 沙溪集 | 經書辨疑 26도, 典禮問答 3도, 家禮輯覽圖說 306도 | 335 |
| 韓百謙 | 1552~1615 | 久菴遺稿 | 箕田圖, 深衣圖, 四端七情圖 | 3 |
| 張顯光 | 1554~1637 | 旅軒全書 | 宇宙要括帖 10첩, 易學圖說 359 도, 性理說 12도 외 | 383 |
| 鮮于浹 | 1558~1653 | 遯菴全書 | 易學圖說 24도, 太極辨解 12도, 大易理象 6도 | 42 |
| 權克中 | 1560~1614 | 경학자료집성 역경 | 周易參同契註解　金丹坎离交姤圖 외 7도 | 8 |

| 이름 | 생년 | 출전 | 자료집/도 자료 명칭 | 圖數 |
|---|---|---|---|---|
| 朴仁老 | 1561~1642 | 蘆溪集 | 自警目, 大學敬圖, 小學忠孝圖, 中庸誠圖 | 4 |
| 鄭經世 | 1563~1633 | 愚伏集 | 大祥服圖 | 1 |
| 崔晛 | 1563~1640 | 訒齋集 | 誠圖 외 碧團鎮 등 지도류 10도 | 11 |
| 張興孝 | 1564~1633 | 敬堂集 | 一元消長圖 12도 | 12 |
| 申欽 | 1566~1628 | 象村稿 | 經世衍易圖說 6도 | 6 |
| 權杠 | 1567~1626 | 方潭文集 | 易圖書 大禹則洛書作範圖 외 | 6 |
| 鄭蘊 | 1569~1641 | 桐溪集年譜 | 龍山圖, 影堂酌獻禮陳設圖 외 3도 | 5 |
| 金致寬 | 1569~1661 | 亦樂齋集 | 易圖書 人心善惡相反之圖 외 21도 | 22 |
| 申敏一 | 1576~1650 | 化堂集 | 中和圖, 浦渚趙相國圖說 | 2 |
| 趙翼 | 1579~1655 | 浦渚集 | 持敬圖說, 心學宗方圖, 改申功甫中和圖 | 3 |
| 李植 | 1584~1647 | 澤堂集 | 祭式 時祭 | 1 |
| 河弘度 | 1593~1666 | 謙齋集 | 先生自崇禎末揭以爲號日夕顧諟(謙卦圖) | 1 |
| 許穆 | 1595~1682 | 記言 | 進心學圖 2도, 儀禮爲長子喪服圖 | 3 |
| 沈之漢 | 1596~1657 | 滄洲集 | 月卦圖說 10도 | 10 |
| 金烋 | 1597~1638 | 敬窩集 | 朝聞錄 17도, 朝聞補錄 15도 | 32 |
| 李休運 | 1597~1668 | 石屛文集 | 心經章圖 12도 | 12 |
| 柳元之 | 1598~1674 | 拙齋集 | 收放心圖 | 1 |
| 權諰 | 1604~1672 | 炭翁集 | 儀禮同牢圖, 論心圖, 宗廟圖류 4도, 國家系統圖 2도, 古者諸侯五廟圖 | 9 |
| 兪棨 | 1607~1664 | 家禮源流 | 祠堂一間圖, 儀節宗法圖, 男女盛服圖, 諸侯天人服圖 등 | 176 |
| 李惟泰 | 1607~1684 | 草廬集 | 伏羲河圖 등 역학관련도 | 7 |
| 宋時烈 | 1607~1689 | 宋子大全 | 野服圖說 4도, 改作爲學方圖, 孝悌爲仁愛物之本, 易圖 5도 등 | 16 |
| 吳達濟 | 1609~1637 | 忠烈公遺稿 | 顯節祠祭物陳設圖式 | 1 |
| 尹宣擧 | 1610~1669 | 魯西遺稿 | 後天圖說 16도, 家禮源流 53도, 愼齋先生禮葬時賓客序立位次 외 | 78 |
| 尹鑴 | 1617~1680 | 白湖全書 | 帝舜在琁璣玉衡以齊七政, 帝舜人心道心之圖 孔子達道達德九經之圖, 九經圖 외 | 16 |
| 金萬烋 | 1625~1694 | 魯魯齋集 | 中庸人心道心圖, 中庸工夫次第圖, 大學三綱八目相爲體用圖, 日月九 | 11 |

| 이름 | 생년 | 출전 | 자료집/도 자료 명칭 | 圖數 |
|---|---|---|---|---|
| | | | 行圖 외 | |
| 丁時翰 | 1625~1713 | 愚潭全集 | 天命新圖, 退溪先生心統性情圖, 栗谷心性情圖, 天命舊圖 | 4 |
| 李玄逸 | 1627~1704 | 경학자료집성 서경편 | 洪範衍義 17도 | 17 |
| 朴尙玄 | 1629~1693 | 寓軒集 | 陰陽消長圖, 權經圖 | 2 |
| 尹拯 | 1629~1711 | 明齋遺稿 | 初學畵一之圖 5도, 人心道心圖, 爲學之方圖, 廟庭中序立位次/堂上坐次圖 등 | 10 |
| 南九萬 | 1629~1711 | 藥泉集 | 五禮儀永寧殿圖 외 | 2 |
| 朴世采 | 1631~1695 | 南溪集 | 聖學知行路脈之圖, 聖賢出處之圖, 要訣爲學圖 등 | 17 |
| 李嵩逸 | 1631~1698 | 恒齋集 | 敬堂先生一元消長圖改本 12도 | 12 |
| 金楷 | 1633~1716 | 경학자료집성 역경편 | 易學啓蒙覆釋 | 75 |
| 權尙夏 | 1641~1721 | 寒水齋集 | 示李公擧命性圖, 壻婦卽席設饌圖 외 | 3 |
| 韓汝愈 | 1642~1709 | 遁翁集 | 智愚圖, 天地化生萬物之圖 외 | 29 |
| 崔錫鼎 | 1646~1715 | 明谷集 | 太玄著策解, 太極圖名圈解, 月行 등 | 5 |
| 金幹 | 1646~1732 | 厚齋集 | 統體太極各具太極, 四層圖允執厥中圖, 五音相生之圖, 爲學之方圖說 栗谷先生爲學之方圖, 深衣制度考證 등 | 17 |
| 鄭齊斗 | 1649~1736 | 霞谷全集 | 良知圖一改圖, 中庸兩截圖, 大學經文二截圖, 河洛易象 34도, 夫子紀年, 先後天圖說 3도, 天地方位里度說 4도 등 | 70 |
| 金昌協 | 1651~1708 | 農巖集 | 太極圖解(陰陽經五行緯/五行經陰陽緯) | 2 |
| 宋徵殷 | 1652~1720 | 約軒集 | 中庸全圖 | 1 |
| 金昌翕 | 1653~1722 | 三淵集 | 格致之圖, 雪嶽家舍之圖 | 2 |
| 李衡祥 | 1653~1733 | 甁窩集 | 答李仲舒渾元罩入圖 8도 | 8 |
| 權斗經 | 1654~1726 | 蒼雪齋集 | 先聖先師參謁之圖, 契長及約員齊拜尊者之圖 외 | 8 |
| 朴光一 | 1655~1723 | 遜齋集 | 三才一太極圖說, 命性道圖說, 健順五常圖 외 | 7 |
| 李泰壽 | 1658~? | 止谷遺稿 | 中庸七圖 10도, 大學五圖 18도 | 28 |

| 이름 | 생년 | 출전 | 자료집/도 자료 명칭 | 圖數 |
|---|---|---|---|---|
| 金錫文 | 1658~1735 | 易學二十四圖解 | 易學二十四圖解 26도 | 26 |
| 金柱臣 | 1661~1721 | 壽谷集 | 六世祖(周易 分陰分陽에 빗대어서 그림), 己로부터 六世祖까지의 관계도 | 2 |
| 金履矩 | 1662~1722 | 中庸箚錄 | 中庸爲學圖 | 1 |
| 崔斗柄 | 1663~1726 | 坪菴集 | 天地間一氣圖, 天地人圖, 天地人心性情圖 등 | 16 |
| 徐聖耉 | 1663~1735 | 訥軒文集 | 學理圖說 50도 | 50 |
| 李萬敷 | 1664~1732 | 息山集, 息山集續集, 息山全集 | 易統 50도, 仁源流圖, 心鏡圖, 元極圖, 六律六呂上下相生之圖, 明德圖, 외 | 71 |
| 李載亨 | 1665~1741 | 松巖集 | 性命圖說 4도, 喪主之位 4도 | 8 |
| 姜碩慶 | 1666~1731 | 喫眼窩集別集 | 心性情理氣脈絡圖, 五行所屬圖 외 | 4 |
| 金春澤 | 1670~1717 | 北軒集 | 大學三綱領八條目總圖, 中庸達道達德之圖 외 | 3 |
| 申益愰 | 1672~1722 | 克齋集 | 理不雜氣圖, 心性情渾淪說圖 외 | 6 |
| 權榘 | 1672~1749 | 屛谷集 | 大學就正錄, 讀易瑣義 12도 | 13 |
| 李煥模 | 1675~? | 斗室寤言 | 天命之謂性圖 3도, 修道之謂敎圖 2도, 率性之謂道圖 2도 | 7 |
| 李柬 | 1677~1727 | 巍巖遺稿 | 日光被月魄圖, 六面世界冬夏兩至相配圖 | 2 |
| 李顯益 | 1678~1717 | 正菴集 | 中庸圖 | 1 |
| 李縡 | 1680~? | 四禮便覽 | 冠婚喪祭 관련 도 | 90 |
| 尹鳳朝 | 1680~1761 | 圃巖集 | 學易淺見 13도 | 13 |
| 李瀷 | 1681~1763 | 星湖全書 | 則圖書卦說 2도, 心統性情圖, 東銘圖, 夙興夜寐箴圖, 四勿圖 4도 외 | 14 |
| 尹鳳九 | 1681~1767 | 屛溪集 | 大學圖說2도, 中庸首章圖 2도 心性情合人心道心圖說 | 5 |
| 成以心 | 1682~1739 | 盤谷先生人易 | 人易擬議圖說, 人易圖說 11도 | 12 |
| 韓元震 | 1682~1751 | 南塘集 | 記聞錄36도, 未發氣質辨圖說 3도 등 | 47 |
| 林象德 | 1683~1719 | 老村集 | 三綱領八條經文正義圖, 物格知至등 | 5 |
| 蔡之洪 | 1683~1741 | 鳳巖集 | 易學十二圖 12도 | 12 |
| 李世珩 | 1685~1761 | 恕軒文集 | 窺斑錄 十二辟卦圖, 心性情理氣圖 | 2 |
| 沈錥 | 1685~1753 | 樗村遺稿 | 大君嚴君心君 圓形圖, 天君泰然 百體從令 외 | 6 |
| 吳光運 | 1689~1745 | 藥山漫稿 | 心性情四七圖 | 1 |

| 이름 | 생년 | 출전 | 자료집/도 자료 명칭 | 圖數 |
|---|---|---|---|---|
| 南國柱 | 1690~1759 | 鳳洲先生文集 | 易範通錄 19도, 三才圖 외 | 26 |
| 柳觀鉉 | 1692~1764 | 陽坡集 | 易圖撮要 11도 | 11 |
| 沈潮 | 1694~1756 | 靜坐窩集 | 易象窺管 2도 | 2 |
| 楊應秀 | 1700~1767 | 白水集 | 心圖(題學蔀通辨後) | 1 |
| 柳正源 | 1702~1761 | 易解參攷 | 河洛指要 53도 | 53 |
| 金元行 | 1702~1772 | 渼湖集 | 兩位設饌圖 | 1 |
| 宋明欽 | 1705~1768 | 櫟泉集 | 同牢設饌(上陶菴先生) | 1 |
| 桂德海 | 1708~1775 | 鳳谷桂察訪遺集 | 三十六宮圖, 先天圓圖源委圖 외 | 5 |
| 尹光紹 | 1708~1786 | 素谷遺稿 | 自警圖 | 1 |
| 宋文欽 | 1710~1752 | 閒靜堂集 | 王畿千里圖 | 1 |
| 李象靖 | 1710~1781 | 大山集 | 心動靜圖, 中庸首章圖, 玉山講義圖 외 | 8 |
| 任聖周 | 1711~1788 | 鹿門集 | 人物性圖竝說一原分殊圖, 牢床圖 | 2 |
| 申景濬 | 1712~1781 | 旅菴遺稿 | 車制策 論兵船火車諸備禦之具 8도, 水車圖說 17도, 詩則 6도 | 31 |
| 金謹行 | 1712~1782 | 庸齋集 | 大學箚疑 8도, 中庸大指圖, 中庸箚疑 10도, 易學啓蒙箚疑 15도 | 33 |
| 安鼎福 | 1712~1791 | 順菴集 | 易象補遺 15도, 易學圖 24도, 後天窺管 21도, 心圖, 治心八藥圖, 東銘圖, 鄕射禮圖 등 | 76 |
| 李光靖 | 1714~1789 | 小山集 | 四時祫高祖在穆圖 | 1 |
| 徐命膺 | 1716~1787 | 保晩齋叢書 | 啓蒙圖說 97도, 先天四演 24도, 詩樂妙契 48도, 緯史 61도, 先句齊 40도, 元音鑰 161도, 攷事十二集 16도 | 447 |
| 白鳳來 | 1717~1799 | 九龍齋集 | 中和大人圖說, 四書通理 62도, 三經通義 82도 | 145 |
| 黃胤錫 | 1719~1791 | 理藪新編 | 經世四象體用之數圖 32도, 求積法 30도, 韻法直圖 45도 외 | 267 |
| 鄭赫臣 | 1719~1793 | 性堂集 | 河洛卦數排節圖, 在天爲太極之理在人爲性情之道의 圖 | 2 |
| 金履安 | 1722~1791 | 三山齋集 | 朱子則河圖爲先天圓圖圖, 胡氏則河圖爲先天圓圖圖 외 | 3 |
| 柳長源 | 1724~1796 | 四書纂註增補-孟子 | 大全明堂圖 | 1 |
| 洪良浩 | 1724~1802 | 耳溪集 | 易象翼傳 12도, 北塞記略白頭山圖 | 13 |

| 이름 | 생년 | 출전 | 자료집/도 자료 명칭 | 圖數 |
|---|---|---|---|---|
| 金相岳 | 1724~1815 | 山天易說 | 八卦統六十四卦運行之圖 외 | 8 |
| 沈定鎭 | 1725~1786 | 霽軒集 | 易說 2도 | 2 |
| 宋煥箕 | 1728~1807 | 性潭集 | 持身要領圖, 讀書階級圖 | 2 |
| 李熚 | 1729~1788 | 農隱集 | 包羲氏仰觀府察以劃八卦圖解, 天易圖, 人易圖 외 | 12 |
| 金奎五 | 1729~1789 | 最窩集 | 先天八卦在河圖圖 외 | 8 |
| 曺垣淳 | 1730~1783 | 復菴集 | 神明舍圖銘解, 誠爲太極圖解 | 2 |
| 洪大容 | 1731~1783 | 湛軒書 | 啓蒙記疑 2도, 兩位設饌圖 외 | 5 |
| 李種徽 | 1731~? | 修山集 | 人心道心之圖 | 1 |
| 朴琮 | 1735~1793 | 鏜洲集 | 中庸講錄 2도, 未發氣質辨圖說 7도, 周易講義 46도 | 55 |
| 徐有臣 | 1735~1800 | 易義擬言 | 易有太極第一 외 | 23 |
| 金相進 | 1736~1811 | 濯溪集 | 鄕飮酒禮攷證圖, 大學圖, 明德圖, 人心道心圖 | 4 |
| 李萬運 | 1736~? | 默軒集 | 月行會日圖, 六氣圖, 納音圖 | 3 |
| 成允信 | 1737~1808 | 愼默齋文集 | 洪範九疇皇極圖說 19도, 人易擬議卦畵方圓圖, 理氣四七人心道心圖 | 21 |
| 趙鎭寬 | 1739~1808 | 柯汀遺稿 | 易問 12도 | 12 |
| 李德懋 | 1741~1793 | 青莊館全書 | 紀年兒覽 34도, 梅花骨式 등 35도, 八道六十八州全圖 등 13도, 丙丁表 | 83 |
| 黃德壹 | 1748~1800 | 拱白堂集 | 進學圖, 心之體用圖, 心易議擬次序圖, 心易議擬六十四卦圖 외 | 5 |
| 黃德吉 | 1750~1827 | 下廬集 | 日省圖示學者, 讀書次第圖 | 2 |
| 正祖 | 1752~1800 | 弘齋全書 | 壇壝圖, 天字舞圖 외 舞圖류 3도, 游衡車全圖, 游衡車散圖 5도 외 | 11 |
| 李東幹 | 1757~1822 | 砧山文集 | 聖賢心學四圖說 4도 | 4 |
| 裵相說 | 1759~1789 | 槐潭遺稿 | 四書纂要 7도, 道學六圖 18도, 易說諸圖 17도, 朞三百解 18도 | 60 |
| 成海應 | 1760~1839 | 研經齋全集外集 | 深衣圖류, 萬東廟, 貨泉(錢布)類圖, 周尺 등 尺圖류 외 | 28 |
| 尹行任 | 1762~1801 | 碩齋稿 | 祭禮圖說 11도 외 曆法圓圖, 春秋圖(紀年圖)(실제 도는 없음) | 13 |
| 丁若鏞 | 1762~1836 | 與猶堂全書 | 䥫鍵出火圖說 3도, 地毬圖說 3도, 起重圖說 6도, 大學圖 3도, 尙書古訓 7도, 周易四箋 69표/례, 易學緖言 9도/표, 喪禮四箋 11도/표, 喪儀 | 286 |

| 이름 | 생년 | 출전 | 자료집/도 자료 명칭 | 圖數 |
| --- | --- | --- | --- | --- |
| | | | 絶要 3도/표, 祭禮考定 6도, 嘉禮酌儀 2도, 樂書孤存 67도, 經世遺表 62도, 牧民心書 20도, 痲科會通 3도 등 | |
| 徐有榘 | 1764~1845 | 楓石全集 | 深衣後圖 | 1 |
| 姜必孝 | 1764~1848 | 海隱集 | 四子要旨圖, 五經要旨圖 외 | 8 |
| 河友賢 | 1768~1799 | 豫菴集 | 改定中庸命性圖, 中庸全圖, 未發在中圖 외 | 4 |
| 柳徽文 | 1773~1827 | 好古窩別集, 好古窩外集 | 冠服考證 9도, 啓蒙攷疑 31도, 傳疑餘論 10도 외 | 52 |
| 金性昊 | 1777~1845 | 一齋先生文集 | 閭修帖 외 2, 易圖發揮 23도, 圖卦會通 9도 | 35 |
| 柳致明 | 1777~1861 | 定齋集 | 深衣裁成未著之圖 외 深衣관련 2도, 程子冠制, 公羊五年再殷祭一禘一祫圖, 禮緯五年一禘三年一祫圖 | 6 |
| 朴慶家 | 1779~1841 | 鶴陽集 | 大學章句圖 18도, 十二次雲漢升降之圖 외 천문관련 10도 | 28 |
| 閔白炶 | 1779~1851 | 心經集解 | 心學圖 , 誠幾圖 2도, 舜蹠圖, 敬齋箴圖, 人心道心圖 | 6 |
| 朴箕寧 | 1779~1857 | 荷叟集 | 中庸圖說 7도, 中庸八章善惡符應圖幷說 | 8 |
| 權敦仁 | 1783~1859 | 頤齋集 | 依淸孫嘉淦三宮四聲說爲圖, 古尺各等校表, 周禮天地人三宮各四聲之說圖 | 3 |
| 柳懿睦 | 1785~1833 | 守軒集 | 中庸管見2도 | 2 |
| 崔象龍 | 1786~1840 | 鳳村集 | 性理管窺小識 5도, 經書八圖 8도, 本圖書 17도, 原卦劃 7도, 明蓍策 9도 외 | 47 |
| 金虎運 | 1786~? | 雨澗集 心經疑義 | 舜蹠圖와 誠幾圖를 함께 보완한 그림 | 1 |
| 李恒老 | 1792~1868 | 華西集 | 先天後天圖卦說 3도, 南八灘啓蒙八圖說質疑 2도, 洪範皇極內篇記疑 15도, 揲蓍解 6도, 四端七情圖說 2도, 弦望晦朔圖 4도, 井閭圖 8도, 深衣圖 4도, 律生五聲圖解, 八十四聲圖解, 六十調圖解, 閭塾講規 5도 외 | 62 |
| 金在洛 | 1798~1860 | 養蒙齋集 | 小學明倫圖, 養正圖 외 | 9 |
| 金岱鎭 | 1800~1871 | 訂窩集 | 曆象圖, 明魄圖, 河洛圓圖 외 | 4 |
| 崔漢綺 | 1803~1895 | 明南樓全集 | 測人 22도, 習算津筏 24도, 儀象理 | 215 |

| 이름 | 생년 | 출전 | 자료집/도 자료 명칭 | 圖數 |
|---|---|---|---|---|
| | | | 數 21도, 地毬典要 65도, 陸海法 26도, 心器圖說 58도 등 | |
| 吳致箕 | 1807~? | 周易經傳增解 | 河圖, 洛書 외 17도 | 19 |
| 朴珪壽 | 1807~1877 | 居家雜服攷 | 外服圖 10도, 冠衣散形圖 4도, 內服圖 22도, 童子服圖 11도, 女子服圖 4도, 深衣方領折諸式외 복식 관련 7도, 外內長幼禮服燕服同異表 외 2표 | 62 |
| 李敦禹 | 1810~? | 肯菴集 | 心經贊圖 | 1 |
| 張福樞 | 1815~1900 | 四未軒集 | 鄒書之圖 외 역과 의례 관련 도 | 52 |
| 朴萬瓊 | 1817~1896 | 壺隱遺稿 | 心易 38도 | 38 |
| 李震相 | 1818~1886 | 寒洲全書 | 心經窾啓 19도, 心易圖, 主宰圖說, 心易動靜圖說, 四禮輯要圖式 68도, 後天圖象 3도, 揲蓍圖 4도, 河圖本數定卦位之圖 외 | 107 |
| 金平默 | 1819~1891 | 重菴集 | 先天八卦圖西山蔡氏說 | 1 |
| 李埈 | 1821~1853 | 槐園集 | 講堂圖 | 1 |
| 柳重敎 | 1821~1893 | 省齋集 | 大學說 3도, 六經總說 15도, 河圖洛書說 13도, 太極圖說大指, 絃歌軌範 60도 외 | 109 |
| 崔世鶴 | 1822~1899 | 惺巖集 | 先天變爲後天之圖 외 역학 관련 4도, 大學之物有本末事有終始之圖, 中庸首章之圖 외 중용 관련 4도, 敬圖 | 12 |
| 金興洛 | 1827~1899 | 西山先生文集 | 入學五圖 5도, 家祭儀 13도, 程子格致說圖, 朱子格致說圖, 敬齋箴集說圖 | 21 |
| 徐基德 | 1832~? | 石南居士私稿 | 對中庸問目(中庸首章圖) | 1 |
| 金永三 | 1834~1906 | 丹邱遺稿 | 中庸大支圖 2도 | 2 |
| 許薰 | 1836~1907 | 舫山集 | 祭饌陳設圖 | 1 |
| 洪在英 | 1842~1905 | 芝坡遺稿 | 中庸對條 6도 | 6 |
| 李嶔 | 1842~1928 | 桂陽遺稿 | 始言中散末合之圖(중용) | 1 |
| 安泰國 | 1843~1913 | 暘谷集 | 中庸圖 | 1 |
| 金鼎默 | 1844~? | 過齋遺稿 | 天子諸侯正統旁期服圖 외 | 3 |
| 李在齡 | 1845~1901 | 竢菴集 | 易學記見 16도 | 16 |
| 朴文鎬 | 1846~1918 | 壺山全書 | 中國道統圖, 東國道統圖, 洙泗二十七圖說 27도, 西漢經師傳授譜說 8도, 道學聖統圖說, 周易圖書詳說 9도 性學圖說 외 | 70 |

| 이름 | 생년 | 출전 | 자료집/도 자료 명칭 | 圖數 |
|---|---|---|---|---|
| 李承熙 | 1847~1916 | 大溪集 | 心學圖校本, 中範 6도 | 7 |
| 李建昌 | 1852~1898 | 讀易隨記 | 四象合成八卦圖, 剛柔推變圖 외 | 9 |
| 金時洛 | 1858~1896 | 莊菴文集 | 心經贊圖 | 1 |
| 權相翊 | 1863~1935 | 省齋集 | 仁心圖說 天地人仁心圖說, 中庸六大節圖, 新定五服圖 | 3 |
| 郭鍾錫 | 1864~1919 | 勉宇集 | 中庸支節圖, 四端七情經緯圖, 心動靜圖, 人心道心圖 6도 외 | 11 |
| 金秉宗 | 1871~1931 | 秀山集 | 聖學續圖 10도, 帝王爲治爲學之圖 외 | 12 |
| 金鳳煥 | 1873~1915 | 晦峰集 | 中庸究義 3도 | 3 |
| 崔秉心 | 1874~1975 | 欽齋集 | 日用存誠圖, 學規圖 | 2 |
| 尹衡老 | 조선전기 성종대 | 戒懼菴集 | 心學健順五常三層圖, 心性情圖, 中庸圖上圖, 中庸圖下圖 | 4 |
| 金弘任 | ?~? | ?? | 兩漢五經顓門譜 | 5 |
| 저자미상 | | 경학자료집성 | 大學章圖 | 27 |

위 표는 200여 인의 조선시대 유학자들과 그들의 도 자료이다. 도 자료의 수는 5,260건인데, 이 수는 고정된 것이 아니라 다만 수집된 도 자료의 수이다. 도의 제작이 6세기 동안 꾸준하게 이어지면서 다음과 같은 점들이 관찰된다. 도의 주제 설정과 도상 제작이 일정한 맥락을 형성하면서 전승·발전되었는데, 시간이 흐를수록 도의 주제 영역이 확장되고 도상의 내용이 더욱 심화되며, 도의 표상 형태와 방식도 다양하게 발전되어 왔다. 조선 시대 내내 유학자들이 지속한 유교 문명 구현의 노력과 도 제작은 긴밀한 연관이 있는 것으로 보인다. 이러한 현상들은 도 제작이 유교라는 문명의 수호에 그치지 않고 유교의 완성에 도달하려는 집단 의지와 공동 실천의 결과임을 시사한다. 유교를 통한 문명의 성취에 대한 유학자들 공동의 노력이 그들이 제작한 도 자료들에 반영된 것으로 보인다. 그러한 유교 문명의

완성을 위한 집단적 의지와 공동의 실천은 과연 어떠한 방식으로 진행된 것일까? 도의 제작에 한정하여 보면 다음과 같은 점을 추려서 말할 수 있다.

經學에 관한 도 제작이 지속되었고, 그 밖의 이론적 주제와 관련된 도들 역시 꾸준히 제작되었다. 경학에서는 특히 역학 및 예학과 관련된 도 제작과 전승의 맥락이 두드러지게 발전하였다. 역학은 모든 다른 경전과 이론에 선행하는 유교 원리의 근원이며, 예학은 그것을 현실에 실현하는 규범과 방식을 제정하는 분야이다. 아울러 心學, 聖學 혹은 爲學에 관한 주제로 이루어진 도상 제작이 조선 유학자들의 도 제작의 특화된 분야로 간주될 수 있다. 이점은 조선시대 유교의 특성이 다름 아닌 爲己之學에 커다란 비중이 있었음을 시사한다. 달리 말하면 이는 유교 문명을 지키고 발전시킬 인물의 육성에 큰 비중을 둔 것이 조선의 유교였음을 시사한다. 그 밖에도 주제와 상징의 면에서 조선의 유교 도상들은 독자적인 개념 및 방법론의 개발로 나아갔다. 이는 유교라는 문명의 가치에 대해서 유학자들 공동의 확고한 신념이 조선조 말기까지 지속되었음을 시사한다.

그 점은 곧 조선시대 유교가 도 제작을 통해서 자신의 내실을 키워왔음을 의미한다. 따라서 조선시대는 圖에 의한 유교 연구와 실천에 중요한 진전을 가져왔다고 볼 수 있다.

## 2. 圖의 간략한 역사

〈표 4-1〉에서 표시된 바에 의하면 도 자료의 수에서 유학자들마다 많은 차이가 보인다. 예를 들면 300건 이상의 도 자료를 남긴 학자가 여럿 있는가 하면, 1건의 도만을 남긴 학자도 매우 많다. 그리고

10건 이상의 도 자료를 남긴 학자들 역시 많은 편이다. 이렇게 도 자료의 수를 비교하는 것은 어쩔 수 없는 일이지만 도를 남기지 않거나 그 수가 극소한 학자라 하여 유교 연구나 사상이 빈약한 것은 절대 아니다. 즉 유교 연구나 사상의 중요성을 따지는 기준이 반드시 도의 수에 있지 않다는 의미이다. 따라서 도의 역사를 서술하면서 불가피하게 도의 수가 중요한 기준 가운데 하나임은 사실이지만, 적은 수의 도를 남긴 학자이더라도 그 도의 특징이나 의미가 크다면 그 점을 고려하여 중요하게 취급함은 물론이다.

일단 이 장에서는 도 제작의 통사적 시각을 얻으면서 도 자료들로부터 조선시대 유교 문명의 전체상을 조망하고자 시대의 흐름에 따라 등장한 도 자료와 그 제작자를 소개하고자 한다.

### 1) 조선 초기의 圖 자료

조선 초기라 함은 조선 건국 직후의 시기를 말한다. 이 시기 최초의 도설집인 《입학도설》은 전집과 후집으로 구성되어 있다. 기존의 연구에 의하면 전집이 완성된 것은 1397년 무렵이며, 후집은 1399년 무렵에 완성된 것으로 추정된다. 그리고 《입학도설》이 완간된 것은 1424년으로 추정된다.[3] 이는 초학자들에게 성리학의 입문을 돕는 교과서 성격을 지닌 자료이다.

권근은 《입학도설》 서에서 다음과 같이 도 제작의 효용을 설명했다. "내가 금마군 적소에 있을 때 한두 초학자들이 와서 《중용》과 《대학》 두 서적을 읽을 때 내가 그에 대해 자세하게 설명해주었지만,

3) 유권종, 〈『입학도설』과 조선 유학 도설〉, 《철학탐구》 21집, 중앙철학연구소, 2007. 5 10~11쪽 참조

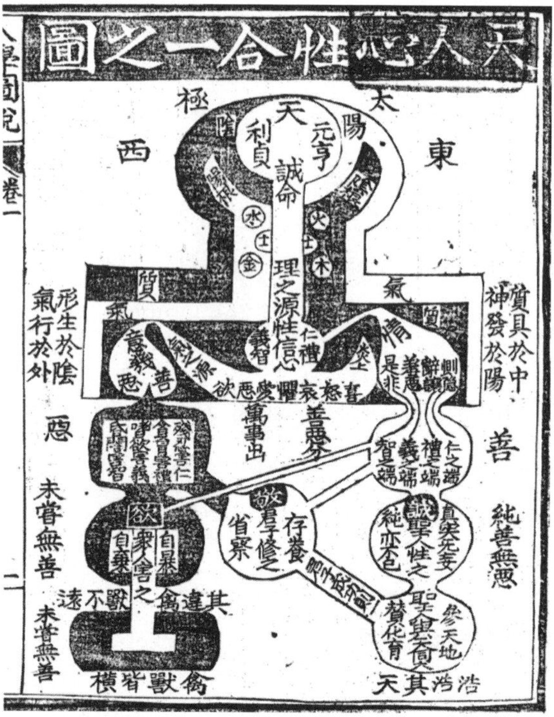


〈그림 4-1〉《입학도설》 속 〈천인심성합일지도〉

그래도 제대로 이해하지 못했다. 이에 주돈이의 그림을 근본으로 삼고 장구의 설명을 참고하여 그림을 만들어서 보여주고 또 선현의 격언을 취하여 그 뜻을 풀이하여 주었더니 학생이 그것을 따라서 묻는 바가 있었고 나도 그 질문에 대해서 답해 주었다."[4] 이는 《입학도설》을 짓게 된 연유를 밝히는 글인데, 여기서 그림을 통해서 비로소 학

4) 權近, 《入學圖說》 〈入學圖說序〉. 洪武 庚午秋 謫在金馬郡 有一二初學輩來讀庸學二書者 語之諄復 尚不能通曉 乃本周子之圖 參章句之說 作圖以示 又取先賢格言以釋其意 學者因有所問 又隨而答之.

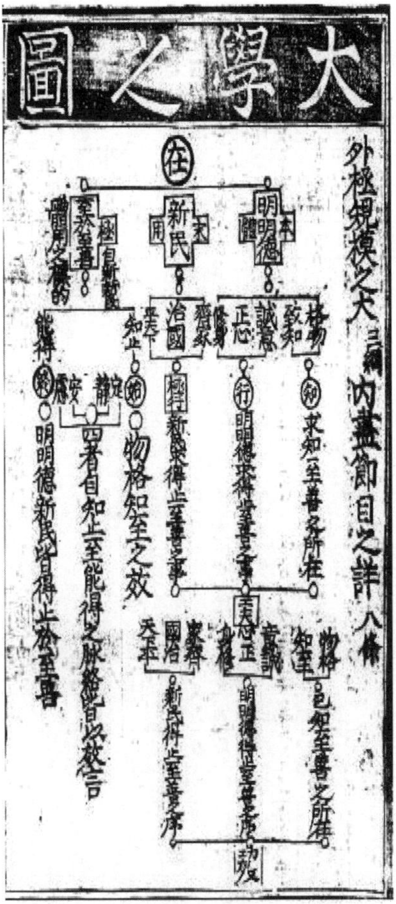


〈그림 4-2〉 권근의 《입학도설》 〈대학지도〉

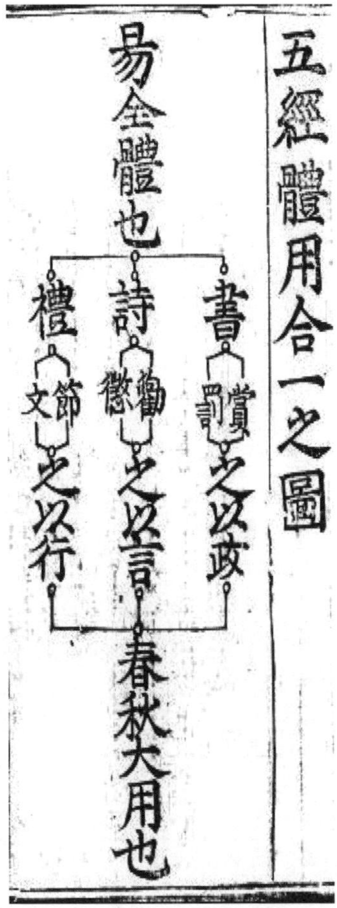


〈그림 4-3〉 권근의 〈오경체용합일지도〉

생들과 권근이 문답을 진행하게 되었고 그로써 학업이 진전되었음을 시사한다. 이 자료는 성리학으로써 궁극적으로 도달하고자 하는 이상인 천인합일의 실현 원리를 표상한 〈天人心性合一之圖〉와(〈그림 4-1〉) 〈天人心性分釋之圖〉를 서두에 두고, 이후에는 《大學》(〈그림 4-2〉) ·

〈표 4-2〉 권근 《입학도설》의 도

| 도 제목 | 출전 |
|---|---|
| 天人心性合一之圖 | 入學圖說 前集 |
| 天人心性分釋之圖 | 入學圖說 前集 |
| 大學指掌之圖 | 入學圖說 前集 |
| 大學立傳變文以分知行本末厚薄三節辨議 | 入學圖說 前集 |
| 中庸首章分釋之圖 | 入學圖說 前集 |
| 中庸分節辨議 | 入學圖說 前集 |
| 諸侯昭穆五廟都宮之圖 | 入學圖說 前集 |
| 時祫之圖 | 入學圖說 前集 |
| 一室之圖 | 入學圖說 前集 |
| 語孟大旨 | 入學圖說 前集 |
| 五經體用合一之圖 | 入學圖說 前集 |
| 五經體用各分之圖 | 入學圖說 前集 |
| 河圖五行相生之圖 | 入學圖說 前集 |
| 洛書五行相剋之圖 | 入學圖說 前集 |
| 先天方位圓圖 | 入學圖說 前集 |
| 先天方位方圖 | 入學圖說 前集 |
| 伏羲先天八卦 | 入學圖說 前集 |
| 文王後天八卦 | 入學圖說 前集 |
| 陰陽六九爲老之圖 | 入學圖說 前集 |
| 天地生成之數 | 入學圖說 前集 |
| 河圖中宮之數 | 入學圖說 前集 |
| 洪範九疇天人合一圖上 | 入學圖說 前集 |
| 洪範九疇天人合一圖下 | 入學圖說 前集 |
| 無逸之圖 | 入學圖說 前集 |
| 十二月卦之圖 | 入學圖說 後集 |
| 十二月卦之圖(三峯 鄭道傳의 그림) | 入學圖說 後集 |
| 周天三辰之圖 | 入學圖說 後集 |
| 一期生閏之圖 | 入學圖說 後集 |
| 天地竪看之圖 | 入學圖說 後集 |
| 天地橫看之圖 | 入學圖說 後集 |
| 望前生明之圖 | 入學圖說 後集 |

| | |
|---|---|
| 望後生魄之圖 | 入學圖說 後集 |
| 土圭測影之圖 | 入學圖說 後集 |
| 土旺四季之圖 | 入學圖說 後集 |
| 律呂隔八相生之圖 | 入學圖說 後集 |
| 五聲八音之圖 | 入學圖說 後集 |
| 周南篇次之圖 | 入學圖說 後集 |
| 變風十三國之圖 | 入學圖說 後集 |
| 公族及太宗之圖 | 入學圖說 後集 |
| 掛扐過揲之法 | 入學圖說 附錄 |

《中庸》·《論語》·《孟子》의 사서와 예·역·서·시·춘추 등 五經의 경학적 원리를 도해하는 그림들과 그에 대한 각각의 설명을 함께 편집한 것이다. 그리고 五經들 각자가 體用의 원리로 이루어졌다는 점과 오경 상호간에도 역시 體用의 관계로 엮인다고 보는 그의 관점을 드러낸 〈五經體用合一之圖〉(〈그림 4-3〉), 〈五經各分體用之圖〉가 주목된다.

그러므로 《입학도설》은 성리학의 이상과 체용의 관점에 입각한 경학의 원리를 두루 표상한 점이 특징이 된다. 즉 《입학도설》의 특징은 성리학의 근본이념과 이상 및 그것을 구현하는 방법론을 서두에 표상한 뒤에 그와 관련되는 경전의 핵심적 내용 및 경전 상호 간의 관계 등을 하나의 체계로 묶어서 제시한 데 있다. 후일 《입학도설》의 도자료들은 여러 학자들에 의하여 인용되거나 논의되기도 한다. 그리고 일본에도 영향을 주게 된다.[5] 이 사실은 《입학도설》이 도설의 방식에 의한 유교 교과서 편찬의 전통을 형성하는 중요한 기반이 되었음을 시사한다.

5) 위의 논문, 10~14쪽

권근의 《입학도설》 이후 정지운의 《天命圖解》가 제작되는 시점인 1543년까지는 도 자료 제작이 많지 않다. 그 사이에 權採(1399~1438)의 〈作聖圖〉와 金泮[6]의 《續入學圖說》이 이름만 전해지고 자료는 전하지 않는다. 이병도에 의하면, 김반의 《속입학도설》과 권채의 〈작성도〉 양자 모두 권근의 《입학도설》의 영향을 받은 것이며, 양자의 原圖는 전하지 않으나 〈작성도〉의 경우 누차 후인이 개정한 그림을 이병도가 소장한다고 한다. 〈작성도〉와 관련하여 권채는 〈圖論〉을 지었고, 그 내용은 (1) 論圖象 (2) 論性理 (3) 論陰陽 (4) 論造化 (5) 論氣質 (6) 論誠敬虔 (7) 論資質 (8) 論功夫淺深 (10) 論賢智 (11) 論愚不肖 (12) 論進德先後 (13) 總論으로 구성되었다. 〈작성도〉는 〈成佛圖〉 〈從政圖〉의 영향을 받아 만든 유가적 유희구이지만, 《입학도설》 〈천인심성합일지도〉 중의 수양 요지에 치중하여 학자들이 기질을 변화시켜 성인에 이르는 道를 고조한 것이 중요한 제작 취지이다.[7] 특히 권채의 〈작성도〉는 정지운이 〈천명도〉를 제작하는 단초를 열었던 것으로 추정한다.[8]

이외에 1458년 세조의 명에 의하여 崔恒, 韓繼禧 등이 편찬한 《易學啓蒙要解》가 반사(頒賜)되었고 이 안에 도를 삽입했는데[9] 이 도들은 주희의 《易學啓蒙》의 도와 동일한 것이다.

---

6) 조선 초기의 학자이나 생년과 몰년이 확인되지 않는다.

7) 이병도, 《韓國儒學史》, 亞細亞文化社, 1987, 116-119.

8) 이병도, 위의 책, 119쪽.

9) 천혜봉, 〈世祖朝 新鑄의 '戊寅字'와 그 刊本 - 主로 그 鑄字의 考證을 中心으로 -〉 한국비블리아학회지 제2집, 한국비블리아학회, 1974.

### 2) 16세기의 圖 자료

앞의 표를 보면 권근 이후에 도 제작이 이루어지지 않는 까닭에 시간적 공백이 16세기 중반에 활동하는 학자들까지 이어진다. 권근의 뒤를 이어 도 제작의 전통을 계승한 학자는 《天命圖解》를 편찬한 鄭之雲이다. 〈천명도〉(〈그림 4-4〉)를 제작한 정지운은 도를 제작하게 된 동기와 효과를 다음과 같이 설명했다. "생각해보건대 일찍이 한 집안의 자제들과 더불어 天人의 道를 강론하니 모두 초학들의 몽매함에는 (천인의 도가) 지적할 만한 형체도 없어서 마침내 소득이 없을 것을 근심하였다. 이에 내가 깊이 고민하다가 내 앎의 얕음을 돌아보지도 않고 선유의 논설들을 주워 모으고 그림을 그려서 그 논설들을 그림 안에 싣고 해설을 달아서 그 뜻을 밝히고 자제들의 몽매함을 일깨우고자 하였다."[10] 이 글에서 보면 정지운은 형상이 없는 천인의 도리를 그림을 그려서 분명히 하려고 하였음을 시사하는데, 사실 그것이 이후 조선의 유학자들에게 큰 설득력 있는 방법이 되었다. 정지운은 이를 제작한 뒤에 이황과 함께 수정을 함으로써 《天命圖說》을 편찬하는데, 이 과정에서 〈天命新圖〉(〈그림 4-5〉)가 작성되었다.

현재 전하는 〈천명도〉는 모두 6건인데, 《천명도해》에 실린 정지운의 〈천명도〉는 1537년에 제작된 것으로 판단되고, 김인후의 〈천명도〉는 1549년에 제작된 것이다. 그리고 이황은 정지운과 만나면서 《천명도해》와 〈천명도〉에 수정을 하였는데, 1553년부터 자신의 〈천명도〉 세 건을 제작한 것으로 보인다. 그리고 기대승은 이황과 사단

10) 鄭之雲, 《秋巒實記》〈天命圖解序〉. 竊嘗與一家子弟 講此天人之道 則皆以初學之蒙 患其無形可指 終莫能有得焉 於是余深悶之 不顧己見之淺 척(才+庶)採先儒之論 圖以載之 解以明之 以擊子弟之蒙.

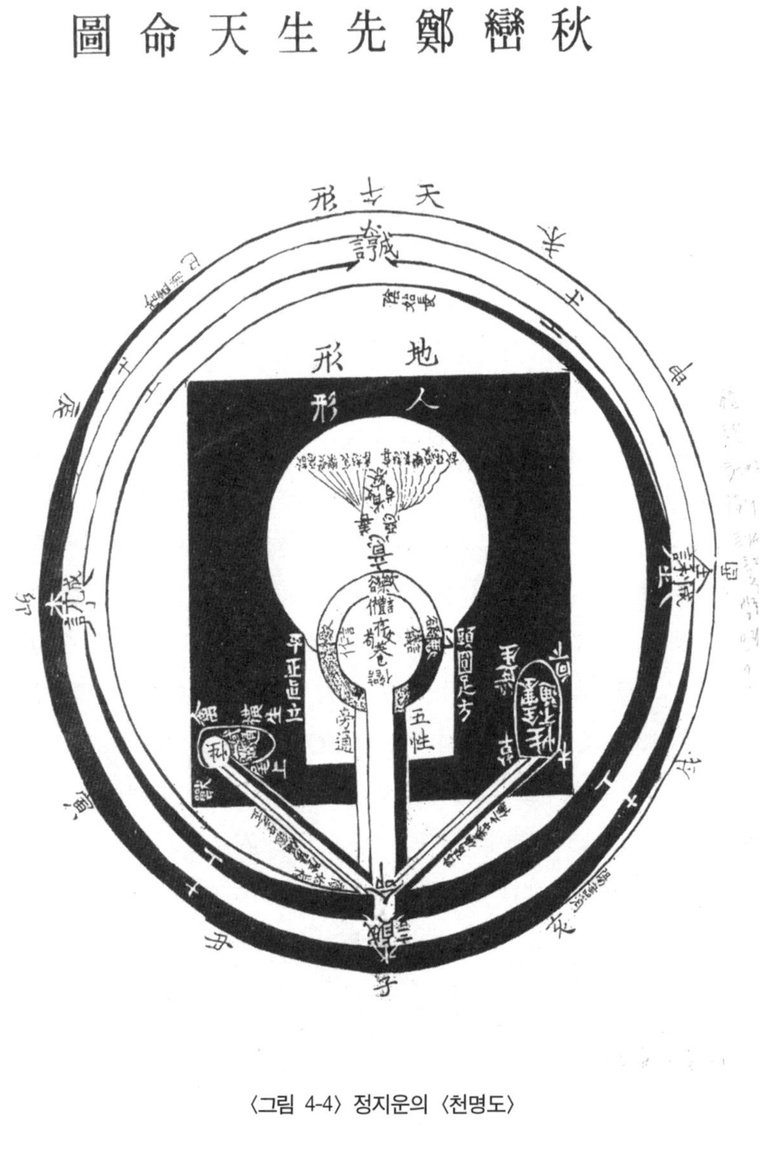


〈그림 4-4〉 정지운의 〈천명도〉

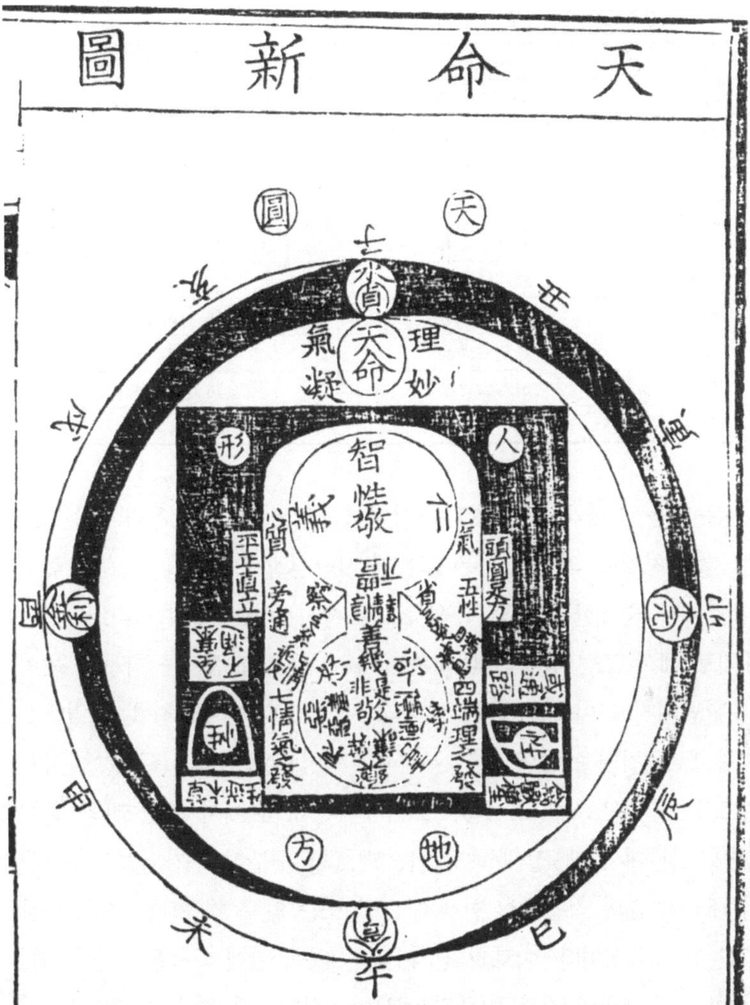


〈그림 4-5〉 이황이 개정한 〈천명신도〉

〈표 4-3〉《천명도해》와 《천명도설》의 내용 비교

| 구분 | 천명도해 | 천명도설 |
|---|---|---|
| 제1절 | 論天命之理 | 論天命之理 |
| 제2절 | 論五行之氣 | 論五行之氣 |
| 제3절 | 論生物之理 | 論理氣之分 |
| 제4절 | 論人物之殊 | 論生物之原 |
| 제5절 | 論此心之具 | 論人物之殊 |
| 제6절 | 論性情之目 | 論人心之具 |
| 제7절 | 論善惡之分 | 論性情之目 |
| 제8절 | 論氣質之品 | 論意幾善惡 |
| 제9절 | 論存省之要 | 論氣質之稟 |
| 제10절 | | 論存省之要 |

칠정논변을 진행하면서 1559년경에 〈천명도〉를 작성했다. 《천명도설》 및 〈천명도〉의 중요함은 그것이 사단칠정에 관한 理氣論的 해석의 문제를 중요한 학문적 관심사로 부각시켰다는 데에 있다. 그것을 계기로 해서 조선 유학의 理學과 心學에 두루 관련되는 학문적 논의가 활발해지고 아울러 관련 도상의 제작이 더욱 활발하게 되었다.

참고로 《천명도해》의 해설 부분과 《천명도설》의 해설 부분을 상호 대조가 가능하도록 〈표 4-3〉으로 제시한다. 표에서 보는 바와 같이 《천명도설》에서 제3절에 해당하는 理氣의 구분이 추가되었고 제8절의 내용이 意의 작용에서 발생하는 선 또는 악을 지향하는 기미가 강조된 것이 특징이다. 이로써 정지운과 이황이 함께 다듬은 《천명도설》의 마음의 작용에 관한 이론적 해설이 《천명도해》보다 더 정밀한 것으로 보인다. 또한 이황은 〈天命圖說後敍〉를 지어서 〈천명도〉 개정과 관련된 사정과 그림의 중요한 특징적 요소를 문답식으로 설명했다.

〈천명도〉에 대한 논의가 진행되었던 시기에 黃孝恭은 《易範圖》를 편찬했다. 이황이 쓴 발문에 의하면 《역범도》의 성립은 다음과 같이 이루어졌다. 황효공은 사간원에서 퇴임 후 理와 數의 근원에 깊은 관심을 갖고 《역학계몽》과 《홍범황극내편》을 연구하면서 역학과 홍범구주의 수를 정밀하게 연마하고는 내심 그것을 즐겼다. 하지만 〈하도〉와 〈낙서〉의 원리(역학과 홍범구주의 원리)를 상호 비교 완색하기에는 불편하여서, 이 두 서적으로부터 10건의 그림을 취하여 주돈이의 〈태극도〉와 함께 엮고 마지막으로 자신이 직접 그린 그림을 하나 보태어서 《역범도》를 제작하였다. 그의 자작도는 〈伏羲六十四卦方位圖〉인데, 이는 先天圓圖에 입각하되 모양을 다르게 만들었다.[11] 이로써 본다면, 그의 《역범도》는 理와 數에 관한 공부의 심화를 위하여 제작한 도집이라는 점, 비록 기존의 그림을 전재하였더라도 자작도를 추가한 점이 당시에 도를 이용하여 심화된 학문을 추구하는 분위기가 확장되고 있음을 보여준다.

백운동서원을 건립한 周世鵬(1495~1554)은 명종에게 진헌하기 위하여 《心圖》를 편찬했다.[12] 이는 명종대에 尹元衡이 주청하여 당시 典翰으로 있던 주세붕이 20건의 圖를 엮어서 1547년에 임금에게 진헌한 것이다. 이 그림들은 제왕의 수덕 방법을 심학의 원리에 입각하여 제시한 것으로 경전의 내용에 근거하여 마음의 수양과 관련된 주제를 선정했다. 따라서 《심경》은 치국을 위한 帝王學의 텍스트로 사

---

11) 李滉, 《龜巖先生易範圖》〈易範圖跋〉. 檜山黃敬甫 以司諫罷歸 居于龜城之龜巖 閑中讀啓蒙皇極內篇等書 得以硏精於易範之數而心樂之 謂圖書之在簡帙 必待번(糸*1/2+番)舒而後可見 而又或此現則彼隱 不便於參互玩索 乃取二書中十圖 幷濂溪太極圖 而又自以其意作爲一圖 卽最後所謂方位圓圖者 是也.

12) 김윤제, 〈조선전기 心經의 이해와 보급〉, 《한국문화》 18권, 서울대 한국문화연구소, 1996.
김윤제, 〈심도 해제〉, 《규장각》 제29집, 서울대 규장각 한국학연구원, 1996.
정순우, 〈주세붕의 심도 편찬과 그 사상사적 의미〉, 《퇴계학보》 123권, 퇴계학연구원, 2008.

〈표 4-4〉 주세붕 《심도》의 도

| 心學圖第一 |
|---|
| 人心道心圖第二 |
| 誠幾圖第三 |
| 舜蹠圖第四 |
| 有心四病圖第五 |
| 無心三病圖第六 |
| 鑑空衡平圖第七 |
| 四端圖第八 |
| 以羊易牛圖第九 |
| 漱避螻蟻圖第十 |
| 養魚圖第十一 |
| 牛山伐牧圖第十二 |
| 求還鷄犬圖第十三 |
| 求伸屈指圖第十四 |
| 二人學弈圖第十五 |
| 心要大第十六 |
| 心要小第十七 |
| 心之明蝕高下圖第十八 |
| 養心第十九 |
| 省心第二十 |

용하려는 의도가 있었다고 한다.[13] 이 저술에 게재된 도의 이름은 〈표 4-4〉와 같다.

圖의 구성은 전체적으로 문자들의 간결한 배치를 통해서 강조하는 방식과 인물의 행위를 묘사한 그림을 곁들여서 실천과 관련된 구체적 내용을 전달하려는 방식이 혼합되어 있다. 제1도부터 제4도까지는 《심경부주》에서 가져온 것이며, 제5도부터 제8도까지는 마음의 사용 방법과 관련된 그림이며, 제9도부터 제15도까지는 구체적 실천 사례들과 관련하여 인물의 행위를 묘사한 도이고, 제16도부터 제20도까지는 심을 다루는 방법과 원리에 대한 핵심적 내용을 도시했다. 그중 제18도는 심의 明蝕과 高下의 수준을 4단계로 구분하는 방식을 보여준다(〈그림 4-6〉).

이 저술의 도상 배치와 형태에서 드러난 특징은 인물의 행위 혹은 은유를 사실적으로 묘사한 도(〈그림 4-7〉)와 학문적 원리 혹은 수양적 원리 혹은 개념을 문자(배열)도 형태의 도(〈그림 4-8〉)와 함께 섞어 구성한 점이다. 특히 사실적 묘사를 담은 도상을 문자도와 함께 편찬한

13) 정순우, 위의 논문.

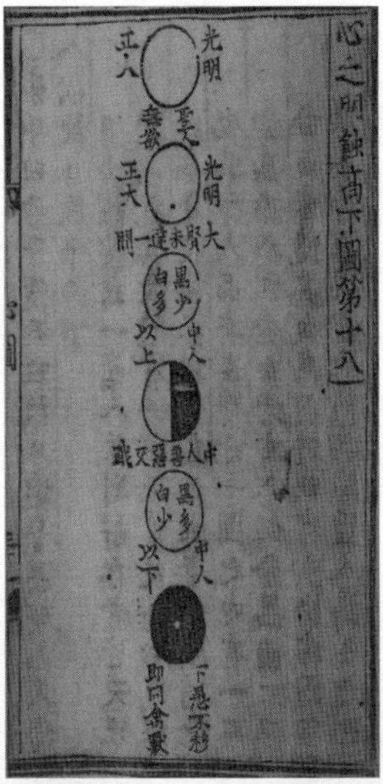

〈그림 4-6〉 주세붕의 《심도》 〈심지명식고하도〉

〈그림 4-7〉 주세붕의 《심도》 〈우산벌목도〉

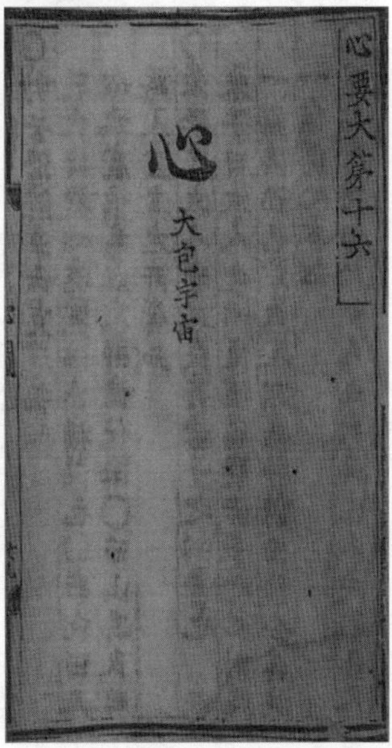

〈그림 4-8〉 주세붕의 《심도》 〈심요대〉

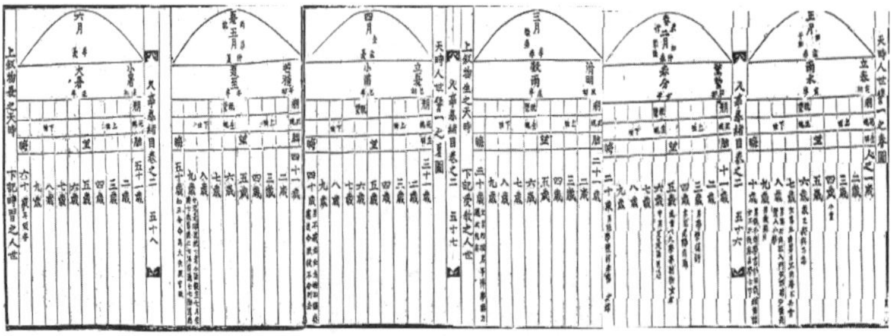

〈그림 4-9〉 장가순의 〈천시인세비일지춘도~하도〉

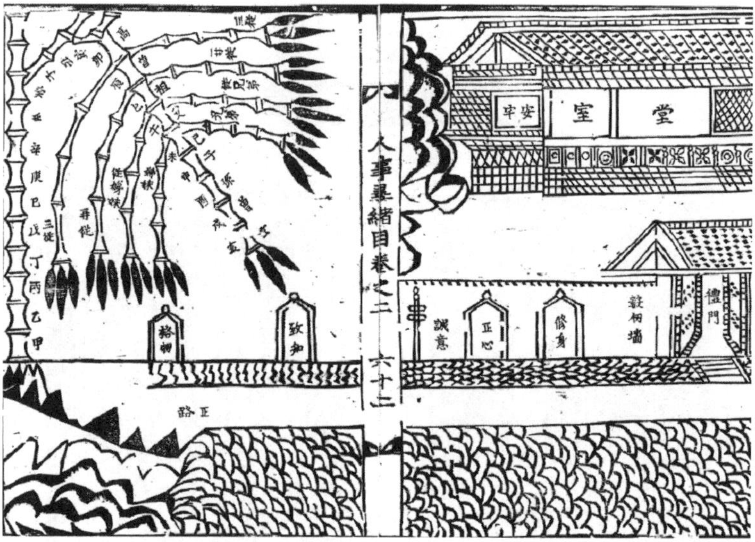

〈그림 4-10〉 장가순의 일명 〈친족일본급공문지도〉

점은 이후의 유학자들의 도상들이 대부분 간단한 상징적 도형과 문자 배열의 도 형태를 추구하는 것에 비해서 보면 매우 이색적이다.

비슷한 시기에 서경덕과 친교가 있던 문인 張可順은 《人事尋緖目》

이라는 주제의 도설집을 남겼는데, 수년간 진행된 작업이 1548년 초에 마무리됐다. 이 저술은 하늘과 사람은 하나의 이치[天人一理]라는 관념하에 과거에 성인들이 인사의 올바른 길을 찾았던 방법[尋緖]을 종합하고 그것을 글과 그림으로 표상한 것이다. 대체로 河圖로부터 복희씨가 팔괘를 그었던 일, 洛書를 관측하여 禹임금이 洪範九疇를 밝혔던 일을 尋緖의 역사적 근원으로 간주하였다. 이 도설집은 시종일관 만사가 數에서 비롯된다고 보는 관점을 견지하였는데, 유학의 이치 또는 만사의 이치와 항목을 수를 기준으로 분류하고 설명하였다. 전체 2권으로 이루어진 저술의 처음에 〈圓河圖經一圍三圖〉, 〈方洛書經一圍四圖〉 두 도를 배열하고 1권 말에 '복희가 하도를 따라서 길을 찾았다'[伏羲因河圖尋緖]라는 주제를 설정하고 〈六十四卦外圓內方圖〉를 제작하였다. 여기에 부속된 주제들은 太極, 兩儀, 四像, 八卦, 六十四卦이다. 또 '하나라 우가 낙서를 따라서 길을 찾았던 방법'[夏禹因洛書尋緖]라는 주제를 설정하고 〈八十一數外圓內方圖〉를 제작하였다. 여기에 부속된 주제들은 九疇, 皇極, 五行, 五事, 八政, 五紀, 三德, 稽疑, 庶徵, 五福, 六極, 八十一數 등이다. 여기까지의 내용은 천리를 좇아서 인사를 행하는 것을 주제로 삼은 것이다. 권2에서는 〈天時人世譬一之春圖〉, 〈天時人世譬一之夏圖〉(〈그림 4-9〉) 〈天時人世譬一之秋圖〉, 〈天時人世譬一之冬圖〉, 이른바 〈親族一本及孔門之圖〉(〈그림 4-10〉), 〈時世物事合圖〉 등을 배열하였다. 이 자료들 가운데 〈天時人世譬一之春圖〉, 〈天時人世譬一之夏圖〉, 〈天時人世譬一之秋圖〉, 〈天時人世譬一之冬圖〉 4도는 30년 단위로 인생을 춘하추동의 전개에 비유하여 총 120세까지 사는 것으로 설정하고, 다시 30년 시간 단위별로 해야 할 일을 기록하고, 또 그 안에 1년 단위의 나이를 구분하고 그에 맞추어 그 나이에 맞추어 해야 할 일을 기록한 것이다. 일명 〈親族一本及孔門之圖〉는 친족이 한 뿌리의 나무에서 뻗어나간 가지들과 같은 관계임을 비유하고, 동시에 孔門에 들어가기 위하여 대학의 格物, 致知, 誠意, 正心, 修身의 노정을 거치고 禮門을 지나야 昇堂과 入室이 가능하다는 비유를 표상함으로써 학문의 완성과정을 그렸다. 그리고 공자 집의 담장이 여러 길의 높이라고 하는 비유[數仞墻][14]에 근거하여 공자의 가르침에 입문하기 위해서 성의, 정심, 수신의 진지한 노력이 필요함을 설명하였다. 궁극적으로 천인합일적 삶의 근본 원리와 그것을 실생활에 구현하는 방법을 구체적 도상을 제시한 점에서 주목된다.

그리고 曺植(1501~1572)의 《學記類篇》의 도들 역시 이와 비슷한 시기에 이루어진 자료들이다. 조식은 산림에서 40여 년 동안 경전과 역사서를 궁구하여 그 진정한 뜻을 파헤치고 諸子書를 두루 섭렵하였다. 이 책은 그가 자신의 身心 수양에 절실한 옛 사람들의 언행들을 기록하여 학문을 나아가고 덕을 기르는 근본으로 삼았던 것을 엮은 것이다.[15] 《학기류편》은 초간본과 중간본에 따라서 도의 수가 다르고, 문인들에 의하여 보입된 그림도 있다는 점 때문에 전체의 도를 조식의 자작으로 볼 수는 없는 자료이다.[16] 그렇지만 현재 고증된 내용에 따라 본다면, 조식의 자작인 그림들은, 〈三才一太極圖〉(〈그림 4-11〉), 〈太極理氣五常五行圖〉, 〈天理氣四德四時圖〉, 〈人理氣圖〉,

---

14) 《논어》 〈자장〉편. 子貢이 "선생님 댁의 담장은 여러 길 높이"[夫子之墻數仞]라고 한 것.

15) 〈南冥先生學記類編敍〉. 先生林居四十餘年 窮討經史 旁通子書 前言往行切於身心者 隨而箚記爲進學畜德之地 有一小卷命曰學記.

16) 〈南冥先生學記類編敍〉에 의하면 〈학기류편〉의 도들은 1617년에 丁巳本으로 출판되기까지 남명 자신과 정인홍 등 문인들의 의도가 함께 작용하여 제작된 것으로 보인다. 따라서 〈학기도〉는 남명에 의해 제작된 것과 문인들에 의해 제작된 것의 구별이 이루어지고 있다.

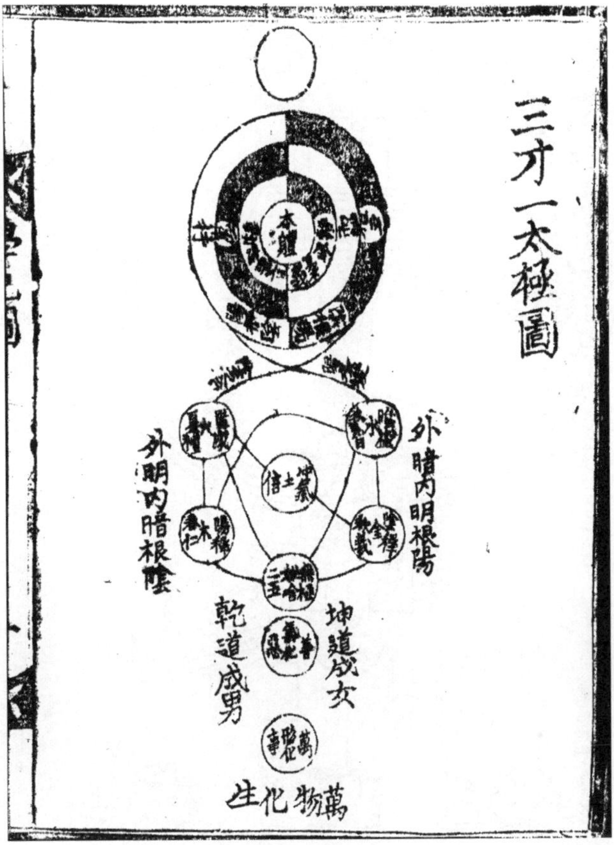

〈그림 4-11〉 조식의 〈삼재일태극도〉

〈心統性情圖〉, 〈忠恕一貫〉, 〈敬〉, 〈誠〉, 〈博文約禮〉, 〈易書學庸語孟一道〉 등이다.[17] 이들은 성리학과 경학의 원리들을 주제별로 나누어 도해한 것을 하나로 모은 자료집이다. 이 그림들은 천지인 삼재를

17) 이애희, 〈圖說을 통해본 曺植의 性理說〉, 한국사상사학 제15집, 한국사상사학회,

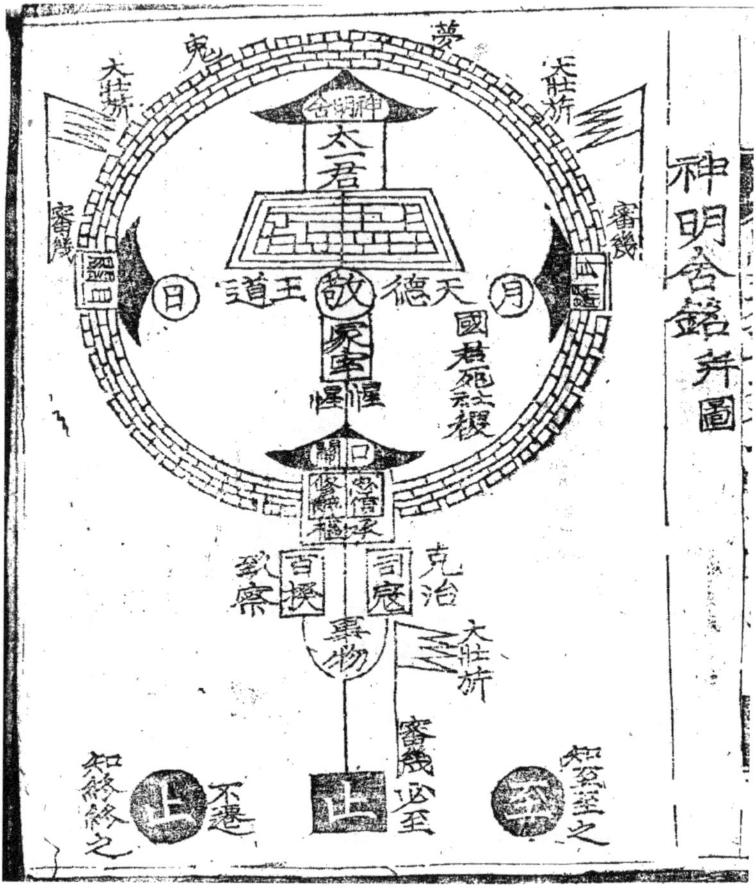


〈그림 4-12〉 조식의 〈신명사도〉

동일한 태극으로 간주하는 관점과 그에 입각한 천인합일의 이상, 그 이상의 구현이 가능함을 보여주는 이기론적 원리, 경과 성의 원리, 博文約禮의 실천적 방법 등을 도시했다. 《학기류편》의 도 외에 그는 〈神明舍圖〉(〈그림 4-12〉)를 그렸다. 〈신명사도〉는 신명이 깃들어 있는 집인 心을 잘 지키는 방법, 즉 마음의 수양 방법을 표상하였다.

이 도상은 성곽과 집의 형상을 동원하여 풍부하고도 이해하기 쉬운 은유를 사용했다.

이황은 그의 말년인 1568년에 《성학십도》를 제작하였다. 이는 어린 나이에 등극한 선조를 성군으로 인도하기 위하여 제작한 것인데, 모두 10건의 도와 그에 대한 설명으로 구성되어 있다. 그가 성학이라는 명칭을 사용하기 이전부터 성리학자들 사이에는 성인이란 학문과 수양을 통해서 도달할 수 있는 경지라고 생각해 왔으나, 이를 저술의 이름으로 내세운 예는 찾아보기 어렵다. 이 도설집은 진리의 본원에 대한 분명한 인식을 중시하는 관점에서 〈太極圖〉와 그 설을 처음에 배치하였다. 이어서 〈西銘圖〉, 〈小學圖〉, 〈大學圖〉, 〈白鹿洞規圖〉, 〈心統性情圖〉(〈그림 4-13〉), 〈仁說圖〉, 〈心學圖〉, 〈敬齋箴圖〉, 〈夙興夜寐箴圖〉의 순으로 배열했다. 이 그림들 가운데 이황 자신이 새롭게 제작한 것은 〈소학도〉, 〈심통성정도〉 내의 中圖·下圖, 〈숙흥야매잠도〉이다. 중요한 것은 그 전까지는 상관성이 적었던 이 모든 그림들이 성학의 성취를 위한 원리 또는 방법으로 상호연관성을 지닌 것으로 제시되었다는 점이다.[18)]

조선에서 성학이 하나의 중요한 학문 방법 혹은 학문 영역으로 부상한 것은 바로 《성학십도》가 중요한 계기가 되었다. 심학과 수양론에 관한 학자들의 관심이 집중되는 가운데 성학의 체계화 혹은 성학

---

18) 《성학십도》에 대해서는 많은 연구와 번역이 출판되었기 때문에 여기서 《성학십도》에 대한 설명과 소개는 줄인다. 다음 문헌들을 참고하는 것이 좋다.
윤사순, 《退溪選集》, 玄岩社, 1982.
이광호 옮김, 《성학십도》, 홍익출판사, 2012.
고려대 민족문화연구원 한국사상사연구소 편, 《역주와 해설 성학십도》, 예문서원, 2009.
최재목, 《쉽게 읽는 퇴계의 성학십도》, 예문서원, 2004.
한형조, 《성학십도, 자기구원의 가이드맵》, 한국학중앙연구원출판부, 2018. 외.

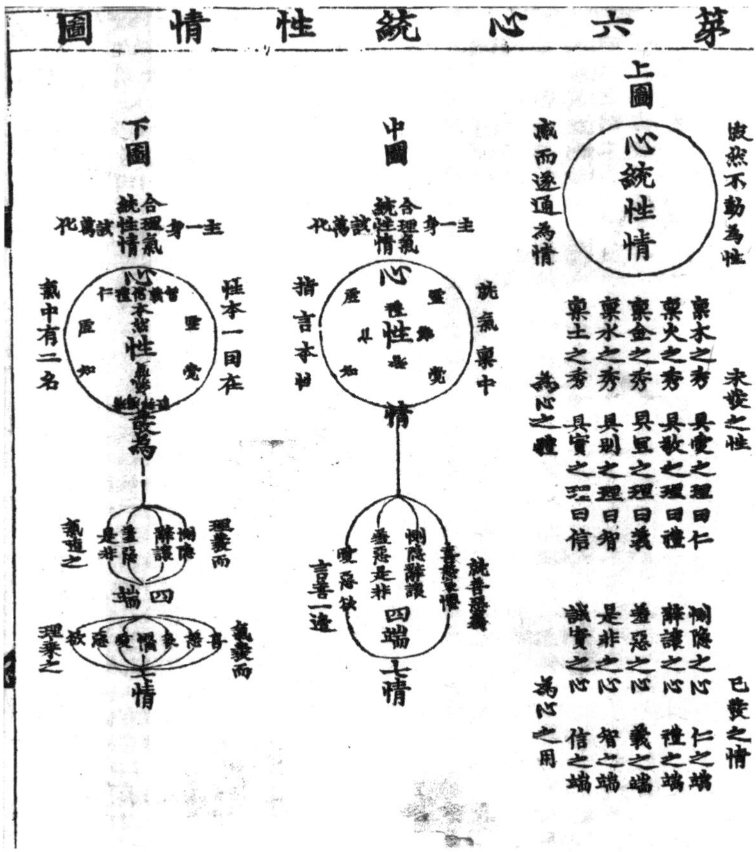


〈그림 4-13〉 이황의 《성학십도》 〈심통성정도〉

의 토착화가 진전된 것이다. 이황의 《성학십도》는 정주학적 위기지학의 방법론에 입각한 성학의 체계화를 보여준다. 이 저술은 이후 조선 유학자들의 聖學 연구를 촉발시키고 발전시키는 학문적 기반이 되었다. 뒤이어 李珥가 《聖學輯要》를 편찬하였다. 聖學이란 개념의 출현은 이미 北宋시대로 거슬러 올라가지만, 그것이 조선시대에 이르러 이황에 의하여 종합적 학문 방법론으로 체계화되었던 현상을 이 시기 동아시아 유학계의 특징으로 꼽아도 틀리지는 않을 것이다. 중국에서 聖學을 저술의 표제로 삼은 것은 조선보다 시기적으로 늦은 듯하다. 17세기에 중국에서 周汝登의 《聖學宗傳》(1605), 劉宗周가 《聖學宗要》(1634)를 편찬한 것이 그러한 예이다.[19]

조선시대 도 제작의 흐름에서 본다면, 권근의 《입학도설》은 도 제작의 초창기를 열었고, 16세기 중반과 후반에 제작된 《천명도해》와 《천명도설》, 《역범도》, 《심도》, 《인사심서목》, 《학기류편》, 《성학십도》는 도 제작의 중흥기를 이루었다고 할 수 있다. 중흥기에 도 제작을 주도한 학자들은 대부분 士禍期를 거치면서 성장한 士林派 道學의 계승자들이다. 도학의 이념을 원리의 차원까지 깊이 연구하는 동시에 실천을 통해서 구현하고자 하는 그들의 정신적 산물이 圖 자료들이다. 장가순은 서경덕의 문인이고, 정지운은 김안국과 김정국 형제의 문인이고, 조식은 정희보의 문인으로 분류된다. 이황은 뚜렷한 학문 연원이 없지만 도학의 정신을 계승한 대표적 학자이다. 이렇듯 조선시대 유교의 도의 역사는 사림파의 후학들에 의하여 재개되었으며, 그들은 도학의 이념 구현을 위한 구체적 방도를 찾는 노력의 일환으로 도설을 제작하였다.

16세기 중반부터 도학은 점차 많은 학자들이 추구하는 학문이 되면서 그 추세에 따라서 도와 설의 제작도 더욱 증가하는 경향을 보인다. 이 당시에 도를 제작해서 경전과 의리 및 예에 관한 연구를 선도한 몇몇의 학자들을 꼽는다면 앞서 언급한 이황과 김인후를 꼽을 수 있다. 김인후는 〈천명도〉 외에 《性理大全》《洪範皇極內篇》 교육을

19) 신현승, 〈퇴계의 《성학십도》와 즙산의 《성학종요》 비교연구〉, 퇴계학논집 제6권, 영남퇴계학연구원, 2010, 11쪽.

위하여 〈洪範揲蓍作卦之圖〉, 〈五行用物屬圖〉, 〈五行植物屬圖〉, 〈五行動物屬圖〉, 〈五行事類吉圖〉, 〈五行事類凶圖〉, 〈五行干支圖〉, 〈五行人體性情圖〉 등의 도를 전재 인용하면서 문인들을 교육하였다.[20] 이렇게 그림을 통한 교육은 이미 이 당시에 교재로 사용되던 《성리대전》의 영향도 작지 않았던 것으로 추측된다. 어떻든 그러한 영향이 있었기에 도가 교육의 자료로 사용되는 일이 확대된 것으로 이해된다.

(1) 이황과 문인들의 圖 자료들

중국의 도를 모사하는 방식을 넘어서서 창의적으로 도를 제작하고 응용하는 방법을 정착시킨 학자는 이황이다. 그의 자료에서 발견되는 특징은 그가 분석적인 시각을 통해서 학문적 원리를 분석하고 그것을 도로 표상하고자 한 점이다. 문인 金就礪에게 보낸 답신(1569년)의 별지에 있는 두 그림(〈河圖洛書先後天圖方位〉과 〈太極圖方位〉은 그 점을 잘 보여준다.[21] 전자는 소옹의 河圖 洛書 선후천도의 방위를 도해한 그림이고, 후자는 주돈이의 〈태극도〉의 음양 동정의 방위를 분석한 그림이다.

또 그는 문인 禹性傳의 문목에 답하는 글에서 程林隱圖(〈그림 4-14〉)라고 명명한 그림과 李蓮坊(〈그림 4-15〉)의 그림을 분석 비판하면서 주리론적 관점을 확고하게 보여주었다.

그리고 이황이 김취려에게 보낸 서신의 별지에 담은 〈심통성정도〉 中下圖의 개작설(〈心統性情中下二圖改作說〉)에서 보듯이 개작되기 이전

20) 《河西先生續集》雜著 30장, 此洪範數圖 卽河西老先生指教吾先祖鼓巖公而摹畫者也 이 도는 《홍범황극내편》의 도를 전재한 것으로 보이는데, 이 중 〈오행식물속도〉는 水행의 배열이 《홍범황극내편》의 도의 그것과 다르다.

21) 《韓國文集叢刊》 30책 202쪽.

此圖極好夫天地判後都是氣陰陽動
靜只是氣氣上可推尋其理耳文王卦
辭曰乾元亨利貞是先言氣也孔子曰
易有太極亦先言氣也子思曰鳶飛戾
天魚躍于淵此亦先言氣也若非氣雖
聖人難言其理也恐程朱所論亦不大
過於此圖意思也
右蓮坊谷草堂書也性傳昔在門下得見程

〈그림 4-14〉 이황의 이른바 〈정임은도〉

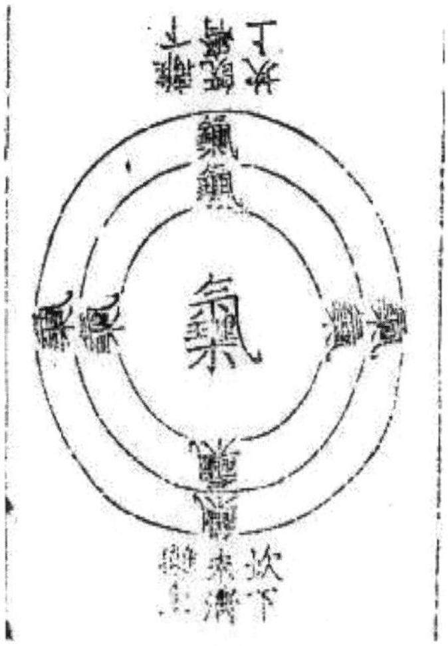


〈그림 4-15〉 이황의 문집에 보이는 연방의 그림

의 中圖 下圖와 개작된 중도와 하도 사이에는 다음의 차이가 발생했다. 즉 중도에서는 심의 속성을 표현하는 개념들의 위치가 정반대로 바뀌었다.(〈그림 4-16〉) 하도에서도 역시 개념들의 위치가 정반대로 바뀌었다. 그의 〈심통성정도〉 중·하도 개작의 이유는 도와 도를 보는 사람의 관계에 따른 방위의 문제에 달려 있었다. 이처럼 방위의 정확성을 따지는 태도는 이미 〈천명도〉를 개정할 때부터 중요시되었다. 이는 그가 분석적인 시각을 지닌 점과 동시에 도의 창작 또는 개작과 관련된 논의를 그의 제자들과 진지하게 진행하였음을 보여준다. 그러한 학문적 경험이 그의 제자들과 도 제작과 관련된 논의에서 다시 발휘되었던 것이다. 그의 도 창작과 관련된 이러한 학문적 태도는 그의 문인인 趙穆이 초를 잡고 결국 이황의 정정을 받아서 정립된 일명 〈人心道心精一執中圖〉 3圖의 개작과정에도 잘 드러난다.

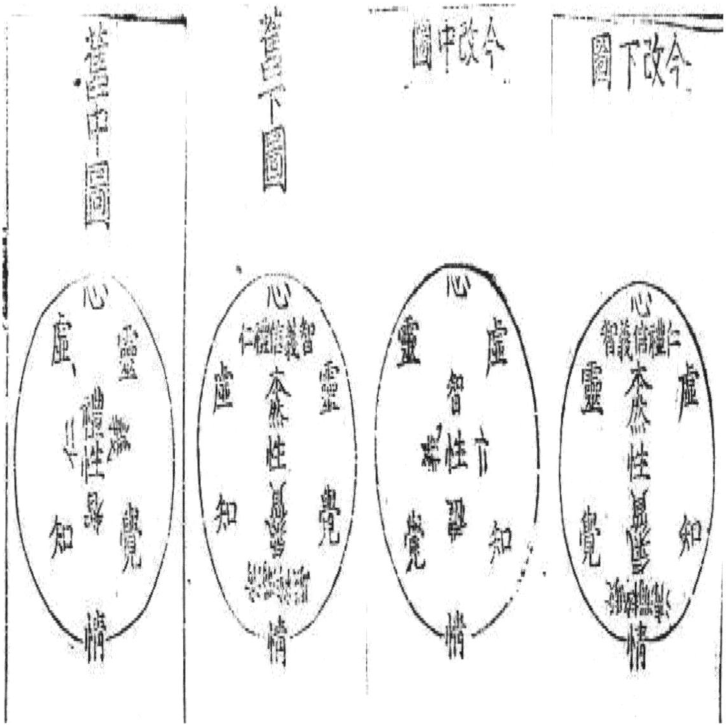

〈그림 4-16〉 이황과 문인의 〈심통성정도〉 중도 · 하도 개정 비교 그림

또 〈표 4-5〉에 보이는 〈律筭圖〉와 〈開方筭法〉 등의 도는 田制와 관련된 산법을 보여주는 그림이다. 〈西銘考證講義〉의 〈宗法圖〉(〈그림 4-17〉)와 〈乾卦上九講義〉는 경연강의에 이황이 도를 사용한 예이다.

그리고 선조에게 올리기 위해 작성했던 〈擬上文昭殿議〉(〈그림 4-18〉)에는 《國朝五禮儀》에 준해서 명종의 신위를 祔入할 경우 발생하는 소목 위차의 배열에 관한 문제를 해결하기 위한 묘제와 제향의 방식에 관한 그림들이 함께 들어 있다. 祔入이란 장례를 치른 뒤 사당에 새로 신위를 모셔 들여서 기존의 신위들과 함께 제사지내는 의식을

〈표 4-5〉 이황의 도 자료들

| 도의 명칭 | 위치 | 출전 |
|---|---|---|
| 律筭圖 空圍九分圓圖 | 총간29-319 | 退溪集 卷11 |
| 律筭圖 空圍九分方圖 | 총간29-319 | 退溪集 卷11 |
| 開方之法 | 총간29-319 | 退溪集 卷11 |
| 開方筭法 | 총간29-319 | 退溪集 卷11 |
| 開方筭法 九歸法 | 총간29-320 | 退溪集 卷11 |
| 開方筭法 四歸法 | 총간29-320 | 退溪集 卷11 |
| 開方筭法 三乘一千八十法 | 총간29-320 | 退溪集 卷11 |
| 開方筭法 九十乘十二分法 | 총간29-320 | 退溪集 卷11 |
| 開方筭法 徑自相乘法 | 총간29-320 | 退溪集 卷11 |
| 開方筭法 十二律之實 | 총간29-320 | 退溪集 卷11 |
| 河圖洛書先後天圖方位 | 총간30-202 | 退溪集 卷13 |
| 太極圖方位 | 총간30-202 | 退溪集 卷13 |
| 世祖旣遷後昭穆神位圖(文昭殿 答奇明彦別紙) | 총간29-459 | 退溪集 卷18 |
| 心統性情圖 舊中圖(與金而精別紙) | 총간30-203 | 退溪集 卷30 |
| 心統性情圖 舊下圖(與金而精別紙) | 총간30-203 | 退溪集 卷30 |
| 心統性情圖 今改中圖(與金而精別紙) | 총간30-203 | 退溪集 卷30 |
| 心統性情圖 今改下圖(與金而精別紙) | 총간30-204 | 退溪集 卷30 |
| 程林隱圖(天地判後都是氣)答禹景善問目 | 총간30-241～242 | 退溪集 卷32 |
| 蓮坊圖(氣) | 총간30-242 | 退溪集 卷32 |
| 聖學十圖 第一太極圖 | 총간29-200 | 退溪集 卷7 |
| 聖學十圖 第二西銘圖 | 총간29-201 | 退溪集 卷7 |
| 聖學十圖 第三小學圖 | 총간29-203 | 退溪集 卷7 |
| 聖學十圖 第四大學圖 | 총간29-204 | 退溪集 卷7 |
| 聖學十圖 第五白鹿洞規圖 | 총간29-205 | 退溪集 卷7 |
| 聖學十圖 第六心統性情圖 | 총간29-206 | 退溪集 卷7 |
| 聖學十圖 第七仁說圖 | 총간29-208 | 退溪集 卷7 |
| 聖學十圖 第八心學圖 | 총간29-209 | 退溪集 卷7 |
| 聖學十圖 第九敬齋箴圖 | 총간29-211 | 退溪集 卷7 |
| 聖學十圖 第十夙興夜寐箴圖 | 총간29-212 | 退溪集 卷7 |
| 乾卦上九講義 | 총간29-219 | 退溪集 卷7 |
| 西銘考證講義 父母宗子 구절에 관련된 宗法圖 | 총간29-221 | 退溪集 卷7 |
| 擬上文昭殿議 五禮儀宗廟圖에 준한 그림 | 총간29-226 | 退溪集 卷7 |
| 擬上文昭殿議 朱子周大祫圖 | 총간29-227 | 退溪集 卷7 |
| 擬上文昭殿議 朱子擬定宋祫享位次圖 | 총간29-227 | 退溪集 卷7 |
| 擬上文昭殿議 今擬定文昭殿圖 | 총간29-227 | 退溪集 卷7 |
| 擬上文昭殿議 古宗廟後寢各爲一廟圖 | 총간29-229 | 退溪集 卷7 |
| 擬上文昭殿議 天子七廟時祫室堂異位圖 | 총간29-230 | 退溪集 卷7 |
| 天命舊圖 | 총간30-409 | 退溪集 卷7 |
| 天命新圖 | 총간30-410 | 退溪集 卷7 |
| 安文成公享圖 祭饌圖 | 총간31-208 | 退溪集續集 卷8 |
| 安文成公享圖 定獻官執事圖 | 총간31-209 | 退溪集續集 卷8 |

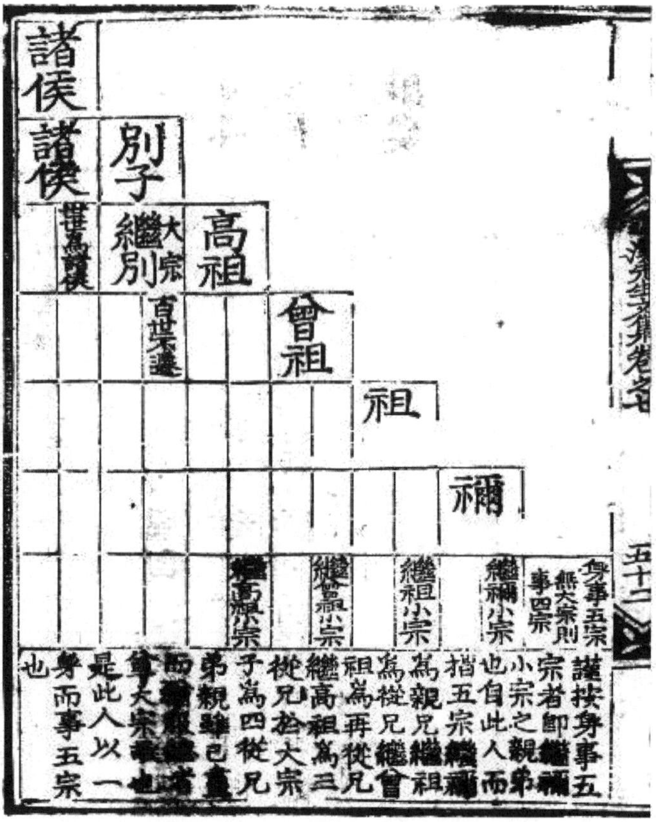


〈그림 4-17〉 이황의 〈서명고증강의〉 〈종법도〉

말한다.

아울러 그는 주희의 《역학계몽》에 대한 연구인 《啓蒙傳疑》를 저술하면서 그 속에 많은 그림을 남겼다. 이전 시대의 최항과 한계희의 《역학계몽요해》의 전통을 잇는 것이지만, 그의 연구와 그림은 후대의 학자들에게 많은 영향을 준 것으로 보인다. 이러한 그림들로 본다면 이황은 중국의 유학자들이 작성한 도자료를 활용하는 한편, 자신이

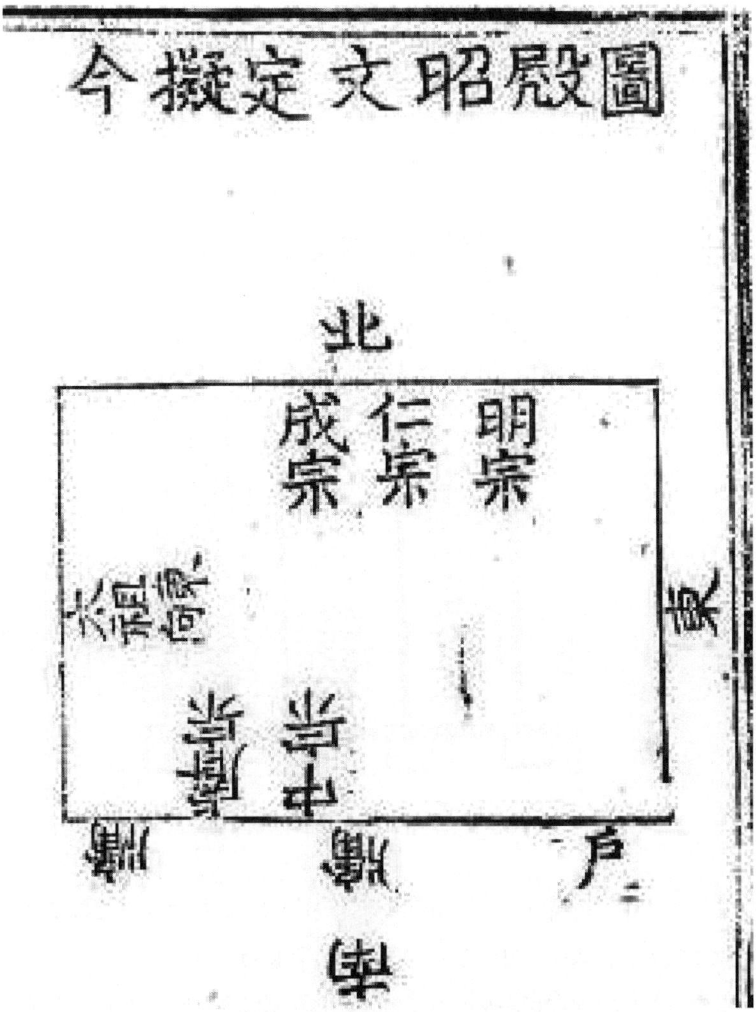


〈그림 4-18〉 이황의 〈금의정문소전도〉

필요에 따라서 도를 작성하여서 유학의 원리와 실천의 방도를 구하는 데 매우 적극적인 학자였음을 알 수 있다. 표를 통해서 보면 그의 도

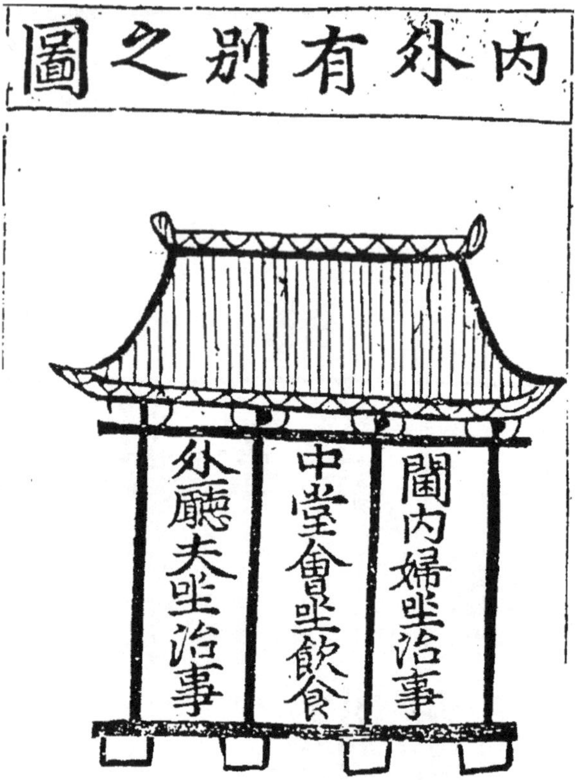


〈그림 4-19〉 권호문의 〈내외유별지도〉

제작의 영역이 성리학 혹은 성학, 심학, 이기론에 한정되지 않고, 산법, 禮制(종법도, 廟制, 제향 등) 등 다방면에 걸쳐 있다.

도의 역사 전개 과정에서 이황의 존재와 역할은 매우 귀중하게 보인다. 그는 도를 적극적으로 활용하여 문제를 풀어가고 유교의 다양한 원리와 이념을 알기 쉽게 풀이하는 노력을 한 것 이외에도 문인들에게 도를 사용하여 유교를 공부하는 방법에 관해 많은 전범을 주었다. 그의 문인들 도 자료를 살펴보면 〈표 4-6〉과 같다.

〈표 4-6〉 이황 문인들의 도 자료들(계속)

| 학자명 | 圖의 명칭 | 위치 | 출전 | 비고 |
|---|---|---|---|---|
| 李楨 | 存養圖 | 총간 33-491 | 龜巖集 卷1 | |
| 黃俊良 | 倭國地圖 | 총간 71-240 | 錦溪集 卷6 | |
| 趙穆 | 人心道心精一執中圖1 | 총간 38-443 | 月川集 卷4 | |
| | 人心道心精一執中圖2 | 총간 38-443 | 月川集 卷4 | 이황 初改圖 |
| | 人心道心精一執中圖3 | 총간 38-443 | 月川集 卷4 | 이황 後定圖 |
| 金隆 | 做人錄 尊德性而道問學 | 총간 38-509 | 勿巖集 卷2 | |
| | 做人錄 齊明盛服非禮不動 | 총간 38-509 | 勿巖集 卷2 | |
| 權好文 | 內外有別之圖 | 총간 41-178 | 松巖集 권6 | |
| | 洞鑑 酒禮 | 총간 41-184 | 松巖集 권6 | |
| 金誠一 | 時祭共一卓圖 | 총간 48-139 | 鶴峯集 卷7 | |
| 柳雲龍 | 追遠雜儀 正至朔望參禮圖 | 총간 49-49 | 謙菴集 卷4 | |
| | 追遠雜儀 俗節薦時食圖 | 총간 49-49 | 謙菴集 卷4 | |
| | 追遠雜儀 四時祭圖 | 총간 49-50 | 謙菴集 卷4 | |
| | 追遠雜儀 녜祭圖 | 총간 49-51 | 謙菴集 卷4 | |
| | 追遠雜儀 忌祭圖 | 총간 49-51 | 謙菴集 卷4 | |
| | 追遠雜儀 墓祭圖 | 총간 49-52 | 謙菴集 卷4 | |
| | 追遠雜儀 后土祭圖 | 총간 49-52 | 謙菴集 卷4 | |
| 權春蘭 | 進學圖26圖 | | 晦谷先生進學圖 권1 | 별표 참조 |
| 李德弘 | 陣械圖 | 총간 51-39 | 艮齋集 卷2 | |
| | 沈水眞木箭圖 | 총간 51-40 | 艮齋集 卷2 | |
| | 龜甲船圖 | 총간 51-40 | 艮齋集 卷2 | |
| | 心體用圖 | 총간 51-121 | 艮齋集 卷7 | |
| | 爲學之圖 | 총간 51-121 | 艮齋集 卷7 | |
| | 惺心元 | 총간 51-121 | 艮齋集 卷7 | |
| | 爲政之圖 | 총간 51-122 | 艮齋集 卷7 | |
| | 夫婦有別圖 | 총간 51-122 | 艮齋集 卷7 | |
| | 算法圖幷序 大總數四十五 | 총간 51-126 | 艮齋集 卷7 | |
| | 後天六十四卦方圖 | 총간 51-159 | 艮齋集續集 卷2 | |
| | 範數橫圖 | 총간 51-162 | 艮齋集續集 卷2 | |

| | 洪範皇極內篇九九積實數圖 | 총간 51-165 | 艮齋集續集 卷2 | |
|---|---|---|---|---|
| 柳成龍 | 先天圖 | | 西厓全書 卷3 | |
| | 後天圖 | | 西厓全書 卷3 | |
| | 풍수 관련 12도 | | 西厓全書 卷3 | |
| | 星宿方位圖 | | 西厓全書 卷3 | |
| | 先天後天配合圖 | | 西厓全書 卷3 | |
| | 鍼灸要訣 | | 西厓全書 卷3 | |
| | 天地人物氣侯相應圖 | | 西厓全書 卷3 | |
| | 人體圖1圖 | | 西厓全書 卷3 | |
| | 人體圖2圖 | | 西厓全書 卷3 | |
| | 人體圖3圖 | | 西厓全書 卷3 | |
| | 十二經穴處治法針炙直橫圖 | | 西厓全書 卷3 | |
| | 儀禮練除服受服圖 | 총간 52-199 | 西厓集 卷10 | |
| 曺好益 | 曲禮首章圖 | 총간 55-508 | 芝山集 卷5 | |
| | 黃道赤道 | 총간 55-541 | 芝山集 卷6 | |
| | 五行四時圖(제목추정) | 총간 55-542 | 芝山集 卷6 | |
| | 中庸章圖 以分言 以等言 | 총간 55-544 | 芝山集 卷6 | |
| | 中庸章圖 修德凝道之大端 | 총간 55-545 | 芝山集 卷6 | |
| | 論語章圖 擯介敍立之圖 | 총간 55-545 | 芝山集 卷6 | |
| | 心統性情之圖 | 총간 55-549 | 芝山集 卷6 | |

모두 11인의 문인들 문집에서 수집한 도 자료들은 대체적으로 심학과 관련된 도 자료들과 의례에 관련된 도 자료들이 많다. 조목의 〈인심도심정일집중도〉, 이덕홍의 〈심체용도〉, 〈성심원〉, 조호익의 〈심통성정도〉 등이 심학과 관련된 도 자료이다. 그리고 의례 관련 도 자료들은 유운룡의 《추원잡의》 중 祭儀에 관한 그림들, 정구의 《오복연혁도》, 권호문의 〈內外有別之圖〉(〈그림 4-19〉)와 〈酒禮〉, 김성일의 〈시제공일탁도〉(〈그림 4-20〉), 유성룡의 〈의례연제복수복도〉(〈그림 4-21〉)이다.

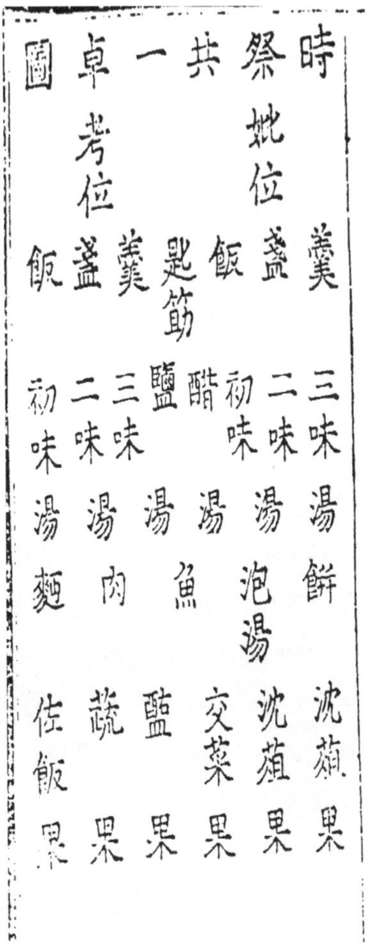

〈그림 4-20〉 김성일의 〈시제공일탁도〉

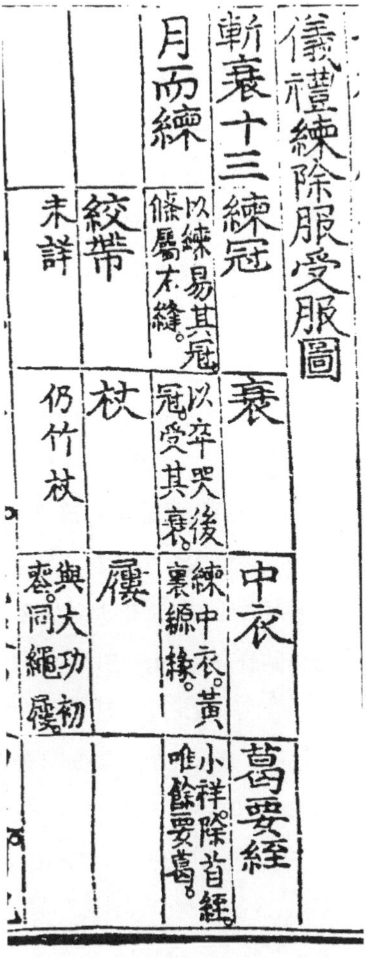

〈그림 4-21〉 유성룡의 〈의례연제복수복도〉

이덕홍은 역학과 홍범에 관한 도 자료를 남겼는데, 〈부부유별도〉(〈그림 4-22〉)는 河圖에 근거하여 부부유별의 원리를 밝힌 그림으로서 예 혹은 윤리에 선천 역학적 근거를 융합한 점이 주목된다.

그러나 이보다 더 주목되는 자료들은 爲學 혹은 수양공부에 관한 그림들이다. 이로 인하여 이황과 그의 문인들에게서 위학 혹은 위기지학을 지향하는 탐구가 도 제작과 맞물려 진행되는 것이 일반화되었고, 그로 인하여 도 제작의 영역 확장에 위기지학이 중요한 비중을 차지했다고 볼 수 있다. 이정의 〈존양도〉, 김융의 〈주인록〉의 두 그림, 조호익의 〈곡례수장도〉, 이덕홍의 〈위학지도〉 등이 그러한 증거이다.

특히 이황의 문하에서는 위기지학의 정밀한 체계화 업적이라 할 만큼 의의가 큰 도설집이 권춘란에 의해 제작되었다. 그는 앞서 소개한 문인들의 단편적인 도 제작과는 다르게 進學이라는 주제 아래 모두 26건의 도를 제시하고 그에 대한 설명을 붙인 《진학도》[22]를 편찬했다. 이 도설집은 이황의 〈성학십도〉 체제를 확대하여 위학의 항목을 세부적으로 더 추가 보완했으며, 도설 역시 이황의 것을 개편하거나 自作圖를 새롭게 추가하여 새로운 진학의 체계를 만들었다.[23] 이를 확인할 수 있도록 〈진학도〉의 도 목록(〈표 4-7〉)과 제1도 〈태극통체인사도〉(〈그림 4-26〉) 제5도 〈동명희과도〉(〈그림 4-27〉)를 제시한다.

그리고 이덕홍은 홍범과 관련된 그림들과 〈귀갑선도〉 등 군사 관련 도 자료를 남겼다. 유성룡은 〈선천도〉, 〈후천도〉, 〈선후천배합도〉(〈그림 4-23〉), 〈성수방위도〉 등 역학 관련 도와 〈천지인물기후상응

---

22) 송일기·노기춘, 〈權春蘭의 《進學圖》에 관한 연구〉, 서지학연구 45집, 한국서지학회, 2010.,
유권종, 〈晦谷 權春蘭의 생애와 학문—進學圖 성립 배경 연구〉, 철학탐구 제26집, 중앙대학교 철학연구소, 2009.
유권종, 〈權春蘭의 《進學圖》 硏究 緖論〉, 동양철학연구 제60집, 동양철학연구회, 2009. 참조.

23) 이태호·송일기·노기춘, 〈《進學圖》와 《聖學十圖》 圖說의 比較 硏究〉, 서지학연구 47집, 한국서지학회 2010. 참조.

〈표 4-7〉 권춘란 〈진학도〉의 도

| 번호 | 도 이름 | 번호 | 도 이름 |
|---|---|---|---|
| 1 | 太極統體人事圖 | 14 | 論語言仁之圖 |
| 2 | 性理氣圖 | 15 | 孟子不動心之圖 |
| 3 | 心統性情之圖 | 16 | 詩風雅頌正變之圖 |
| 4 | 張氏西銘圖 | 17 | 思無邪之圖 |
| 5 | 東銘戱過圖 | 18 | 書典謨訓誥敍次圖 |
| 6 | 四勿箴圖 | 19 | 人心道心圖 |
| 7 | 克己銘圖 | 20 | 丹書敬義之圖 |
| 8 | 白鹿洞規圖 | 21 | 毋不敬之圖 |
| 9 | 敬齋箴圖 | 22 | 易學入門括例之圖 |
| 10 | 夙興夜寐箴圖 | 23 | 四聖易學之圖 |
| 11 | 小學內外篇目圖 | 24 | 春秋經世之圖 |
| 12 | 大學誠正序功之圖 | 25 | 聖賢道統傳緖之圖 |
| 13 | 中庸中和位育之圖 | 26 | 呂氏鄕約圖 |

도〉(〈그림 4-24〉)를 비롯하여 의학과 관련된 인체도(〈그림 4-25〉)를 남겼다. 또 조호익의 〈논어장도〉와 〈중용장도〉[24]는 사서의 내용을 도로 표현한 것이다. 이상과 같이 이황과 그의 문인들은 도를 제작하거나 활용하여 유학을 탐구하고 그 실천 방법을 모색하는 데 매우 적극적이었다. 대략 1550년부터 1600년대 초기까지 도를 제작하여 유교의 원리와 각종 지식에 관하여 정밀하고 깊이 있게 탐구하는 분위기가 이들에 의하여 정착되고 확산되었다.

### (2) 기타 학맥의 圖 자료들

이황과 그 문인들의 도 제작이 하나의 흐름을 이룩하는 상황에서

24) 확인된 바에 의하면 〈중용장도(이분언 · 이등언)〉는 정복심의 《사서장도》를 전재한 것이다.

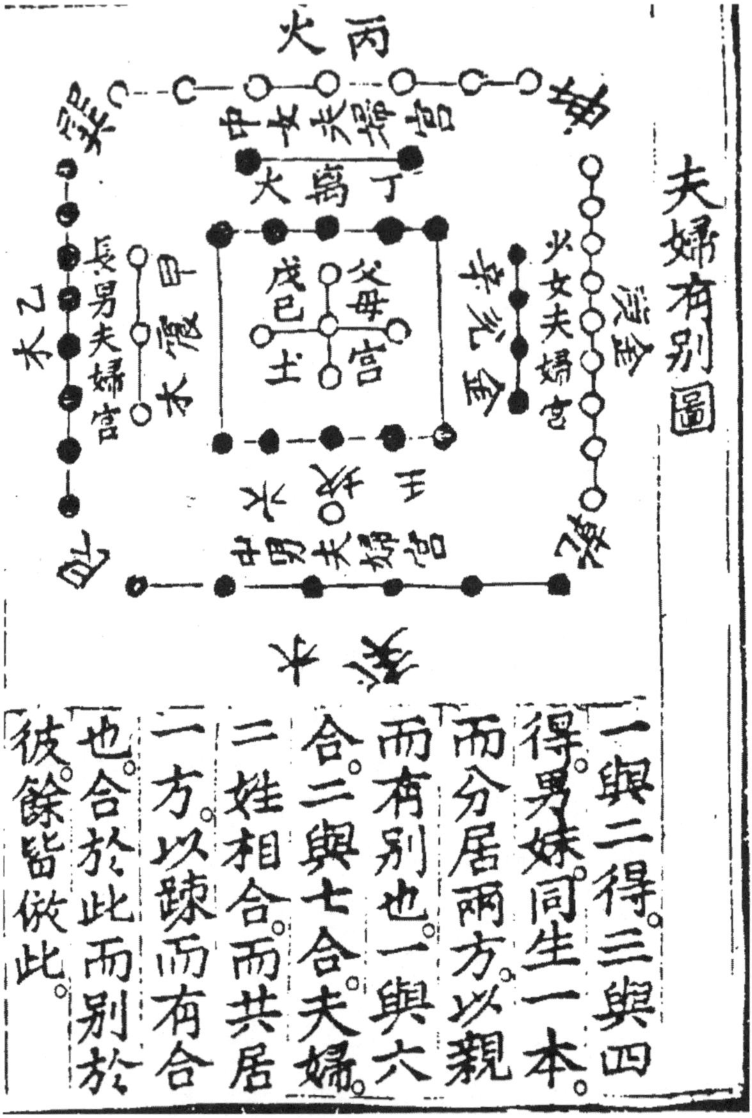


一與二得。三與四得。男妹同生一本。而分居兩方。以親而有別也。一與六合。二與七合。夫婦二姓相合。而共居一方。以踈而有合也。合於此而別於彼。餘皆倣此。

〈그림 4-22〉 이덕홍의 〈부부유별도〉

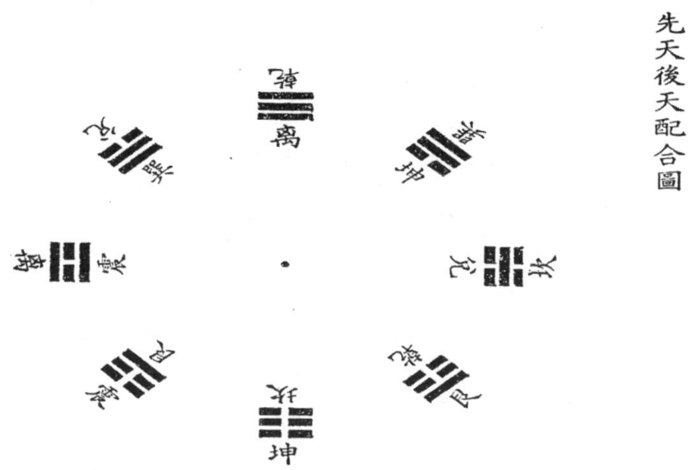


〈그림 4-23〉 유성룡의 〈선후천배합도〉

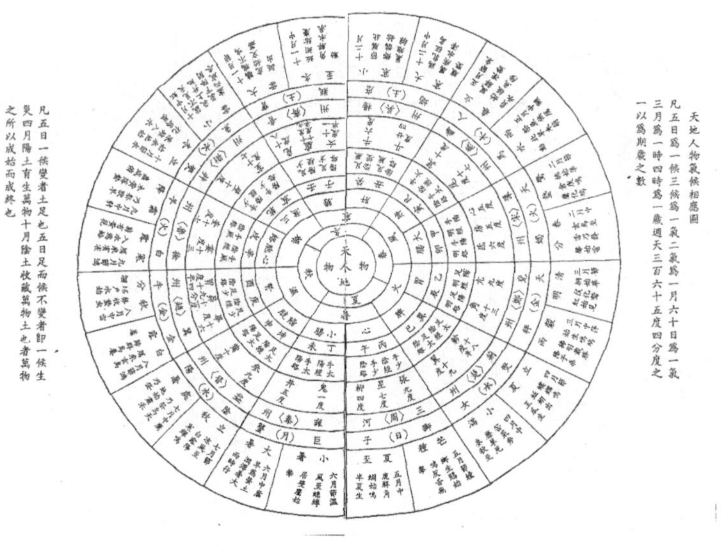

〈그림 4-24〉 유성룡의 〈천지인물기후상응도〉

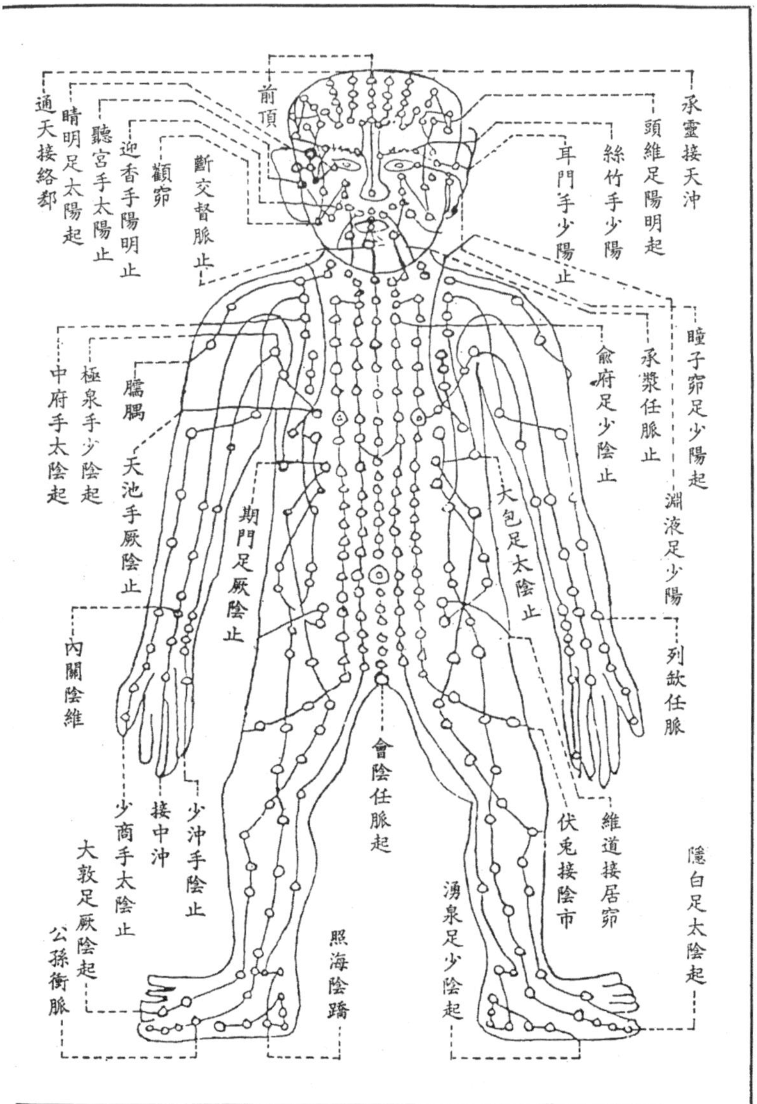


〈그림 4-25〉 유성룡의 〈인체도 1도〉

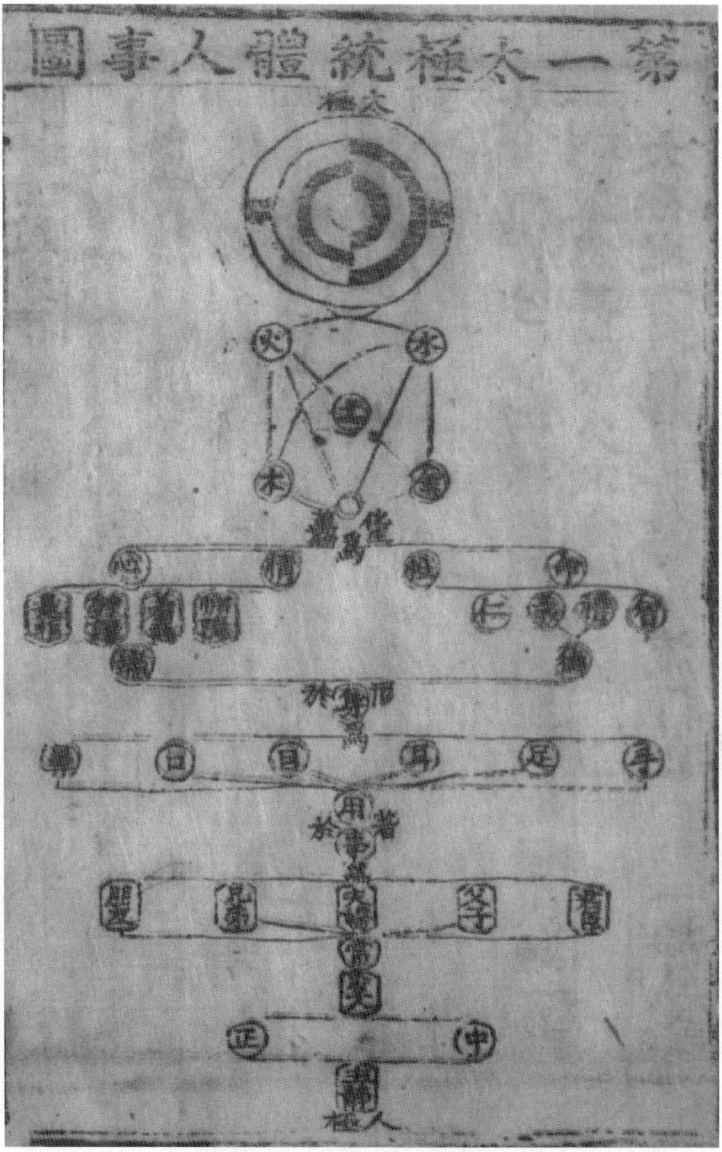


〈그림 4-26〉 권춘란의 《진학도》 〈태극통체인사도〉

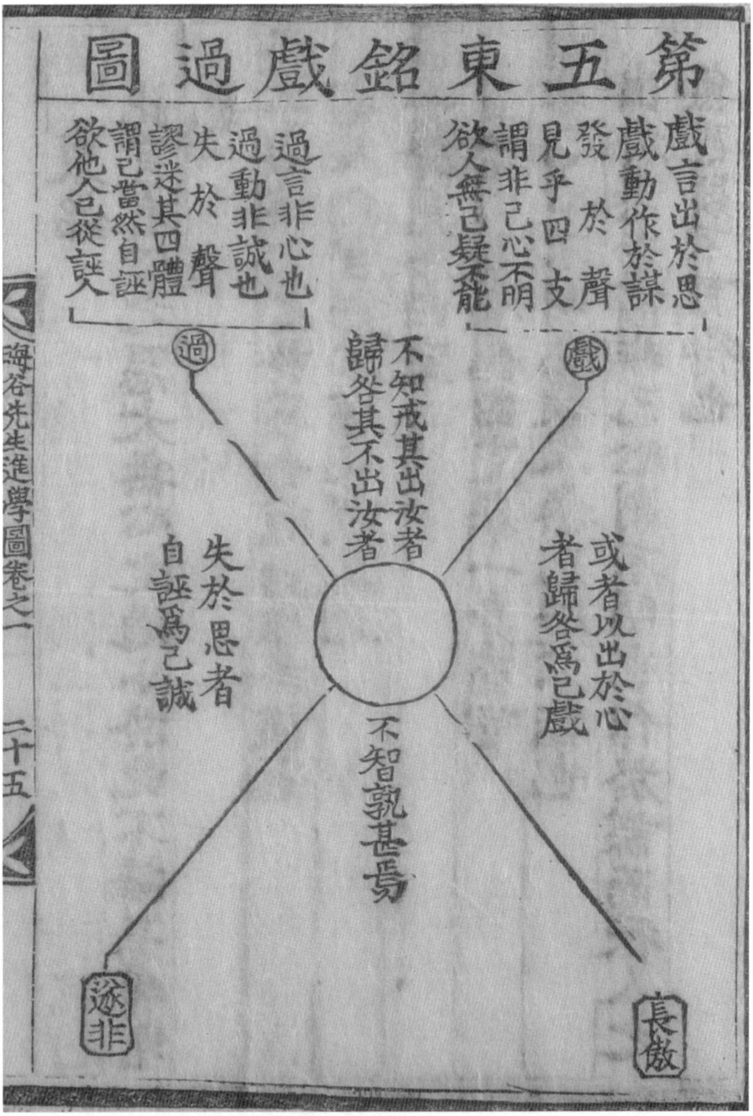


〈그림 4-27〉 권춘란의 《진학도》 〈동명희과도〉

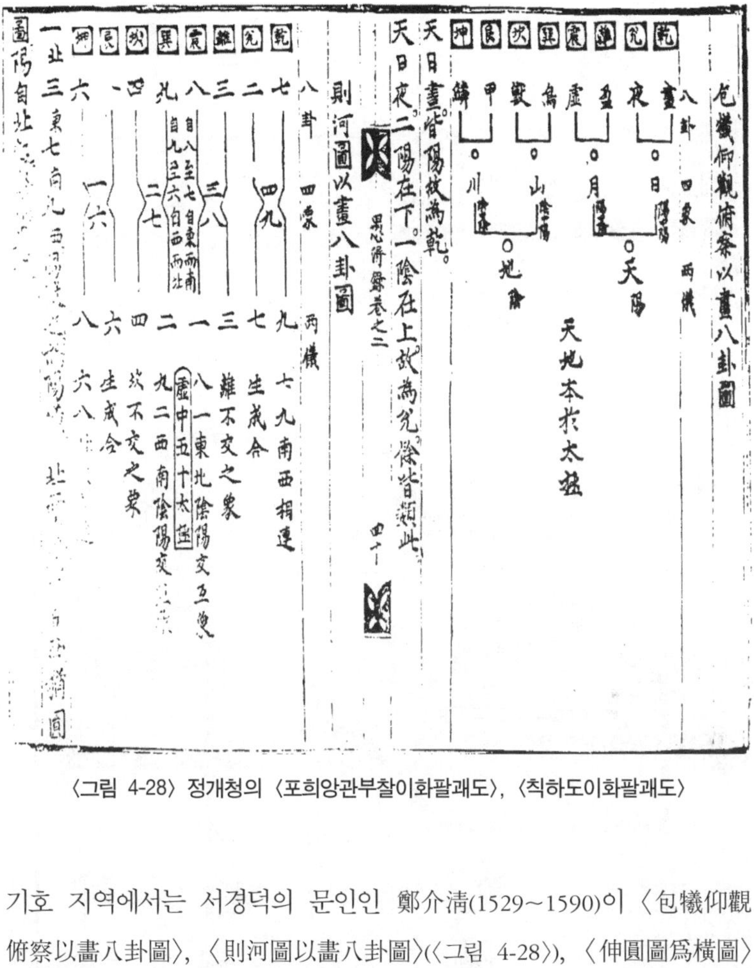

〈그림 4-28〉 정개청의 〈포희앙관부찰이화팔괘도〉, 〈칙하도이화팔괘도〉

기호 지역에서는 서경덕의 문인인 鄭介淸(1529~1590)이 〈包犧仰觀俯察以畵八卦圖〉, 〈則河圖以畵八卦圖〉(〈그림 4-28〉), 〈伸圓圖爲橫圖〉(〈그림 4-29〉) 등 선천역학의 원리를 분석하여 새롭게 도를 제작하였다. 첫째 그림은 太極, 天地, 日月山川, 晝夜盈虛鳥獸甲鱗을 각각 태극 양의 사상 팔괘에 비정한 그림이다. 그에 대한 설명의 한 예로 그가 거론한 것은 天・日・晝가 연결되면 그들은 모두 陽이므로 팔괘 가운데 乾卦가 된다는 내용이다. 셋째 그림은 원도 형태로 배열된 복

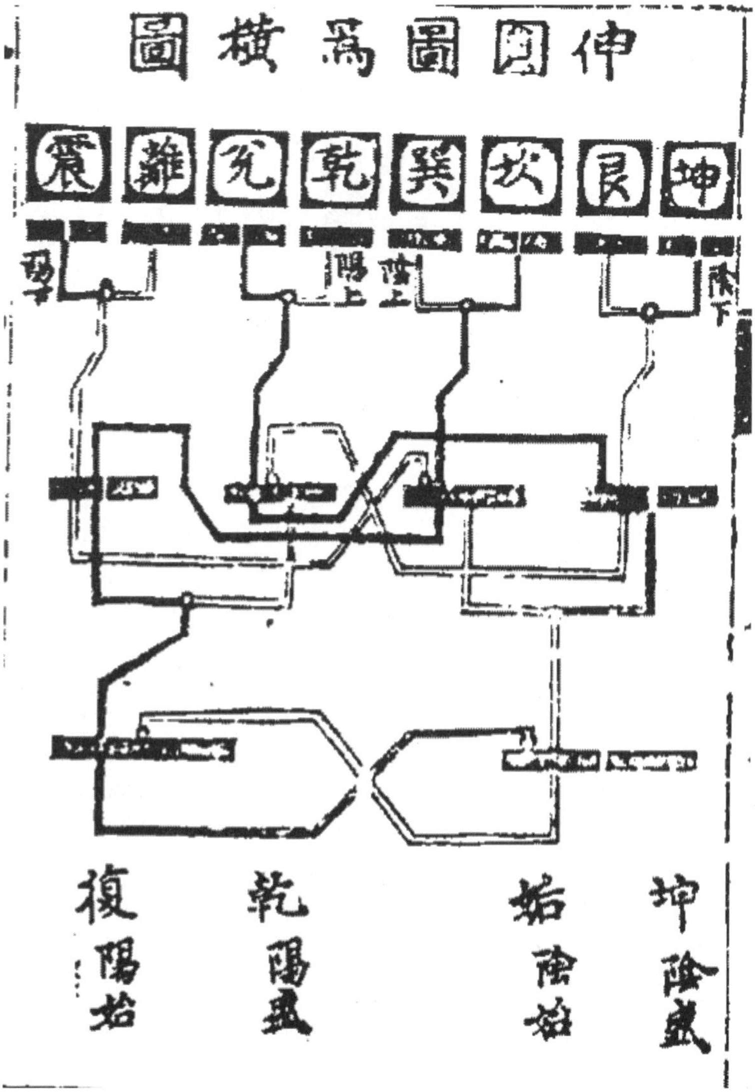


〈그림 4-29〉 정개청의 〈신원도위횡도〉

희의 선천 팔괘를 횡도 형태로 변환하는 이치를 보여준다.

그리고 이이는 〈心性情圖〉(〈그림 4-30〉), 〈人心道心圖〉(〈그림 4-31〉) 등의 그림을 통해서 이황의 심성에 관한 이기론적 해석과 다른 자신의 의견을 표상하였고, 〈祠堂之圖〉, 〈正寢時祭之圖〉(〈그림 4-32〉), 〈每位設饌之圖〉 등 제의에 관한 도를 남겼다. 그의 〈인심도심도〉와 〈심성정도〉는 心만을 별도로 표상하는 형태를 취한 것이 특징이다. 기존의 이황 혹은 정지운이나 김인후 등이 〈천명도〉 등을 제작하면서 공동으로 구현하였던 천지인을 포괄하는 도상 형식과 크게 다르다. 이로 인하여 도상에 의하여 인간의 心에 관한 집중적인 논의를 더욱 발전시키는 동력을 마련한 것으로 보인다. 다만 이러한 형태는 명대의 정복심이 제작한 〈심통성정도〉 및 이황이 제작한 동명의 그림과 유사한 점이 있지만, 심의 작용을 표상하는 방식은 수직선과 사선을 함께 사용하여 상징적 형태를 만들어내는 방식에 차이가 있다. 이이의 제례 관련 도들은 《주자가례》와 내용이 다르다. 예를 들면 《주자가례》의 그림들이 四代奉祀를 표현한 데 반하여 이이의 그림들은 三代奉祀를 표현하였고, 設饌의 방식에도 전자는 4행으로 진설하지만 후자는 5행으로 진설했으며, 전자에는 언급이 없지만 후자에는 忌祭와 墓祭에 삼색 과일과 삼색 탕을 갖추어 진설하도록 차이를 두었다.

성혼의 문집에는 이이의 〈심성정도〉가 전재되어 있다. 그리고 송익필은 〈殯位次〉라는 상례 관련 도를 지었다.

이이의 문인인 趙憲의 문집에는 〈先師廟〉(〈그림 4-33〉) 도가 있다. 이는 그가 질정관으로 중국에 다녀온 뒤에 그 결과를 보고하기 위하여 올린 〈質正官回還後先上八條疏〉(1574년) 내용 가운데 첫 번째 조목인 〈聖廟配享之制〉의 뒤에 붙인 그림이다. 明나라에서 廟의 명칭을 大成殿이라고 하지 않고 先聖廟라고 고친 사실, 그리고 공자의

〈그림 4-30〉 이이의 〈심성정도〉

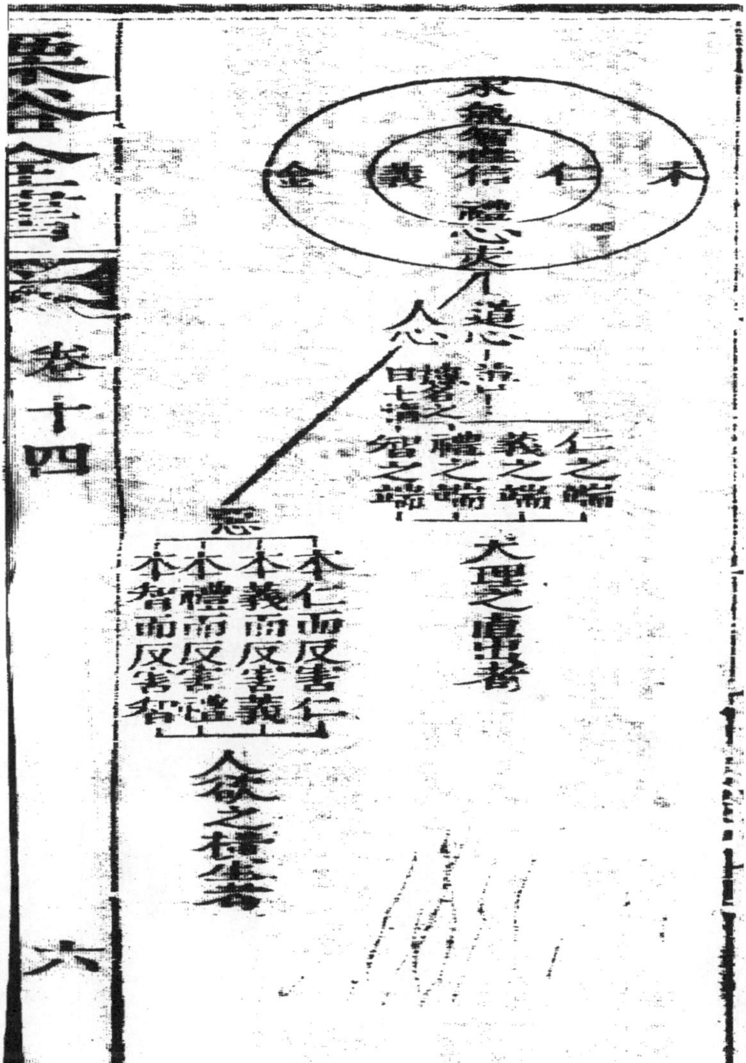


〈그림 4-31〉 이이의 〈인심도심도〉

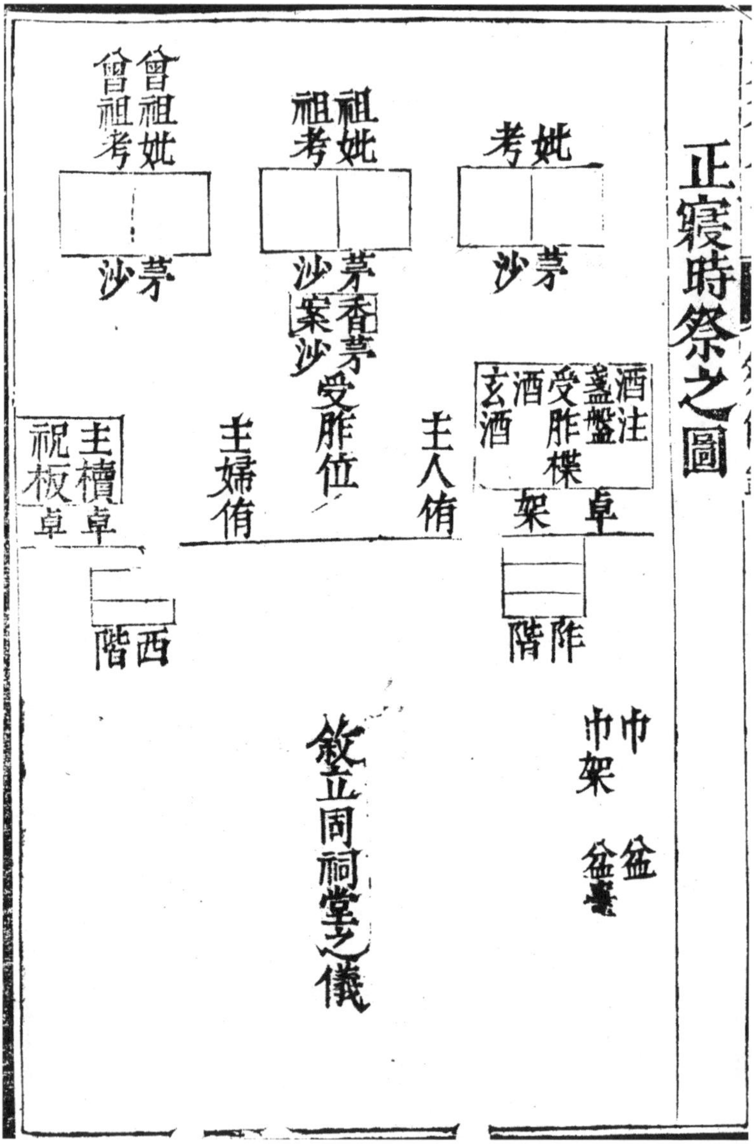


〈그림 4-32〉 이이의 〈정침시제지도〉

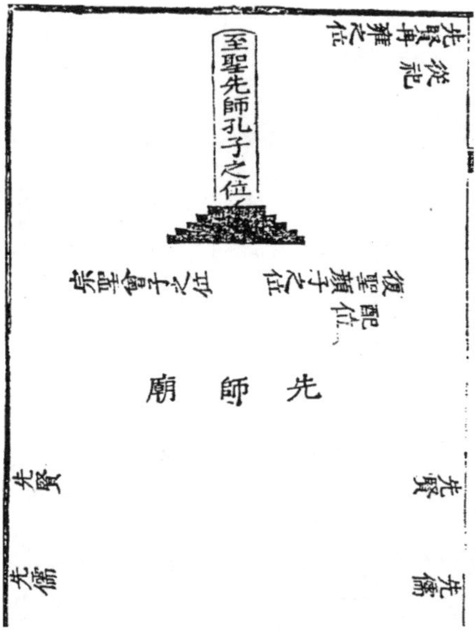


〈그림 4-33〉 조헌의 선사묘

배향위 인물들이 교체된 사실과 그 사정 등을 자세히 보고하는 내용과 함께 도가 제시되어 있다.

이 밖에 그의 문집 수권 처음에는 〈躬耕養親圖〉, 〈賓禮師奴圖〉, 〈持斧伏闕圖〉, 〈徒步過嶺圖〉, 〈請斬倭使圖〉, 〈淸州破賊圖〉, 〈錦山死節圖〉, 〈七百義塚圖〉가 기재되어 있다.(〈그림 4-34〉)(〈그림 4-35〉) 이는 그의 충절을 기리는 후인들이 산재하는 조헌의 유문들을 모아서 문집을 엮을 때에 畫手 李澄寫를 시켜서 그린 것이다. 이 그림은 조헌의 충절이 효행에서 비롯하여 殉節로 이어지는 과정을 직접 목격한 후인들이 그 점을 잊지 않고 존모하기 위하여 제작하였다. 실제 상황의 장면을 그린 사실화에 해당하므로 유학의 원리 혹은 경학 등과는 거리가 있지만, 유학자의 문집에는 보기 드문 것이므로 기록해

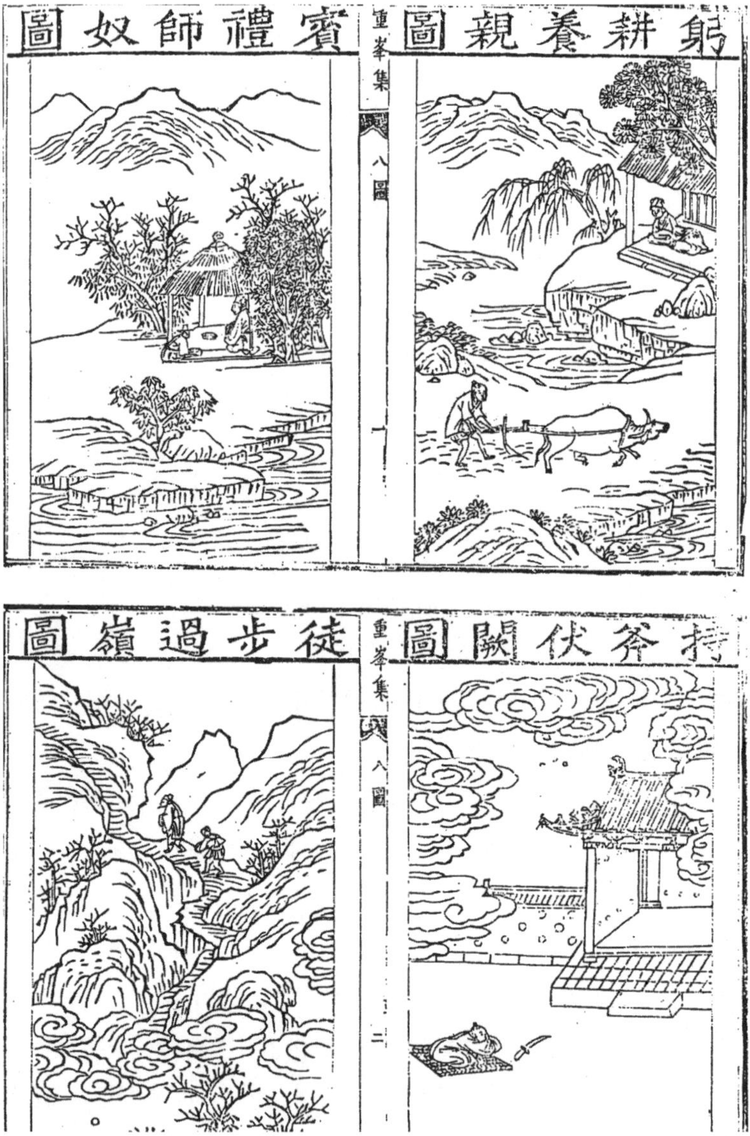


〈그림 4-34〉 조헌의 〈궁경양친도〉, 〈빈례사노도〉, 〈지부복궐도〉, 〈도보과령도〉

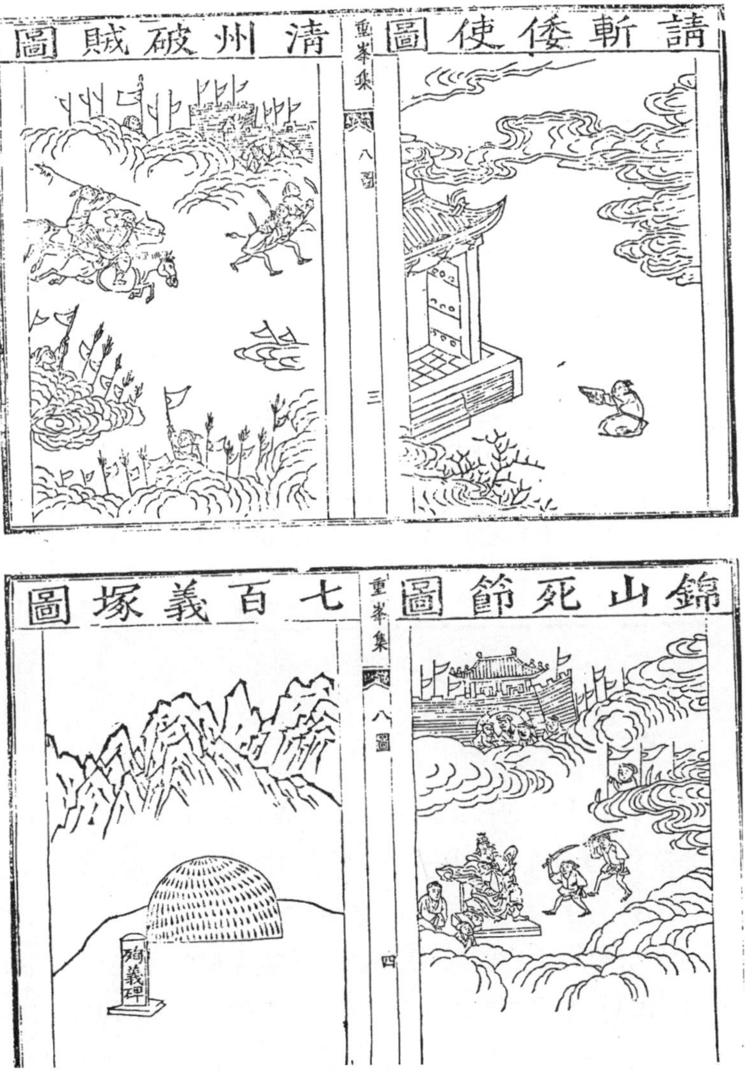


〈그림 4-35〉 조헌의 〈청참왜사도〉, 〈청주파적도〉, 〈금산사절도〉, 〈칠백의총도〉

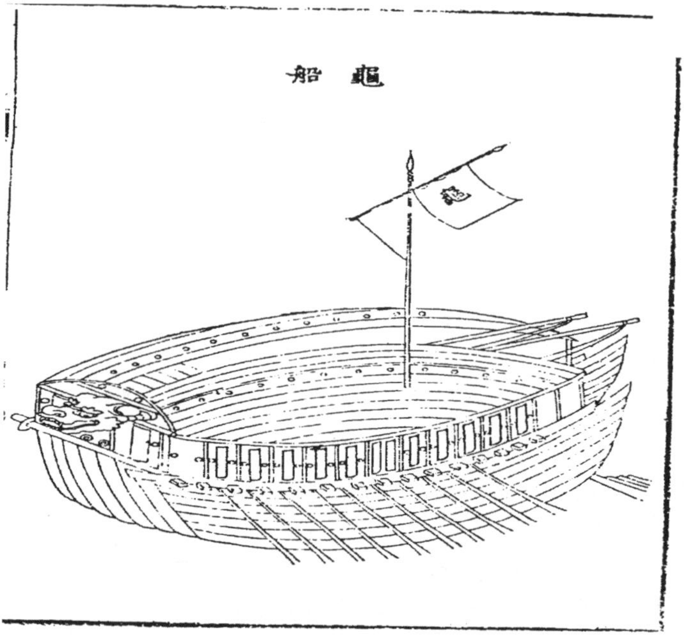


〈그림 4-36〉 이순신의 〈귀선〉

둔다.

또한 李舜臣의 《李忠武公全書》에는 〈(統制營船制)龜船〉(〈그림 4-36〉)과 〈全羅左水營龜船〉을 비롯하여 모두 10개의 도가 실려 있다. 그의 그림들은 모두 軍器에 관한 것들이다.

이외에 영남의 고응척은 유학 혹은 경학의 중요한 개념을 도로 표상한 학자였다. 그가 제작한 도의 명칭은 〈三有圖〉(〈그림 4-37〉), 〈中字圖〉, 〈捉字圖〉, 〈九天圖〉, 〈四端圖〉(〈그림 4-38〉), 〈神明舍圖〉, 〈天人合一圖〉, 〈表裏精粗圖〉, 〈八月圖〉, 〈秋月寒水圖〉이다. 이들은 그가 오랜 세월에 걸쳐서 자득한 내용을 담은 것으로 보인다. 한 예로 첫째 그림 〈삼유도〉의 내용을 그림의 구도에 따라 분석해 보면

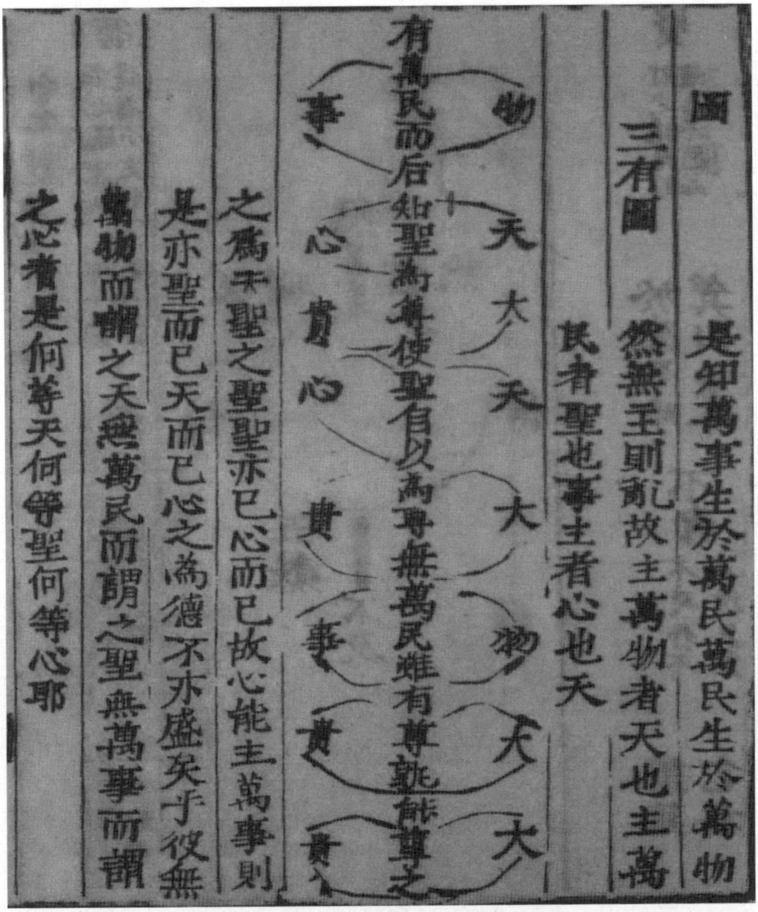

是知萬事生於萬民萬民生於萬物

三有圖

然無主則亂故主萬物者天也主萬

民者聖也事主者心也天

有萬民而后知聖爲尊使聖自以爲尊無萬民雖有尊誰能尊之

物 天 大 天 大 物 天 大

事 心 貴 心 貴 事 貴 貴

之爲天聖之聖聖亦已心而已故心能主萬事則

是亦聖而已天而已心之爲德不亦盛矣乎彼無

萬物而謂之天無萬民而謂之聖無萬事而謂

之心者是何等天何等聖何等心耶

〈그림 4-37〉 고응척의 〈삼유도〉

三有란 만물이 존재한 다음에 하늘이 큰 줄 알고, 만민이 있고 나서 성인이 존엄한 줄 알고, 만사가 존재한 다음에 마음이 귀한 줄 안다는 것을 개념화한 그림이라 할 수 있다. 그리고 〈사단도〉는 사단의 범위를 인간사 전체로 확장하여 본다는 입장, 그리고 그것을 천원지

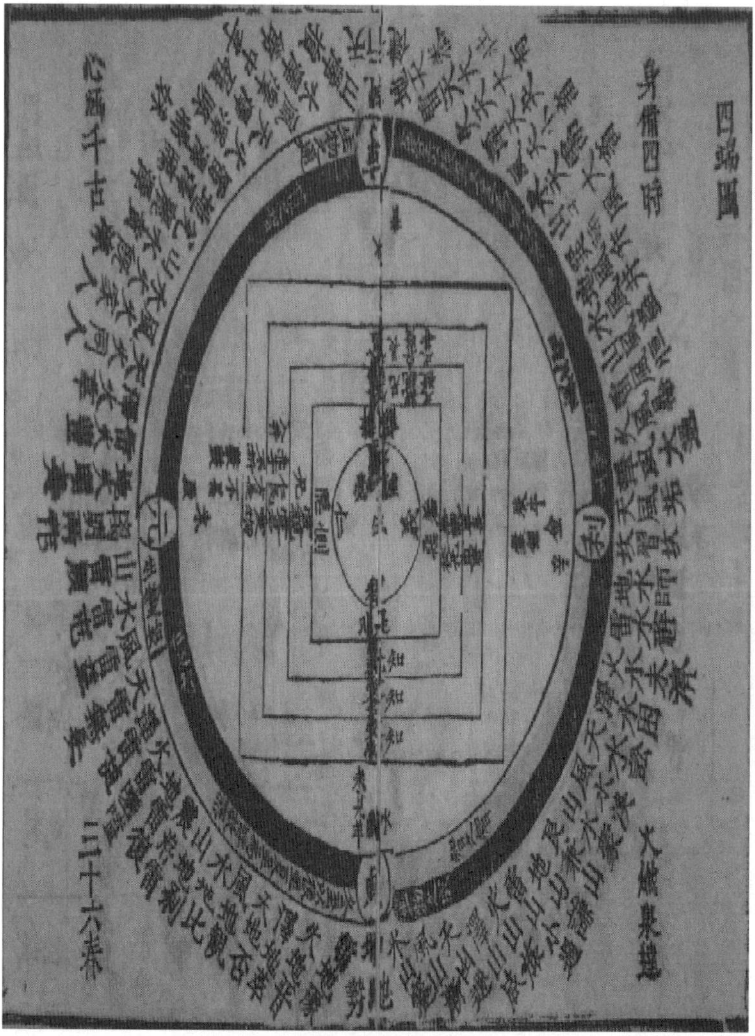

〈그림 4-38〉 고응척의 〈사단도〉

방적 구도, 태극에서의 음양 동정, 그리고 육십사괘로 천을 둘러싼 형상을 취함으로써 자연의 법칙에 따라 순환하는 인간사의 이치를 사단이라는 주제로써 표상하였다.

### 3) 16세기 후반부터 17세기의 도 자료들

다음은 16세기 후반부터 17세기에 도 자료를 남긴 유학자들이다. 16세기 후반부터 17세기에 들어서면서 도설 제작은 매우 활발하게 변하고, 그에 따라 제작된 도설의 수 역시 눈에 뜨이게 증가한다. 그러한 흐름을 주도한 학자는 金長生, 張顯光, 鮮于浹, 朴仁老, 張興孝, 申欽, 金致寬, 趙翼, 沈之漢, 金烋, 李休運, 權諰, 兪啓, 尹宣擧, 宋時烈, 尹鑴, 金萬烋, 李玄逸, 尹拯, 朴世采 등이다.

이 시기에 37인의 유학자들로부터 총 1,260여 건의 도를 확인할 수 있다. 김장생은 《경서변의》와 《가례집람도설》(1599년)을 편찬하면서 총 333건의 도를 제작하거나 전재하여 소개하였다. 《경서변의》는 《중용》에 관한 辨疑에서 주로 廟制와 祫, 禘 등의 제법에 관한 그림들을 소개하였다.(〈그림 4-39〉) 김장생의 《경서변의》 〈諸侯五廟大夫三廟之圖〉(〈그림 4-40〉)는 賈疏諸侯五廟之圖라는 부제가 붙어 있는데, 김장생은 《중용》에 등장하는 묘제를 가공언의 소에 의하여 모색하려는 입장이었음을 추정할 수 있다. 《書傳》에 관한 변의에 기재된 〈測影之法〉은 권근의 《입학도설》 속 〈土圭測影之圖〉를 전재한 것이다. 이외에는 《전례문답》에 3도가 있고, 나머지는 모두 《가례집람》의 도들이다.

《가례집람》의 도는 三代宮廬圖, 三代器用之圖, 三代服飾之圖 등 고례의 건축과 기용 및 복식을 제시하고, 이에 이어서 《주자가례》에서 다루었던 주제에 해당하는 도를 제작하거나 전사해서 함께 넣었다. 이렇게 도의 수가 많은 것은 의례 관련 각종 기물과 묘제 복식

〈표 4-8〉 16세기 후반부터 17세기에 걸쳐 도를 제작한 유학자들

| 이름 | 생몰년 | 문집명 | 주요 자료명 | 자료 수 |
|---|---|---|---|---|
| 金長生 | 1548~1631 | 沙溪集 | 經書辨疑, 家禮輯覽圖說 등 | 333 |
| 韓百謙 | 1552~1615 | 久菴遺稿 | 箕田圖, 深衣圖, 四端七情圖 | 3 |
| 張顯光 | 1554~1637 | 旅軒全書 | 宇宙要括帖, 易學圖說, 性理說 등 | 383 |
| 鮮于浹 | 1558~1653 | 遯菴全書 | 易學圖說, 太極辨解, 大易理象 | 42 |
| 權克中 | 1560~1614 | 경학자료집성 역경 | 周易參同契註解 | 8 |
| 朴仁老 | 1561~1642 | 蘆溪集 | 自警目, 大學敬圖, 小學忠孝圖/中庸誠圖 | 5 |
| 鄭經世 | 1563~1633 | 愚伏集 | 大祥服圖 | 1 |
| 崔晛 | 1563~1640 | 訒齋集 | 誠圖 외 鎭지도 | 11 |
| 張興孝 | 1564~1633 | 敬堂集 | 一元消長圖 | 12 |
| 申欽 | 1566~1628 | 象村稿 | 經世衍易圖說 | 6 |
| 權杠 | 1567~1626 | 方潭文集 | 易圖書 大禹則洛書作範圖 외 | 6 |
| 鄭蘊 | 1569~1641 | 桐溪集年譜 | 龍山圖, 影堂酌獻禮陳設圖 등 | 5 |
| 金致寬 | 1569~1661 | 亦樂齋集 | 易圖書 | 22 |
| 申敏一 | 1576~1650 | 化堂集 | 中和圖, 浦渚趙相國圖說 | 2 |
| 趙翼 | 1579~1655 | 浦渚集 | 持敬圖說, 心學宗方圖 | 3 |
| 李植 | 1584~1647 | 澤堂集 | 祭式 時祭 | 1 |
| 河弘度 | 1593~1666 | 謙齋集 | 先生自崇禎末揭以爲號日夕顧諟(謙卦圖) | 1 |
| 許穆 | 1595~1682 | 記言 | 進心學圖, 儀禮爲長子喪服圖 | 3 |
| 沈之漢 | 1596~1657 | 滄洲集 | 月卦圖說 | 10 |
| 金烋 | 1597~1638 | 敬窩集 | 朝聞錄, 補錄, 續錄 | 23 |
| 李休運 | 1597~1668 | 石屛文集 | 心經章圖 | 12 |
| 柳元之 | 1598~1674 | 拙齋集 | 收放心圖 | 1 |
| 權諰 | 1604~1672 | 炭翁集 | 儀禮同牢圖, 論心圖, 宗廟圖/國家系統圖 | 9 |
| 兪棨 | 1607~1664 | 家禮源流 | 祠堂一間圖, 儀節宗法圖, 男女盛服圖, 諸侯天人服圖 등 | 176 |
| 李惟泰 | 1607~1684 | 草廬集 | 伏羲河圖 등 | 7 |
| 宋時烈 | 1607~1689 | 宋子大全 | 野服圖說, 改作爲學方圖, 孝悌爲仁愛物之本 | 10 |
| 吳達濟 | 1609~1637 | 忠烈公遺稿 | 顯節祠祭物陳設圖式 | 1 |
| 尹宣擧 | 1610~1669 | 魯西遺稿 | 後天圖說외 의례관련도, 家禮源流 | 78 |
| 尹鑴 | 1617~1680 | 白湖全書 | 書, 논어, 중용, 대학, 인도심 등 | 16 |
| 金萬烋 | 1625~1694 | 魯魯齋集 | 中庸人心道心圖 | 11 |
| 丁時翰 | 1625~1713 | 愚潭全集 | 퇴계와 율곡 그림 전재 | 4 |
| 李玄逸 | 1627~1704 | 洪範衍義 | 戰陳圖외 | 17 |
| 朴尙玄 | 1629~1693 | 寓軒集 | 陰陽消長圖, 權經圖 | 2 |
| 尹拯 | 1629~1711 | 明齋遺稿 | 初學晝一之圖, 人心道心圖/爲學之方圖 등 | 10 |
| 南九萬 | 1629~1711 | 藥泉集 | 五禮儀永寧殿圖 | 2 |
| 朴世采 | 1631~1695 | 南溪集 | 聖學知行路脈之圖, 刊定林隱程氏心學圖 등 | 17 |
| 李嵩逸 | 1631~1698 | 恒齋集 | 敬堂先生一元消長圖改本 | 12 |

禮儀에 관한 模寫圖의 수가 많은 때문이다.

김장생과 더불어 의례 관련 도를 많이 남긴 학자는 유계와 윤선거이다. 유계는 《가례원류》에서 모두 170여 건의 도를 제시하였고, 윤선거는 동명의 저술에서 모두 80여 건의 도를 제시하였다. 윤선거의 《가례원류》에 제시된 도에는 《擊蒙要訣》, 《喪禮備要》, 《儀禮圖》, 《朱子家禮》로부터 인용하여 전재한 그림들이 포함된다. 또 주목되는 도

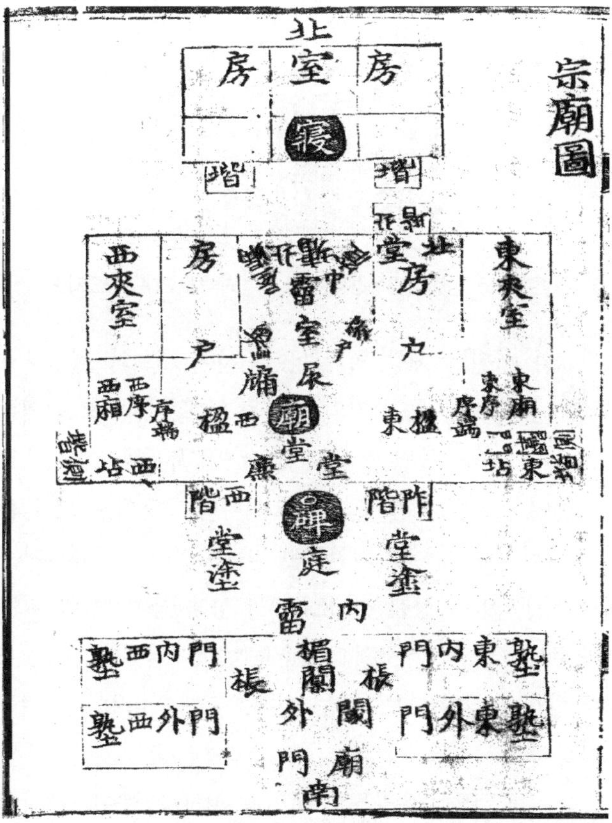


〈그림 4-39〉 김장생의 《경서변의-중용》 속 〈종묘도〉

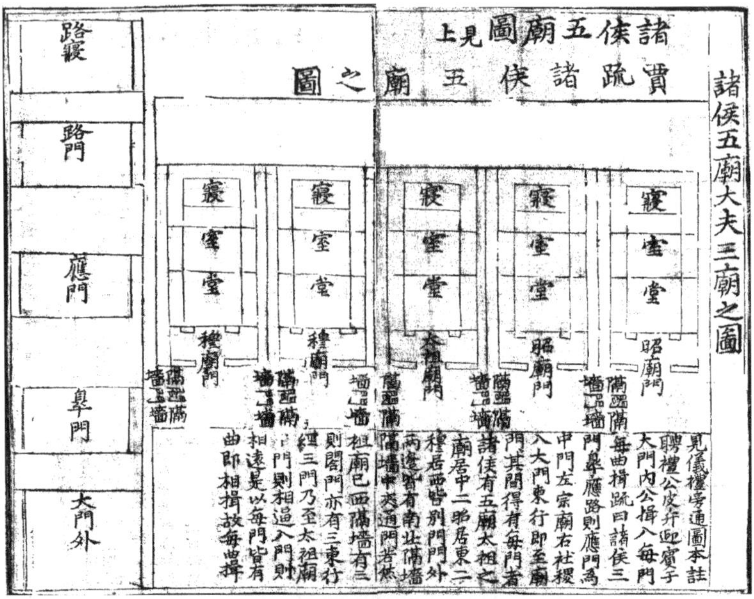

〈그림 4-40〉 김장생의 《경서변의》 속 〈제후오묘대부삼묘지도〉

설들은 향교와 서원의 제향 의식과 관련하여 주희와 이이의 도상을 상호 비교할 수 있도록 두 학자의 그림을 함께 제시하고 논의한 사실이다.(〈표 4-9〉) 예를 들면 〈栗谷間月會書院拜先聖位次 堂上坐位〉(〈그림 4-41〉)에 부기한 내용에 의하면 이이의 그림이 주희의 같은 그림에 더 상세한 내용이 추가되었음을 알 수 있다. 또 윤선거는 당시에 실제로 집행되었던 상례 시 묘소에서 상례 참여자들의 위차에 관한 기록으로서 〈愼齋先生禮葬時墓所位次〉를 남겼다. 이는 당시의 의절 실행 방식의 실상을 보여주는 기록으로서 의미가 있으며 흔하지 않은 기록물이다.

또한 그는 《後天圖說》이라는 도설집을 편찬하였는데, 여기에 선천과 구별되는 후천의 역학적 원리를 탐색하여 선천과 후천의 연관성을

〈표 4-9〉 윤선거의 도

| |
|---|
| 朱子月朝會鄕校拜先聖位次 門外立位 |
| 朱子月朝會鄕校拜先聖位次 庭中拜位 |
| 朱子月朝會鄕校拜先聖位次 堂上坐位 |
| 栗谷間月會書院拜先聖位次 門外立位 |
| 栗谷間月會書院拜先聖位次 庭中拜位 |
| 栗谷間月會書院拜先聖位次 堂上坐位 |

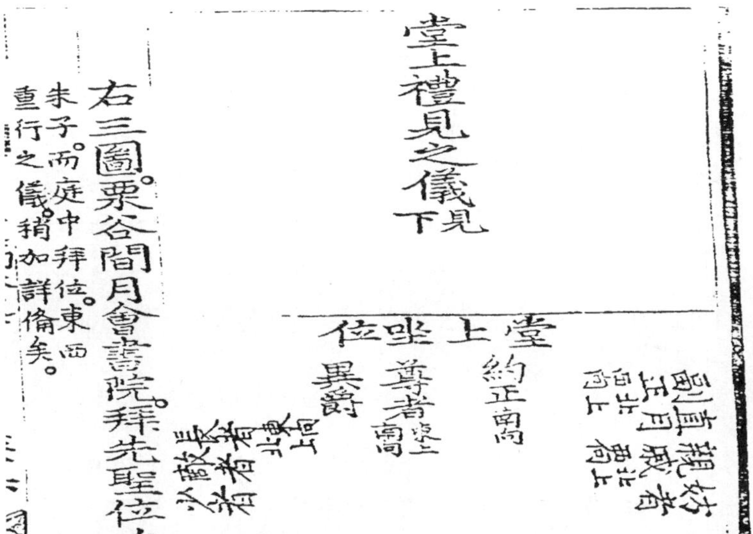


〈그림 4-41〉 윤선거의 《가례원류》 〈율곡간월회서원배선성위차 당상좌위〉

더욱 상세하고 분명하게 밝히려는 의도에서 도를 남겼다. 이러한 후천의 원리를 역괘의 변화 방식을 통해서 구명하려는 취지의 도설집은 윤선거에 의해서 최초로 시도된 듯하다.

《후천도설》 내 〈三索圖〉에서 그는 선천과 후천을 다음과 같이 구별하였다.

易象에서 팔괘가 팔괘를 통어하는 방식에는 세 가지 모양이 있다. 康節의 方圓圖가 하나이고, 〈說卦〉의 三索이 하나이고, 世應(한나라 京房의 역학용어)의 八宮이 하나이다. 방원도는 선천이고 삼삭과 팔궁은 후천이다. 선천은 生이며 體이다. 후천은 克이며 用이다. 후천에도 體用이 있으니 삼삭이 체이고 팔궁이 용이다. 삼삭은 對待이고(春과 秋, 冬과 夏) 팔궁은 유행이다(춘하추동의 순서로 이어지는 것과 같음). 文王의 序卦는 삼삭을 따라서 순서를 매긴 듯하고, 孔子의 雜卦는 팔궁을 따라서 늘어놓은 듯하다. 삼삭과 팔궁을 겸하여 모조리 싣고 두루 포괄한 것이 朱子의 괘변도이다(서괘·잡괘·괘변도는 모두 삼십육궁이다).[25]

그리고 그는 괘상의 변화를 대상으로 선천과 후천을 구별하는 법을 다음과 같이 설명하였다.

태극이 양의를 낳고, 양의가 사상을 낳고, 사상이 팔괘(乾兌离震巽坎艮坤)를 낳는 것 이것이 선천이다. 팔괘가 이루어지고 그 變易을 보면 陽이 변하여 陰이 되고 陰이 변하여 陽이 된다(乾이 변하여 巽离兌가 되고 坤이 변하여 震坎艮이 된다). 삼삭은 곧 음양이 변역하는 상이니

---

25) 《魯西先生遺稿》 권13, 2(문집총간 120책 249쪽). 易象 八卦各統八卦者 有三樣焉 康節方圓圖一樣也 說卦三索一樣也 世應八宮一樣也 方圓圖先天也 三索及八宮後天也 先天生也體也 後天克也用也 後天亦有體用 三索體也 八宮用也 三索對待也(如春秋冬夏) 八宮流行也(如春夏秋冬) 文王序卦 似是因三索而次之者也 孔子雜卦似是因八宮而列之者也 至於兼三索八宮而該載並包者 朱子之卦變圖是也(序卦雜卦卦變圖 俱是三十六宮也).

> 이것이 후천이다(주자가 말하길, "어찌 건곤은 변화하는데 여섯 자식은 변하지 않는 이치가 있겠는가? 이것이 실은 삼삭도의 근본이다."). 선천은 둘씩 함께 상생한다. 그러므로 乾과 兌가 太陽에서 생하고 离·震은 少陰에서 생한다. 후천은 음양이 변역한다. 그러므로 乾의 삼획이 변하여 兌·离·巽이 되고 坤의 삼획이 변하여 艮·坎·震이 된다. 선천과 후천이 다른 곳은 단지 震과 巽이 서로 바뀌는 데 있을 뿐이다. 先天圖는 內卦를 주로 삼고 삼삭도는 外卦를 주로 삼는다. 선천도를 縱看한 것이 곧 삼삭도의 법이다. 다만 震·巽이 위치를 바꾸는 것이 다를 뿐이다.[26]

다음 그림은 《후천도설》 가운데 〈삼삭도〉(〈그림 4-42〉)와 〈팔궁도〉(〈그림 4-43〉)이다.

또 장현광은 《우주요괄첩》, 《역학도설》, 《성리설》 등에서 총 380여 건의 도를 제작하거나 전재하여 소개하였다. 《우주요괄첩》은 그가 소년 시절에 인생의 궁극적인 사업을 구상하면서 그 주제를 모두 10건의 그림으로 요약하여 표상한 것이다. 그중 마지막 《반궁첩》(〈그림 4-44〉)은 '천하의 으뜸가는 사업을 해야 천하의 으뜸가는 인물이 된다'는 목표를 세우고 그것을 실현하는 방법을 요약한 그림이다. 여기에 그가 평생 학문하는[爲學] 방법을 체계화하는 초기의 생각이 담겨 있다. 《역학도설》은 모두 약 360건의 도를 직접 제작하거나 전사하면

26) 《魯西先生遺稿》 권13, 3(문집총간 120책 250쪽). 太極生兩儀 兩儀生四象 四象生八卦(乾兌离震巽坎艮坤) 此先天也 八卦旣成 觀其變易 陽變則爲陰 陰變則爲陽(乾變爲巽离兌 坤變爲震坎艮) 三索乃陰陽變易之象 此後天也(朱子曰 豈有乾坤變而六子不變之理 此實三索圖之本也) 先天兩兩相生 故乾兌生於太陽 离震生於少陰 後天陰陽變易 故乾三劃變爲兌离巽 坤三劃變爲艮坎震 先後天不同處 只在於震巽相換而已 先天圖內卦爲主 三索圖外卦爲主 先天圖之縱看者 卽三索圖之法也 而惟震巽易位爲異耳.

〈그림 4-42〉 윤선거의 《후천도설》 〈삼삭도〉

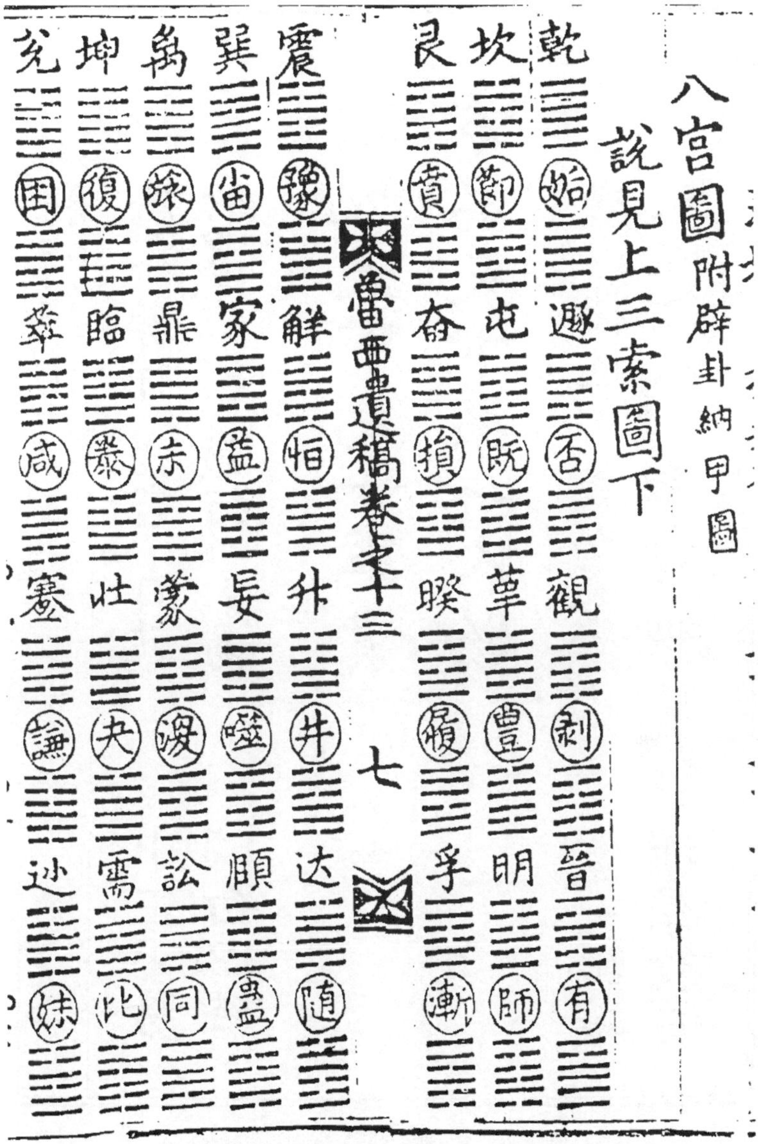


〈그림 4-43〉 윤선거의 《후천도설》 〈팔궁도〉

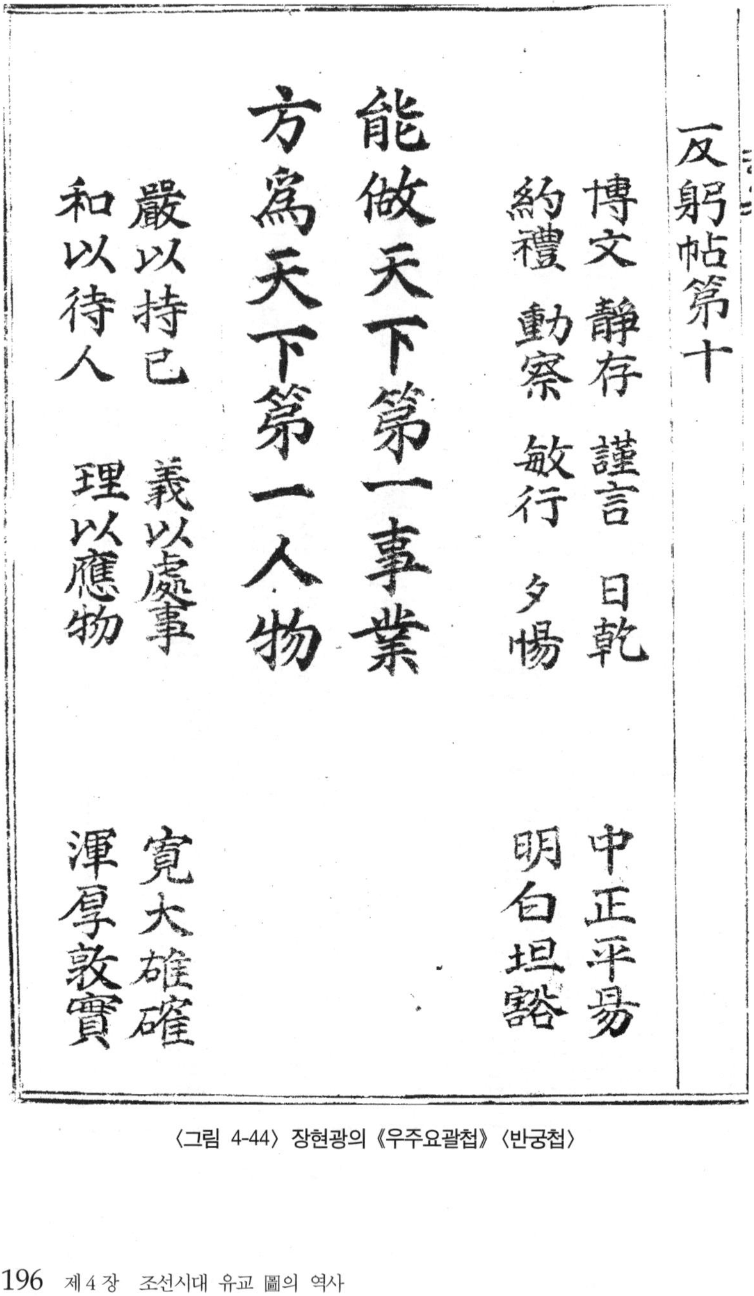
反躬帖第十

博文 靜存 謹言 日乾 中正平易

約禮 動察 敏行 夕惕 明白坦豁

能做天下第一事業

方爲天下第一人物

嚴以持己 義以處事 寬大雄確

和以待人 理以應物 渾厚敦實

〈그림 4-44〉 장현광의 《우주요괄첩》 〈반궁첩〉

〈그림 4-45〉 장현광의 《역학도설》 〈조화지도〉

一元運轉无窮之圖

朱子曰。天地如一大輪。運轉无窮。丘氏曰。乾以一元之氣。運轉於六虛之中。始而終。終而始。其生出者元也。其歸宿者貞也。而亨利乃其間之切用耳。析而四之則爲四時。合而兩之則爲陰陽。貫而一之則渾然一元之氣也。

〈그림 4-46〉 선우협의 《역학도설》 〈일원운전무궁지도〉

서 역학을 유학의 중심체계로 삼은 그의 사고를 표출한 저술이다. 특히 이 《역학도설》은 단지 역학에 구한하지 않고 역학을 중심으로 유학의 다양한 분야를 하나의 체계로 포섭한 도설집이라는 점에서 그의 역학적 사유의 범위를 잘 보여준다.[27] 《성리설》의 그림들은 그의 독자적 관점인 經緯說에 따른 이기론과 심성론이 표현된 것이다. 다음 그림은 《역학도설》 중 〈조화지도〉(〈그림 4-45〉)이다. 그림의 구성에 따르면 전체를 포괄하는 큰 원은 모든 것이 하나의 이치 혹은 태극 속에서 이루어진다는 상징적 비유이고, 태극으로부터 음양의 두 기와 오행의 작용(동정, 변화, 영허, 소장, 승강, 합벽, 굴신, 취산)에 의하여 가는 것(往過)과 뒤이어 오는 것(來續), 生死와 榮枯의 작용 혹은 현상이 나타남을 의미한다. 그리고 그것이 바로 造化의 원리임을 시사한다.

아울러 역학에 관한 도설을 다수 남긴 학자는 선우협이다. 그는 《易學圖說》(1646년), 《太極辨解》(1647년), 《大易理象》 등 역학과 관련된 도설을 짓고 42도를 남겼다. 그의 이러한 도설들은 복희의 先天易과 文王의 後天易 그리고 주돈이의 〈太極圖說〉을 理의 大頭腦處로 간주하고,[28] 그에 대한 궁리의 결과를 도상으로 표현한 것으로서 자신의 관점을 투영하여 기존의 도에 변형을 가하여 그렸다. 이 그림은 주로 주희의 역학의 원리를 바탕으로 제작됐다. 〈일원운전무궁지도〉(〈그림 4-46〉)의 상징적 의미는 그림에 부기된 글에 잘 나타난다.

> 주자는 "천지를 하나의 큰 바퀴와 같아서 굴러가는 것이 끝이 없다."고 하였다.
>
> 구씨는 다음과 같이 말하였다. "乾은 一元의 기로써 六虛의 안을 운전하는데 시작하면 끝을 맺고 끝을 맺으면 다시 시작한다. 그 생출하는

27) 유권종, 〈旅軒 張顯光의 實學的 設計--《易學圖說》과 爲己之學〉, 동양고전연구 제49집, 동양고전학회, 2012., 참조

28) 《韓國文集叢刊》 93책 37쪽. 伏羲先天之易 文王後天之易 周子太極圖說 乃理之大頭腦處.

것이 元이며 돌아가 잠드는 것이 貞이다. 亨과 利는 그 사이의 공용일 뿐이다. 그것을 넷으로 쪼개면 四時가 되고 둘로 합하면 음양이 되고 그들을 꿰어서 하나로 만들면 전체가 한 덩어리인 一元의 기이다.

또 심지한은 《月卦圖說》 10圖로써 선천과 후천의 상호연관성과 그 원리를 탐구하였다. 《황극경세서》의 도와 관련하여 장홍효는 북송대에 이루어진 소백온의 그림과 구별되는 〈一元消長圖〉 12도(〈그림 4-47〉)를 그렸다. 李嵩逸(1631~1698)은 이를 다시 개정하고 보완하여서 〈敬堂先生一元消長圖改本〉(1690년) 12(〈그림 4-48〉)圖를 제작했다. 또한 이현일은 《洪範衍義》를 저술하고 洪範九疇의 내용 가운데 戰陣과 관련하여 주희의 〈戰陣圖〉와 蔡元定의 〈八陣圖〉를 인용 전사하였고, 그 밖에 〈遊兵二十四陳〉, 〈奇偶圖〉 6도, 〈考變占圖〉 등을 인용하였다. 이 저술은 원래 그의 형인 李徽逸(1619~1672)이 편찬하다 마무리 짓지 못하고 별세하자 이현일이 1688년에 완성하였다. 신흠은 《經世衍易圖說》 6도를 제작하였는데, 이 중 〈一元之圖〉(〈그림 4-49〉)는 그의 독자적인 그림이고, 나머지는 《皇極經世書》로부터 전재하거나 그것의 도를 변형 축소한 것들이다. 신흠의 〈일원지도〉에 대한 그의 설명을 옮겨 본다. 이 설명은 그림 속에 부가된 글에서 가져왔다.

一元圖 역시 先天圖와 부합한다. 사람들은 단지 경세서(황극경세서) 속의 消長의 순서만 볼 뿐 그 卦劃의 陰陽 兩儀의 象이 圓圖와 하나하나 모두 부합되지 않는 것이 없음은 알지 못한다. 이것이 어찌 사람이 안배한 것이겠는가? 天道의 운행은 어디를 가나 그렇지 않은 것이 없다. 程 선생의 이른바 한밤중에 생각하다가 모르는 사이 감격에 겨워서 손을 휘둘러 춤추고 발을 들어올리며 춤춘다고 하는 것이다. 이 그림은 선유들이 만들지 못한 그림이다. 보는 사람은 나의 참람됨을 용

서하기 바란다.

金烋는 장현광의 문인으로서 성리학에 조예가 깊은 학자이며, 《朝聞錄》(1639년)을 저술하면서 그 속에 23도를 남겼다. 그는 《朝聞補錄》과 《朝聞續錄》을 함께 편찬하였다. 《조문록》을 비롯한 그의 이 저술들 속에는 권근의 〈大學圖〉와 이황의 〈小學圖〉를 전재한 것과 권근의 〈中庸首章圖〉를 변형한 것도 있지만, 대부분 그의 자작도이다. '조문록'이란 이름에 대해서 그는 '聞'이란 단지 귀로 듣는 것이 아니라 마음으로 깨닫는 것[心悟]을 의미하며, 따라서 朝聞이란 道에 대하여 하루아침에 豁然貫通함을 의미한다고 정의한다.29) 자신은 道에 대해서 활연관통하지는 못했지만 저술의 이름을 돌이켜 보면서 그 의

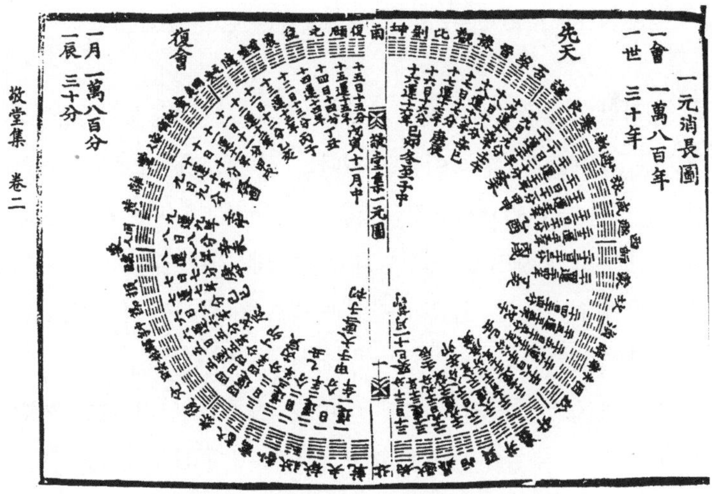


〈그림 4-47〉 장흥효의 〈일원소장도일회(복회)〉

29) 《韓國文集叢刊》 100책 324쪽. 聞者心悟也 卽所謂一朝豁然貫通者也.

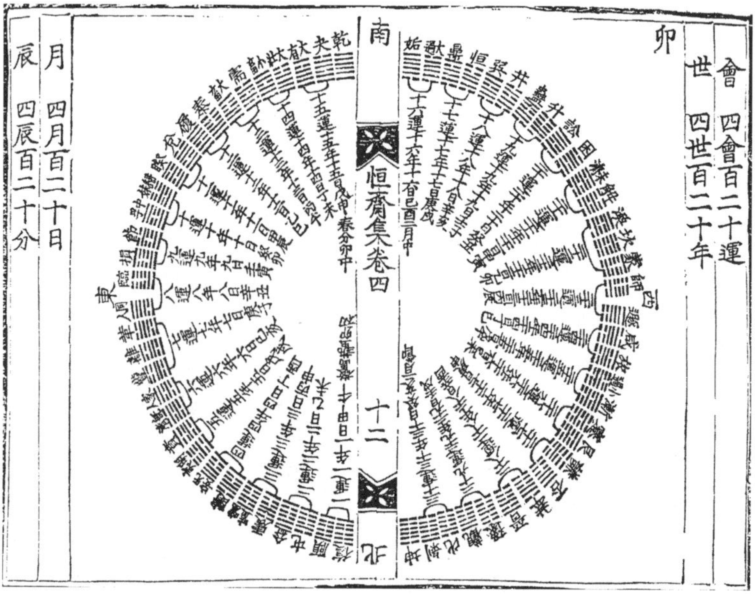


〈그림 4-48〉 이숭일의 〈경당선생일원소장도개본 묘회도〉

미를 생각함으로써[顧名思義] 기필코 도에 활연관통하기를 바라는 생각으로 《朝聞錄》이라고 이름 지었다는 점과 도를 깨닫지도 못하고 죽게 될 것이 두려워 이를 저술했음을 아울러 밝혔다.[30] 이 자료의 편제는 먼저 도를 제시하고 그에 대한 설명을 가하는 방식의 도 위주의 도설집이며, 내용은 위학적 방법과 중요한 원리를 체계적으로 엮어 제시하였다.

그 가운데 〈조문록총도〉(〈그림 4-50〉)는 도를 깨닫기 위한 방법으로서 誠과 敬을 중심적 원리에 놓고 《소학》, 《대학》, 《중용》, 《맹자》, 《논어》에서 제시된 다양한 방법을 하나의 일관되고도 상호 조화가 되

30) 上同. 余之於道 非心悟而貫通者也 奚爲而以朝聞名此錄也 曰所謂聞者 非謂已能聞道 欲其顧名思義 期必得聞 以至於心悟而豁然處也 朝未聞而夕其死 是余所懼也.

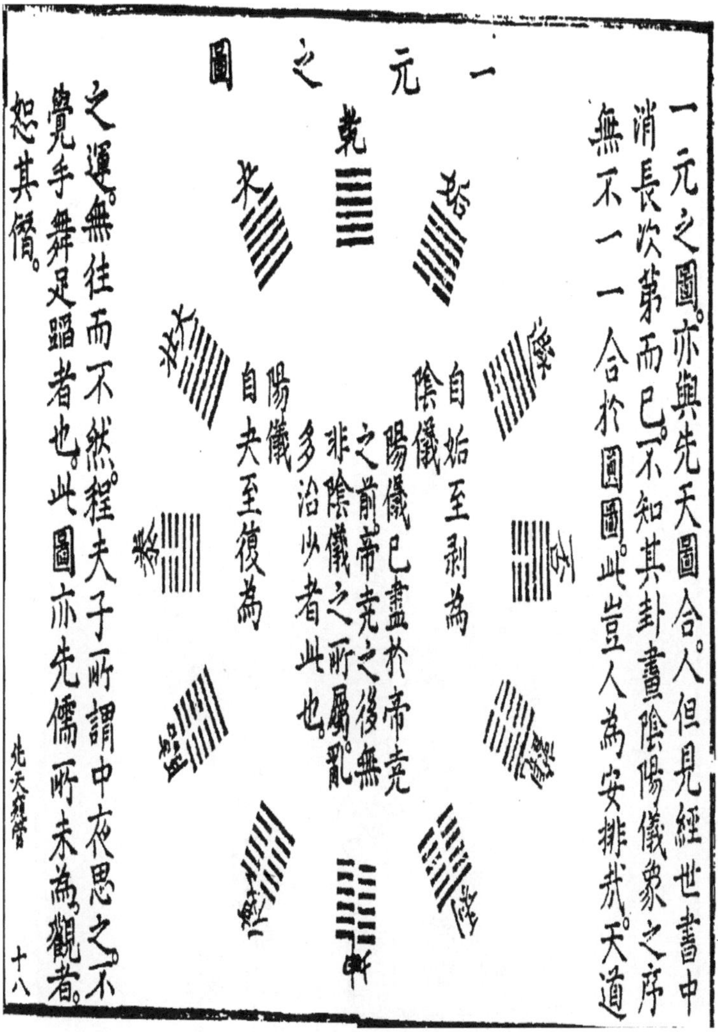


〈그림 4-49〉 신흠의 《경세연역도설》 〈일원지도〉

방식으로 종합하려는 의도가 드러난다. 이를 통해서 당시의 공부 방법론에 대한 인식이 더욱 종합되고 응집되는 상황을 알 수 있다.

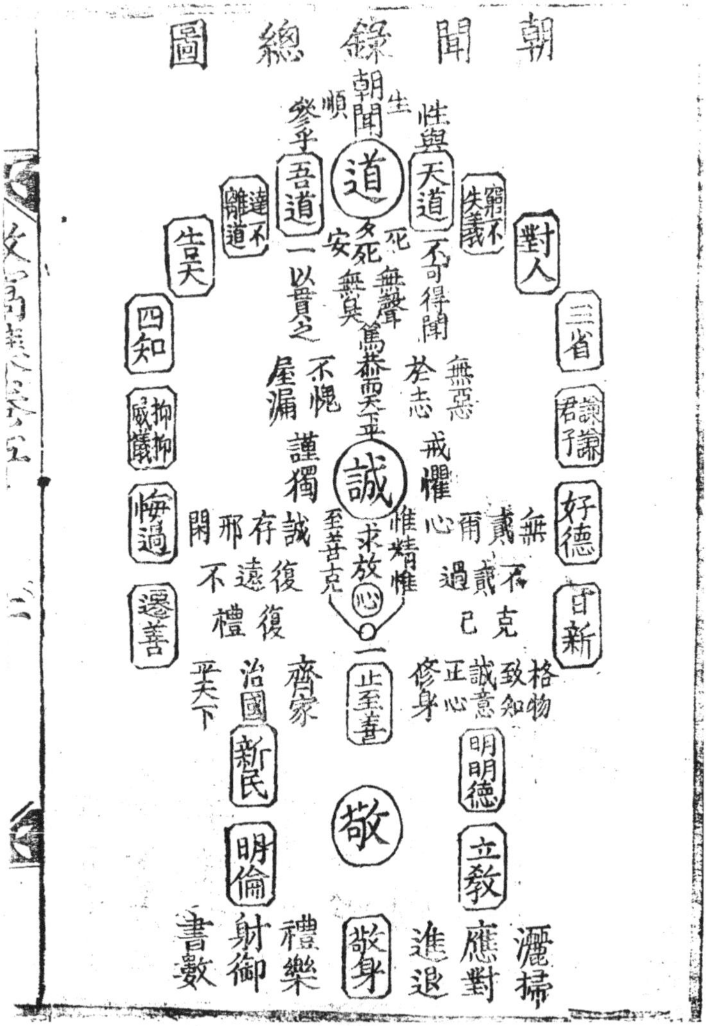


〈그림 4-50〉 김휴의 〈조문록총도〉

이렇게 위학적 방법과 원리에 관한 도를 제작한 또 다른 학자로 박인로가 있다. 충절이 뛰어난 무인이기도 한 그는 〈大學敬圖〉, 〈小

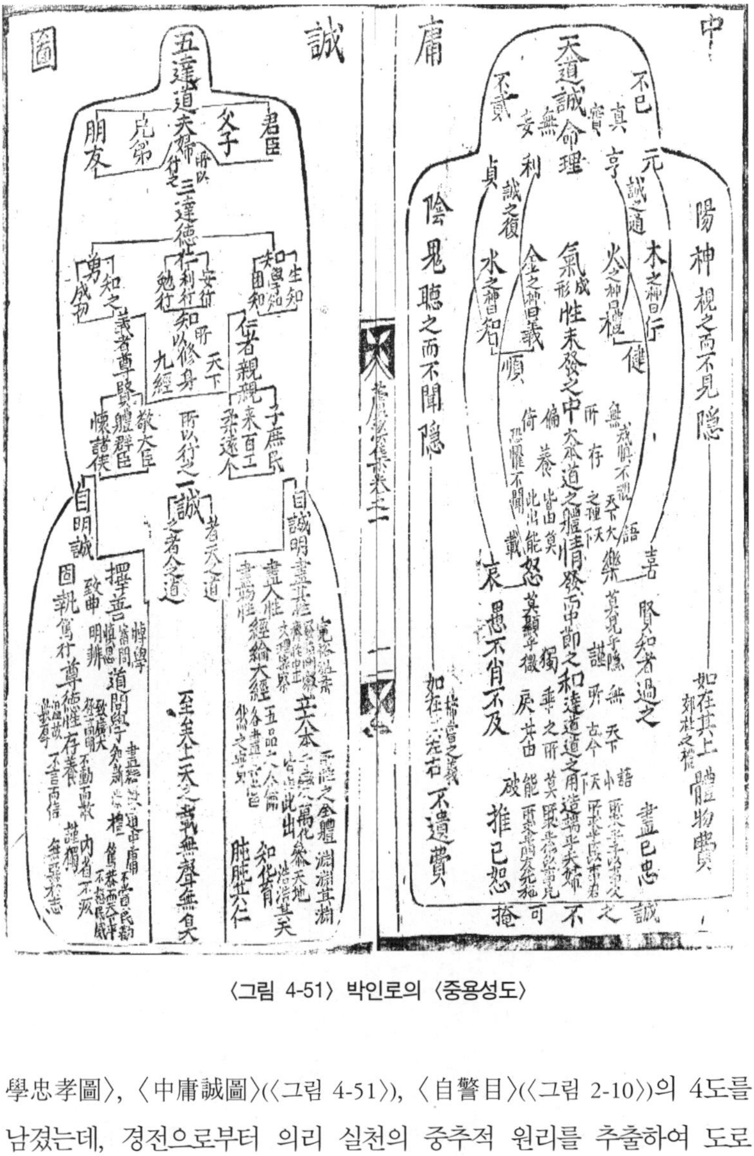

〈그림 4-51〉 박인로의 〈중용성도〉

學忠孝圖〉, 〈中庸誠圖〉(〈그림 4-51〉), 〈自警目〉(〈그림 2-10〉)의 4도를 남겼는데, 경전으로부터 의리 실천의 중추적 원리를 추출하여 도로 표상하였다.

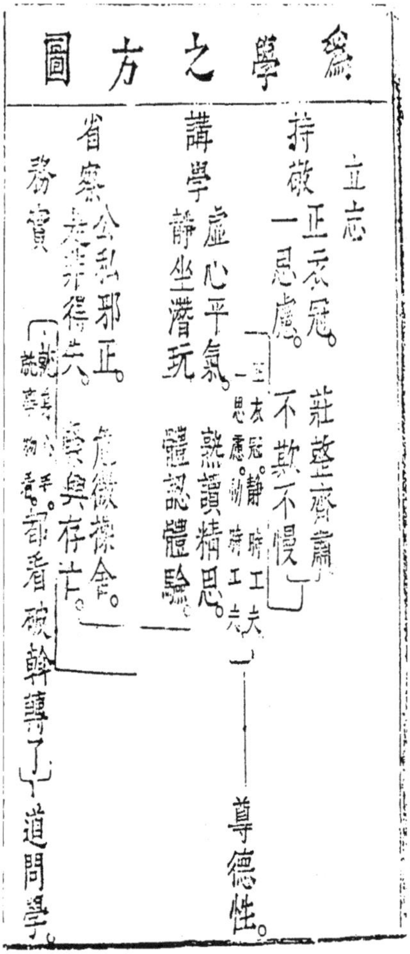

〈그림 4-52〉 윤증의 〈위학지방도〉

尹拯 역시 〈初學畵一之圖〉 5도를 제작하여 초학자에 중요한 지침을 표상하였다. 이 5도의 주제는 總圖, 持身, 讀書, 應事, 接物이다. 이외에도 그는 이이의 설에 근거하여 〈爲學之方圖〉(〈그림 4-52〉)를

작성하였고, 자신의 〈人心道心圖〉를 지었다. 〈위학지방도〉는 成渾의 《牛溪集》 속 〈答林伯和〉에 제시된 학문하는 방도[爲學之方]를 근거로 제작한 것인데, 이이와 성혼의 토론에 의하여 정정된 내용이 담겨 있다.(1701년)[31] 또 의례와 관련해서는 〈廟庭中序立位次/堂上坐次圖〉와 일설에 따른 〈廟庭中序立位次〉(〈그림 4-53〉)를 남겨서 상호 비교가 가능하도록 하였다.

위학과 관련된 주제의 도를 그린 또 다른 학자는 趙翼이다. 그는 〈持敬圖說〉(1647년)(〈그림 4-54〉), 〈心學宗方圖〉(1645년)(〈그림 4-55〉), 〈改申功甫中和圖〉를 남겼다. 그리고 宋時烈은 〈改作爲學方圖〉(1677년), 〈孝悌爲仁愛物之本〉(1687년)을 지었다. 그의 《宋子大全》 〈野服圖說〉에는 衣制, 裳制 및 大帶에 관한 도가 있다.

그리고 경전의 내용을 집중적으로 분석하는 도들이 제작된다. 이미 易에 대한 것은 앞에서 언급했기 때문에 생략하고, 《書經》과 《대학》, 《중용》, 《심경》 등에 관한 도설들이 이 시대에 등장한다. 이 가운데 일정한 주제로 여러 건의 도를 도설집 형태로 묶어서 제작한 것도 있다. 이에 해당하는 학자들은 尹鑴, 金萬烋, 李休運 등이다.

윤휴는 《書經》에 관한 도로서 〈帝舜在璇璣玉衡以齊七政〉, 〈黃帝太階六符〉, 〈星土九州十有二次〉,[32] 〈天文星宿圖〉, 〈日月星辰之變動〉, 〈帝舜人心道心之圖(上中下)〉, 〈皐陶敍秩之圖〉, 〈禹則洛書作範圖〉, 〈箕子序疇圖〉, 〈禹敍彝倫之圖〉, 〈太公丹書敬義之圖〉 등을 제작하였고, 《중용》에 관해서는 〈孔子達道達德九經之圖〉(〈그림 4-56〉), 〈中庸之圖〉, 《대학》에 관해서는 〈大學之圖〉(〈그림 4-57〉)를 남겼다.

---

31) 유권종, 〈윤증 유학사상의 예학적 연원〉 《명재 윤증의 학문연원과 가학》, 충남대학교유학연구소, 2006. 참조.

32) 이상 3도의 명칭은 도와 관련된 글의 제목을 붙인 것이다.

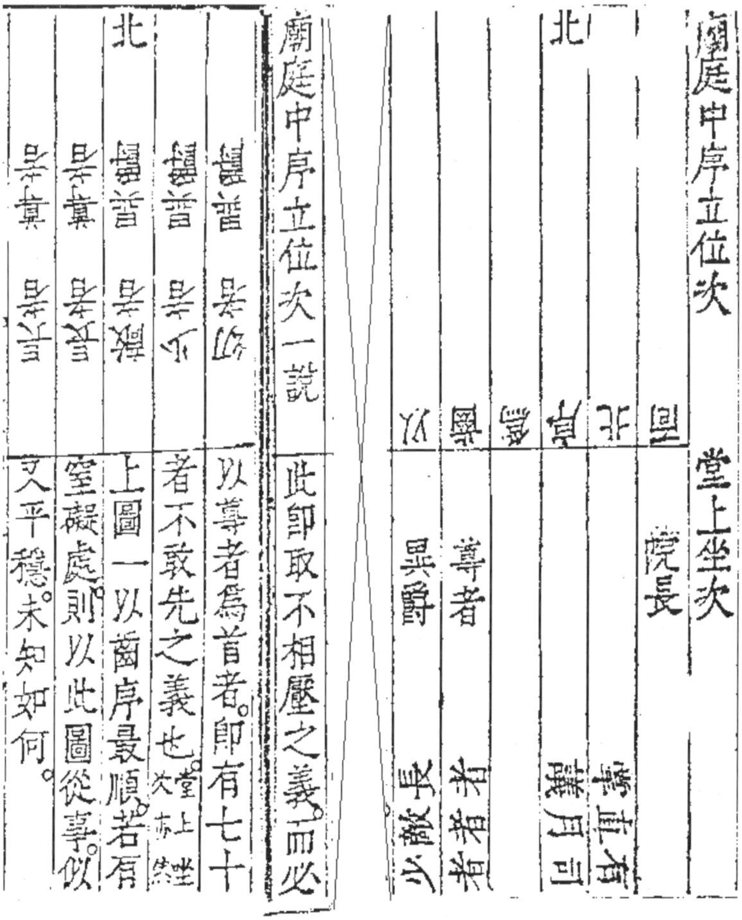


〈그림 4-53〉 윤증의 〈묘정중서립위차/당상좌차도〉(우측)와 다른 설에 의한 그림 비교도

김만휴는 《중용》에 관해서 〈中庸人心道心圖〉, 〈中庸工夫次第圖〉, 〈九經圖〉(〈그림 4-58〉), 〈尊德性道問學圖〉, 《대학》에 관해서 〈大學三綱八目相爲體用圖〉를 남겼다. 〈日月九行圖〉와 〈月令圖〉(〈그림 4-59〉)는 각각 《서경》과 《예기》에 관한 그림이다.

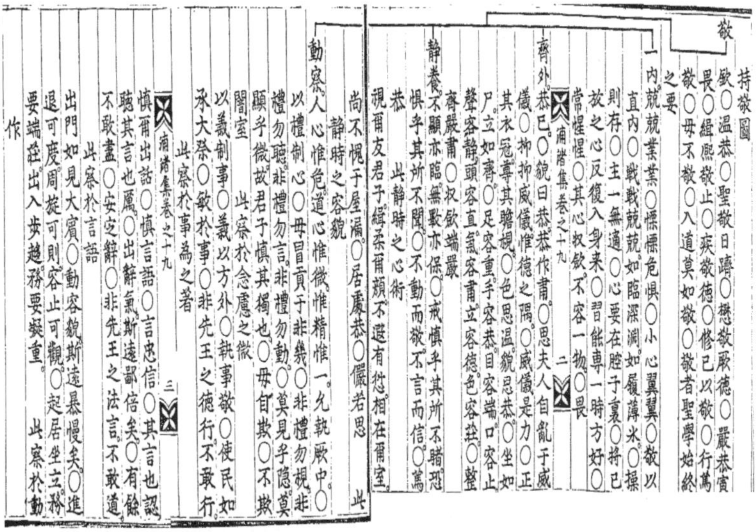

〈그림 4-54〉 조익의 〈지경도〉

이휴운은 《心經章圖》 12도를 남겼는데, 이는 《심경》에서 중요하다고 생각되는 章과 箴 각각의 앞에 그린 그림이다. 이 저술은 1619년 봄에 스승인 鄭逑로부터 《심경》을 받고 여러 달 동안 그 요지를 구하고 그림을 붙여서 완성하였다. 이렇게 그림 제작의 이유가 《심경》의 요지를 구하는 데 있음은 곧 본서의 서두에서 언급한 그림의 용도가 書의 정신을 구하는 데 있음을 보여주는 사례라고 할 수 있다.

權諰는 〈國家系統圖〉라는 글 속에서 중요한 역사적 사건인 禮訟과 관련된 논의를 정리하고 요약하는 도를 제시하여 시선을 끈다.[33] 도의 제목은 〈國家系統圖(김장생의 생각에 따른 그림)〉, 〈國家系統圖(박지계(潛冶)의 설)〉의 계통도(〈그림 4-60〉)와 〈宗廟圖(김장생의 생각에 따른

33) 문집총간 104책 414~415쪽.

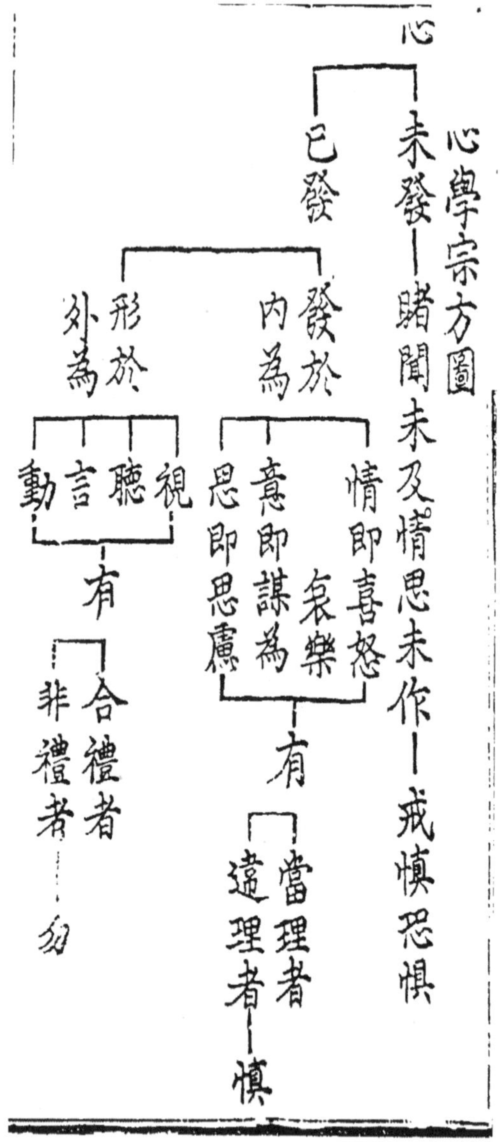


〈그림 4-55〉 조익의 〈심학종방도〉

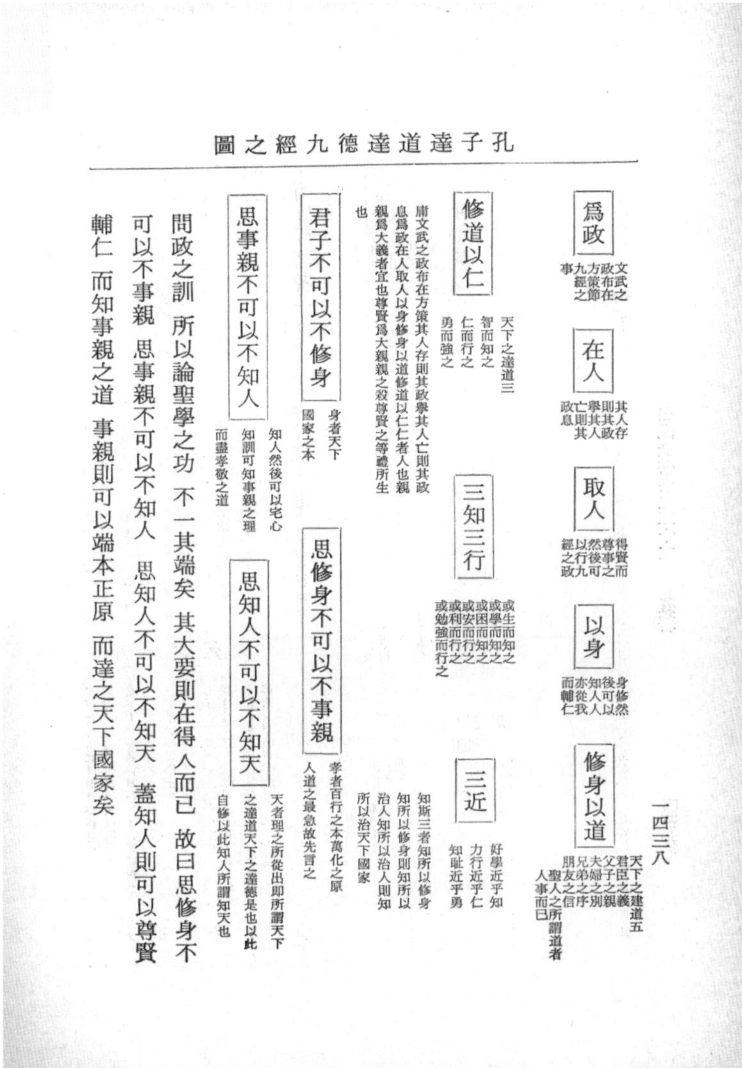


〈그림 4-56〉 윤휴의 〈공자달도달덕구경지도〉

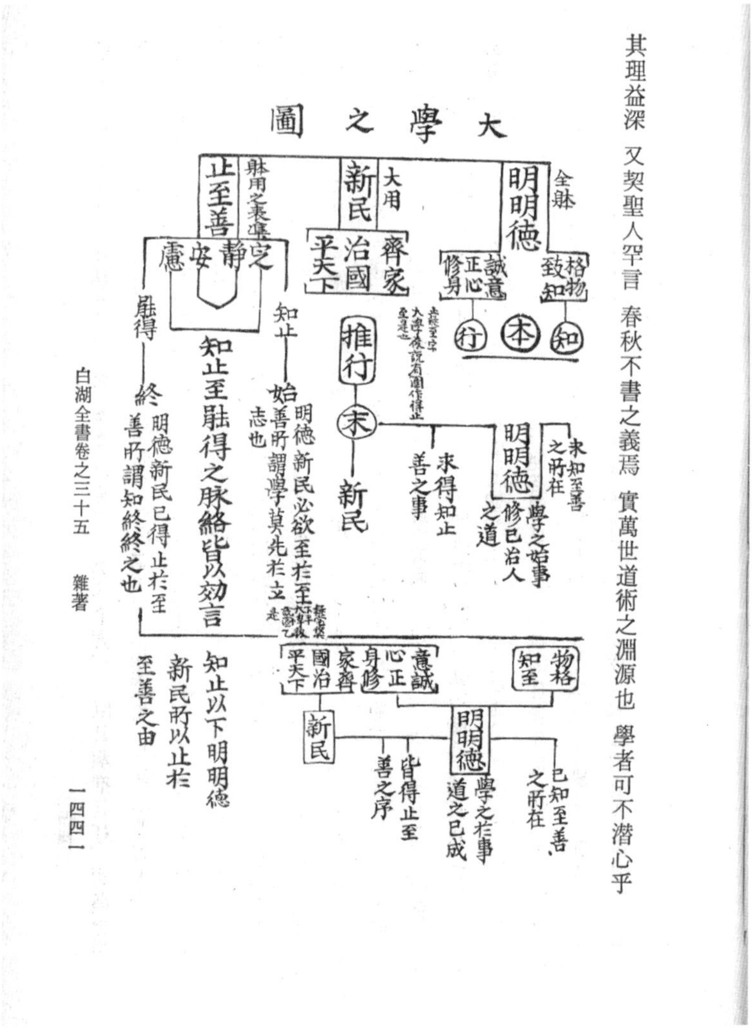


〈그림 4-57〉 윤휴의 〈대학지도〉

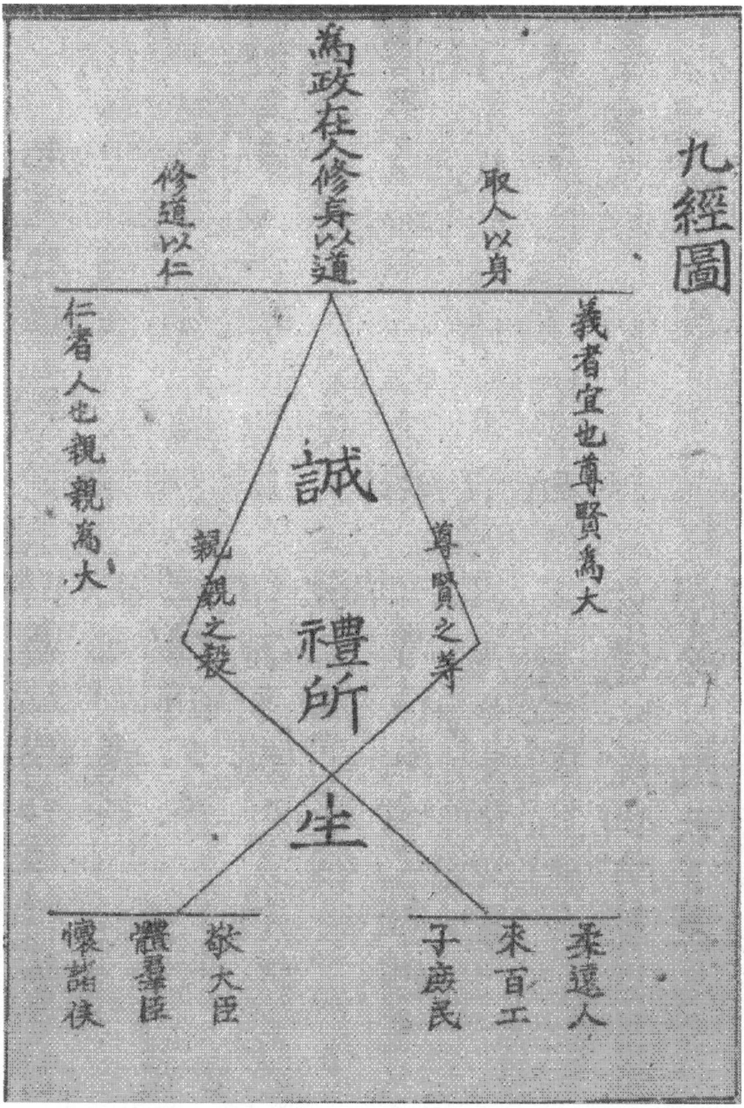


〈그림 4-58〉 김만휴의 〈구경도〉

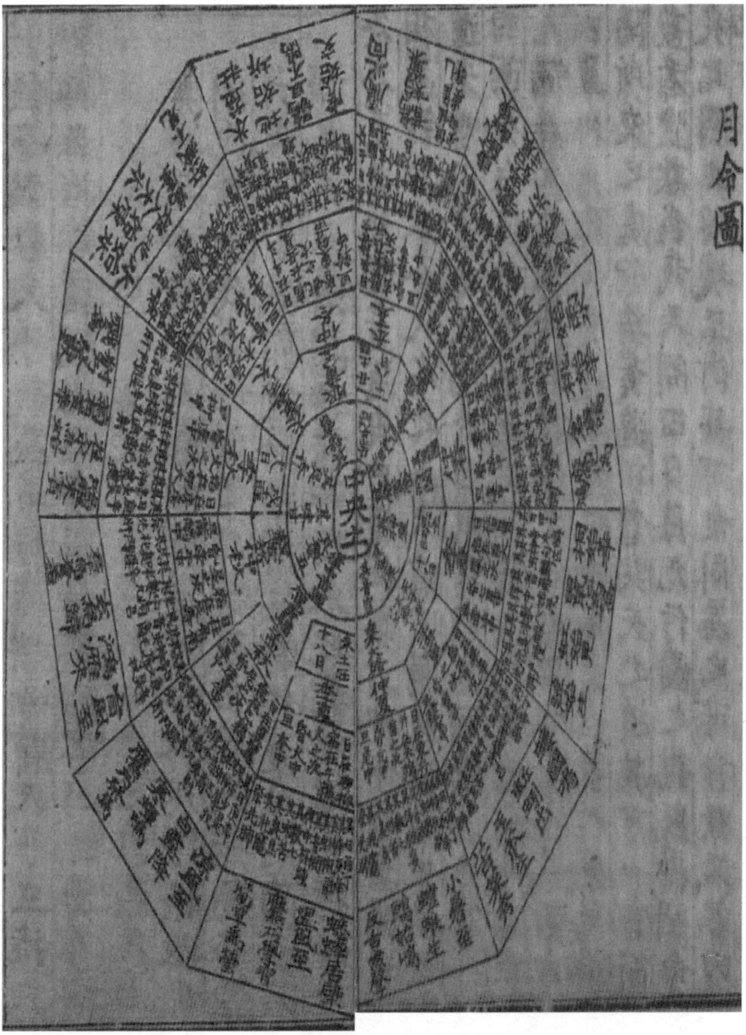

〈그림 4-59〉 김만휴의 〈월령도〉

그림)〉, 〈宗廟圖(崔完城의 疏說에 따른 그림)〉, 〈宗廟圖(趙有諸說에 따른 그림)〉, 〈宗廟圖(李方叔 說에 따른 그림)〉, 〈古者諸侯五廟圖〉(〈그림 4-61〉)

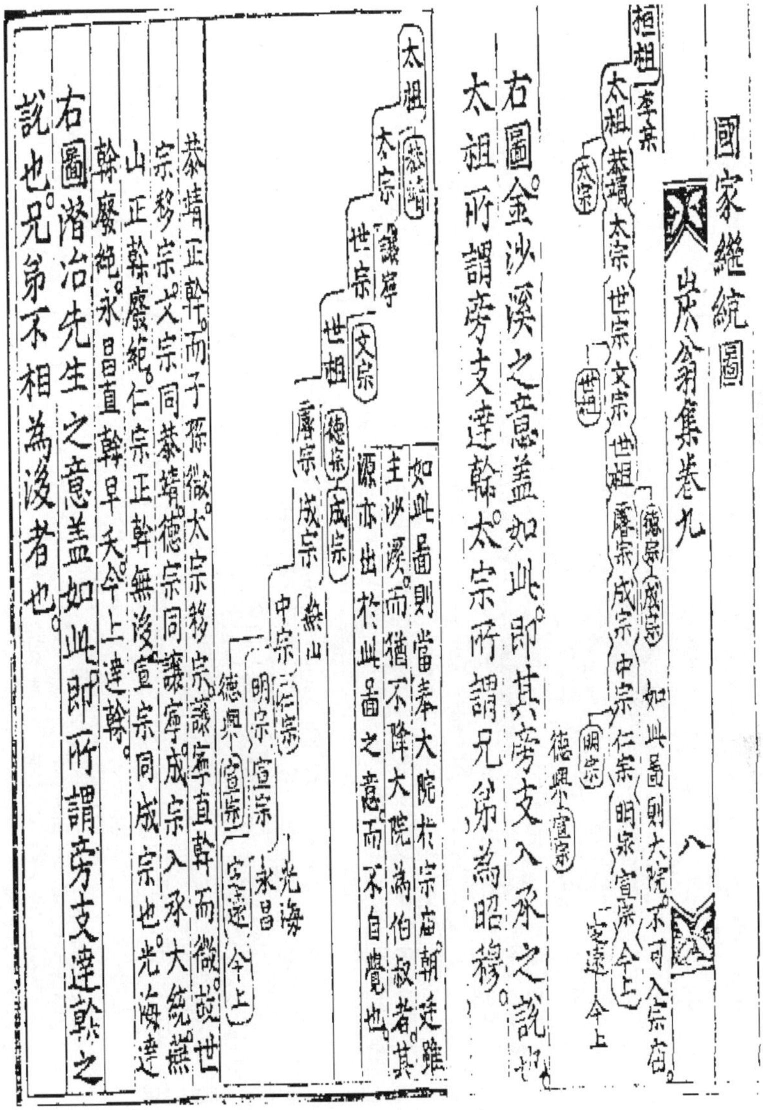


〈그림 4-60〉 권시의 〈국가계통도〉

〈그림 4-61〉 권시의 〈국가계통도〉 속 〈종묘도〉 비교 그림

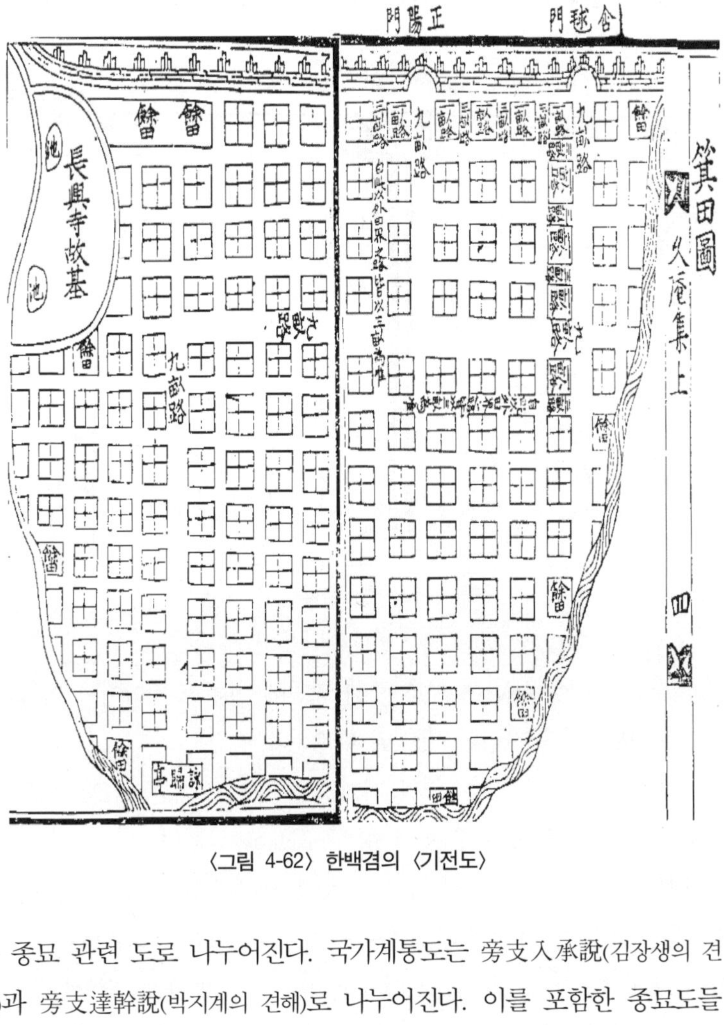

〈그림 4-62〉 한백겸의 〈기전도〉

등 종묘 관련 도로 나누어진다. 국가계통도는 旁支入承說(김장생의 견해)과 旁支達幹說(박지계의 견해)로 나누어진다. 이를 포함한 종묘도들은 反正으로 등극한 仁祖가 生父 定遠君을 元宗으로 追崇하려는 것에 대해 제시된 여러 이견의 핵심과 그 차이점을 도로 구별하였다.[34)]

34) 김장생과 박지계 사이의 견해차는 인조를 낳은 定遠君은 왕통에서 旁支인데, 추숭할 경우에 이를 정통으로 볼 것인가 아닌가라는 입장의 차이라고 할 수 있다.

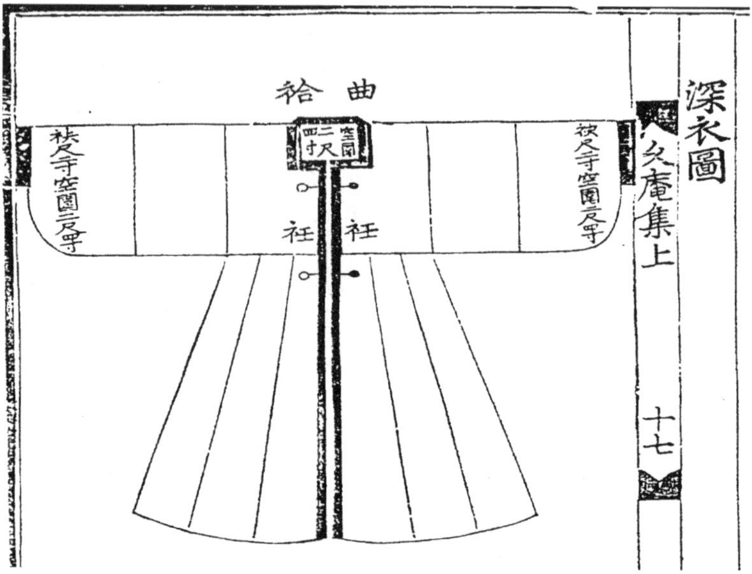


〈그림 4-63〉 한백겸의 〈심의도〉

원종 추숭에 관한 논란은 인조 즉위 원년에 벌어진 것이어서 이 그림들도 1623년경에 작성된 것으로 추정된다.

이외에도 소수의 도를 남긴 학자들을 살펴보면, 韓百謙, 鄭經世, 崔晛, 申敏一, 許穆, 李惟泰, 朴尙玄, 南九萬이 있다.

한백겸은 〈箕田圖〉(〈그림 4-62〉), 〈深衣圖〉(〈그림 4-63〉), 〈四端七情圖〉를 남겼다. 이 가운데 〈기전도〉는 그가 고증의 결과로 얻은 평양의 箕子井田에 관한 보고서인 〈箕田遺制說〉에 붙인 그림이다. 그의 〈심의도〉는 중국에 유례가 없는 方領의 형태를 제시한 매우 독특한 도이다. 이로부터 조선에서는 한백겸의 방식을 추종하는 형태의 방령제도로 제작된 심의가 하나의 전통을 이루게 된다.

정경세는 중국의 양복이 지은 《의례도》에 결여된 부분인 大祥服制

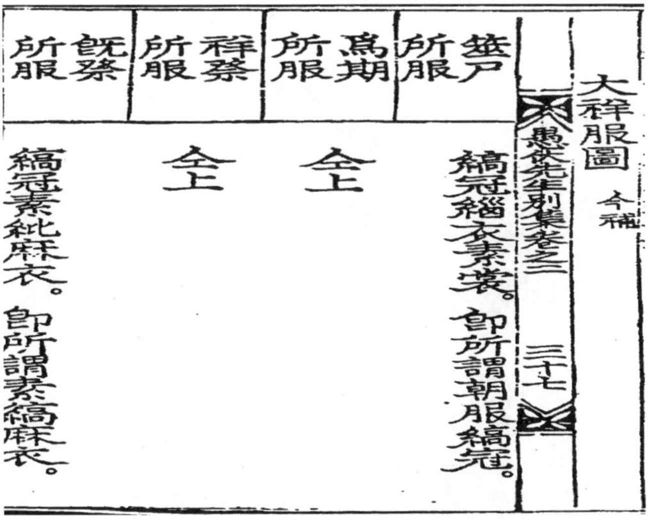


〈그림 4-64〉 정경세의 〈대상복도〉

를 보완하려고 〈大祥服圖〉(1617~1623년 사이)(〈그림 4-64〉)를 그렸다.

최현은 일명 〈誠圖〉(〈그림 4-65〉)를 남겼는데, 〈上都體察使完平李相公書〉에서 공무와 관계되는 誠의 구체적 지침을 제시한 도 자료로서 유학의 공부 원리를 실제 사무에서 실천할 수 있게 제시한 그림으로 의의가 있다. 이 그림의 구도에 의하면 誠은 기강을 떨치고 어질고 능력 있는 자를 독려하고 군정을 바로잡는 일들에 일관되어야 하는 태도이다. 그 밖에 그는 국경 부근 요새지인 寧邊 安州지역의 군사거점(堡·墩·鎭)의 배치와 계획에 관한 도를 비롯하여 지도의 성격을 띠는 그림을 다수 남겼다.

신민일은 〈中和圖〉를 남겼다. 허목은 숙종 원년(1675) 무렵 〈進心學圖〉를 상주하면서 그 글 속에 〈進心學圖〉와 〈堯舜禹傳授心法圖〉를 함께 넣었다. 아울러 허목은 당시 승하한 효종에 대한 조대비의

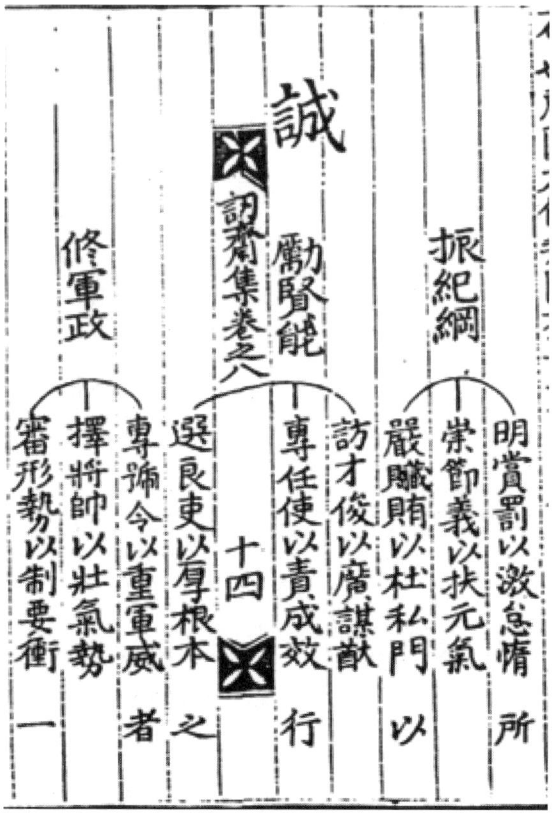


〈그림 4-65〉 최현의 일명 〈성도〉

복제를 둘러싸고 벌어진 예송 논쟁 중에 올린 〈再疏上喪服圖〉 속에 〈儀禮爲長子喪服圖〉(〈그림 4-66〉)를 그렸다.

朴尙玄은 〈陰陽消長圖〉, 〈權經圖〉(〈그림 4-67〉)를 남겼는데, 매우 간단하면서도 시사하는 바가 자못 큰 그림이다. 〈권경도변〉에 의하면 "일이 중을 얻는 까닭은 權이고 권을 하여서 중을 얻고 나면 그것이 곧 經이다. 그러므로 경은 일의 떳떳한 법이고, 권은 마음의 裁製

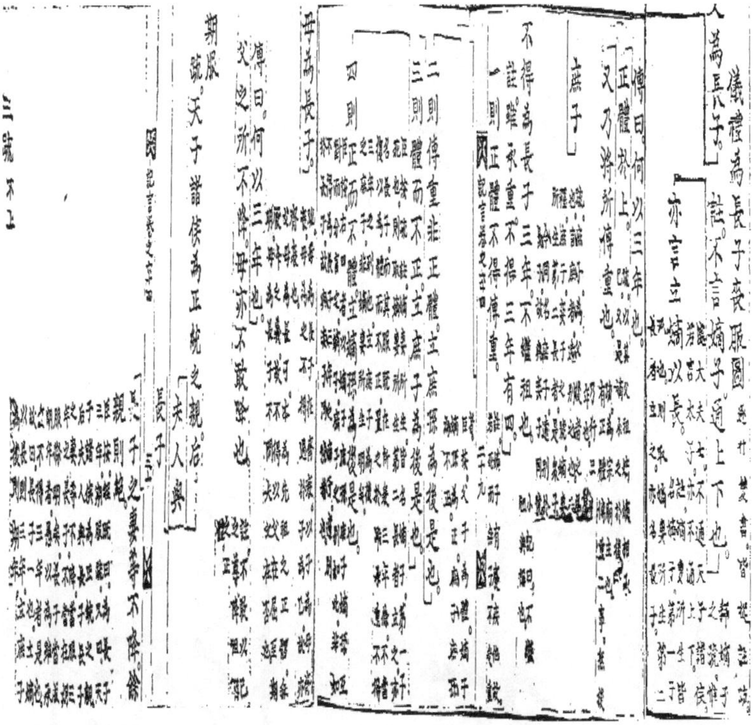

〈그림 4-66〉 허목의 〈의례위장자상복도〉

이다."[35] 이러한 설명에 의해서 그림에서 표기하는 의미는 곧 권의 작용을 통해서 마음이 경중을 헤아려 중을 얻으면 그것이 곧 경(불변의 진리)이 된다는 이치이다.

南九萬은 〈五禮儀永寧殿圖〉와 〈大明會典北京太廟全圖〉(1663년)를 남겼다. 이유태는 그의 〈易說〉이라는 저술 속에 〈伏羲河圖〉 등 7도를 인용 전재하였다.

35) 《寓軒集》 권5, (총간134, 512). 事之所以得中者權也 權而旣得其中 則是之謂經矣 是故經者事之常法也 權者心之裁製也.

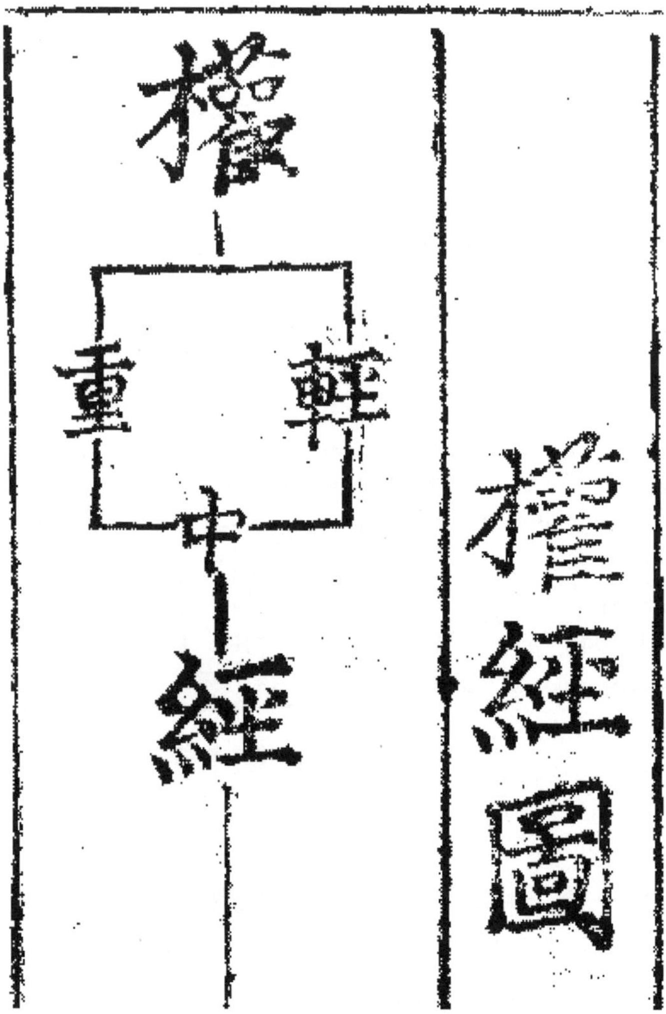


〈그림 4-67〉 박상현의 〈권경도〉

이상과 같이 이 시대에는 전 시대의 도설에 비해서 수량도 늘어났을 뿐 아니라 도를 제작하는 주제와 내용의 영역도 다양하게 분화하는 현상이 나타난다. 아울러 경학에 대한 전문적인 연구가 본격화하는데, 주로 예학과 서전학, 역학, 및 사서, 심경 등에 관한 도 자료들이 다수가 제작되거나 모사되었다. 그리고 주목되는 현상은 그 이전 시대부터 본격화된 위학원리와 구체적 실천 방법에 대한 모색이 지속되면서 그것과 관련된 도 제작 및 傳授가 증가한 점이다. 또 당시 정치적으로 그리고 학문적으로 많은 논란이 있었던 왕의 祔廟 방법과 대원군의 추숭문제와 관련하여 묘제 및 종법과 관련된 그림들이 증가하거나 새롭게 등장하였다. 이러한 현상들이 16세기 후반부터 17세기까지 제작된 도설 자료들을 통해서 볼 수 있는 변화이다.

### 4) 17세기 후반부터 18세기의 圖 자료들

17세기 후반부터 18세기까지로 범위를 정한 이유는 전 시대의 도 자료들과는 성격이 구별되는 도 자료들이 대거 등장하는 현상이 관찰되기 때문이다. 그리고 이전 시대에 제작된 도들과 성격이 같더라도 그 선택된 주제나 내용이 세분화되거나 심화되는 등 진전된 사항이 두루 발견된다. 이 시기에는 도를 제작한 학자들의 수도 전대에 비하여 대폭 증가했으며 도 자료들의 수량도 두 배가량 증가했다. 이 시기 제작자와 도를 정리한 것이 〈표 4-9〉이다.

80인의 유학자들에 의하여 대략 2,060여 도가 제작된 것이 이 시기다. 이 시기 도의 특징은 이전 시대에 비하여 주제가 더욱 전문화되고 또 다양하게 되었다는 점, 그리고 일정한 주제 아래 연관되는 도를 연작하여 하나의 저술로 편집한 형태의 출간이 증가했다는 점이다. 특히 당대까지의 유교연구를 포괄 또는 종합하는 주제를 설정해서 다양한 분야에서 많은 수의 도상을 편집한 도설집들이 다수 등장

〈표 4-10〉 17세기 후반부터 18세기의 유학자들과 도 자료들(계속)

| 이름 | 생몰년 | 문집/저작 | 주요 도설 자료 | 圖數 |
| --- | --- | --- | --- | --- |
| 權尙夏 | 1641~1721 | 寒水齋集 | 示李公擧命性圖, 壻婦卽席設饌圖 외 | 3 |
| 韓汝愈 | 1642~1709 | 遁翁集 | 智愚圖, 智愚圖, 天地化生萬物之圖 외 | 29 |
| 崔錫鼎 | 1646~1715 | 明谷集 | 太玄著策解, 太極圖名圈解, 月行 등 | 5 |
| 金幹 | 1646~1732 | 厚齋集 | 統體太極各具太極, 四層圖允執厥中圖, 五音相生之圖, 爲學之方圖說 栗谷先生爲學之方圖, 深衣制度考證 등 | 17 |
| 鄭齊斗 | 1649~1736 | 霞谷全集 | 良知圖一改圖, 中庸兩截圖, 大學經文二截圖, 河洛易象 34도, 夫子紀年, 先後天圖說 3도, 天地方位里度說 4도 등 | 70 |
| 金昌協 | 1651~1708 | 農巖集 | 太極圖解(陰陽經五行緯/五行經陰陽緯) | 2 |
| 宋徵殷 | 1652~1720 | 約軒集 | 中庸全圖 | 1 |
| 金昌翕 | 1653~1722 | 三淵集 | 格致之圖, 雪嶽家舍之圖 | 2 |
| 李衡祥 | 1653~1733 | 瓶窩集 | 答李仲舒渾元罩入圖 8도 | 8 |
| 權斗經 | 1654~1726 | 蒼雪齋集 | 先聖先師參謁之圖, 契長及約員齊拜尊者之圖 외 | 8 |
| 朴光一 | 1655~1723 | 遜齋集 | 三才一太極圖說, 命性道圖說, 健順五常圖 외 | 7 |
| 李泰壽 | 1658~? | 止谷遺稿 | 中庸七圖 10도, 大學五圖 18도 | 28 |
| 金錫文 | 1658~1735 | 易學二十四圖解 | 易學二十四圖解 26도 | 26 |
| 金柱臣 | 1661~1721 | 壽谷集 | 六世祖(周易 分陰分陽에 빗대어서 그림), 己로부터 六世祖까지의 관계도 | 2 |
| 金履矩 | 1662~1722 | 中庸箚錄 | 中庸爲學圖 | 1 |
| 崔斗柄 | 1663~1726 | 坪菴集 | 天地間一氣圖, 天地人圖, 天地人心性情圖 등 | 16 |
| 徐聖耉 | 1663~1735 | 訥軒文集 | 學理圖說 50도 | 50 |
| 李萬敷 | 1664~1732 | 息山集, 息山集續集, 息山全集 | 易統 50도, 仁源流圖, 心鏡圖, 元極圖, 六律六呂上下相生之圖, 明德圖 외 | 71 |
| 李載亨 | 1665~1741 | 松巖集 | 性命圖說 4도, 喪主之位 4도 | 8 |
| 姜碩慶 | 1666~1731 | 喫眼窩集別集 | 心性情理氣脈絡圖, 五行所屬圖 외 | 4 |
| 金春澤 | 1670~1717 | 北軒集 | 大學三綱領八條目總圖, 中庸達道達德之圖 외 | 3 |
| 申益愰 | 1672~1722 | 克齋集 | 理不雜氣圖, 心性情渾淪說圖 외 | 6 |
| 權榘 | 1672~1749 | 屛谷集 | 大學就正錄, 讀易瑣義 12도 | 13 |
| 李煥模 | 1675~? | 斗室寤言 | 天命之謂性圖 3도, 修道之謂敎圖 2도, 率性之謂道圖 2도 | 7 |

| 李柬 | 1677~1727 | 巍巖遺稿 | 日光被月魄圖, 六面世界冬夏兩至相配圖 | 2 |
|---|---|---|---|---|
| 李顯益 | 1678~1717 | 正菴集 | 中庸圖 | 1 |
| 李縡 | 1680~? | 四禮便覽 | 冠婚喪祭 관련 도 | 90 |
| 尹鳳朝 | 1680~1761 | 圃巖集 | 學易淺見 13도 | 13 |
| 李瀷 | 1681~1763 | 星湖全書 | 則圖書卦說 2도, 心統性情圖, 東銘圖, 夙興夜寐箴圖, 四勿圖 4도 외 | 14 |
| 尹鳳九 | 1681~1767 | 屛溪集 | 大學圖說2도, 中庸首章圖 2도 心性情合人心道心圖說 | 5 |
| 成以心 | 1682~1739 | 盤谷先生人易 | 人易擬議圖說, 人易圖說 11도 | 12 |
| 韓元震 | 1682~1751 | 南塘集 | 記聞錄 36도, 未發氣質辨圖說 3도 등 | 47 |
| 林象德 | 1683~1719 | 老村集 | 三綱領八條經文正義圖, 物格知至 등 | 5 |
| 蔡之洪 | 1683~1741 | 鳳巖集 | 易學十二圖 12도 | 12 |
| 李世珩 | 1685~1761 | 恕軒文集 | 窺斑錄 十二辟卦圖, 心性情理氣圖 | 2 |
| 沈錥 | 1685~1753 | 樗村遺稿 | 大君嚴君心君 圓形圖, 天君泰然 百體從令 외 | 6 |
| 吳光運 | 1689~1745 | 藥山漫稿 | 心性情四七圖 | 1 |
| 南國柱 | 1690~1759 | 鳳洲先生文集 | 易範通錄 19도, 三才圖 외 | 26 |
| 柳觀鉉 | 1692~1764 | 陽坡集 | 易圖撮要 11도 | 11 |
| 沈潮 | 1694~1756 | 靜坐窩集 | 易象窺管 2도 | 2 |
| 楊應秀 | 1700~1767 | 白水集 | 心圖(題學蔀通辨後) | 1 |
| 柳正源 | 1702~1761 | 易解參攷 | 河洛指要 53도 | 53 |
| 金元行 | 1702~1772 | 渼湖集 | 兩位設饌圖 | 1 |
| 宋明欽 | 1705~1768 | 櫟泉集 | 同牢設饌(上陶菴先生) | 1 |
| 桂德海 | 1708~1775 | 鳳谷桂察訪遺集 | 三十六宮圖, 先天圓圖源委圖 외 | 5 |
| 尹光紹 | 1708~1786 | 素谷遺稿 | 自警圖 | 1 |
| 宋文欽 | 1710~1752 | 閒靜堂集 | 王畿千里圖 | 1 |
| 李象靖 | 1710~1781 | 大山集 | 心動靜圖, 中庸首章圖, 玉山講義圖 외 | 8 |
| 任聖周 | 1711~1788 | 鹿門集 | 人物性圖竝說一原分殊圖/牢床圖 | 2 |
| 申景濬 | 1712~1781 | 旅菴遺稿 | 車制策 論兵船火車諸備禦之具 8도, 水車圖說 17도, 詩則 6도 | 31 |
| 金謹行 | 1712~1782 | 庸齋集 | 大學箚疑 8도, 中庸大指圖, 中庸箚疑 10도, 易學啓蒙箚疑 15도 | 33 |
| 安鼎福 | 1712~1791 | 順菴集 | 易象補遺 15도, 易學圖 24도, 後天窺管 21도, 心圖, 治心八藥圖, 東銘圖, 鄕射禮圖등 | 76 |
| 李光靖 | 1714~1789 | 小山集 | 四時祫高祖在穆圖 | 1 |

| | | | | |
|---|---|---|---|---|
| 徐命膺 | 1716~1787 | 保晚齋叢書 | 啓蒙圖說 97도, 先天四演 24도, 詩樂妙契 48도, 緯史 61도, 先句齊 40도, 元音鑰 161도, 攷事十二集 16도 | 447 |
| 白鳳來 | 1717~1799 | 九龍齋集 | 中和大人圖說, 四書通理 62도, 三經通義 82도 | 145 |
| 黃胤錫 | 1719~1791 | 理藪新編 | 經世四象體用之數圖 32도, 求積法 30도, 韻法直圖 45도 외 | 267 |
| 鄭赫臣 | 1719~1793 | 性堂集 | 河洛卦數排節圖, 在天爲太極之理在人爲性情之道의 圖 | 2 |
| 金履安 | 1722~1791 | 三山齋集 | 朱子則河圖爲先天圓圖圖, 胡氏則河圖爲先天圓圖圖 외 | 3 |
| 柳長源 | 1724~1796 | 四書纂註增補-孟子 | 大全明堂圖 | 1 |
| 洪良浩 | 1724~1802 | 耳溪集 | 易象翼傳 12도, 北塞記略 白頭山圖 | 13 |
| 金相岳 | 1724~1815 | 山天易說 | 八卦統六十四卦運行之圖 외 | 8 |
| 沈定鎭 | 1725~1786 | 霽軒集 | 易說 2도 | 2 |
| 宋煥箕 | 1728~1807 | 性潭集 | 持身要領圖/讀書階級圖 | 2 |
| 李㙉 | 1729~1788 | 農隱集 | 包羲氏仰觀府察以劃八卦圖解, 天易圖, 人易圖 외 | 12 |
| 金奎五 | 1729~1789 | 最窩集 | 先天八卦在河圖圖 외 | 8 |
| 曺垣淳 | 1730~1783 | 復菴集 | 神明舍圖銘解, 誠爲太極圖解 | 2 |
| 洪大容 | 1731~1783 | 湛軒書 | 啓蒙記疑 2도, 兩位設饌圖 외 | 5 |
| 李種徽 | 1731~? | 修山集 | 人心道心之圖 | 1 |
| 朴琓 | 1735~1793 | 鐺洲集 | 中庸講錄 2도, 未發氣質辨圖說 7도 周易講義 46도 | 55 |
| 徐有臣 | 1735~1800 | 易義擬言 | 易有太極第一 외 | 23 |
| 金相進 | 1736~1811 | 濯溪集 | 鄕飮酒禮攷證圖, 大學圖, 明德圖, 人心道心圖 | 4 |
| 李萬運 | 1736~? | 默軒集 | 月行會日圖, 六氣圖, 納音圖 | 3 |
| 成允信 | 1737~1808 | 愼默齋文集 | 洪範九疇皇極圖說 19도, 人易擬議卦畵方圓圖, 理氣四七人心道心圖 | 21 |
| 趙鎭寬 | 1739~1808 | 柯汀遺稿 | 易問 12도 | 12 |
| 李德懋 | 1741~1793 | 靑莊館全書 | 紀年兒覽 34도, 梅花骨式 등 35도, 八道六十八州全圖 등 13도, 丙丁表 | 83 |
| 黃德壹 | 1748~1800 | 拱白堂集 | 進學圖, 心之體用圖, 心易議擬次序圖, 心易議擬六十四卦圖 외 | 5 |
| 正祖 | 1752~1800 | 弘齋全書 | 壇壝圖, 天字舞圖 외 舞圖류 3도, 游衡車全圖, 游衡車散圖 5도 외 | 11 |

| 裵相說 | 1759~1789 | 槐潭遺稿 | 四書纂要 7도, 道學六圖 18도, 易說諸圖 17도, 朞三百解 18도 | 60 |
|---|---|---|---|---|
| 尹行任 | 1762~1801 | 碩齋稿 | 祭禮圖說 11도 외 曆法圓圖, 春秋圖(紀年圖)(실제 도는 없음) | 13 |
| 河友賢 | 1768~1799 | 豫菴集 | 改定中庸命性圖, 中庸全圖, 未發在中圖 외 | 4 |

했다.

도의 주제가 전문화되는 예로서 이 시기의 유학자들이 지향했던 이상인의 표상을 상세한 내역과 함께 제시한 그림으로 백봉래의 〈中和大人圖說〉(〈그림 4-68〉)을 꼽고자 한다. 이 도설은 처음에 도를 제시하고 뒤에 해설을 다는 방식이다. 이 도설은 유교적 이상인의 성취를 지향하는 학문적 태도가 더욱 강화되었음을 보여준다. 이상인의 모델로 요와 순을 제시하고, 그들이 중화를 성취한 대인이라고 간주한다. 중화는 《중용》으로부터 가져온 개념으로서, 세상에서 모든 일의 근본이 되는 것을 '중'이라 하고, 그것으로써 어디에나 통하는 길을 의미하는 것을 '화'라고 그는 정의했다. 그리고 대인이란 천지와 덕이 부합하고 일월과 밝음이 부합하고 사시와 순서가 들어맞고 귀신과 길흉이 들어맞는 사람을 가리킨다. 이러한 대인은 덕성을 체로 삼고 도와 천명을 용으로 삼는 사람이다. 도설의 주요 내용은 대인의 역수, 대인의 수상, 대인의 덕업, 대인의 주선(활동), 대인의 언행, 대인의 기상, 대인의 변화 등의 내용을 포괄적으로 제시하고 그것을 성학의 궁극적 모델로 제시하였다. 이러한 내용으로 미루어 전시대에서 논의된 성학의 구체적·인격적 모델을 정립하고 그에 해당하는 인격적 요소 혹은 덕성과 작용에 대한 세부적 내용을 더한 점에서 진전된 바가 있다.

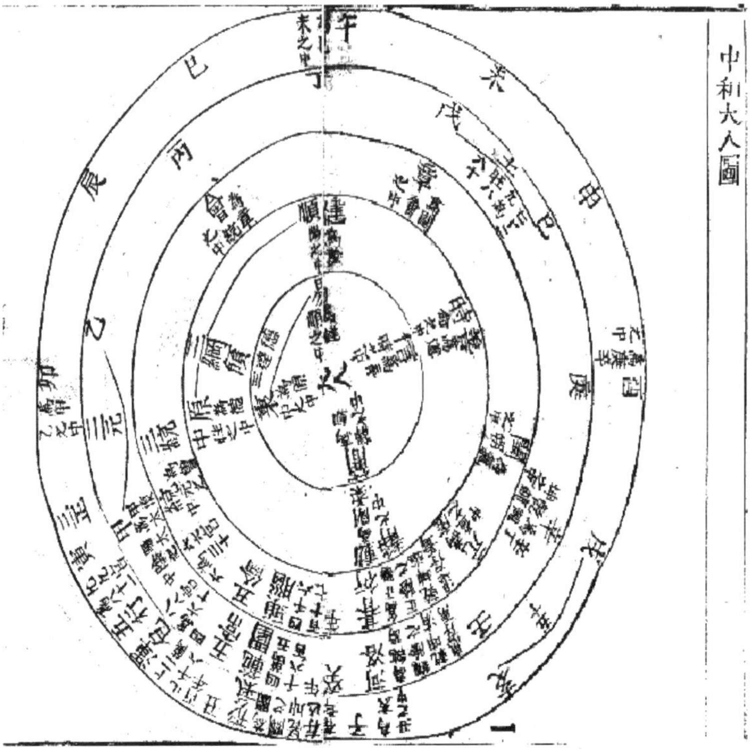


〈그림 4-68〉 백봉래의 〈중화대인도〉

다음은 일정한 주제로 다수의 도와 설을 편집한 도설집들을 살펴본다. 그 주제가 유학 전반을 포괄하는 도설집으로는 白鳳來의 《四書通理》와 《三經通義》, 황윤석의 《이수신편》, 배상열의 《도학육도》를 꼽을 수 있다. 백봉래의 도설집은 사서삼경의 내용에 대하여 부분별로 도를 삽입하여 이해를 도왔다. 중국의 정복심이 남긴 《四書章圖》가 사서마다 장별로 도해함으로써 세부적인 주제를 고루 드러낸 것과 유사하게 백봉래의 《사서통리》(〈표 4-11〉) 역시 사서의 세부적인 내용

〈표 4-11〉 백봉래 〈사서통리〉의 도(계속)

| 四書通理之圖 |
|---|
| 大學-大學爲學規模之圖 |
| 大學-經傳爲大學大全之圖 |
| 大學-三綱八條體洛用河之圖 |
| 大學-新民爲本不踰矩之圖 |
| 大學-修身爲本左右規之圖 |
| 大學-日敬爲學大旨之圖 |
| 大學-君子絜矩之道 |
| 大學-三引詩申明絜矩能不能之圖 |
| 大學-引秦誓再申明南山節南山圖 |
| 大學-愼獨爲庸學存心之圖 |
| 大學-特書曾子曰之圖 |
| 大學-寧有盜臣爲篇終之圖 |
| 論語-論語爲學根本之圖 |
| 論語-學而爲政二十篇本原之圖 |
| 論語-爲政以德如北辰居所之圖 |
| 論語-禘爲王者大祭之圖1 |
| 論語-禘爲王者大祭之圖2 |
| 論語-關雎爲中和之圖1 |
| 論語-關雎爲中和之圖2 |
| 論語-夫子道一貫之圖1 |
| 論語-夫子道一貫之圖2 |
| 論語-歎不復夢見周公之圖1 |
| 論語-歎不復夢見周公之圖2 |
| 論語-鄕黨居中形容夫子之圖1 |
| 論語-鄕黨居中形容夫子之圖2 |
| 論語-與曾點便有堯舜氣象圖 |
| 論語-克己復禮爲仁體用之圖 |
| 論語-顔淵問爲邦之圖 |
| 論語-夫子問津不告津之圖 |
| 論語-歷叙羣聖以終篇義之圖 |
| 孟子-孟子爲學發越之圖 |

| |
|---|
| 孟子-梁惠王上下爲七篇行用之圖 |
| 孟子-心以權度仁民愛物輕重長短之圖 |
| 孟子-浩然一氣充塞天地間圖 |
| 孟子-其及二字爲語孟精神圖 |
| 孟子-喪禮爲天下通行圖 |
| 孟子-仁政必自經界始圖 |
| 孟子-勞心勞力分別君子野人之圖 |
| 孟子-怨慕二字誠得舜心之圖 |
| 孟子-孔子以聖之時爲集大成之圖 |
| 孟子-浩然告子二篇互相發明之圖 |
| 孟子-五覇爲三王罪人圖 |
| 孟子-篇終歷叙羣聖之圖 |
| 中庸-中庸爲學微妙之圖 |
| 中庸-中和中庸爲庸大全之圖 |
| 中庸-三德九經體河用洛之圖 |
| 中庸-修道爲本不踰中圖 |
| 中庸-淇澳鳶魚以至精至神各正性命圖 |
| 中庸-壹是修身爲原中一統圖 |
| 中庸-君子時中之圖 |
| 中庸-豫恒爲庸學表裏圖 |
| 中庸-兩大道以豫恒精神爲保合大和圖 |
| 中庸-五引詩以至神至妙爲歸要衷信之圖 |
| 中庸-本章三引詩以已未然爲會歸中和之圖 |
| 中庸-上天之載爲无聲无臭至矣圖 |
| 中庸-庸學自相表裏之圖1 |
| 中庸-庸學自相表裏之圖2 |
| 中庸-二十六圖爲三十四篇一輪圖1 |
| 中庸-二十六圖爲三十四篇一輪圖2 |
| 中庸-二十四圖爲四十四章一輪圖1 |
| 中庸-二十四圖爲四十四章一輪圖2 |

〈표 4-12〉 백봉래 〈삼경통의〉의 도(계속)

| 易傳 先後天克生配合圖 |
| --- |
| 易傳 河圖洛書互相經緯圖 |
| 易傳 八卦九章互相表裏圖 |
| 易傳 四正四經體用相須圖 |
| 易傳 坎裏精神圖 |
| 易傳 變卦體用圖 |
| 易傳 時義用體乾圖 |
| 易傳 蠱巽先後甲庚之圖 |
| 易傳 一本萬殊萬殊一本圖 |
| 易傳 六十四卦分屬十二月定位順序圖 |
| 易傳 氣盈朔虛衍爲閏章會統元之圖 |
| 易傳 四象八卦倍倍成數圖 |
| 易傳 上下經爲表裏體用之圖 |
| 易傳 經傳爲前後聖相須之圖 |
| 易傳 太極生兩儀之圖 |
| 易傳 兩儀分爲四象之圖 |
| 易傳 四象爲八卦之圖 |
| 易傳 八卦爲六十四卦之圖 |
| 易傳 六十四卦爲三百八十四爻之圖 |
| 易傳 爻策分合爲萬殊一體歸極圖 |
| 易傳 乾坤爲天地性情圖 |
| 易傳 泰否爲天地功用圖 |
| 易傳 坎离爲天地精神圖 |
| 易傳 上下經互相經緯之圖 |
| 易傳 剝復爲陰陽消息之圖 |
| 易傳 夬姤爲陰陽進退之圖 |
| 易傳 四十月爲形氣存亡幾之圖 |
| 易傳 正七月爲春秋一統之圖 |
| 易傳 坎离出於孚過爲四維圖 |
| 易傳 孚過互體頤大過爲咸恒之圖 |
| 易傳 咸恒反體爲損益斟酌泰否圖 |
| 易傳 謙豫家睽反互爲剝復革鼎各正性命圖 |

易傳 漸歸妹以咸恒之精神間四維通豊旅渙節爲保合大和之圖

易傳 旣未濟攝坎离精神爲無聲無臭圖

易傳 孔子所定六十四卦序卦之圖

詩傳 詩傳體易之圖

詩傳 詩大全體易之圖

詩傳 正變相須體易之圖

詩傳 國風資始之圖

詩傳 周召南次第風化之圖

詩傳 關雎如易之有乾坤圖

詩傳 雎麟鵲騶體應終始圖

詩傳 十三國變風之圖

詩傳 衛武之詩列於風雅之圖

詩傳 黍離降爲王風之圖

詩傳 秦繆爲閏漸之圖

詩傳 變風終於陳靈之圖

詩傳 匪風下泉含生剝復之圖

詩傳 豳居風非間之圖

詩傳 七月爲風雅頌精神之圖

詩傳 小雅流形之圖

詩傳 鹿鳴爲始小雅之圖

詩傳 天保仰荅鹿鳴下五詩之圖

詩傳 南垓三詩爲有聲無辭圖

詩傳 車吉爲宣王復會東都圖

詩傳 正十月爲陰陽失節之圖

詩傳 無正名篇爲雨無極之圖

詩傳 大雅各正性命之圖

詩傳 思齊一篇爲文王太極圖

詩傳 靈臺一詩寓辟雍敎之圖

詩傳 生民爲祭天配稷肇祀姜嫄圖

詩傳 淸廟爲頌始之圖

詩傳 明堂祀文王以配上帝圖

詩傳 駉篇思無邪爲詩三百大旨圖

詩傳 商頌爲追遠存本圖

| 詩傳 魯商頌爲二南顧本之圖 |
| --- |
| 詩傳 詩大全體易爲大輪之圖 |
| 書傳 六體四維相須體易之圖 |
| 書傳 四書爲帝王曆敍綱領之圖 |
| 書傳 三古爲堯舜禹歷數禪受之圖 |
| 書傳 朞三百閏餘四時成歲之圖 |
| 書傳 璣衡象天齊七政之圖 |
| 書傳 益稷無謨爲無中含有之圖 |
| 書傳 勑天賡歌爲乾坤配應之圖 |
| 書傳 貢之精神爲典謨功用之圖 |
| 書傳 咸有一德爲明德一本之圖 |
| 書傳 武成篇末有堯舜氣象圖 |
| 書傳 範之皇極體易爲會歸極之圖 |
| 書傳 東山爲居東非東征之圖 |
| 書傳 酒康召洛誥爲體易相須之圖 |
| 書傳 顧命爲成康正始正終之圖 |
| 書傳 穆王呂刑反帝典象刑圖 |

을 주제로 삼아 도상을 제작하였다. 다만 정복심이 장별로 주제를 설정하여 해당 내용의 분석과 정리에 집중한 것과 달리 백봉래는 사서 각 경전의 주요한 의미를 장의 구분에 구애받지 않고 주제를 설정하여 도해한 점이 커다란 차이이다. 《사서통리》의 구도는 첫째 그림인 〈사서통리지도〉(〈그림 4-69〉)에 잘 나타난다. 이는 주자학에서 정한 사서 각각의 공부의 중요한 의의에 대해 표시한 것인데, 사서 공부를 하나의 원 속에 사방으로 각각 배열함으로써 사서 공부가 하나의 이치로 소통됨을 보여준다. 이는 사서의 공부가 지속되면 사서 각각으로부터 얻는 공부의 결과가 상호 유기적이면서 순환적 인과작용에 의한 상승효과가 있음을 보여준다.

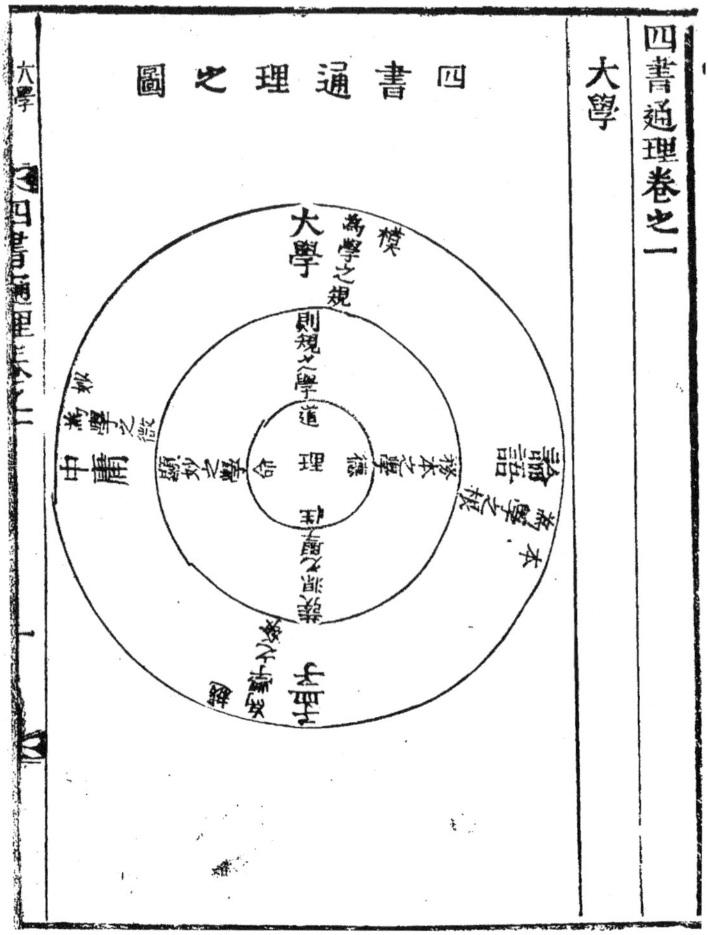


〈그림 4-69〉 백봉래 《사서통리》 〈사서통리지도〉

《사서통리》의 구성은 주자학의 사서 공부의 순서에 따라서 《대학》, 《논어》, 《맹자》, 《중용》의 순으로 도를 배열하였고, 또 사서 각각의 도의 배열은 사서의 구조와 핵심에 접근하는 주제를 설정하여 도를 제작하였다. 〈논어위학근본지도〉(〈그림 4-70〉)는 《논어》가 학문의 근

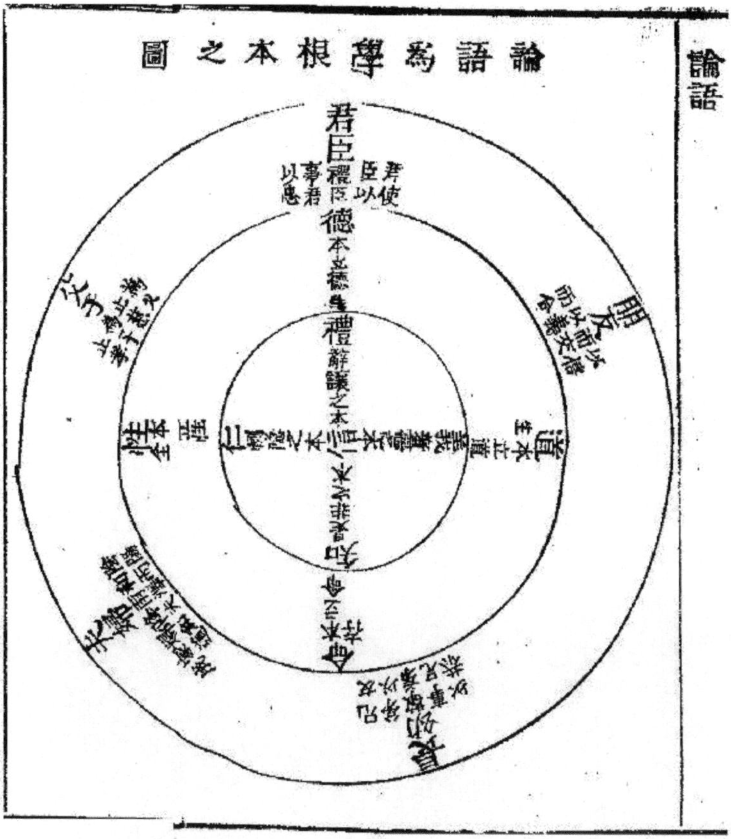


〈그림 4-70〉 백봉래의 〈논어위학근본지도〉

본이 된다는 설명을 圓圖형태로 보여준다. 그림은 안쪽의 동심원에 五常(仁義禮智信)을 배치하여 근본이 바로 인간의 性에 있음을 보여주고, 두번째 원에 命性道德을, 바깥 원에 오륜을 배치하는 구도를 취하였다. 중요한 것은 오상을 근본으로 삼고 그것이 바로 섬으로써[本立] 道德性命이 온전하게 되거나 나타난다는 사고, 그렇게 함으로써

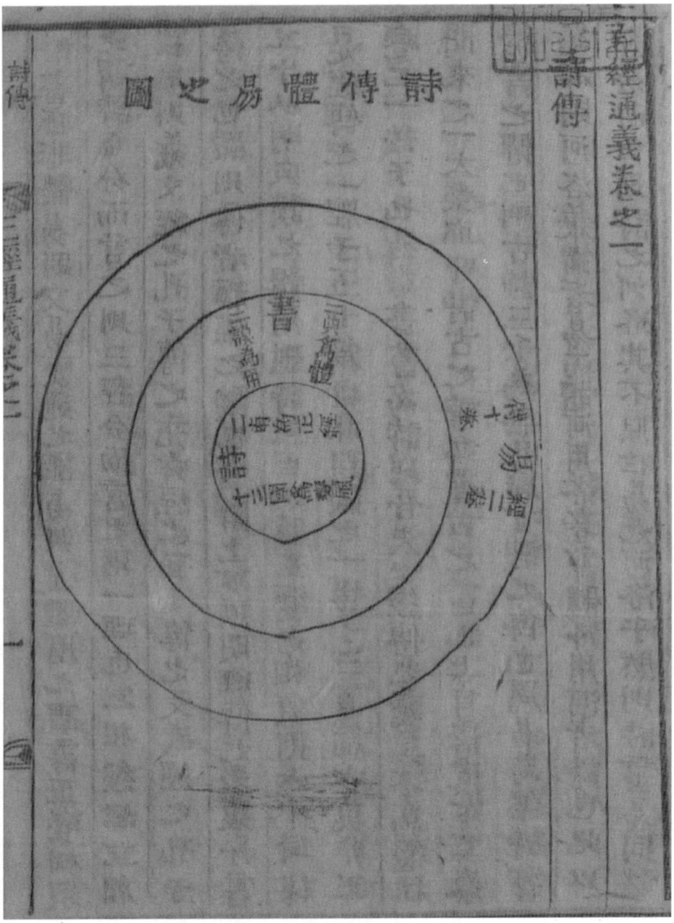


〈그림 4-71〉 백봉래 《삼경통의》 〈시전체역지도〉

오륜도 제대로 구현될 수 있다는 사고를 도해한 점이다.

《삼경통의》는 〈표 4-12〉에서 보듯이 《역전》, 《시전》, 《서전》의 순서로 도를 배열하였다. 주자학의 경전 주해의 소산인 이 세 가지 전의 관계를 《역전》을 중심으로 삼고 《시전》과 《서전》이 상호 동일한 의리를 공유하는 유기적 연관관계에 있음을 전제하고 각 전의 내용을 도식화하고 해설한 것이 《삼경통의》이다. 《역전》의 그림 전체는 《시전》과 《서전》의 체가 되는 역의 이치를 분석해서 도해하는 주제로 구성되었으며, 《시전》과 《서전》의 그림들은 역을 체로 삼아서 전개되는 각 전의 내용들을 분석하여 도해한 것들이다. 예를 들어서 《시전》의 머리 그림 〈詩傳體易之圖〉(〈그림 4-71〉)는 《시전》의 중추를 正經(二南: 周南・召南)과 變風(北・鄘・衛・王・鄭・齊・魏・唐・秦・陳・檜・曹・豳 13개국의 민요)으로 잡고, 그들이 실은 二典(堯典・舜典)을 체로 삼고 二謨(大禹謨・皐陶謨)를 용으로 삼는 《서전》의 구도 안에서 이루어지는 일들이며, 이 양자는 궁극적으로 《주역》의 經 2권(상경・하경)과 傳 10권의 체제 안에서 진행되는 일임을 보여준다. 물론 이 그림 하나가 그의 유교 경전 이해를 모두 보여주는 것은 아니고, 그 밖에 그림들의 주제와 내용을 상호 연관 지어 보는 것이 중요하다. 아울러 백봉래의 도상이 일반적으로 취하는 구도에서 관찰되는 특징이 있다. 《역전》의 일부 예외의 도상들도 있지만, 그가 제작한 대부분의 도상이 동심원을 사용한 점이다.

황윤석의 《理藪新編》은 제목의 理藪가 뜻하듯이 理學의 총체를 새롭게 모아서 엮은 책을 의미한다. 여기서의 理는 철학 혹은 인문학과 과학(수학, 지리, 천문, 역법 등)에 일관하여 작용하는 원리를 말한다.[36] 다만 다른 유학자들의 저술에 비해서 오늘날의 관점에서 볼 때 과학에 해당하는 내용을 상대적으로 더 많이 다루었기 때문에 과학서로 볼 여지는 충분하다.[37] 이 저술은 260여 건의 도(〈표 4-13〉)를 포함

36) 《민족문화대백과사전》에서는 이수신편(理藪新編)을 물리연원에 관한 백과전서적 과학서로 분류하는데, 사실은 천문, 인사, 지리에 관한 종합적인 이치를 다룬 백과전서적 저술이라고 하는 편이 옳다.

〈표 4-13〉 황윤석 《이수신편》의 도(계속)

| 太極圖 |
|---|
| 邵康節經世一元消長之圖 |
| 閏月圖 |
| 二十四氣七十二候圖 |
| 授時曆法(胡淸御製曆象考成所載) |
| 月行退日退天盡本數圖 月退日圖 |
| 月退天圖 |
| 明魄朔望圖 |
| 日月會圖 |
| 臬影磁針圖說 |
| 測影-公劉相陰陽圖 |
| 召誥土中圖 |
| 楚丘定之方中圖 |
| 刻漏圖制度 古制蓮漏之圖 및 今制蓮漏之圖 |
| 二十八宿四時中星移運圖 春分/夏至/秋分/冬至 |
| 國朝石本天文圖二十四氣昏曉中星 |
| 五星圖 |
| 七月流大圖 |
| 北斗四時回環圖 |
| 五辰圖 |
| 五運圖(新定) |
| 五服圖 |
| 五服九服圖 |
| 周營洛邑圖 |
| 河圖 |
| 洛書 |
| 日永日短圖 |
| 日月冬夏九道圖 |
| 國朝石本天文圖所載二十八宿星數度數去極度數 |
| 蓋天之圖 |
| 六氣圖(新定) |
| 地形圖 |
| 附權近圖說 |

| |
|---|
| 五生數五成數 |
| 伏羲八卦次序之圖 |
| 原卦劃第二啓蒙圖 |
| 伏羲八卦方位之圖 |
| 参同契納甲圖 |
| 總圖 |
| 六十四卦分屬八宮圖 |
| 文王八卦序次 |
| 文王八卦方位 |
| 趙致圖誠幾圖 |
| 朱子東銘圖 |
| 經世演易圖 |
| 經世天地四象圖 |
| 經世六十四卦數圖 |
| 調聲掌訣 |
| 四聲 |
| 經世四象體用之數圖 正聲圖 외 3도 |
| 兩儀四象八卦十六三十二六十四變生交承今本朱夫子啓蒙改圖 |
| 伏羲六十四卦方位圖 |
| 太初元年前後十一月界分詳定圖 |
| 心統性情圖 |
| 西銘圖 |
| 經世天地始終之數圖 |
| 經世四象體用之數圖 日日聲平闢 외 31도 |
| 平上去入定位之圖 |
| 洪範皇極圖 九九積數圖 |
| 箕子洪範九疇之圖 |
| 縱二橫四圖 |
| 皇極內篇數總名八十一圖 上緯圖 외 3도 |
| 五行植物屬圖 |
| 五行動物屬圖 |
| 五行用物屬圖 |
| 五行事類吉圖 |
| 五行事類凶圖 |

| |
|---|
| 五行干支圖 |
| 五行人體性情圖 |
| 新增洪範屬圖 |
| 易象之圖 範數方圓相函之圖 |
| 易蓍求卦圖 |
| 退溪啓蒙傳疑所引卜筮元龜以錢代蓍法 |
| 卦變圖 |
| 上下篇卦次 |
| 玉齋胡氏啓蒙通釋附圖 伏羲則河圖以作易圖(圓圖 橫圖) 외4도 |
| 伏羲六十四卦方圖 |
| 邵子天地四象圖 |
| 朱子天地四象圖 |
| 掛扐過揲總圖 |
| 苑洛子(韓邦奇)啓蒙意見極儀象卦圖 |
| 十二月辟卦氣圖 |
| 八卦八節旺廢圖 |
| 商七廟制之圖 |
| 南畝縱橫圖 |
| 敬齋箴圖 |
| 夙興夜寐箴圖 |
| 白鹿洞規圖 |
| 仁說圖 |
| 小學圖 |
| 大學圖 |
| 小學六藝綱目之圖 |
| 中庸全圖 |
| 洪範九疇天人合一圖上 |
| 洪範九疇天人合一圖下 |
| 無逸之圖 |
| 周南篇次之圖 |
| 變風十三國之圖 |
| 明堂圖說 明堂圖 |
| 入學圖說 周天三辰之圖 외 6도 |
| 雜錄 程林隱復心(子見)心學圖 |

| |
|---|
| 王魯齋柏人心道心圖 |
| 范蘭溪浚(茂明)舜跖圖 |
| 秋巒鄭公天命舊圖 |
| 退溪先生天命新圖 |
| 韻法橫圖經緯相交而字音生 別列八緯本序 |
| 韻法手訣 |
| 新定橫直合圖 |
| 邵子經世韻法 |
| 唐韻內外八轉 |
| 了義三十六母(訓民)(初聲) |
| 律度量衡圖 律 외 1도 |
| 辨因乘損三法卽一 因損一體圖 |
| 田結解 一掌金圖 |
| 袖裏法(掌中定位法) |
| 方田求積法 |
| 求積法 圓 외 29도 |
| 堆積還源 倚牆尖堆 외 20도 |
| 算學本源 直方圓率 |
| 句三股四弦五之圖 |
| 句三股三弦四零之圖 |
| 長平和較差演段圖 |
| 長平和較演段圖 |
| 韻法橫圖(標射切韻法) 외 2도 |
| 韻法直圖 公韻屬宮音一 외 44도 |
| 世宗大王訓民正音子母 |
| 訓民正音初中終聲圖 |
| 十二轉聲 |
| 蒙古老乞大十二字頭文 |
| 諸國書字 |
| 平方尺寸羃法 |
| 諸乘維互圖 |
| 一分爲隅以上加因法 |
| 明反川加減之理에 관한 그림들 |

37) 김낙진, 〈황윤석의 동서양 자연학의 종합〉, 《과학사상》 43, 범양사, 2002., 참조

하고 있다. 여기서 다루는 내용은 도 목록을 통해서 알 수 있듯이 대부분이 자작도가 아니며 당대까지 전하는 다양한 분야의 도를 망라하였다. 여기서 다루는 내용은 어느 한 분야에 집중한 것이 아니므로 백과전서라고 말하지만, 수학 분야의 산학과 聲韻學 분야의 韻法과 관련된 도들이 다수 들어간 것이 이 저술의 독보적 지위를 보여준다. 그러나 이 저술이 수학이나 성운학 등에 관한 전문가적 식견을 통해서 이루어진 것은 아니라는 지적도 참고할 필요가 있다.[38]

배상열은 짧은 생애를 살다간 유학자이지만 많은 도 자료를 남겼다. 그 가운데 《도학육도》는 도학의 주제를 크게 여섯으로 나누고 다시 14가지의 부속 소주제를 설정한 다음 도를 작성하여 하나로 묶은 도집이다.(〈표 4-14〉) 이외에도 그는 〈역설제도〉와 《서경》과 관련된 〈朞三百解〉 도집을 남겼다. 아울러 《사서찬요》를 편찬하고 그 속에 《대학》과 《중용》 관련 도를 남겼다.

배상열의 〈心該萬化之圖〉(〈그림 4-72〉)는 《도학육도》 넷째 주제의 그림인데, 그 내용은 心이 모든 조화를 담당한다는 의미를 표상한다. '마음이 모든 조화를 갖추다'는 의미의 心該萬化는 곧 마음만 잘 닦으면 모든 일을 해낼 수 있음을 의미하기도 한다. 따라서 이 주제는 당시 도학이 강조하는 마음 수양의 중요성을 환기시키는데, 마음이 중요한 이유와 마음으로써 해야 하는 일들을 그림의 상단 좌로부터 우로 나열하고 일마다 구체적인 내용을 풀이한 내용을 그 아래에 달았다. 그 항목은 다음과 같다. 合理氣 統性情 主一身 宰萬變 管萬理 妙萬物 通微顯 徹表裏 亘古今 一遠近 參天地 格鬼神 有體用 無出入이다. 이렇게 심이 모든 것을 포괄한다는 사고가 새로운 것은 아니

---

38) 위와 같은 곳.

〈표 4-14〉 배상열 〈도학육도〉의 도

| |
|---|
| 第一理氣渾融之圖 |
| 第二二五分合之圖 上 |
| 第二二五分合之圖 中(元會運世歲月日辰) |
| 第二二五分合之圖 下(圖書先後天圖) |
| 第三天地萬物造化之圖 |
| 第四心該萬化之圖 |
| 第四心該萬化之圖 心統性情 四端七情人心道心 |
| 第四心該萬化之圖 退栗本末 |
| 第四心該萬化之圖 理名目 |
| 第五人事物理之圖 |
| 第五人事物理之圖 一身一家邦國天下 |
| 第五人事物理之圖 身心性情之德 |
| 第五人事物理之圖 人倫日用之常 |
| 第五人事物理之圖 天地鬼神之變 |
| 第五人事物理之圖 鳥獸草木之宜 |
| 第五人事物理之圖 人事物理之反 |
| 第六爲學用力之圖 爲學用力之方 |
| 第六爲學用力之圖 爲學用力之序 |

지만, 이 그림은 이러한 사고를 일목요연하게 정리하여 보여주는 점에서 주목할 만하다.

이외의 학자들의 도집들은 그 주제가 경학별로 전문화되거나 혹은 주제별로 전문화되는 양상을 보이며 아울러 그 제작자의 수도 증가한다. 우선 두드러진 현상은 사서 가운데 《대학》과 《중용》에 관련된 주제의 도가 많이 제작되고 오경에서는 易에 대한 도가 많이 작성된 것이다. 16세기와 17세기에 걸쳐서 형성된 이황, 장현광, 심지한, 윤선거, 선우협, 장홍효, 이숭일 등의 주역 탐구와 관련된 도 제작의 전통이 이 시대에 오면 그 주제가 더욱 다양해지면서 더욱 많은 도설이

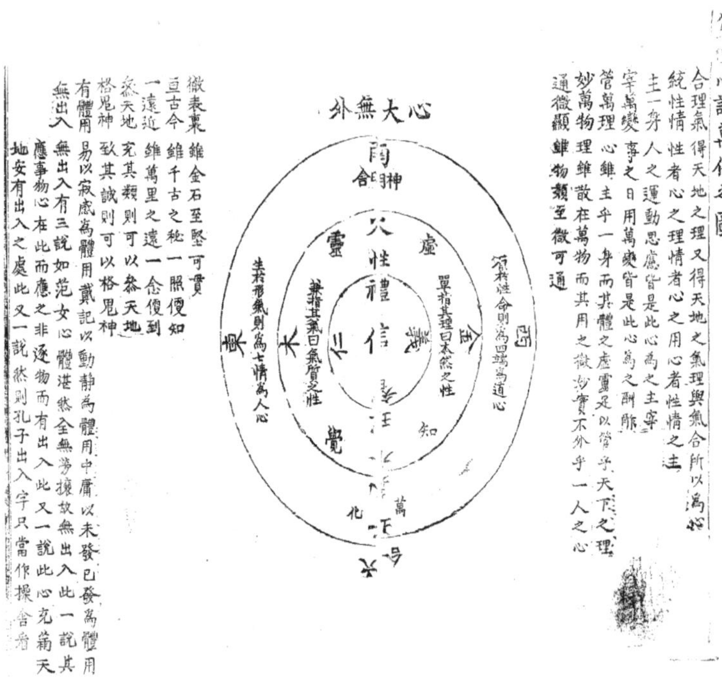


〈그림 4-72〉 배상열의 〈심해만화지도〉

등장한다. 또 도 제작의 방식이 전 시대의 방식과 마찬가지로 일정한 주제와 관련된 여러 내용의 도를 제작하여 하나의 도설집 형태로 출간하는 방식이 지속되었다.

먼저 정제두의 〈하락역상〉, 〈선후천도설〉, 김석문의 〈역학이십사도해〉, 서성구의 〈학리도설〉, 성이심의 〈인역도설〉, 한원진의 〈기문록〉 속의 〈역학답문도〉, 〈문왕역석의〉, 채지봉의 〈역학십이도〉, 유관현의 〈역도촬요〉, 안정복의 〈역상보유〉, 〈역학도〉, 〈후천규관〉, 서명응의 〈계몽도설〉, 백봉래의 〈삼경통의〉 속의 〈역전통의〉, 조진관의 〈역문〉 등은 모두 역에 관한 도들을 제작하여 편집한 것들이다. 이

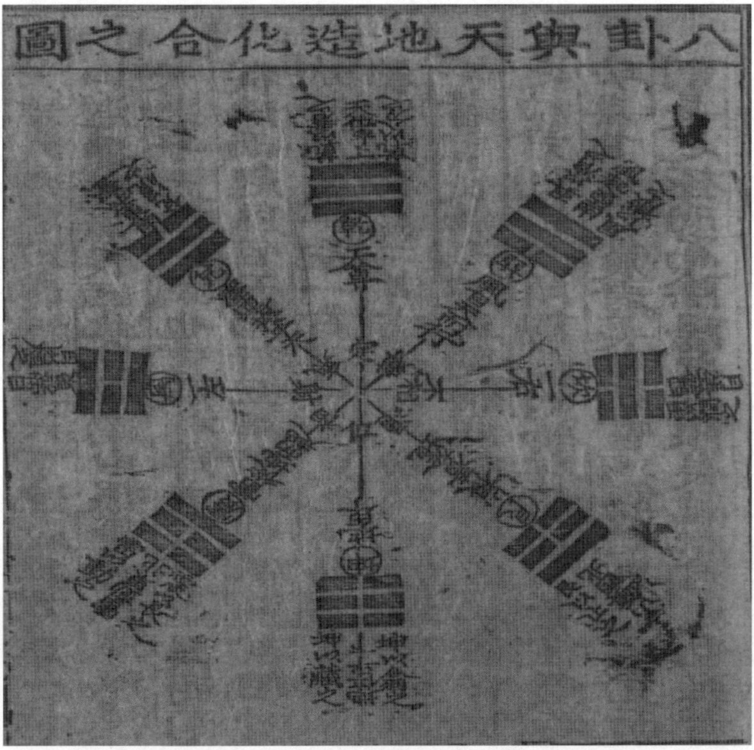


〈그림 4-73〉 서성구의 《학리도설》 중 〈팔괘여천지조화합지도〉

들의 주제는 대체적으로 선천역학과 후천역학에 관한 도설들과 주역 전반의 원리들을 분석하여 제작한 그림들, 그리고 《주역》의 경과 전의 내용을 함께 분석한 내용들이다. 역학과 관련된 논의가 진전되면서 도의 표상이 더욱 분석적인 내용을 담거나 선유들의 논의를 비교 대조하는 도가 제작된 사실들이 특기할 점이다.

徐聖耈의 《학리도설》은 전체 50건의 도로 구성된 도설집이다. 서성구는 서문에서 도를 중시하는 입장을 잘 보여준다. "대체로 무릇 학문을 하는 요령은 현오한 것을 분석해보고 핵심이 되는 것을 끝까지 찾아보는 것보다 앞서는 것이 없다. 다만 입으로 말하기만 하는 것은 마음에서 터득하는 것만 못하고, 마음에서 터득하는 것은 늘 눈으로 접하는 것만 못하다. 그러므로 이에 모은 도들과 평소에 궁구해서 이해한 내용에 대한 설명을 한 권으로 엮어서 때때로 살펴보는 자료로 삼고자 한다."[39] 이 글에서 보듯이 마음에서 터득하는 것은 늘 눈으로 접하는 것만 못하다고 하여, 그림의 교육에서의 효과와 가치를 소중히 하였다. 이는 도 자료가 유교의 이치를 정확하게 체득하는데 중요한 방법이 된다는 인식을 보여준다. 이 같은 도의 중요성에 대한 인식에 기초하여 그는 이치에 대한 학습을 위하여 역학의 이치에 근간을 둔 도설집을 구성하였다. 《학리도설》 중 〈팔괘여천지조화합지도〉(〈그림 4-73〉)는 《주역》 팔괘의 원리가 천지조화의 이치와 부합함

〈표 4-15〉 성이심 〈인역도설〉의 도

| 人易 擬議圖(說) |
|---|
| 人易圖說 性命說圖(不圖爲圖) |
| 人易圖說 理氣說圖 |
| 人易圖說 道義說圖 |
| 人易圖說 干支圖 |
| 人易圖說 奇偶圖 |
| 人易圖說 造化說圖 |
| 人易圖說 心貌五事四端八情圖 |
| 人易圖說 方體圖 |
| 人易圖說 卦爻圖 |
| 人易圖說 立極圖 |
| 人易圖說 玄輪圖 |

39) 서성구, 《訥軒文集》 권4, 〈學理圖說序〉, 국립중앙도서관 소장본.

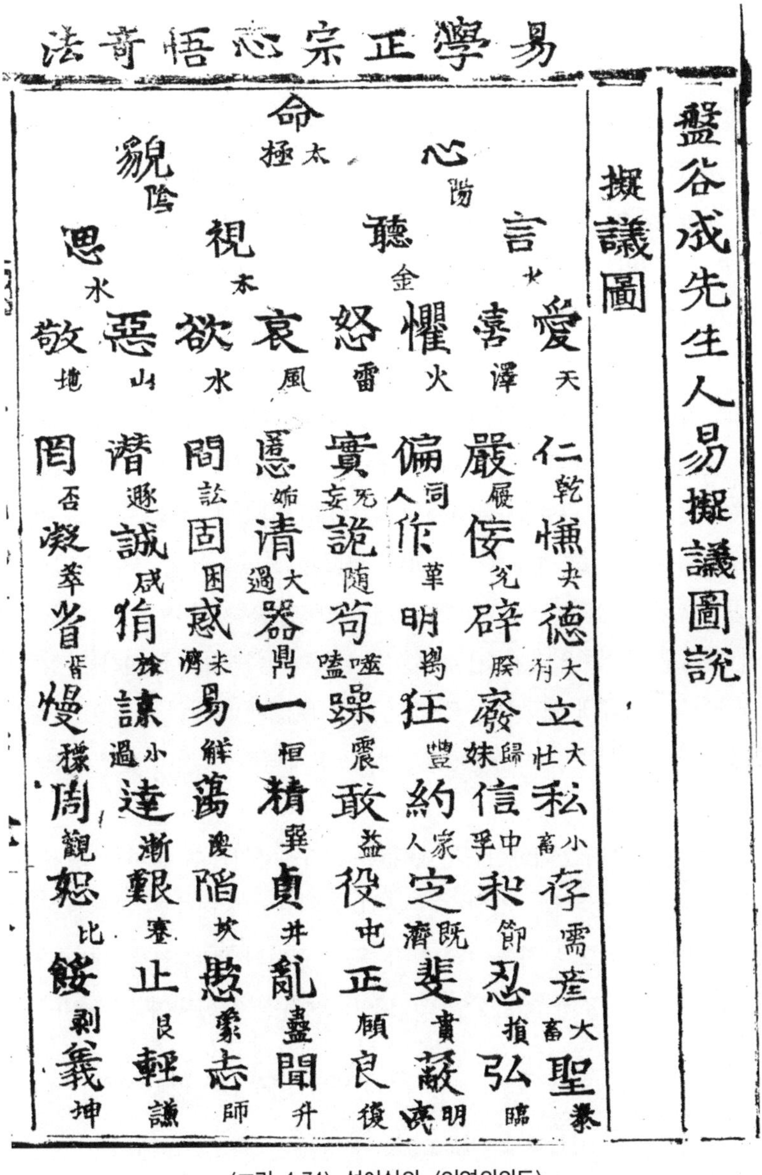


〈그림 4-74〉 성이심의 〈인역의의도〉

을 보여주는 그림이다.

성이심의 〈人易圖說〉(〈표 4-15〉)은 매우 특이한 주제를 다룬 도설이다. 즉 기존의 易 체제를 조정하여 인간사에 초점을 맞추어 새롭게 체계화한 역에 관한 저술이다.[40] 人易이란 인간의 道義를 천지의 역과 상응관계에 놓고 그 길흉을 판단하는 역의 체계이다. 그 전체 체계는 〈인역의의도〉(〈그림 4-74〉)에 잘 나타나 있다. 이에 의하면 천지역 태극의 자리에 인역의 命을 놓고, 음양의 자리에 心貌를 놓고, 사상의 자리에 言聽視思를 놓고, 팔괘의 자리에 愛喜懼怒哀欲惡敬을 놓고, 64괘에 인간사 64개를 배열한 체계이다. 그의 손자 성윤신은 이 인역을 계승하여 〈인역괘효〉라는 저술을 남겼고, 그 안에 이른바 〈乾坤을 仁義로 풀이한 圖〉(〈그림 4-75〉)를 남겼다. 이와 유사하지만 다른 주제로 易을 새롭게 체계화한 저술은 黃德壹의 心易이다. 그는 〈心易議擬次序圖〉와 〈心易議擬六十四卦圖〉를 제작하여서 그의 심역 체계를 보여주었다(〈그림 4-76〉). 〈심역의의차서도〉에 의하면 심역의 체제는 태극에 해당하는 것이 心이고 兩儀에 해당하는 것이 性情, 四象에 해당하는 것이 顯感微寂, 팔괘에 해당하는 것이 仁喜禮怒樂智哀義다.

또한 김석문의 〈역학이십사도해〉는 지구 자전설과 관련된 천체관의 변화를 보여준다는 점에서 주목되지만,[41] 그렇더라도 근본적으로는 태극을 중심으로 하는 성리학적 우주 질서의 체계를 긍정하고 인간의 도리를 강조하는 입장이 그 도설 속에 잘 표현되어 있다.[42] 또

40) 금장태, 〈成以心의 《人易》과 易의 道學的 확장〉, 퇴계학보 119집, 퇴계학연구원, 2006.
장숙필, 〈盤谷 成以心의 〈人易擬議圖說〉과 그 사상적 특징〉, 민족문화연구 54집, 고려대학교 민족문화연구원, 2011., 참조

41) 기존의 연구들 참조

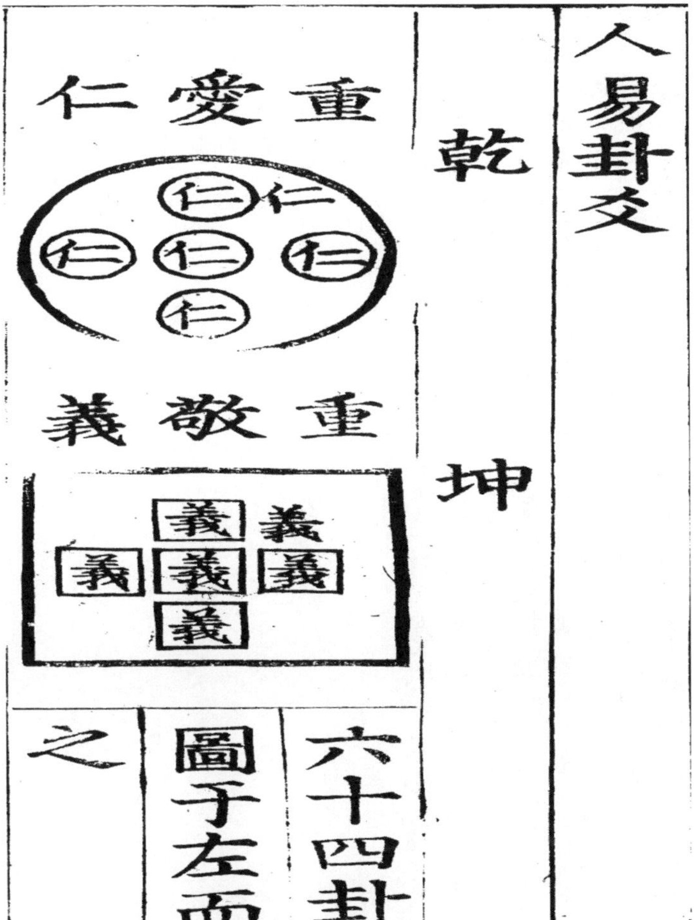


〈그림 4-75〉 성윤신의 이른바 〈건곤을 인의로 풀이한 그림〉

42) 장숙필, 〈김석문의 역학이십사도해〉, 《도설로 보는 한국 유학》, 한국사상연구회, 2000. 11, 예문서원.

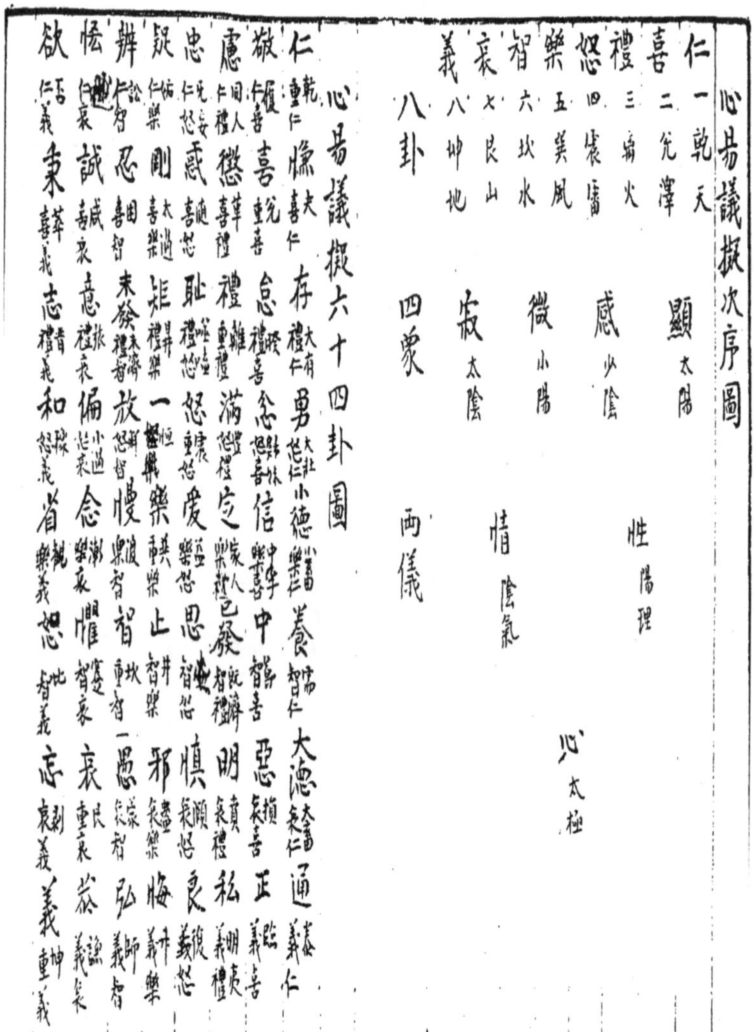


〈그림 4-76〉 황덕일의 〈심역의의차서도〉와 〈심역의의육십사괘도〉

서명응의 《계몽도설》은 주희의 《역학계몽》에 관한 분석을 담은 도 97건을 실었다. 안정복 역시 그의 역학 관련 저술(〈역상보유〉, 〈역학도〉, 〈후천규관〉) 속에 매우 많은 수의 도를 제작하여 삽입하였는데, 이들의 도상은 역학의 원리 자체에 관한 것도 있지만, 〈후천규관〉에서는 인사의 다양한 면을 역학적 원리에 결합시켜 설명하였다. 특히 악률, 복술 등과 역학의 원리를 결합시킨 도상들(〈五服四殺之圖〉, 〈服術有六之目〉, 〈五聲八音之圖〉, 〈律呂左旋子母之分之圖〉 등)이 있어서 주목된다. 그리고 한여유는 〈雜圖辨解〉라는 명칭으로 역학에 관한 도를 게재하였다. 정제두 역시 〈하락역상〉, 〈선후천도설〉이라는 주제의 도설집을 남겼다. 후자는 특히 선천과 후천에 관한 그의 추론이 상세하게 제기되어 있고 동시에 그것을 보여주는 분석적인 도들이 매우 많다. 이와 비슷한 관심을 보여준 학자는 유정원이다. 그는 〈역해참고〉 속에서 河洛指要라는 주제로 모두 53도를 제작하였다. 이는 그가 하도 낙서로 대변되는 역의 근원에 대한 탐구에 많은 관심이 있었음을 보여준다. 또한 이형상은 〈답이중서혼원조입도〉에서 모두 8도를 제작하였는데, 주로 역의 괘상이 상징하는 기운의 성쇠와 星과 月의 行度를 서로 부합하게 해석한 내용을 표상하였다.

또 중국 유학자의 도를 대상으로 비판적 논의를 제기한 도설이 있다. 이만부의 《息山集》 雜書辨上은 중국 명나라 유학자 田藝蘅(錢塘田氏)이 저술한 《論學解經》의 도를 인용 전사하고 그 잘못됨을 비판한 그림이다. 그가 인용한 전예형의 도는 〈元極圖〉, 〈靈極圖〉, 〈太極圖〉, 〈動靜圖〉, 〈少極圖〉 등 모두 12도이다. 이만부는 정주학적 관점에 어긋난 전예형의 개념과 그 개념을 형상화한 도의 문제점을 비판했다.

書傳과 관련된 그림은 역학에 관한 도설에 비하여 수가 적다. 백봉

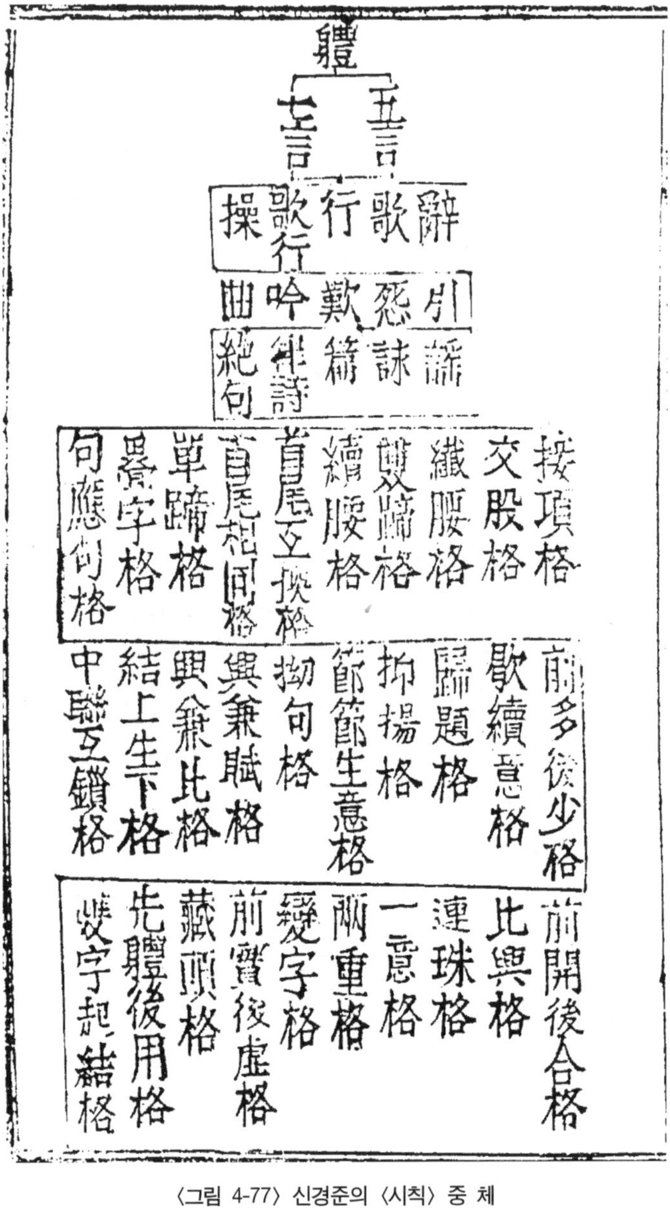


〈그림 4-77〉 신경준의 〈시칙〉 중 체

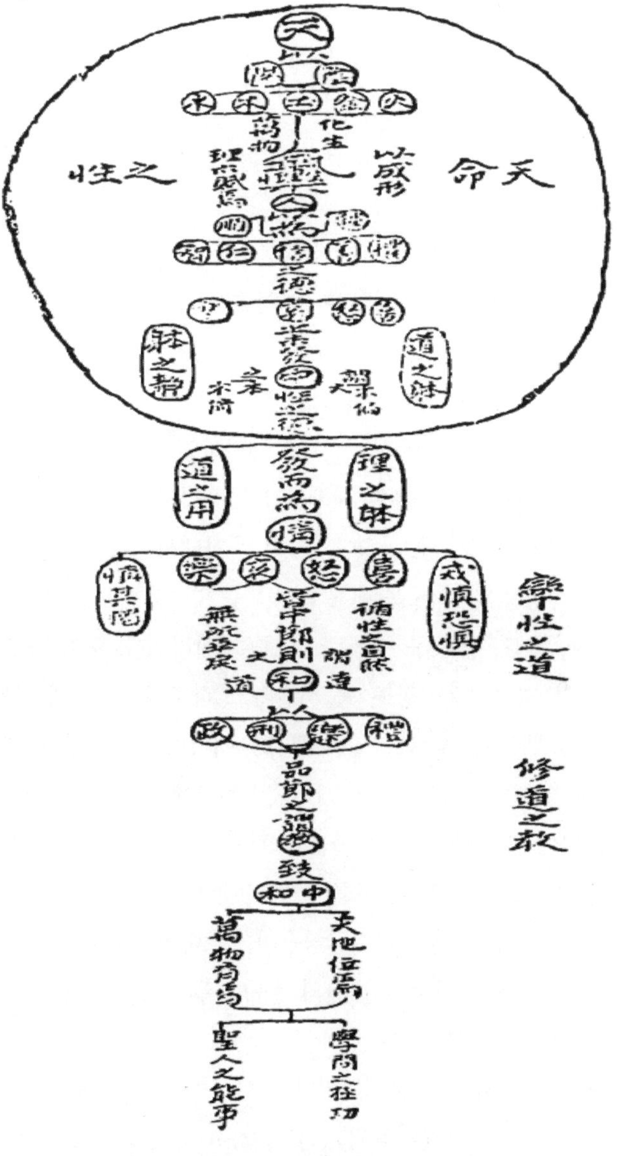


〈그림 4-78〉 이태수의 〈중용칠도〉 중 〈중화제1도〉

래의 《삼경통의》에서 《서전》 관련도가 15도 있고, 황윤석의 《이수신편》에는 율도량형과 관련된 도, 면적 구하는 법에 관한 도, 운법에 관한 도 등이 다수 있으며, 성윤신의 〈홍범구주황극도설〉 19도가 있다. 그리고 《서경》의 朞三百과 관련된 도로서 배상열의 〈기삼백해〉 18도가 있다.

詩傳에 관한 그림은 백봉래의 〈삼경통의〉 속의 〈시전〉 관련 23도가 있는데, 근본적으로 역과의 경학적 상호 관계를 설정하고 시를 이해하는 관점을 보였다. 그리고 이보다 앞선 시기에 申景濬은 〈詩則〉이라는 주제의 저술에 詩의 體(〈그림 4-77〉), 意, 聲, 情物事, 格目, 制作法에 관한 내용을 구분하여 도를 제작하였다.

사서에 관한 도설들도 다수 제작되었다. 이태수는 〈중용칠도〉(〈그림 4-78〉)와 〈대학오도〉를 남겼다. 특히 후자에서는 敬을 주제로 모두 11도를 작성한 점이 주목된다. 李煥模는 〈斗室寤言〉에서 《중용》 수장의 天命, 率性, 修道를 주제로 7도를 제작하였다. 尹鳳九는 권근의 〈대학도설〉과 〈중용수장도〉를 비판하고 각각 新圖를 제작하였다. 金謹行은 〈大學箚疑〉에 8도, 〈中庸箚疑〉에 10도를 남겼다. 배상열은 그의 〈四書纂要〉 속에 〈大學圖〉, 〈大學衍義圖〉, 〈中庸圖〉를 남겼다. 《중용》에 관해서는 절의 구분과 관련된 논의가 지속되었던 자취를 보여주는 도들이 있다. 예를 들면 韓汝愈의 〈中庸脈絡圖〉, 정제두의 〈中庸兩截圖〉, 김근행의 〈중용차의〉 속의 〈중용분절도〉 4도가 있다. 그 외에는 대체로 《중용》의 大旨, 혹은 중요한 부분적 주제를 다룬 그림들이 대부분이다.

이 밖에 사서의 내용을 분석하거나 종합하여 표상한 도의 예도 많이 있다. 金履矩의 〈中庸爲學圖〉, 李萬敷의 〈明德圖〉 元本과 改本, 金春澤의 〈十六言圖〉, 〈中庸達道達德之圖〉, 〈大學三綱領八條目總

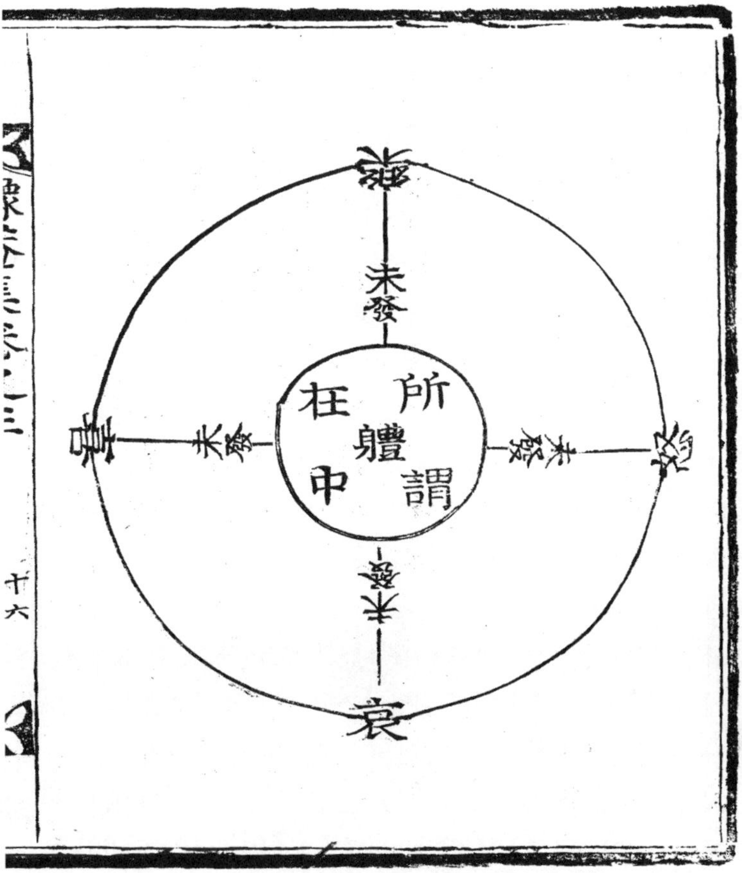


〈그림 4-79〉 하우현의 〈미발재중도〉

圖〉, 權榘의 〈大學就正錄〉, 李顯益의 〈中庸圖〉, 한원진의 〈記聞錄〉 속 〈大學圖〉와 〈中庸圖〉, 林象德의 〈物格知至〉, 〈格物則知止〉, 〈三綱領八條經文正義圖〉, 《대학》 〈合看圖〉와 〈直看截看合圖〉, 李象靖의 〈中庸首章圖〉, 朴琮의 〈中庸講錄〉 속의 〈周昭王時昭穆圖〉와 〈我國文昭殿昭穆圖〉, 河友賢의 〈追訂柳潛可中庸性命圖〉, 〈改定中庸命

性圖〉, 〈中庸全圖〉, 〈未發在中圖〉(〈그림 4-79〉) 등을 들 수 있다.

《중용》, 《맹자》의 구절에 대한 이기론적 해석과 관련하여 이 시기에는 人性·物性의 同異에 관한 논변이 홍기하고, 이와 관련하여 인간이 본구한 明德[마음], 未發心體 등의 의미를 밝히려는 논변이 진행되었다. 이러한 논변에서 논의된 핵심적 내용을 주제로 삼은 도가 등장했던 것은 물론이다. 이 논변은 이간과 한원진 사이에 활발하게 전개되었는데, 이들의 스승인 權尙夏의 《寒水齋集》에는 제자인 이간에게 보낸 서신 속에 〈示李公擧命性圖〉가 있다. 그리고 논변의 당사자였던 한원진은 그의 관점과 논변의 상대방인 이간의 관점이 다른 점을 상세하게 표상하였다. 그는 〈未發氣質辨圖說〉이라는 주제로 이간의 논점을 두 개의 도로 요약하고 자신의 논점을 하나의 도로 요약하여 그 차이점을 밝혔다. 이러한 논변과 관련된 도설은 약 반세기 뒤 朴琮이 다시 제작하였다. 그는 동명의 주제로 7건의 도를 제작하면서 이간과 남당의 설의 차이를 5건의 도로 구분하여 표상하는 이외에 金仲元과 자신의 설에 관한 2건의 도를 추가하였다. 任聖周도 이 논변과 관련하여 〈人物性圖竝說一原分殊圖〉를 제작하였다.

이상에서 소개한 도의 주제들을 보면 유학자들의 관심은 우주의 근원을 탐지하고, 그것을 기초로 인사를 통제하거나 조화시키려고 하였음을 짐작할 수 있다. 그렇기 때문에 선천역의 내용을 표상한 도가 많고, 또 후천역의 원리에 대한 탐구가 병행되었다. 물론 개별적으로 표상한 도의 주제와 내용에는 많은 차이가 있지만, 전반적으로는 유사한 방향을 지향하였음을 추정할 수 있다. 비록 일정한 주제하에 엮은 도설집 형태가 아니고 단편적인 도 자료라고 하더라도 우주의 근원과 인간의 근본에 관한 탐구를 도로 표상한 자료들이 많이 제작되었다. 그리고 유학자들에게 우주의 근원과 인간의 근본에 관한 탐구는 단지 지식욕의 만족이 아니라 眞知의 탐구에 있는 까닭에 대체로 위학적 방법과 원리에 관한 탐구가 병행됨을 볼 수 있다. 진지는 도리를 올바르게 실천함으로써 성취되는 앎이다.

이 시기에 우주의 근원과 인간의 근본에 관한 탐구를 도로 표상한 학자는 매우 많다. 먼저 권상하는 〈太極圖部分記疑〉에서 주돈이 〈태극도〉의 오행권을 부분적으로 문제 삼고 그것을 도로 표현하였다. 金幹은 〈答申明允〉에서 태극과 인간 만물과의 상호관계에 관한 그림을 교환하였다. 韓汝愈의 〈天地化生萬物之圖〉(〈그림 4-80〉) 역시 주제면에서 그와 상관성이 있는 도이며, 그림의 구성과 그림이 포괄하는 내용은 매우 포괄적이며 복잡하다. 정제두는 太極의 의미를 연역하여서 〈天極〉과 〈身極〉의 개념을 제시하면서 도를 제작하였다. 천극은 하늘의 표준을 말하고 신극은 인간 자신의 표준을 말한다. 金昌協은 〈太極圖解〉를 제작하면서 陰陽을 經으로 보고 五行을 緯로 보는 관점(陰陽經五行緯)과 그 역의 관점(五行經陰陽緯)을 제시하면서 각각 도를 그렸다.

또한 朴光一은 〈三才一太極圖說〉을 통해서 천지인 삼재가 동일한 태극임을 표상하였고, 〈命性道圖說〉(〈그림 4-81〉)을 통해서는 사람의 일이란 性에서 근본하고 결국은 命에서 나오는 것임을 자각해야 함을 보여준다. 이때 명은 그림에 표시되지 않았지만 理를 가리킨다. 박광일에 의하면 理는 天命의 본연이다.

태극과 더불어 우주의 원리에 해당하는 개념이 理氣이다. 성리학에서는 이 개념들이 태극과 밀접한 상호관련이 있으므로 〈태극도〉를 바탕으로 理氣의 관계에 대한 논의를 담은 도들도 등장한다. 申益愰의 〈理不雜氣圖〉와 〈理不離氣圖〉가 바로 그러한 것이다. 이후 李象靖에게서도 동일한 주제와 동일한 표상의 도로써 논의가 이루어지고,

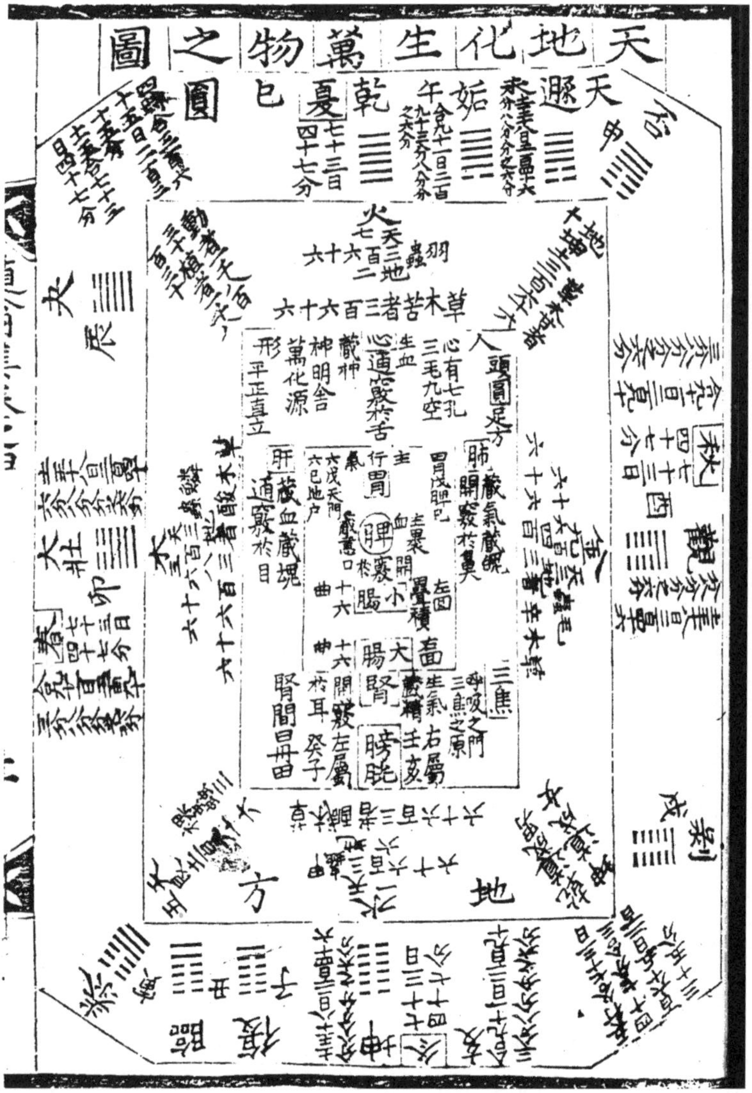


〈그림 4-80〉 한여유의 〈천지만물화생지도〉

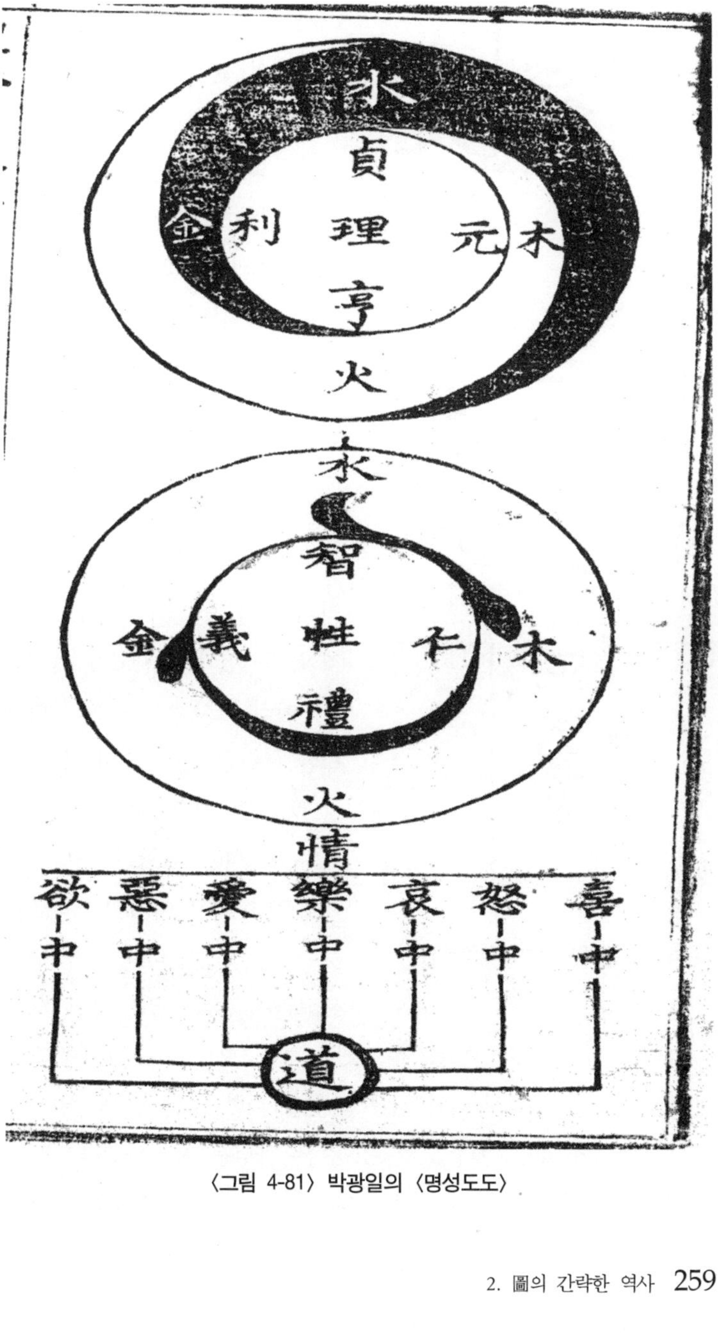


〈그림 4-81〉 박광일의 〈명성도도〉

〈그림 4-82〉 한여유의 〈선천심학도〉

다시 그것을 종합하는 한편 성정 개념과의 관계를 다룬 〈理氣性情通看圖〉가 제작된다.

우주의 근원에 대한 도 자료만큼 풍성하게 제작된 것은 바로 인간의 心과 爲學에 관한 도이다. 그러나 인간의 심을 다룬다고 해서 심을 우주와 근원을 달리하는 영역으로 본 것은 아니다. 이미 중국 북송대에 선천역학이 심법이라는 소옹의 학설과 이후 이를 계승한 주희의 학설을 통해서 우주의 근원을 인간의 마음으로써 관조할 수 있다는 사고가 정착되었다. 이러한 사고는 인간의 마음에 관한 통찰은 곧 우주의 근원에 관한 통찰로 연결된다는 관점을 낳았다. 그러나 유학자들의 사고는 이로부터 더 나아가서 一心이 온갖 현상을 낳는다[一心生萬象]는 사고까지 보여주었다. 그 대표적인 그림이 韓汝愈의 〈先天心學之圖〉(〈그림 4-82〉)이다. 이만부의 〈心鏡圖〉와 그 설명 역시 이와 같은 관점을 취한 것이며, 배상열의 〈도학육도〉의 〈第四心該萬化之圖〉도 같은 관점을 표상하였다.

姜碩慶은 이황의 〈심통성정도〉와 이이의 〈심성정도〉의 문제점에 대한 비판을 행하고 그들의 문제점을 보완하고자 〈心性情理氣脈絡圖〉를 제작하였다. 申益愰이 제작한 〈心性情渾淪說圖〉, 〈心性情剔撥說圖〉, 〈心性情分別說圖〉, 〈理氣性情通看圖〉 등도 심과 그에 소속된 요소들의 상호관계에 따른 논란 극복을 위하여 제작한 그림들이다. 李瀷의 〈心統性情圖〉는 심의 외연을 神明의 심과 血肉의 심으로 구별하고 이들과 성정의 관계를 매우 간단하지만 포괄적인 의미를 담아서 표현한 그림이다. 尹鳳九는 〈心性情合人心道心圖說〉을 제작하였고, 楊應秀는 〈心圖〉를 통해서 복잡한 심에 관한 논의를 종합하려는 관점을 보였다. 이 두 도는 심도에 인심도심과 성정의 관계를 포괄하고자 한 점에서 유사성이 있다. 李象靖에 이르러 〈心動靜圖〉가 제작되면서 심의 동정 문제가 표현되었다. 黃德壹의 〈心之體用圖〉는 심의 체용을 주장하는 이황의 〈심무체용변〉 관점을 계승하여 제작한 그림이다. 그는 이와 아울러 이황의 이기호발론의 관점에 입각하여 〈善惡幾圖〉를 그렸다. 安鼎福은 〈心圖〉 2도와 〈治心八藥圖〉를 남겼다. 李種徽는 〈人心道心之圖〉, 金相進은 〈人心道心圖〉를 남겼다.

심과 관련된 주제를 다루면서 그 상징적 형태 때문에 주목되는 도는 朴光一의 〈命性道圖說〉(〈그림 4-81〉), 李載亨의 〈性命圖說〉이다. 전자는 전체 3층의 구별을 통해서 위로부터 아래로 각각 命[理]·性·道를 설정하고, 그것들이 모두 일원적 원리에 수렴되는 것임을 원형·태극형·心字形 등의 상징들을 동원하여 이해하기 쉽도록 구성했다. 후자는 이미 앞에서 설명한 바 있으므로 생략한다. 또 한원진은 〈기문록〉 속에 〈理氣性情圖說〉이라는 주제로 모두 17도를 제작하였다. 그들의 주제를 거론하면 다음과 같다. 〈理氣源流圖〉, 〈理氣動靜圖〉, 〈一原分殊圖1圖一原〉, 〈一原分殊圖2圖分殊〉, 〈一原分殊圖3圖

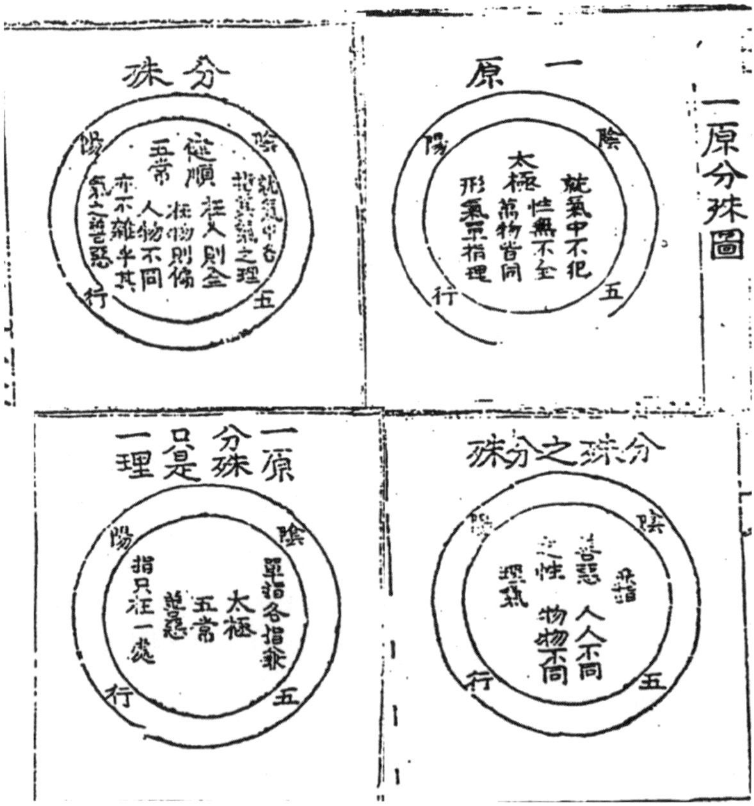


〈그림 4-83〉 한원진의 〈일원분수도〉

分殊之分殊〉, 〈一原分殊圖4圖一原分殊只是一理〉(〈그림 4-83〉), 〈心統性情圖〉, 〈性情橫看圖〉, 〈性情竪看圖〉, 〈性情總會圖〉, 〈五性互主圖〉, 〈五性推本圖〉, 〈心性妙合圖〉, 〈心性二岐圖〉, 〈人心道心圖〉, 〈中庸天命圖〉 등이다.

河友賢의 〈未發在中圖〉(〈그림 4-79〉)는 心의 體를 中의 상태에 있도록 마음을 다스리는 것이 喜怒哀樂의 정이 조화를 얻는 길임을 상징적 도상으로써 표상했다. 도상의 상징성은 동심원의 사용과 외곽 동심원주 위에 등거리로 사방에 각각 배열한 희로애락의 정이 중앙의 體를 통해서 균형이 형성되어야 함을 표시한 데에 있다.

이렇게 심 및 그와 관련된 개념들에 관한 연구를 도로써 표상하는 일은 궁극적으로는 성인 혹은 유교적 이상인의 경지 성취를 위해 방법을 모색하는 작업이다. 이 때문에 그들의 도상이 위학의 원리와 구체적 실천 방법에 관한 내용을 표상하는 것은 당연하다. 아울러 智愚의 구별, 명덕과 그렇지 못한 상태와의 구별 등 인격의 요건에 대한 변별 혹은 그것을 변별하는 기준을 담은 그림들도 제작되었다. 이 시기에 이루어진 도상들은 이를 상징성이 풍부한 형상 속에 담아서 觀省의 효과를 높이고자 하였다.

그 예로서 우선 한여유의 〈智愚圖〉(〈그림 4-84〉)와 〈居敬圖〉(〈그림 4-85〉)를 들 수 있다. 전자는 사람의 부류를 聖人·君子·秀士·衆人으로 구별하고, 그 차이가 理에 밝고 잘 통하는지의 여부에 달려 있음을 설명한 것이다. 후자는 天圓地方의 상징적 범주를 이용하되, 중앙의 方圖 내에는 4가지 敬의 원리를 사방변에 배열하고 중앙에는 心의 存養과 省察의 방법을 도시하였다. 4가지 경의 원리란 도 중심의 사각형 4변 안쪽에 기술한 내용들을 말한다. 즉 마음이 한 가지 옳은 이치를 주장하여 거기서 흐트러짐이 없게 함[主一無適], 몸가짐과 옷차림을 가지런하게 하여 엄숙하게 함[整齊嚴肅], 마음이 항상 깨어있어서 사물과 맥락의 전개를 하나도 놓치지 않음[常惺惺法], 제 마음을 산만하지 않게 수렴함[其心收斂]이 그것이다. 아울러 外圓의 원주 안에는 九容과 九思를 차례로 둥글게 배열하였다. 구용이란 《禮記》〈玉藻〉편에 기술된 몸가짐을 바르게 하는 아홉 가지 요령을 의미한다. 구사란 《論語》〈季氏〉편에 언급된 행위나 마음 작용을 할

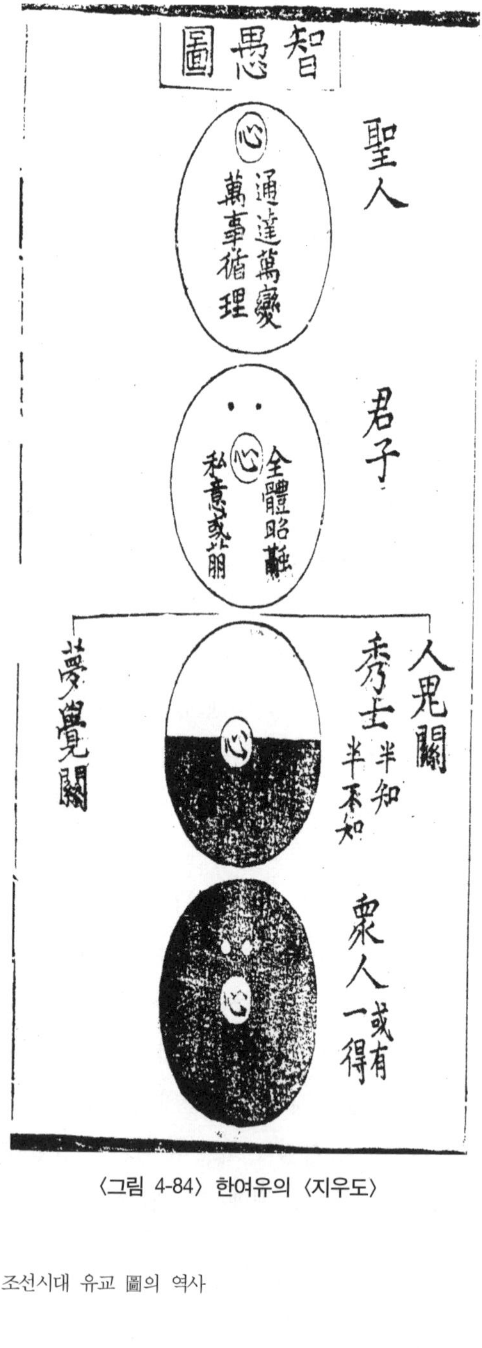


〈그림 4-84〉 한여유의 〈지우도〉

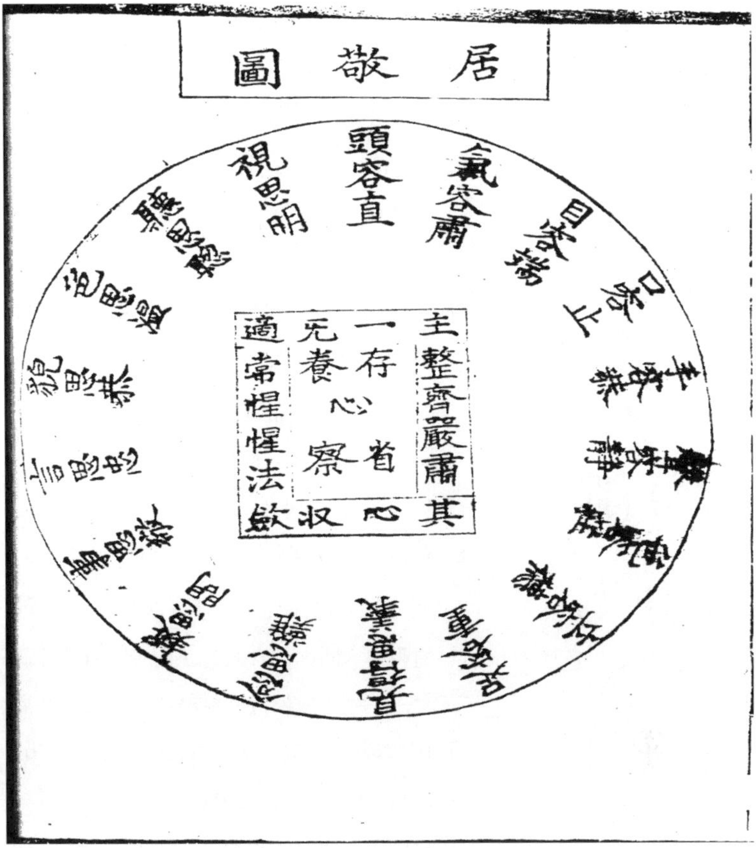


〈그림 4-85〉 한여유의 〈거경도〉

때에 가져야 할 아홉 가지 마음가짐을 의미한다.

또한 金幹의 일명 〈允執厥中圖〉(〈그림 4-86〉)는 심의 체용을 허령과 지각으로 구별하고, 그 용에 인심과 도심을 각각 배속하였다. 그리고 그러한 마음의 작용이 執中하기 위해서는 精一해야 하는데 그 방법은 格物致知와 誠意正心에 달려 있음을 도시하였다. 이는 《중용》의 원리에 《대학》의 원리를 종합하여 제시한 위학 방법에 관한 그림이다. 그의 〈威儀圖〉(〈그림 4-87〉)는 위의의 실천이 다양한 수신의 요령에 의해서 가능한 것일지라도 궁극적인 성공은 결국 敬의 지속에 달려 있음을 표상하였다. 그리고 敬이 지속되도록 하려면 몸가짐과 거동을 가다듬고 익혀서 올바른 습관을 습득하여 살아가는 것이 중요함을 강조하고자 몸가짐과 거동에 관한 내용을 망라하였다.

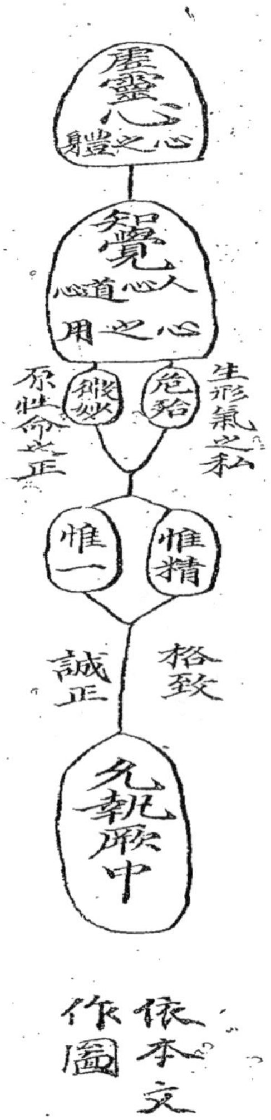

〈그림 4-86〉 김간의 〈윤집궐중도〉

金履矩의 〈中庸爲學圖〉(〈그림 4-88〉)는 매우 간단하지만 상징성이 풍부하고도 간결한 구도의 도상을 구성해서 《중용》의 위학 원리를 전해준다. 전체적으로 知·仁·勇 세 가지 達德과 《중용》 전체를 일관하는 원리에 해당하는 誠을 사방에 배열하고 그것을 모두 통괄하는 원리로서 中을 가운데 배열했다. 이는 세 가지 달덕과 誠이 궁극적으로 하나의 원리로 소통할 수 있는 까닭을 中으로 이해하도록 유도하기도 한다. 마음의 中을 잡는 것이 바로 요순 임금이 전한 心法이라는 점을 그림의 위에 孔問傳授心法이라고 표기하여 강조했다.

또 권구의 〈大學就正錄圖〉(〈그림 4-89〉)는 권근의 〈대학도〉가 주로 《대학》의 원리를 밝히는 것에 치중한 것을 비판하고 공부의 원리를 위주로 실천적 방법을 도시하였다. 또한 李瀷과 安鼎

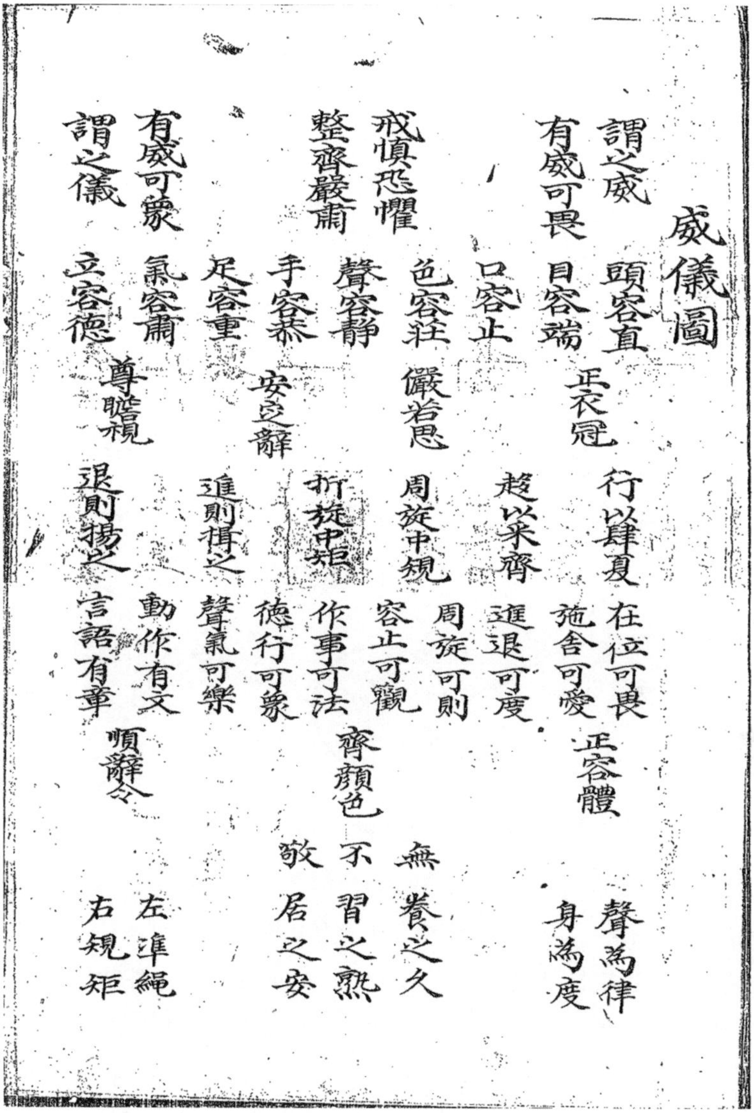


〈그림 4-87〉 김간의 〈위의도〉

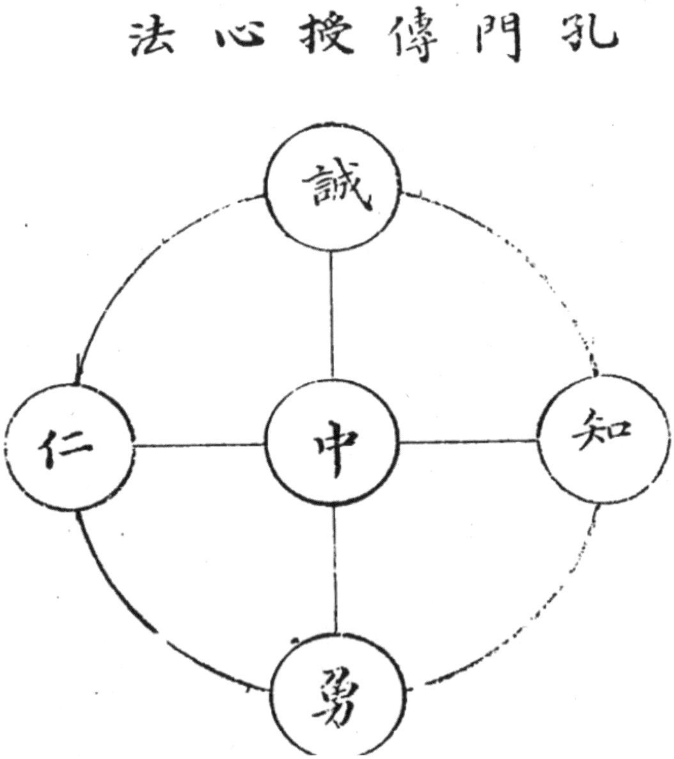


〈그림 4-88〉 김이구의 〈중용위학도〉

福은 각각 〈東銘圖〉를 그렸는데, 황윤석의 《이수신편》에 인용된 〈朱子東銘圖〉와 다른 방식으로 張載의 〈東銘〉을 도로 표상하였다. 안정복에 의하면 장재의 〈西銘〉이 道의 大原을 말하는 것이라면, 〈東銘〉은 그 내용이 모두 성찰 극기 수렴신심의 至要와 大訣이다.[43] 그는

43) 《한국문집총간》 230책(順菴集) 권12, 28쪽. 大抵張子二銘 實繼開之至論 西銘則論道之大原 不可以倉卒言也 至於東銘 皆是省察克己收斂身心之至要大訣也.

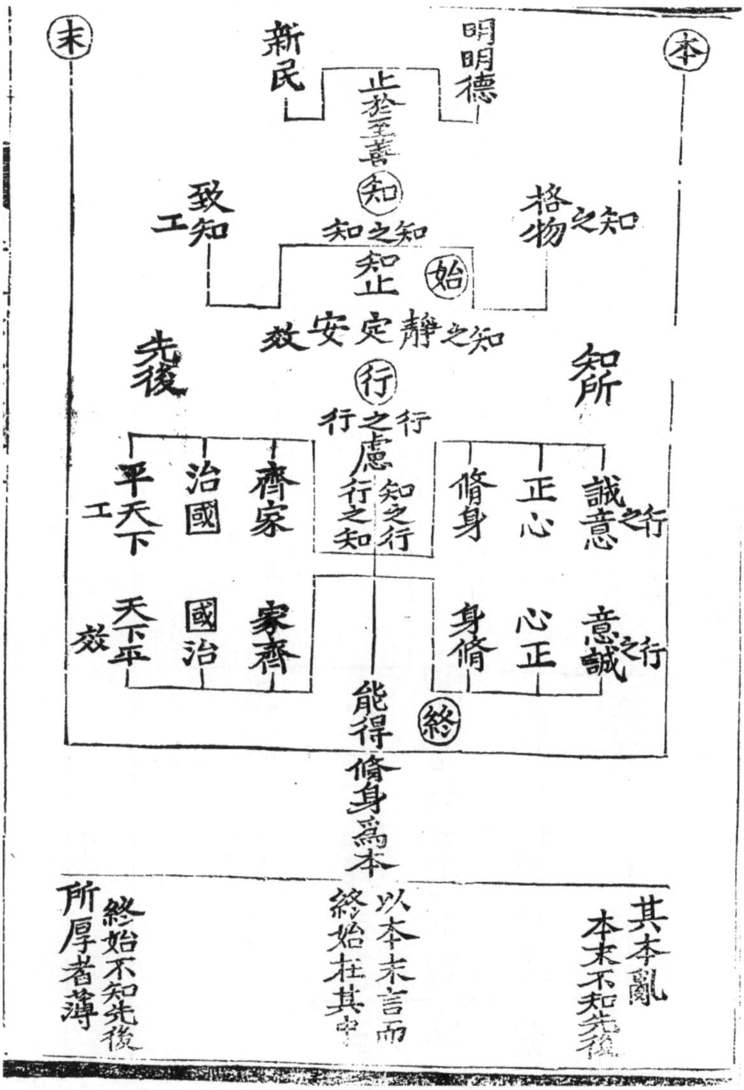


〈그림 4-89〉 권구의 〈대학취정록도〉

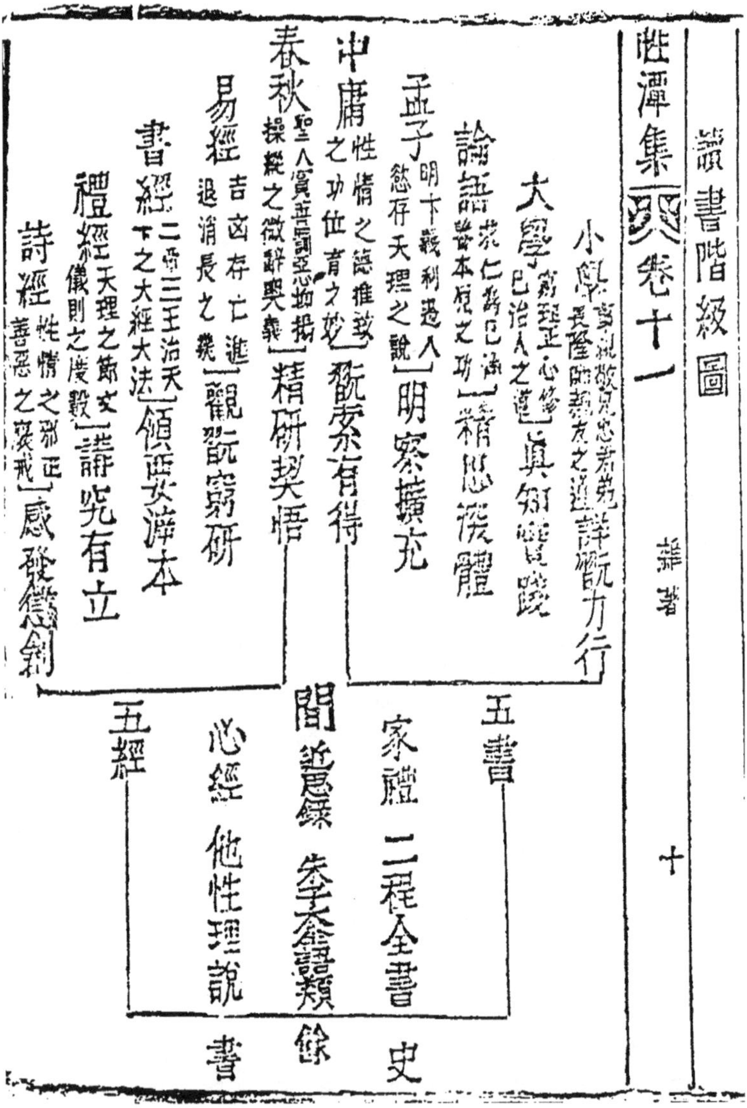


〈그림 4-90〉 송환기의 독서계급도

종래의 위학이 이에 대하여 별로 힘쓰지 않았던 것을 반성한다는 태도에서 이 도를 작성하였다.

이익은 〈四勿圖〉 4도와 〈敬齋箴之圖〉를 작성하였다. 백봉래는 〈중용통리〉 가운데 위학과 관련하여 〈中庸爲學微妙之圖〉를 그렸다. 그리고 宋煥箕는 〈持身要領圖〉와 〈讀書階級圖〉(〈그림 4-90〉)를 제작하여 지신과 독서가 위학의 근본임을 보여주는 동시에 지신의 요령과 독서의 순서를 제시하였다. 배상열이 제작한 〈道學六圖〉 〈第六爲學用力之圖〉에서 〈爲學用力之方〉과 〈爲學用力之序〉의 散圖도 이와 같은 취지의 그림이다.

禮와 관련된 도들 가운데 주목되는 변화는 먼저 李縡에 의하여 편찬된 《四禮便覽》이다. 《사례편람》은 18세기의 四禮에 관한 저술로서 현재까지도 널리 사용되는 예서이다. 이는 《주자가례》가 조선 사회의 현실에 통용되기에는 소략하다는 학문적 반성과 함께 당대에 예절 실천과 관련된 이견들을 종합한 통합적 四禮의 모형을 제공하려는 취지에서 저술되었다.[44] 《주자가례》가 사당, 통례, 관례, 혼례, 상례, 제례의 체제로 구성된 것과 달리 《사례편람》은 앞의 두 조목은 생략하고 관례, 혼례, 상례, 제례의 사례의 의절과 기물들을 다룬 것이 대체적 차이이다. 《사례편람》의 도 목록은 〈표 4-16〉과 같다. 도의 수는 冠圖 11, 昏圖 6, 喪圖 69, 祭圖 4로서 전체 90건이다.

또 이전에는 논의되지 않던 주제의 그림들이 제작되기 시작했다. 즉 혼례와 관련하여 同牢와 관련된 도가 등장하고, 의례의 실행 시 논란이 많은 위차에 관한 도가 제작되며, 시속을 반영한 제찬 진설도와 향음주례와 향사례에 관한 도가 제작되었다. 먼저 혼례와 관련된

44) 《한국민속대백과사전-한국일생의례사전》 사례편람조 참조

〈표 4-16〉 이재 《사례편람》의 도(계속)

| 도 이름 |
|---|
| 冠圖 陳服序立迎賓三加受醮之圖 |
| 冠圖 深衣前圖 |
| 冠圖 深衣後圖 |
| 冠圖 深衣兩襟相掩圖 |
| 冠圖 大帶圖 |
| 冠圖 緇布冠圖 |
| 冠圖 幅巾圖 |
| 冠圖 黑履圖 |
| 冠圖 四揆衫前圖 |
| 冠圖 四揆衫後圖 |
| 冠圖 笄禮之圖 |
| 昏圖 壻家設位之圖 |
| 昏圖 醮女之圖 |
| 昏圖 見舅姑之圖 |
| 昏圖 袡衣前圖 |
| 昏圖 袡衣後圖 |
| 昏圖 帶圖 |
| 喪圖 卒襲爲位之圖 |
| 喪圖 立銘旌設靈牀倚廬之圖 |
| 喪圖 冥目圖 |
| 喪圖 充耳圖 |
| 喪圖 握手圖 |
| 喪圖 冒圖 |
| 喪圖 魂帛圖 |
| 喪圖 銘旌圖 |
| 喪圖 跗圖 |
| 喪圖 椅圖 |
| 喪圖 靈牀圖 |
| 喪圖 小斂衾絞圖 |
| 喪圖 大斂衾絞圖 |
| 喪圖 治棺圖 |

| 喪圖 七星板圖 |
|---|
| 喪圖 柩衣圖 |
| 喪圖 登圖 |
| 喪圖 素錦褚圖 |
| 喪圖 五服人相弔之圖 |
| 喪圖 成服日奠弔之圖 |
| 喪圖 本宗五服之圖 |
| 喪圖 三父八母服之圖 |
| 喪圖 三殤降服之圖 |
| 喪圖 外黨妻黨服之圖 |
| 喪圖 妻爲夫黨服圖 |
| 喪圖 出嫁女爲本宗降服之圖 |
| 喪圖 爲人後者爲本生降服之圖 |
| 喪圖 妾服之圖 |
| 喪圖 冠圖 |
| 喪圖 衰衣裁製之圖 |
| 喪圖 衰衣前圖 |
| 喪圖 衰衣後圖 |
| 喪圖 衰裳圖 |
| 喪圖 衰衣新制前圖 |
| 喪圖 衰衣新制後圖 |
| 喪圖 婦人冠圖 |
| 喪圖 蓋頭圖 |
| 喪圖 衣裳前後全圖 |
| 喪圖 首絰圖 |
| 喪圖 腰絰圖 |
| 喪圖 絞帶圖 |
| 喪圖 杖屨圖 |
| 喪圖 環絰圖 |
| 喪圖 四角巾圖 |
| 喪圖 發引之圖 |
| 喪圖 靈車圖 |
| 喪圖 方相圖 |

| | |
|---|---|
| 喪圖 | 喪轝圖 |
| 喪圖 | 俗制喪轝圖 |
| 喪圖 | 黻翣 |
| 喪圖 | 雲翣 |
| 喪圖 | 功布圖 |
| 喪圖 | 輓詞圖 |
| 喪圖 | 神主全圖 |
| 喪圖 | 神主前圖 |
| 喪圖 | 神主後圖 |
| 喪圖 | 跗圖 |
| 喪圖 | 藉圖 |
| 喪圖 | 韜圖 |
| 喪圖 | 櫝座圖 |
| 喪圖 | 櫝蓋圖 |
| 喪圖 | 窓櫝圖 |
| 喪圖 | 玄纁圖 |
| 喪圖 | 轆轤圖 |
| 喪圖 | 轆轤下棺之圖 |
| 喪圖 | 金非上去横杠之圖 |
| 喪圖 | 周尺异 |
| 喪圖 | 虞卒哭陳器設饌之圖 |
| 喪圖 | 祔祭于祠堂之圖 |
| 祭圖 | 祠堂全圖 |
| 祭圖 | 正寢時祭之圖 |
| 祭圖 | 時祭卜日之圖 |
| 祭圖 | 時祭進饌之圖 |

논의가 증가하면서 혼례 관련 도의 제작이 눈에 띄는 변화이다. 당시의 혼례 관련 도들은 원래 중국의 고례와 차이가 많은 조선의 전래적 혼례를 중국 유교적 혼례에 맞추려는 의도와 조선의 전래적인 혼례를 유교적 혼례와 양립할 방도를 찾아보는 상반된 입장이 다소 엇갈리는

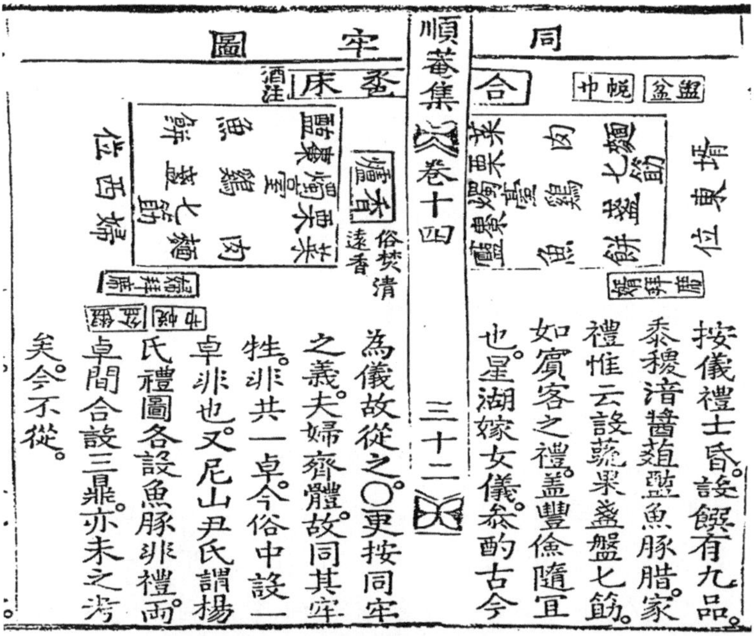

同牢圖

順菴集卷十四 三十二

按儀禮士昏。設饌有九品。黍稷湆醬菹醢魚豚腊。家禮惟云設蔬果盞盤匕筯。如賓客之禮。盖豐儉隨宜也。星湖嫁女儀。參酌古今為儀故從之。○更按同牢之義。夫婦齊體。故同其牢牲。非共一卓。今俗中設一卓非也。又尼山尹氏謂楊氏禮圖各設魚豚非禮。兩卓間合設三鼎。亦未之考矣。今不從。

〈그림 4-91〉 안정복의 〈동뢰도〉

점이 나타난다.

혼례와 관련된 도로는 權尙夏의 《寒水齋集》에 이유태의 집에서 얻었다는 〈壻婦卽席設饌圖〉가 있고, 또 宋明欽이 李縡에게 품의한 〈同牢設饌〉, 任聖周의 〈牢床圖〉, 안정복의 〈醮子圖〉, 〈奠鴈圖〉, 〈醮女圖〉, 〈同牢圖〉(〈그림 4-91〉) 등이 있다. 안정복의 그림들은 그의 딸을 權日身의 아들과 혼인을 맺을 때(1758년) 그렸던 것이다. 이 중 〈동뢰도〉에서 동뢰란 초례 시 부부를 위하여 각각 동일한 음식상을 별도로 차려서 예를 집행하는 것을 의미한다. 당시의 풍속이 부부가 하나의 상차림을 공유하는 방식이 예법에 맞지 않음을 시정하고자 그린 그림이다. 오늘날 전통혼례식에서도 부부 동뢰는 잘 시행되지 않는

데, 이미 조선 후기에 문제시되었다.

그리고 향례의 보급과 관련된 도로서 주목되는 것은 안정복의 〈鄕射禮圖〉, 〈卒射勝者揖不勝者升飮圖〉, 金相進의 〈鄕飮酒禮攷證圖〉이다. 그리고 學校禮의 도로서 李萬敷의 〈相揖禮圖式〉, 권두경의 〈先聖先師參謁之圖〉, 안정복의 〈濟長率諸生拜先聖先師圖〉, 〈陞堂講會圖〉 등을 들 수 있다.

이밖에 제례의식을 거행할 때에 제찬의 진설과 관련된 문제를 도식을 통해서 해명한 그림들은 李瀷의 〈前錄設饌圖〉, 〈續錄設饌圖〉, 金元行의 〈兩位設饌圖〉, 洪大容의 〈兩位設饌圖〉, 〈單位設饌圖〉, 〈土位饌地設〉이 있으며, 특히 尹行任의 〈祭禮圖說〉은 節日祭床의 진설에 관한 도를 端午, 上元, 六月十五, 九月九日, 寒食秋夕墓祭, 冬至, 三月十二日, 十月初四日, 七月二十六日 등 9도와 忌祭 祭饌에 관한 도를 합하여 모두 10도를 제작하여 함께 엮었다. 윤행임은 1799년 〈제례도설〉을 저술하였다. 원래 그의 부 尹琰이 《祭儀圖說》을 지었는데, 앞에 圖를 제시하여 祭需의 종류와 수를 그림으로써 보여주고 뒤에 설명을 붙임으로써 절차를 분명히 하려는 취지이다.[45] 윤행임은 부친의 《제의도설》을 修潤 損益하면서 자신의 의견을 덧붙이고 약간의 新式을 추가함으로써 〈제례도설〉이 성립되었음을 밝혔다.[46]

위차에 관한 도로는 정제두의 〈布席正向之圖〉, 權斗經의 〈先聖先師參謁之圖〉, 〈契長及約員齊拜尊者之圖〉, 〈契長約員拜長者之圖〉, 〈契長約員拜稍長者之圖〉, 〈稍少者拜契長之圖〉, 〈少者拜契長之圖〉(〈그림

45) 碩齋稿 권10(문집총간 287책, 179쪽). 首之以圖 所以昭其數也 系之以說 所以章其節也.

46) 碩齋稿 권10(문집총간 287책, 179쪽). 雖修潤損益之間 竊附迷見 略有新式者 亦惟皇考之遺意也.

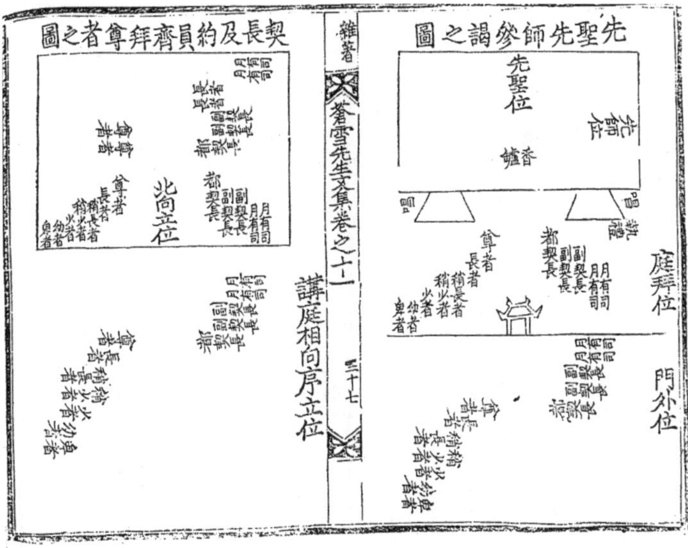


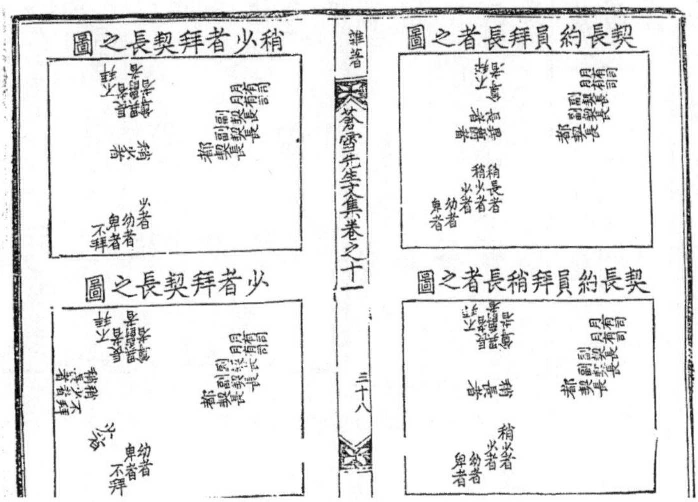


〈그림 4-92〉 권두경의 위차에 관한 그림들

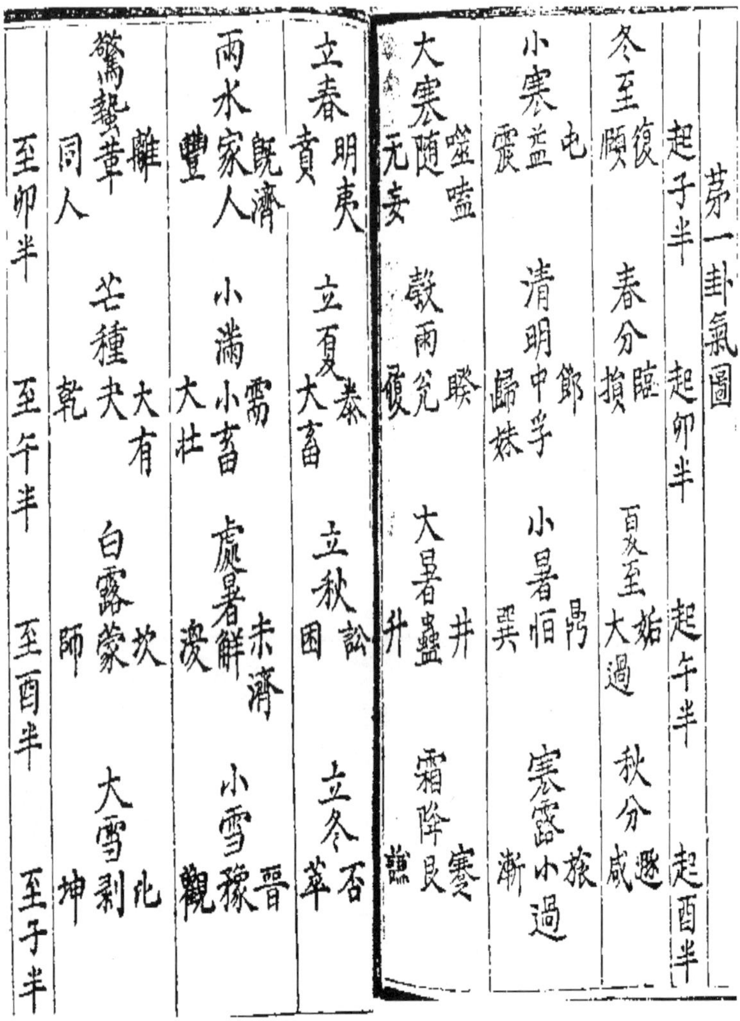


〈그림 4-93〉 이형상의 〈괘기도〉

4-92〉), 〈幼者卑者拜揖長之圖〉, 〈禮畢就坐之圖〉, 李載亨의 〈喪主之位〉 4도, 앞서 언급한 안정복의 〈재장솔제생배선성선사도〉, 〈승당강

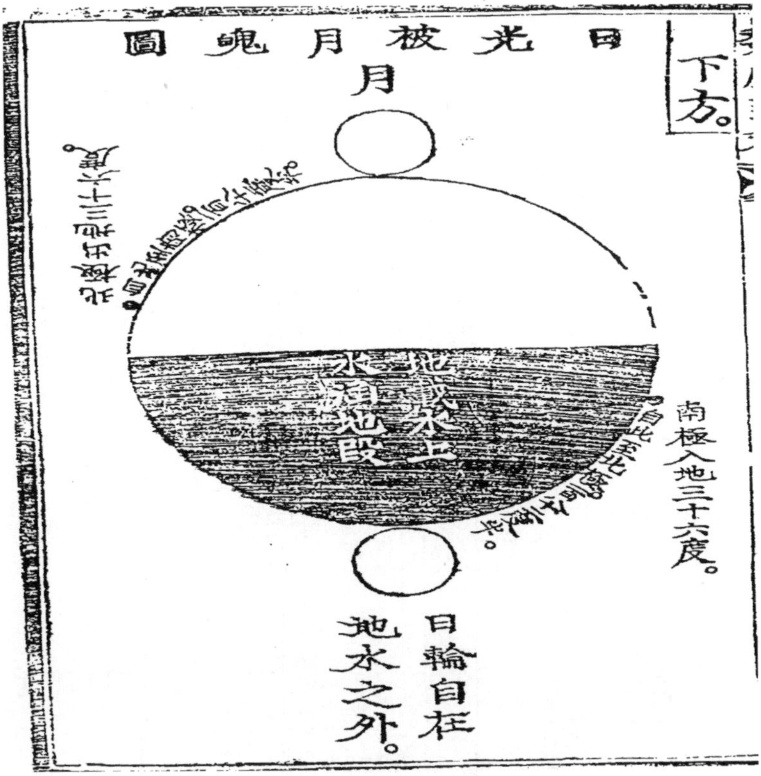


〈그림 4-94〉 이간의 〈일광피월백도〉

회도〉 및 〈會集坐次圖〉 등이 있다.

역학에 연원을 두거나 또는 서경의 朞三百에 관한 해명을 위하여 천문 역법 방면의 주제로 작성된 그림들도 다수 있다. 이런 도 자료를 많이 수집한 도설집은 황윤석의 《理藪新編》을 꼽을 수 있다. 정제두의 〈하락역상〉, 김석문의 〈역학이십사도해〉, 이익의 〈기삼백주해〉들도 그러한 도를 많이 포함한 자료들이다.

李衡祥의 〈答李仲舒渾元罩入圖〉에는 〈第一卦氣圖〉(〈그림 4-93〉),

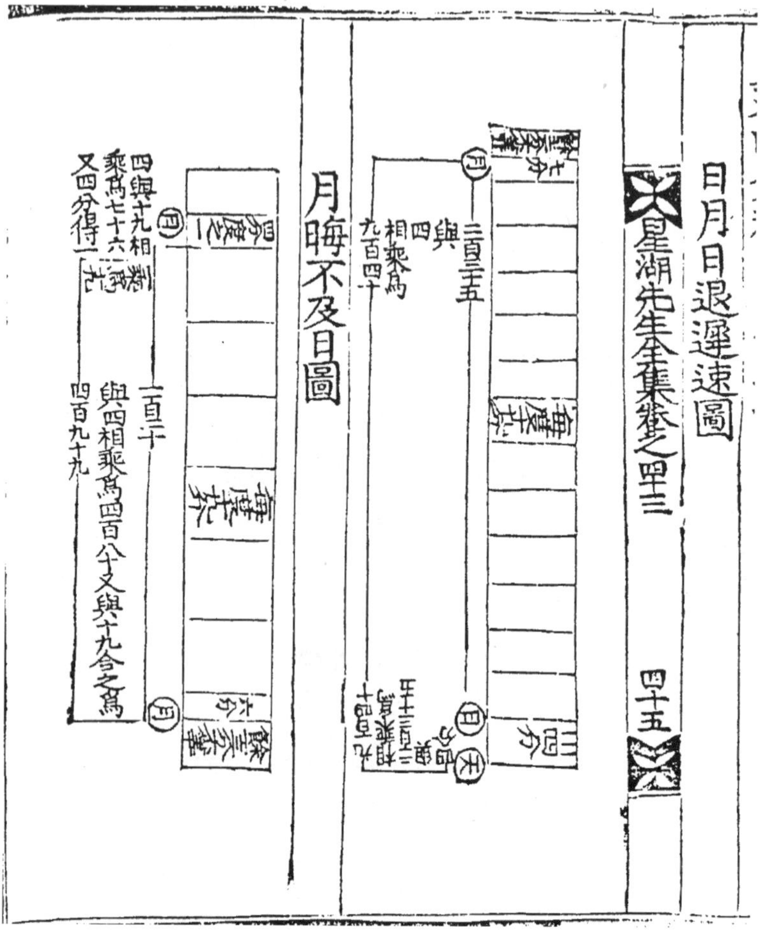


〈그림 4-95〉 이익의 〈일월일퇴지속도〉와 〈월회불급일도〉

〈第二四仲中星圖〉, 〈第三經星分野圖〉, 〈第四緯星行度圖〉, 〈第五日月會辰圖〉, 〈第六明魄朔望圖〉, 〈第七月退行圖〉, 〈第八氣朔置閏圖〉 등이 포함된다. 渾元이란 천지자연의 氣인데, 기가 천지자연의 현상으로 드러나는 것을 도해한 것이 위 주제의 그림들이다. 그리고 정제두의 〈日行圖〉, 〈機衡經天度道各行分排之圖〉, 〈天盤各先一位〉, 〈潮汐說表〉, 李柬의 〈日光被月魄圖〉(〈그림 4-94〉), 〈六面世界冬夏兩至相配圖〉, 李瀷의 〈朞三百註解〉에서 〈日月日退遲速圖〉와 〈月晦不及日圖〉(〈그림 4-95〉)의 예를 들 수 있다. 金錫文의 〈역학이십사도해〉에서 〈第三日蝕圖〉, 〈第四月蝕圖〉, 〈第十七南北晝夜數卦圖〉, 〈第十八南北冷熱數卦圖〉, 〈第十九月望卯子潮汐圖〉, 〈第二十春分卯子潮汐圖〉 등은 天文현상을 추적하여 그 이치를 탐구하는 도상들이며, 천문 현상과 관련된 지상의 변화를 함께 분석하는 내용도 포함한다. 또 안정복의 〈後天窺管〉, 〈天度之分均配之圖〉, 〈以閏成歲之圖〉, 〈歲星周天之圖〉, 백봉래의 《삼경통의》 〈易傳〉의 〈四十月爲形氣存亡幾之圖〉, 〈正七月爲春秋一統之圖〉, 그리고 李萬運의 〈月行會日圖〉, 윤행임의 〈曆法圓圖〉, 배상열의 〈기삼백해〉 등은 경전 즉 주로 《서경》에 근거를 두고 천문 현상을 설명하였다.

유교의 원리는 역학에 근본하고 이것이 정치, 음악, 시학 혹은 예, 악 등 문화의 각 방면으로 확산된다는 것이 이 당시 성리학자들의 일반적 사고였던 듯하다. 그런 연유로 역학과 관련하여 홍범구주 및 朞三百解에 대한 연구가 진행되고, 서전과도 관련되지만 천문 및 역법과 악의 율려에 대한 연구들도 함께 진행되었다.

이 시기에 제작된 도설들 가운데 이전 시대에는 드물었던 주제의 도로 거론할 만한 것은 중국과 한국의 역사 계통에 관한 譜表 혹은 世系圖의 종류로서, 정제두의 〈自周武王至成康年表〉, 〈夫子紀年〉, 〈思孟紀世戰國紀年〉, 李德懋의 《紀年兒覽》과 같은 도들이다. 이들은 유교의 도통을 조선의 역사 이해에 결부시키는 다분히 유교이념에 치중한 역사의식과 관련된 도 자료들이다.

경세와 실용에 관한 도 자료로는 서명응의 저술들을 꼽을 수 있다.

〈표 4-17〉 서명응 《선구제》 〈측영성력〉의 도(계속)

| 도 이름 |
|---|
| 先句齊 測影成曆 北極出地四十三度 影長圖(日高圖) |
| 先句齊 測影成曆 北極出地四十三度 관측표 |
| 先句齊 測影成曆 北極出地四十二度 影長圖(日高圖) |
| 先句齊 測影成曆 北極出地四十二度 관측표 |
| 先句齊 測影成曆 北極出地四十一度 影長圖(日高圖) |
| 先句齊 測影成曆 北極出地四十一度 관측표 |
| 先句齊 測影成曆 北極出地四十度 影長圖(日高圖) |
| 先句齊 測影成曆 北極出地四十度 관측표 |
| 先句齊 測影成曆 北極出地三十九度 影長圖(日高圖) |
| 先句齊 測影成曆 北極出地三十九度 관측표 |
| 先句齊 測影成曆 北極出地三十八度 影長圖(日高圖) |
| 先句齊 測影成曆 北極出地三十八度 관측표 |
| 先句齊 測影成曆 北極出地三十七度 影長圖(日高圖) |
| 先句齊 測影成曆 北極出地三十七度 관측표 |
| 先句齊 測影成曆 北極出地三十六度 影長圖(日高圖) |
| 先句齊 測影成曆 北極出地三十六度 관측표 |
| 先句齊 測影成曆 北極出地三十五度 影長圖(日高圖) |
| 先句齊 測影成曆 北極出地三十五度 관측표 |
| 先句齊 測影成曆 北極出地三十四度 影長圖(日高圖) |
| 先句齊 測影成曆 北極出地三十四度 관측표 |
| 先句齊 測影成曆 北極出地三十三度 影長圖(日高圖) |
| 先句齊 測影成曆 北極出地三十三度 관측표 |
| 先句齊 測影成曆 北極出地三十二度 影長圖(日高圖) |
| 先句齊 測影成曆 北極出地三十二度 관측표 |
| 先句齊 測影成曆 北極出地三十一度 影長圖(日高圖) |
| 先句齊 測影成曆 北極出地三十一度 관측표 |
| 先句齊 測影成曆 北極出地三十度 影長圖(日高圖) |
| 先句齊 測影成曆 北極出地三十度 관측표 |

| 先句齊 測影成曆 北極出地二十九度 影長圖(日高圖) |
|---|
| 先句齊 測影成曆 北極出地二十九度 관측표 |
| 先句齊 測影成曆 北極出地二十八度 影長圖(日高圖) |
| 先句齊 測影成曆 北極出地二十八度 관측표 |
| 先句齊 測影成曆 北極出地二十七度 影長圖(日高圖) |
| 先句齊 測影成曆 北極出地二十七度 관측표 |
| 先句齊 測影成曆 北極出地二十六度 影長圖(日高圖) |
| 先句齊 測影成曆 北極出地二十六度 관측표 |
| 先句齊 測影成曆 北極出地二十五度 影長圖(日高圖) |
| 先句齊 測影成曆 北極出地二十五度 관측표 |
| 先句齊 測影成曆 北極出地二十四度 影長圖(日高圖) |
| 先句齊 測影成曆 北極出地二十四度 관측표 |

《先句齊》의 명칭에 대해서 그는 다음과 같이 설명했다. "先天의 象으로써 句股의 법을 바르게 하고 구고의 법으로써 칠정의 운행을 바르게 관찰하면 그 바름은 더욱 바르니 이로써 齊라고 한다."[47] 구고법이란 일종의 측량법으로서 수학의 한 갈래이면서 지면적 측정과 천문 계산에 사용되는 과학적 방법론이다. 그리고 칠정이란 曆法의 중요한 근거가 되는 日・月・水星・火星・木星・金星・土星을 말한다. 이로써 본다면 《선구제》는 전통적인 수학・과학・기술 그리고 경세에도 관련이 있는 저술이다. 또 하나 특기할 것은 그러한 다방면의 학술을 근본적으로는 선천의 관념으로부터 이끌어내어서 그 올바른 기준을 제시하고자 한 점이다. 그는 서문에서 그 점을 잘 설명하였다.

47) 徐命膺, 〈先句齊序〉. 先句齊者何謂也 以先天之象 以齊句股之法 以齊七政之行 則其齊者益齊 是以謂之齊也.

> 대저 칠정의 운행은 구고에 의하여 바르게 된다는 것으로서 이미 고금의 曆家가 논술한 바이다. 이에 만약 구고의 법이 先天으로 말미암아서 바르게 된다면, 《周髀算經》에서 말하길 包犧씨가 句股로써 曆度를 세웠다고 설명한 것이다. 포희의 聖學은 先天이 곧 그 主宰이므로 그것이 천하만사의 運神, 智行, 神變의 커다란 것 역시 先天의 方圓圖이고, 작은 것 역시 선천의 방원도이며, 정세한 것 역시 선천의 방원도이고, 거친 것 역시 선천의 방원도이며, 하물며 曆度를 세우는 대사이겠는가![48]

이러한 설명은 전통적 체용론에 입각한 것으로서 선천을 구고의 체로 삼고 선천의 용을 곧 구고로 삼는 사고방식에 해당한다. 그의 설명은 다음과 같다. "삼대의 성시에 구고를 만든 사람은 반드시 선천의 2가 4를 낳고 4가 8을 낳는 象으로써 구고의 數術에 체계를 정립하였으니 經과 緯가 서로 올라타고(相乘) 서로 뒤섞인 것들이 서로 피어난다. 이에 구고의 술이 선천을 얻었으니 그 용은 더욱 묘하고, 선천은 구고를 얻었으니 그 체는 더욱 뚜렷하게 되었다. 생각건대 그들은 서로 기다렸던 것이어서 그러하다."[49] 이같이 체용관계를 적용함으로써 선천의 법과 구고의 법을 연결시킨 것이 《선구제》의 특징이다.

〈測影成曆〉은 《선구제》의 내용에 입각하여 해그림자를 측정하여 역법을 만드는 이치를 그림으로 표시하고 설명했다. 전체적으로 20장

---

48) 위와 같은 곳. 夫七政之行由句股齊 已有古今曆家之所論述矣 乃若句股之法 由先天齊 則周髀經備言包犧氏以句股立曆度 而包犧聖學先天乃其主宰 故其於天下萬事運神智行神變 大亦先天方圓圖 小亦先天方圓圖 精亦先天方圓圖 粗亦先天方圓圖 況於立曆度大事乎.

49) 위와 같은 곳. 三代盛時爲句股者 必以先天兩生四四生八之象 文之於句股之數術 經緯相乘錯綜相發 於是句股得先天而其用益妙 先天得句股而其體益顯 蓋其相須者然也.

〈표 4-18〉 이덕무의 《기년아람》의 도

| 도 이름 | |
|---|---|
| 太古聖神傳授圖 | 後唐世系圖 |
| 商世系圖 | 後梁世系圖 |
| 周世系圖 | 後晉世系圖 |
| 秦世系圖 | 後漢世系圖 |
| 漢世系圖 | 後周世系圖 |
| 附魏世系圖 | 宋世系圖 |
| 附吳世系圖 | 附遼世系圖 |
| 晉世系圖 | 附金世系圖 |
| 宋世系圖 | 元世系圖 |
| 齊世系圖 | 皇明世系圖 |
| 梁世系圖 | 淸世系圖 |
| 陳世系圖 | 三韓世次圖 |
| 附魏世系圖 | 新羅世系圖 |
| 附齊世系圖 | 高句麗世系圖 |
| 附周世系圖 | 百濟世系圖 |
| 隋世系圖 | 高麗世系圖 |
| 唐世系圖 | 本朝列聖繼序圖 |

의 日高圖와 그와 관련된 관측표가 짝을 지은 형태로 배열되어 있다. 그림 자체에서는 선천의 이치가 구고에 반영되는 방법을 설명해주지는 않지만, 구고의 방법이 선천에 근원한 것이라는 이치를 전제하였기 때문에 이는 유교의 선천관념에 입각한 철학적 관점을 전제한 해 그림자 측정의 구고법이라고 할 수 있다.[50)]

50) 이대승, 〈서명응 선천학의 스펙트럼과 초점〉, 한국실학연구 33집, 한국실학학회, 2017. 서명응의 선천학은 유교를 넘어서 도교 및 서양의 천문학설까지 다루는 넓은 스펙트럼을 지닌다.

〈표 4-19〉 이덕무 《윤회매십전식》의 도

| 도 이름 | 장 이름 |
|---|---|
| 梅花骨式 | 二之瓣 |
| 仄式 | 二之瓣 |
| 剪紙 五岨峿式 | 三之蕚 |
| 荳套式 | 三之蕚 |
| 剪紙 線束式 | 三之蕚 |
| 蕚式 | 三之蕚 |
| 蘂式 | 四之蘂 |
| 余子 | 五之花 |
| 項珠 | 五之花 |
| 示字 | 五之花 |
| 李 | 五之花 |
| 古魯錢 | 五之花 |
| 繡毬 | 五之花 |
| 猿耳 | 五之花 |
| 苽 | 五之花 |
| 窺鏡 | 五之花 |
| 冕 | 五之花 |
| 狐面 | 五之花 |
| 孩兒面 | 五之花 |
| 兎觜 | 五之花 |
| 龜形 | 五之花 |
| 蒜頭 | 五之花 |
| 三台 | 五之花 |
| 背日 | 五之花 |
| 風落 | 五之花 |
| 迎陽 | 五之花 |
| 桃花瓣式 | 五之花 |
| 桃葉式 | 五之花 |
| 軟桃葉貼式 | 五之花 |
| 石刻葉紋式 | 五之花 |
| 女子式 | 六之條 |
| 銅瓶式 | 七之植 |
| 磁斗式 | 七之植 |
| 哥窯式 | 七之植 |
| 筆筒式 | 七之植 |

이덕무는 《紀年兒覽》(〈표 4-18〉)을 비롯하여 지도집 1집과 《輪回梅十箋》(〈표 4-19〉)의 도설집이 있다. 《기년아람》은 아동들의 역사교육을 위해서 작성한 중국과 한국의 각 조대별 世系圖이다. 가장 먼저 〈太古聖神傳授圖〉를 비롯하여 〈商世系圖〉, 〈周世系圖〉를 거쳐서 〈淸世系圖〉에 이르는 중국의 世系圖에 이어서 조선의 역사 이전의 〈三韓世次圖〉, 新羅, 高句麗, 百濟, 高麗의 세계도를 제시하고 조선에 대해서는 〈本朝列聖繼序圖〉를 제시하였다. 가장 마지막에는 〈丙丁表〉를 제시하였다.

또한 이덕무의 〈丙丁表〉는 병자호란 당시의 군사적 대처와 관련된 기록을 일보 형식으로 기록한 표이다.

그리고 《윤회매십전》은 《청장관전서》 권62에 있는 것으로서 일종의 蜂蠟으로 제작한 輪回梅에 관한 그림과 설명을 담은 도설집이다. 윤회매는 매화모양의 장식으로서 중국 송대부터 전해오는 부인들의 애용품이었지만, 그 제작법이 전해오지 않아서 이를 도상으로 보여주고 그 방법과 특징을 설명한 기록이다. 또 이는 이덕무가 함께 활동한 이른바 북학파에 속하는 실학자들의 博物 취향을 보여주는 기록이라고도 본다.[51] 이덕무는 이 그림들을 모두 式이라는 명칭으로 일컫고 그 모양을 도시하였다. 도시된 내용들은 〈표 4-19〉와 같다. 이러한 그림들은 실학파 학자들이 인간과 관련된 다양한 外物들에 대한 관심, 즉 박물학적 취향을 넓혀갔음을 보여준다. 이 저술은 모두 10개의 장으로 그 서술이 구분되어 있는데, 셋째 장부터 도식이 게재되어 있다. 〈표 4-19〉의 도식 명칭은 각 장별로 제시된 도식별로 붙은 이름을 하나씩 구분한 것이다. 비록 이들이 구분되어 있지만, 경

51) 강진선, 李德懋의 《輪回梅十箋》에 나타난 지식의 편집양상과 그 의미>, 《한국학문화연구》 제74집, 한국한문학회, 2019.

〈표 4-20〉 이덕무 《청장관전서》 권65 지도

| 도 이름 |
|---|
| 八道六十八州全圖 |
| 對馬島二郡八鄉 |
| 西海道九州 |
| 山陽道八州 |
| 山陰道八州 |
| 畿內道五州 |
| 南海道六州 |
| 東海道關東七州 |
| 東南道六州 |
| 東海道關西八州 |
| 東山道嶺西四州 |
| 東山道嶺北四州 |
| 北陸道七州 |

우에 따라서는 하나의 장에 여러 도식이 함께 제시된 경우도 있다. 이를 표에서 확인할 수 있도록 도식명 우측 란에 해당 장의 번호와 제목을 병기하여서 알아보기 쉽도록 하였다.

이덕무의 또 다른 도설집으로서 꼽을 수 있는 것은 지도집이다. 그의 지도집은 《청장관전서》 권 65 蜻蛉國志에 있는 것인데, 청령국이란 조선시대에 일본을 지칭하던 이름이다. 일본의 지도를 전체 13장으로 나누어 그렸다. 그 목차는 〈표 4-20〉과 같다.

### 5) 19세기 및 이후의 圖 자료들

19세기에 들어와서도 역시 전 시대에 이루어진 도 제작의 맥락을 계승하면서 도 제작이 이루어졌다. 48인의 유학자들로부터 1,370여

〈표 4-21〉 19세기 및 이후의 유학자들과 도 자료들(계속)

| 이름 | 생몰 연도 | 출전 | 도 제목 | 수 |
|---|---|---|---|---|
| 黃德吉 | 1750~1827 | 下廬集 | 日省圖示學者, 讀書次第圖 | 2 |
| 李東榦 | 1757~1822 | 砧山文集 | 聖賢心學四圖說 4도 | 4 |
| 成海應 | 1760~1839 | 研經齋全集外集 | 深衣圖류, 萬東廟, 貨泉(錢布)類圖, 周尺 등 尺圖류 외 | 28 |
| 丁若鏞 | 1762~1836 | 與猶堂全書 | 靉靆出火圖說 3도, 地毬圖說 3도, 起重圖說 6도, 大學圖 3도, 尙書古訓 7도, 周易四箋 69표/례, 易學緖言 9도/표, 喪禮四箋 11도/표, 喪儀絶要 3도/표, 祭禮考定 6도, 嘉禮酌儀 2도, 樂書孤存 67도, 經世遺表 62도, 牧民心書 20도, 麻科會通 3도 등 | 286 |
| 徐有榘 | 1764~1845 | 楓石全集 | 深衣後圖 | 1 |
| 姜必孝 | 1764~1848 | 海隱集 | 四子要旨圖, 五經要旨圖 외 | 8 |
| 柳徽文 | 1773~1827 | 好古窩別集, 好古窩外集 | 冠服考證 9도, 啓蒙攷疑 31도, 傳疑餘論 10도 외 | 52 |
| 金性昊 | 1777~1845 | 一齋先生文集 | 闇修帖 외 2, 易圖發揮 23도, 圖卦會通 9도 | 35 |
| 柳致明 | 1777~1861 | 定齋集 | 深衣裁成未著之圖 외 深衣관련 2도, 程子冠制, 公羊五年再殷祭一禘一祫圖, 禮緯五年一禘三年一祫圖 | 6 |
| 朴慶家 | 1779~1841 | 鶴陽集 | 大學章句圖 18도, 十二次雲漢升降之圖 외 천문관련 10도 | 28 |
| 閔白火右 | 1779~1851 | 心經集解 | 心學圖 , 誠幾圖 2도, 舜蹠圖, 敬齋箴圖, 人心道心圖 | 6 |
| 朴箕寧 | 1779~1857 | 荷叟集 | 中庸圖說 7도, 中庸八章善惡符應圖幷說 | 8 |
| 權敦仁 | 1783~1859 | 頤齋集 | 依淸孫嘉淦三宮四聲說爲圖, 古尺各等校表, 周禮天地人三宮各四聲之說圖 | 3 |
| 柳懿睦 | 1785~1833 | 守軒集 | 中庸管見2도 | 2 |
| 崔象龍 | 1786~1840 | 鳳村集 | 性理管窺小識 5도, 經書八圖 8도, 本圖書 17도, 原卦劃 7도, 明蓍策 9도 외 | 47 |
| 金虎運 | 1786~? | 雨澗集 心經疑義 | 舜蹠圖와 誠幾圖를 함께 보완한 그림 | 1 |
| 李恒老 | 1792~1868 | 華西集 | 先天後天圖卦說 3도, 南八灘啓蒙八圖說質疑 2도, 洪範皇極內篇記疑 15도, 揲蓍解 6도, 四端七情圖說 2도, 弦望晦朔圖 4도, 井閭圖 8도, 深衣圖 4도, 律生五聲圖解, 八十四聲圖解, 六十調圖解, 閭塾講規 5도 외 | 62 |
| 金在洛 | 1798~1860 | 養蒙齋集 | 小學明倫圖, 養正圖 외 | 9 |
| 金岱鎭 | 1800~1871 | 訂窩集 | 曆象圖, 明魄圖, 河洛圓圖 외 | 4 |
| 崔漢綺 | 1803~1895 | 明南樓全集 | 測人 22도, 習算津筏 24도, 儀象理數 21도, | 215 |

| | | | | |
|---|---|---|---|---|
| | | | 地毬典要 65도, 陸海法 26도, 心器圖說 58도 등 | |
| 吳致箕 | 1807~? | 周易經傳增解 | 河圖, 洛書 외 17도 | 19 |
| 朴珪壽 | 1807~1877 | 居家雜服攷 | 外服圖 10도, 冠衣散形圖 4도, 內服圖 22도, 童子服圖 11도, 女子服圖 4도, 深衣方領折諸式외 복식 관련 7도, 外內長幼禮服燕服同異表 외 2표, | 62 |
| 李敦禹 | 1810~? | 肯菴集 | 心經贊圖 | 1 |
| 張福樞 | 1815~1900 | 四未軒集 | 鄒書之圖 외 역과 의례 관련 도 | 52 |
| 朴萬瓊 | 1817~1896 | 壺隱遺稿 | 心易 38도 | 38 |
| 李震相 | 1818~1886 | 寒洲全書 | 心經竊啓 19도, 心易圖, 主宰圖說, 心易動靜圖說, 四禮輯要圖式 68도, 後天圖象 3도, 揲蓍圖 4도, 河圖本數定卦位之圖 외 | 107 |
| 金平默 | 1819~1891 | 重菴集 | 先天八卦圖西山蔡氏說 | 1 |
| 李埈 | 1821~1853 | 槐園集 | 講堂圖 | 1 |
| 柳重教 | 1821~1893 | 省齋集 | 大學說 3도, 六經總說 15도, 河圖洛書說 13도, 太極圖說大指, 絃歌軌範 60도 외 | 109 |
| 崔世鶴 | 1822~1899 | 惺巖集 | 先天變爲後天之圖 외 역학 관련 4도, 大學之物有本末事有終始之圖, 中庸首章之圖 외 중용 관련 4도, 敬圖 | 12 |
| 金興洛 | 1827~1899 | 西山先生文集 | 入學五圖 5도, 家祭儀 13도, 程子格致說圖, 朱子格致說圖, 敬齋箴集說圖 | 21 |
| 徐基德 | 1832~? | 石南居士私稿 | 對中庸問目(中庸首章圖) | 1 |
| 金永三 | 1834~1906 | 丹邱遺稿 | 中庸大支圖 2도 | 2 |
| 許薰 | 1836~1907 | 舫山集 | 祭饌陳設圖 | 1 |
| 洪在英 | 1842~1905 | 芝坡遺稿 | 中庸對條 6도 | 6 |
| 李嶔 | 1842~1928 | 桂陽遺稿 | 始言中散末合之圖(중용) | 1 |
| 安泰國 | 1843~1913 | 暘谷集 | 中庸圖 | 1 |
| 金鼎默 | 1844~? | 過齋遺稿 | 天子諸侯正統旁期服圖 외 | 3 |
| 李在齡 | 1845~1901 | 竢菴集 | 易學記見 16도 | 16 |
| 朴文鎬 | 1846~1918 | 壺山全書 | 中國道統圖, 東國道統圖, 洙泗二十七圖說 27도, 西漢經師傳授譜說 8도, 道學聖統圖說, 周易圖書詳說 9도 性學圖說 외 | 70 |
| 李承熙 | 1847~1916 | 大溪集 | 心學圖校本, 中範 6도 | 7 |
| 李建昌 | 1852~1898 | 讀易隨記 | 四象合成八卦圖, 剛柔推變圖 외 | 9 |
| 金時洛 | 1858~1896 | 莊菴文集 | 心經贊圖 | 1 |
| 權相翊 | 1863~1935 | 省齋集 | 仁心圖說 天地人仁心圖說, 中庸六大節圖, 新定五服圖 | 3 |

| 郭鍾錫 | 1864~1919 | 勉宇集 | 中庸支節圖, 四端七情經緯圖, 心動靜圖, 人心道心圖 6도 외 | 11 |
|---|---|---|---|---|
| 金秉宗 | 1871~1931 | 秀山集 | 聖學續圖 10도, 帝王爲治爲學之圖 외 | 12 |
| 金鳳煥 | 1873~1915 | 晦峰集 | 中庸究義 3도 | 3 |
| 崔秉心 | 1874~1975 | 欽齋集 | 日用存誠圖, 學規圖 | 2 |

건의 도를 확보할 수 있었다. 앞 시대에 비해서 도 제작자와 도의 수는 많이 줄었다. 그러나 조사를 더 하면 더 많은 수의 도를 구할 수 있을 것이다.

이 시기에는 성리학자들의 경학이나 심학 그리고 공부론에 관한 주제와 내용이 이전 시기보다 더 심화된 도설들이 등장했다. 또 과거의 학문적·문화적 유산을 종합하고 정리하는 작업도 이루어진다. 나아가서 경학과 성학·심학 등에서는 더욱 상세하게 세분된 주제와 내용의 도 제작이 이루어졌다. 역학에서도 심학과 결부된 心易의 계승 발전이 이루어지고, 이미 고전적 주제가 되어버린 사단칠정, 인심도심 등에 관한 도 제작이 꾸준히 지속되었다. 그러므로 이 시기에 이루어진 성리학 계통의 도 제작은 종합과 정리라는 성격이 보인다. 이른바 실학자로 불리는 일부 학자들의 새로운 문명에 대한 감지와 수용의 태도가 있지만, 전반적으로는 성리학의 학풍이 난숙하다는 인상을 주는 한편, 변화하는 세계 문명의 동향과는 동떨어진 유교에의 몰입 현상도 보였다.

그리고 이른바 후기실학의 집대성자로 꼽히는 丁若鏞과 후기실학의 마지막 학자인 崔漢綺 등은 경세적·실용적 방안을 구하려는 목적에서 제작된 다양한 형태의 도를 남겼다. 또 朴珪壽의 《居家雜服攷》처럼 복식의 제도와 형상을 종합적으로 정리한 도설집도 등장했다. 특히 최한기의 도설들은 서구 문물을 수용하면서 유교의 학문 방향과

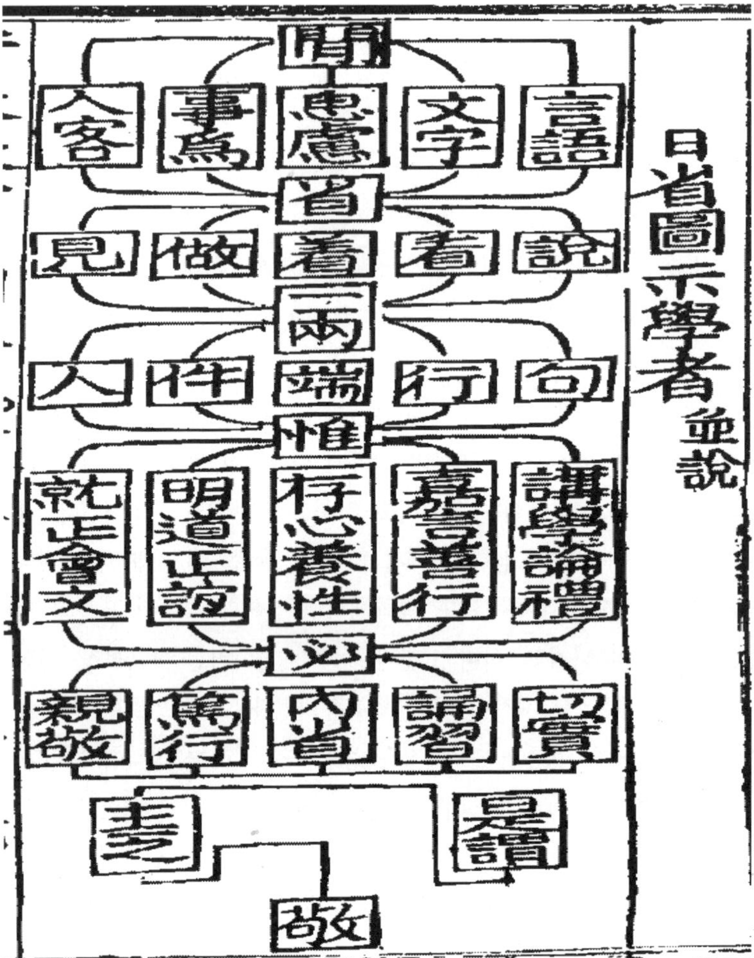


〈그림 4-96〉 황덕길의 〈일성도시학자〉

범위에 많은 변화가 있었음을 시사한다. 그것은 동시에 유교 자체의 원리와 실천 방법의 모색에도 중대한 변화를 일으키고 있었음도 시사한다. 그러므로 19세기는 성리학자들에 의해서 유교의 종합과 정리,

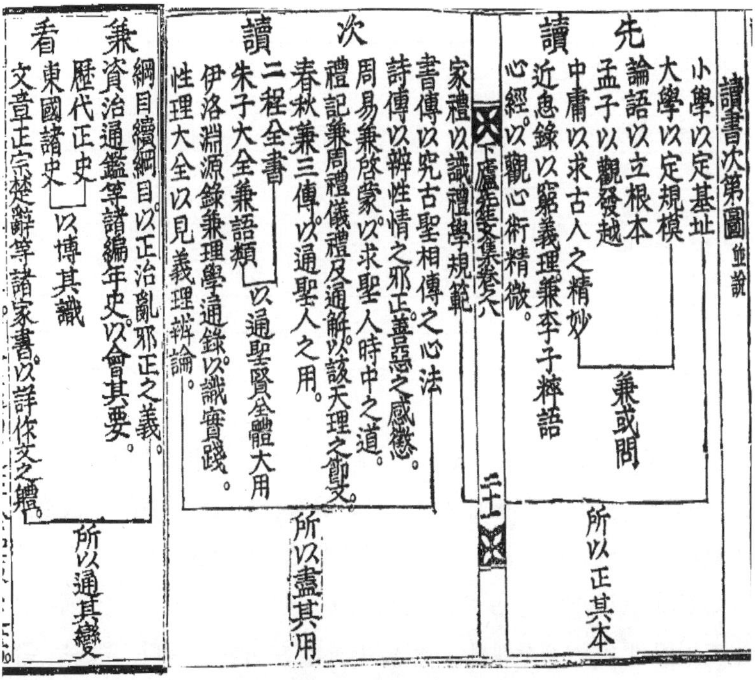


〈그림 4-97〉 황덕길의 〈독서차제도〉

이른바 후기실학자들에 의해서는 유교의 재해석과 새로운 영역의 개척이 도설작업을 통해서 표방되었다.

수집된 그림들은 편의상 성리학자들의 것과 실학자들의 것으로 나누었다. 먼저 성리학자들의 그림들은 聖學과 洙泗學의 맥락을 계승하고 발전시키고자 하는 취지로 제작된 도설 혹은 도설집들이 등장하였다. 성학은 이황의 영향을 받아 그것을 계승 발전시키고자 하였던 영남 계통의 유학자들에 의해서 제작된 것을 확인할 수 있다. 그리고 기호지역의 학맥에서는 인성물성동이논변의 계승 일환으로 性學이 학문분야로 정착되고 있었다.

〈표 4-22〉 유휘문의 《관복고증》 속 도

| 冠服考證 緇布冠圖 |
|---|
| 冠服考證 玄冠圖 |
| 冠服考證 玄端服圖 |
| 冠服考證 大帶圖 |
| 冠服考證 爵韠圖 |
| 冠服考證 革帶圖 |
| 冠服考證 黑屨圖 |
| 冠服考證 深衣圖 |
| 冠服考證 椽衣圖 |

학자별로 대체적인 도 자료의 내용과 특징을 살펴보겠다.

안정복의 문하인 黃德吉은 〈日省圖示學者〉(〈그림 4-96〉)와 〈讀書次第圖〉(〈그림 4-97〉) 등을 그려서 공부의 방법에 관한 지식을 도상으로 표현하였다. 전자는 도에 사용된 문자들에 方圈을 쳐서 강조한 점이 특징인데, 일상생활에서의 성찰 방법을 도시한 것이다. 후자는 독서의 순서와 방식을 제시하는 그림이다. 이 그림은 송환기의 〈독서계급도〉와 유사한 개념을 바탕으로 경전의 독서에서 지켜야 할 차례를 정해주었다. 이를 통해서 여전히 유학자들이 유학 성취를 위한 방법으로서 유교의 經傳, 先儒의 저술 및 중국 역사 지식의 확보에 많은 관심을 기울였음을 알 수 있다.

李東榦은 〈聖賢心學四圖說〉(1805)을 제작하였는데, 모두 4도로 구성되어 있다. 성학이란 이름을 표방한 것은 아니지만 심학으로써 성학을 풀어보는 내용을 담았다. 이 도설의 특징은 이황의 〈심무체용변〉을 도상으로 제작하여 넣은 점이고, 이를 통해서 작자의 이황 사상 계승 방법이 다름 아닌 심학적 방법론에 있음을 알 수 있다.

유중교의 〈九容九思合圖竝贊〉, 崔秉心의 〈日用存誠圖〉도 이러한

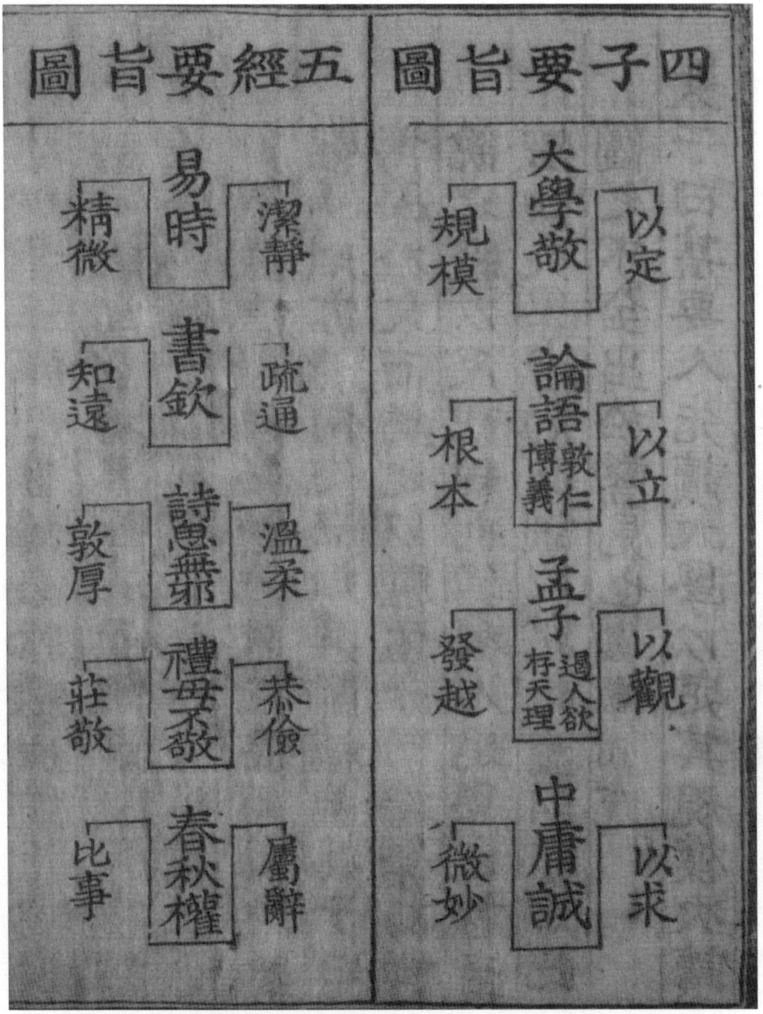


〈그림 4-98〉 강필효의 〈사자요지도〉와 〈오경요지도〉

부류의 도들이다. 또 김홍락은 〈입학오도〉를 제작하였는데, 그 다섯 가지 도는 〈立志之圖〉, 〈居敬之圖〉, 〈窮理之圖〉, 〈力行之圖〉, 〈總

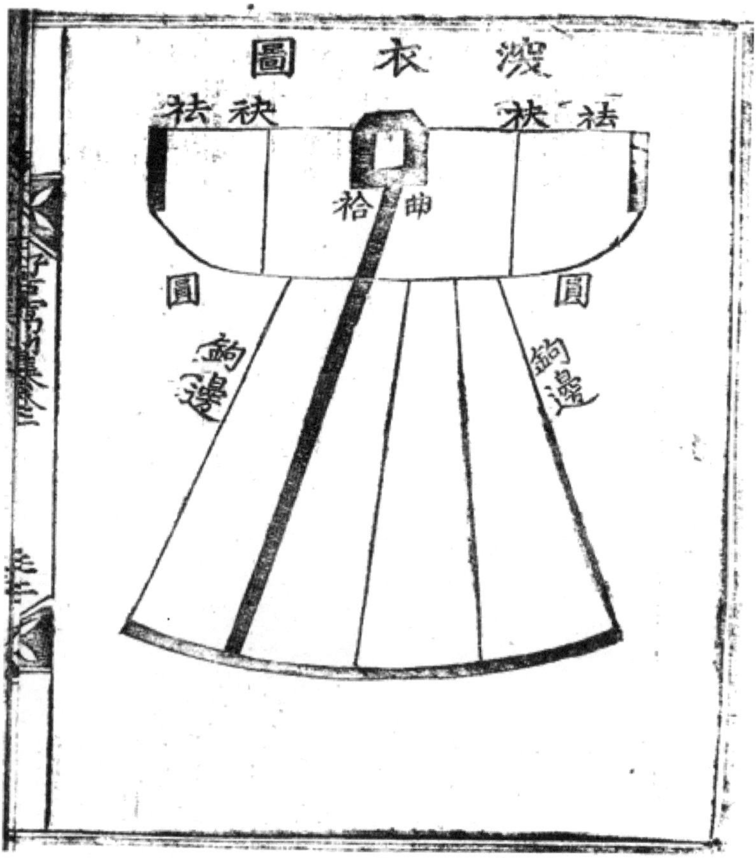


〈그림 4-99〉 유희문의 〈심의도〉

圖〉이다.

성리학자로 분류되는 학자들의 경학에 관한 도설들은 전반적으로 五經과 四書에 관한 그림들이 고루 제작되었다. 먼저 오경과 사서를 총론적으로 다룬 도자료로는 姜必孝의 〈사자요지도〉와 〈오경요지도〉를 들 수 있다(〈그림 4-98〉). 전자는 한 장의 그림 속에 사서 각각의 요지를 주희가 제시한 사서의 독서 순서에 따라서 배열하고, 또 사서 각각의 독서의 목표 또는 효용을 함께 표시했다. 후자 역시 한 장의 그림 속에 역 · 서 · 시 · 예 · 춘추의 순으로 각각의 요지를 배열하였다. 즉 사서와 오경의 요지를 하나의 그림에 종합해낸 것이 이 그림의 특징이다. 그밖에도 그는 〈孝經大義圖〉, 〈井田圖〉, 〈謙卦圖〉, 〈無逸圖〉, 〈明堂圖〉, 〈土圭測影圖〉 등의 도를 제작하였다.

柳正源의 후손 柳徽文은 《冠服考證》, 《啓蒙攷疑》, 《傳疑餘論》 등의 저술에서 도를 남겼다. 《관복고증》은 관복에 관한 고증을 하면서 그림을 남겼다. 과거 태고 적부터 법식으로 삼았던 모자와 복식들을 고증한 이 저술은 모자류, 의상, 허리띠, 신 등의 법식을 그림으로 제시하였다. 모두 20여 조목으로 분류한 이 저술에 실린 그림은 9건이다. 이 가운데 〈심의도〉(〈그림 4-99〉)의 심의의 옷깃의 모양은 앞에서 살핀 한백겸의 방령 형태를 수용하되 교임 형태로 변형시킨 것이다. 이로써 유휘문은 한백겸의 방령설을 일부 수용하는 심의 고증을 하였다고 할 수 있다.

《계몽고의》와 《전의여론》(〈표 4-23〉)은 그의 역학에 관한 저술이며 두 저서에 게재한 도는 총 41건이다. 이 두 저술이 주목되는 이유는 영남 유학의 전통 위에서 당대까지 진행된 《역학계몽》에 관한 학문적 논의를 비판적으로 계승하면서 자신의 입장을 밝히는 도설을 담았기 때문이다.

《계몽고의》란 주희의 《역학계몽》에 대한 의문점을 풀어가는 취지로 제작된 도설집인데, 여기서 그는 중국 송명대 유학자들과 조선의 유학자들의 설에 대해서 그림을 그리거나 옮겨 싣고, 거기에 자신의 학설을 도로 제작하여 비교하는 입장을 취하였다. 그러한 비교를 통한 자기 학설의 정당성을 확보하고자 도설집 모두에 음양오행의 〈生

〈표 4-23〉 유휘문의 《계몽고의》와 《전의여론》의 도

| | |
|---|---|
| 啓蒙攷疑 生出圖 | 啓蒙攷疑 河洛指要奇偶子母二圖 |
| 啓蒙攷疑 運行圖 | 啓蒙攷疑 河洛指要奇偶子母三圖 |
| 啓蒙攷疑 圖書中五具爲參天兩地之積圖1 | 啓蒙攷疑 河洛指要奇偶子母四圖 |
| 啓蒙攷疑 圖書中五具爲參天兩地之積圖2 | 啓蒙攷疑 啓蒙所謂徑一而圍三(圖) |
| 啓蒙攷疑 玉齋五生數爲陽五成數爲陰說圖 | 啓蒙攷疑 啓蒙所謂徑一而圍六(圖) |
| 啓蒙攷疑 苑洛圖 | 啓蒙攷疑 卦扐三變之圖 |
| 啓蒙攷疑 傳疑圖 | 啓蒙攷疑 苑洛圖 |
| 啓蒙攷疑 鄙說圖 | 啓蒙攷疑 二物迭爲消長圖 |
| 啓蒙攷疑 朱子則圖畫卦說圖 | 啓蒙攷疑 一物迭爲消長圖 |
| 啓蒙攷疑 玉齋說圖 | 啓蒙攷疑 以邵朱說手畫成圖 |
| 啓蒙攷疑 苑洛圖 | 啓蒙攷疑 揲蓍圖 |
| 啓蒙攷疑 南塘圖 | 傳疑餘論 五聲十二律相乘爲六十 |
| 啓蒙攷疑 鄙說圖 | 傳疑餘論 十干十二支相乘爲六十 |
| 啓蒙攷疑 南塘說圓圖 | 傳疑餘論 運氣相乘爲六十 |
| 啓蒙攷疑 玉齋卦氣圖 | 傳疑餘論 五運循環六十月 |
| 啓蒙攷疑 敬堂一元消長圖 | 傳疑餘論 六氣分統六十日 客氣輪行 |
| 啓蒙攷疑 恒齋改正消長圖 | 傳疑餘論 六氣分統六十日 主氣始終 |
| 啓蒙攷疑 鄙說先天卦氣消長圖 | 傳疑餘論 周火候六十卦 |
| 啓蒙攷疑 納甲六卦與辟卦消長圖 | 傳疑餘論 太一一元六十時 |
| 啓蒙攷疑 河洛指要奇偶子母一圖 | 傳疑餘論 納音圖 |
| | 傳疑餘論 十二月月建及日月所會之辰圖 |

出〉과 〈運行〉(〈그림 4-100〉)을 내세운 것으로 보인다. 〈표 4-23〉의 도 제목을 보면 선유들의 입장에 의해 제작된 도, 예를 들면 제5도부터 7도까지의 명칭은 중국의 옥재 호씨(胡方平)의 입장을 담은 도, 원락(韓邦奇)의 입장을 담은 도, 이황의 입장을 담은 도이고 제8도의 비설도가 자신의 입장을 표시한 도이다. 이렇게 《역학계몽》의 중요 주제에 관하여 학설의 입장을 도를 통해서 비교하고 그들과 다른 자신의 입장을 밝히는 방식을 취하였다. 그렇지만 도설집 전체의 구도와

〈그림 4-100〉 유희문의 〈생출〉 〈운행〉의 도

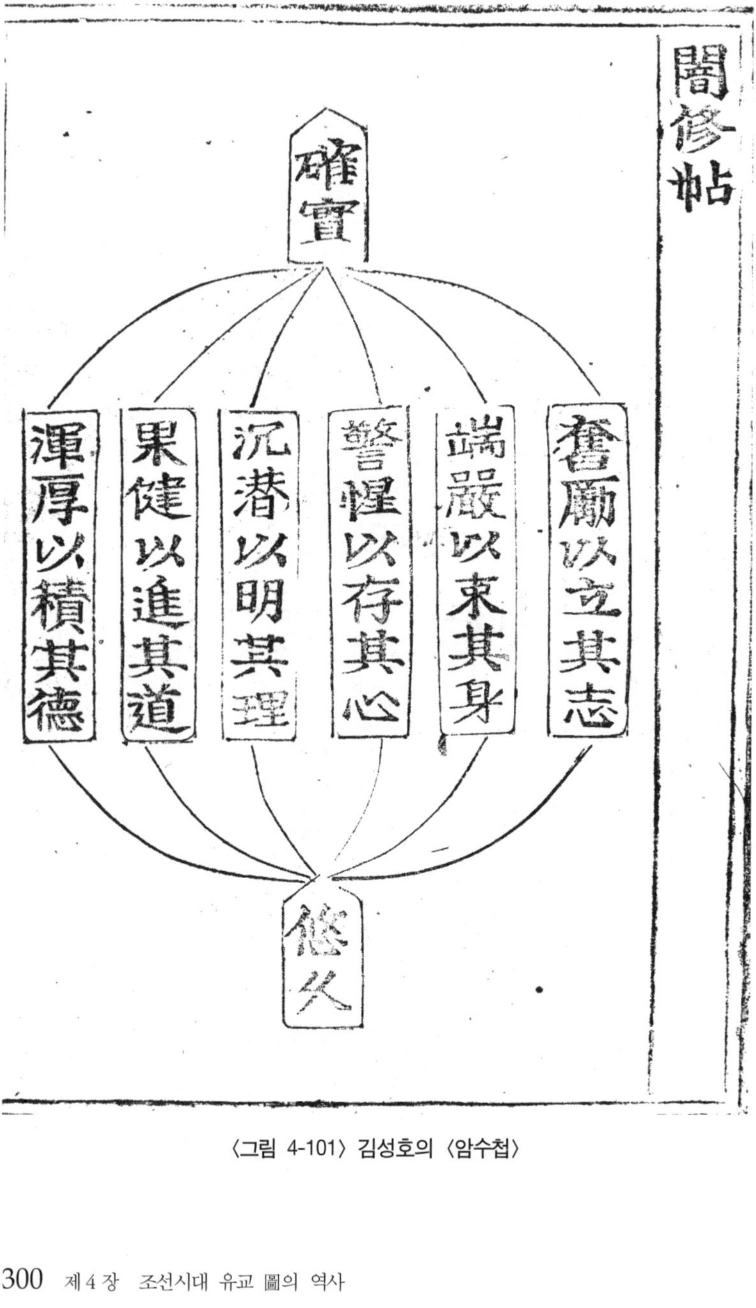


〈그림 4-101〉 김성호의 〈암수첩〉

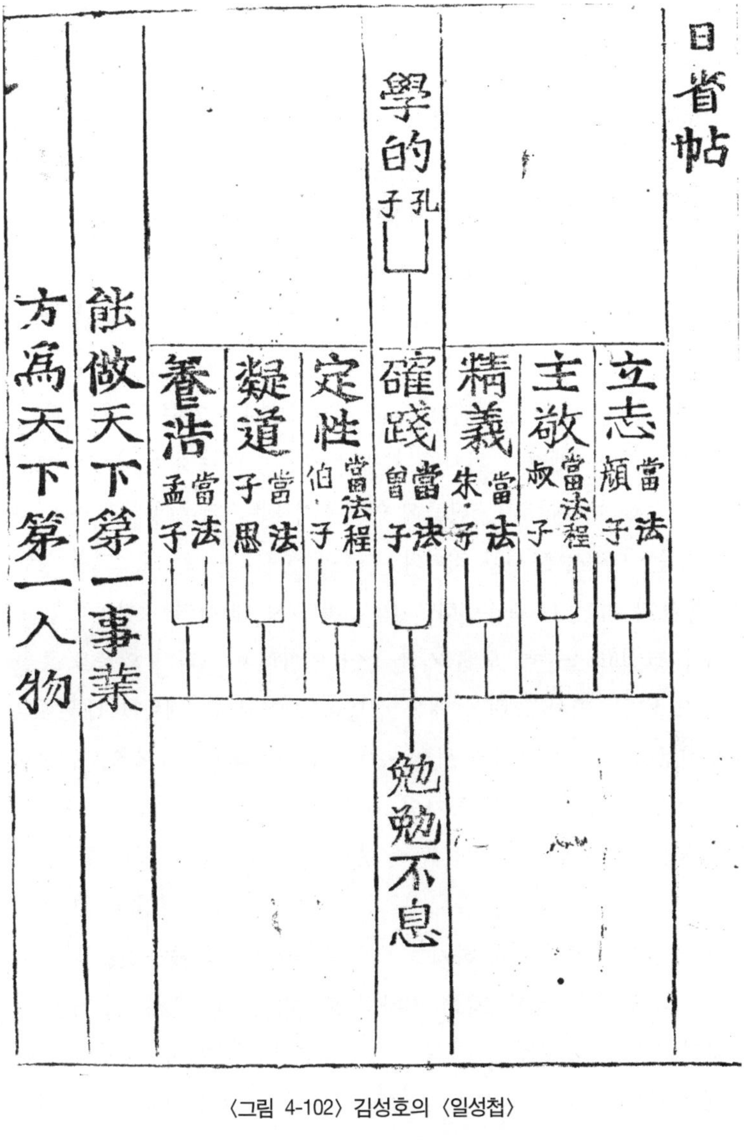


〈그림 4-102〉 김성호의 〈일성첩〉

방향은 자신의 독자적 입장을 내세우는 것보다는 소옹의 선천역학을 계승하는 주희의 역학적 입장과 학설에 담긴 의문점을 해소하고 명쾌한 이해와 설명이 가능하도록 한다는 데 맞췄다. 《전의여론》은 이황의 《계몽전의》와 그의 조부인 유정원의 《하락지요》의 학문적 관점을 하나의 맥락으로 정립하면서 자신의 견해를 다듬은 저술이다. 이 두 저술로써 그는 주자학 계열의 역학을 완성하려는 태도를 보여주었다.

金性昊는 역학에 관한 도설집인 《易圖發揮》와 《圖卦會通》을 저술하였으며, 일종의 공부의 방법과 관련된 도로서 〈암수첩〉(〈그림 4-101〉), 〈일성첩〉(〈그림 4-102〉), 〈진학첩〉을 제작하였다. 〈암수첩〉에 대해 설명이 없어서 도 제작의 취지를 자세히 알기는 어렵지만 제목과 그림의 내용으로 미루어보면, 남들이 알아주지 않는 가운데 묵묵하게 자신을 닦는 요령을 도시한 것이다. 전체를 통괄하는 원리는 그림 상단의 '확실'과 하단의 '유구'이다. 이는 그림 가운데 나열한 항목들을 확실하게 그리고 꾸준히 오랜 기간 동안 연마해야 효과가 있음을 뜻한다. 〈일성첩〉 역시 그림에 대한 설명이 없어서 도 제목과 내용으로 미루어보면 나날이 자신을 성찰하는 것을 중심내용으로 삼았다. 성찰의 준거는 孔子를 비롯한 공자의 제자들(顔子, 曾子) 공자의 손자인 子思, 전국시대 유가 사상가인 孟子, 중국 송대 유학자인 정씨 형제, 朱子 등의 인물과 함께 거론된 그들의 덕목이라고 할 수 있다. 그 준거들에 자신을 맞추어 성찰하기를 쉼없이 꾸준히 해가는 것을 과제로 삼았다. 그리고 궁극적으로는 천하의 으뜸가는 사업을 할 수 있어야 천하의 으뜸가는 인물이 된다는 신념과 목표를 취했다. 여기서 천하의 으뜸가는 사업은 곧 聖人이 되는 공부이며, 천하의 으뜸가는 인물이란 공자같은 성인을 의미한다. 〈일성첩〉의 그림 옆에 병기한 "천하의 으뜸가는 사업을 할 수 있어야 천하의 으뜸가는 인물이 된다"(能做

〈표 4-24〉 박경가 〈대학장구도〉의 도

| | |
|---|---|
| 經綱領 1 | 傳三章止至善圖 |
| 經綱領 2 | 傳四章本末圖 |
| 經綱領 3-1 | 傳五章格物致知圖 1 |
| 經綱領 3-2 | 傳五章格物致知圖 2 |
| 經第四本末圖 | 傳六章誠意圖 |
| 經第五條目圖 | 傳七章正心修身圖 |
| 經第六條目圖 | 傳八章修身齊家圖 |
| 傳一章明明德圖 | 傳九章齊家治國圖 |
| 傳二章新民圖 | 傳十章絜矩圖 |

天下第一事業 方爲天下第一人物)는 글은 이미 소개한 장현광의 〈우주요괄첩〉 열번째 첩인 〈반궁첩〉의 주제어 문구이다.

柳致明은 〈禘祫享辨證〉이란 글에서 〈公羊五年再殷祭一禘一祫圖〉와 〈禮緯五年一禘三年一祫圖〉라는 그림을 남겼다. 이는 왕실에서 거행하는 제사의 일종인 禘와 祫을 고증하여 그린 그림이다.

朴慶家는 18건의 도를 담은 〈대학장구도〉(〈표 4-24〉)를 《대학》의 체제에 맞추어서 제작했다. 앞서 소개한 백봉래의 《사서통리》 중 《대학》에 관한 도들이 《대학》의 주요 내용을 주제별로 정리한 것과는 다르게 〈대학장구도〉는 經과 傳의 체제로 구분하였다. 그의 도상은 독자적인 형상을 바탕으로 이루어졌으며 경과 전의 구획과 그 주제의 설정도 같지 않다. 〈전오장격물치지도〉(〈그림 4-103〉)는 《대학》에 관한 程朱學 계통의 격물치지설을 수용하면서 그 방식대로 해야 하는 격물과 치지의 대상과 요령을 도해한 것이다. 특히 격물이란 단지 생각만으로 사물의 이치를 구하는 것이 아니라 구체적인 현실 상황에서 사물의 이치를 탐구하는 것을 말하고, 치지는 이러한 격물의 방식을 통해서 이치를 명쾌하게 터득하는 것을 말하다. 이 그림의 구도는 이

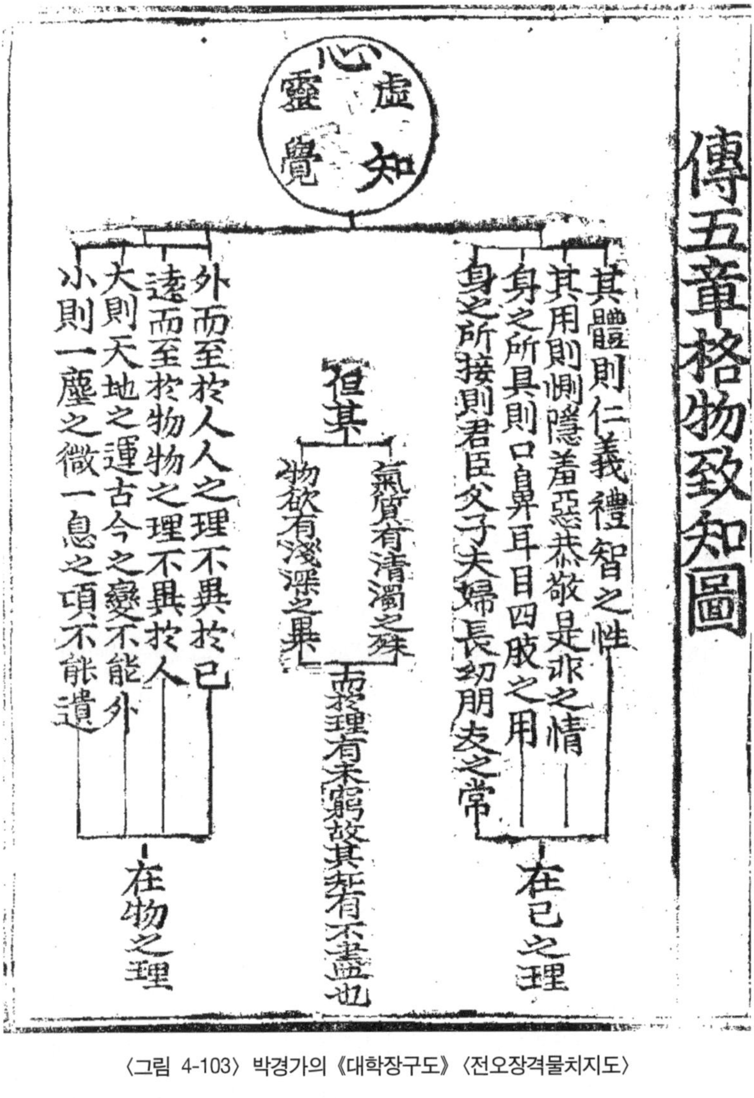


〈그림 4-103〉 박경가의 《대학장구도》 〈전오장격물치지도〉

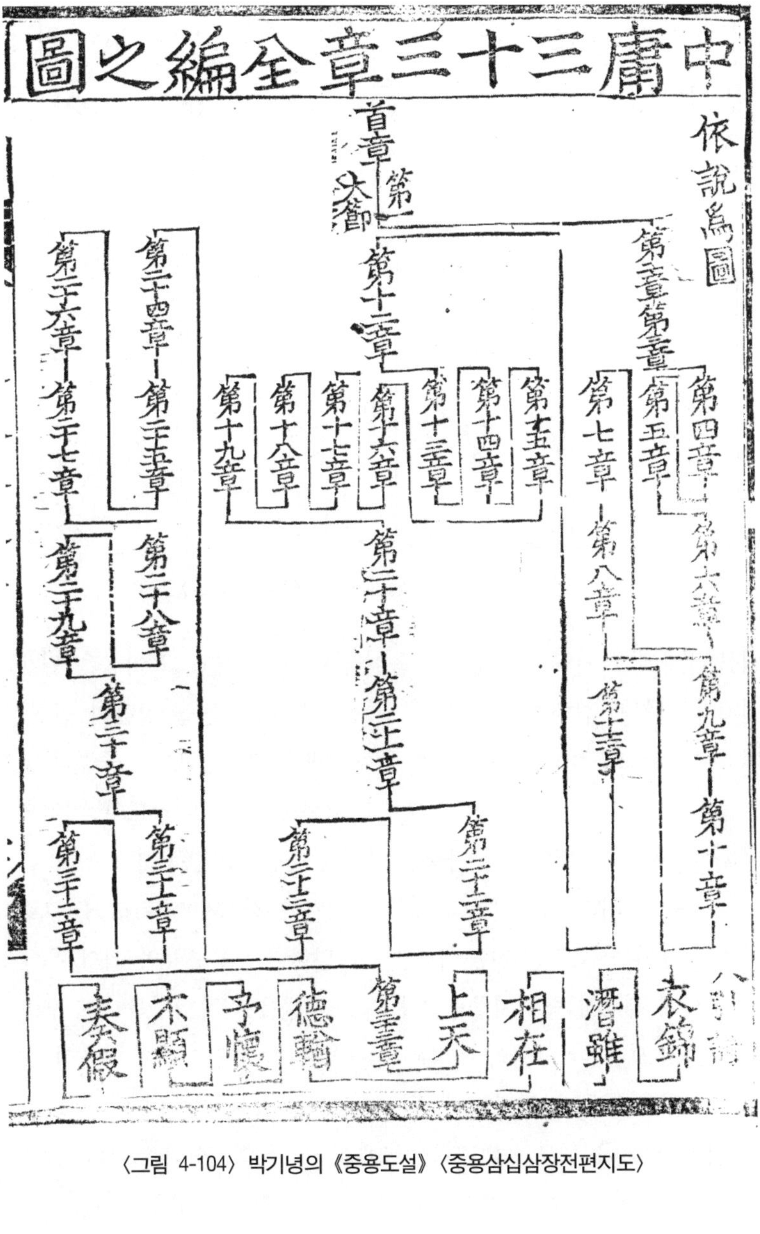


〈그림 4-104〉 박기녕의 《중용도설》〈중용삼십삼장전편지도〉

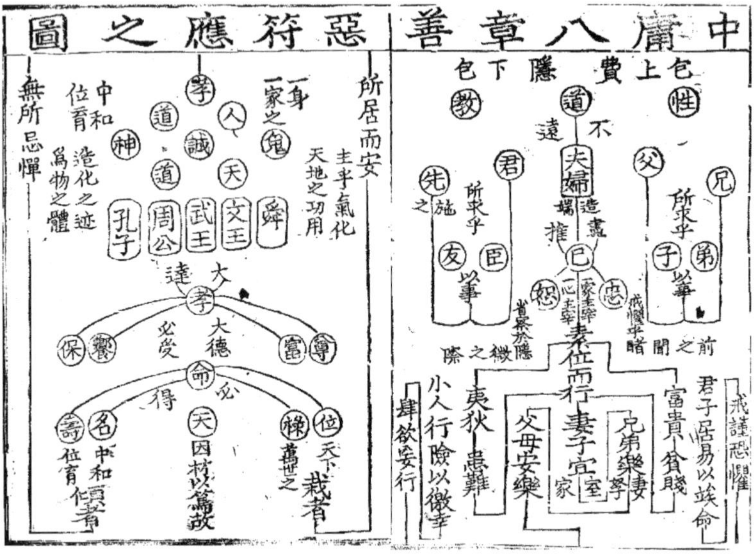


〈그림 4-105〉 박기녕의 〈중용팔장선악부응지도〉

러한 격물과 치지의 주도자가 마음이라는 점, 그리고 그 마음은 원래 실체가 없지만 신령하기 때문에 지각을 지닌다는 점을 상단의 원 안에 다섯 글자[心 虛 靈 知 覺]로 뚜렷하게 표기하였고, 도 중앙의 내용들은 사람마다 차이가 있는 氣質의 맑음과 탁함의 정도와 거기에 덧붙여 사람마다 벗어나기 어려운 사물에 대한 욕심[物欲]의 깊고 얕음의 차이에 따라서 이치를 파헤쳐 들어가는 깊이가 다르고 또 그로 인해서 깨치는 것도 미진할 수 있음을 말한다. 도 중앙의 좌와 우에는 자신에 해당하는 이치들과 사물의 이치들을 각각 4항목으로 구별하여 표기했다. 이 그림의 특징은 심학의 원리에 입각하여 마음의 수양이 되어야 격물과 치지도 잘 될 수 있음을 보여주는 데 있다. 그리고 잡저 권9에는 〈天象類〉라는 글에 〈十二次雲漢升降之圖〉〈日月會合圖〉〈地面環〉〈天經環〉〈天緯環〉〈三辰環〉〈赤道環〉〈黃道環〉

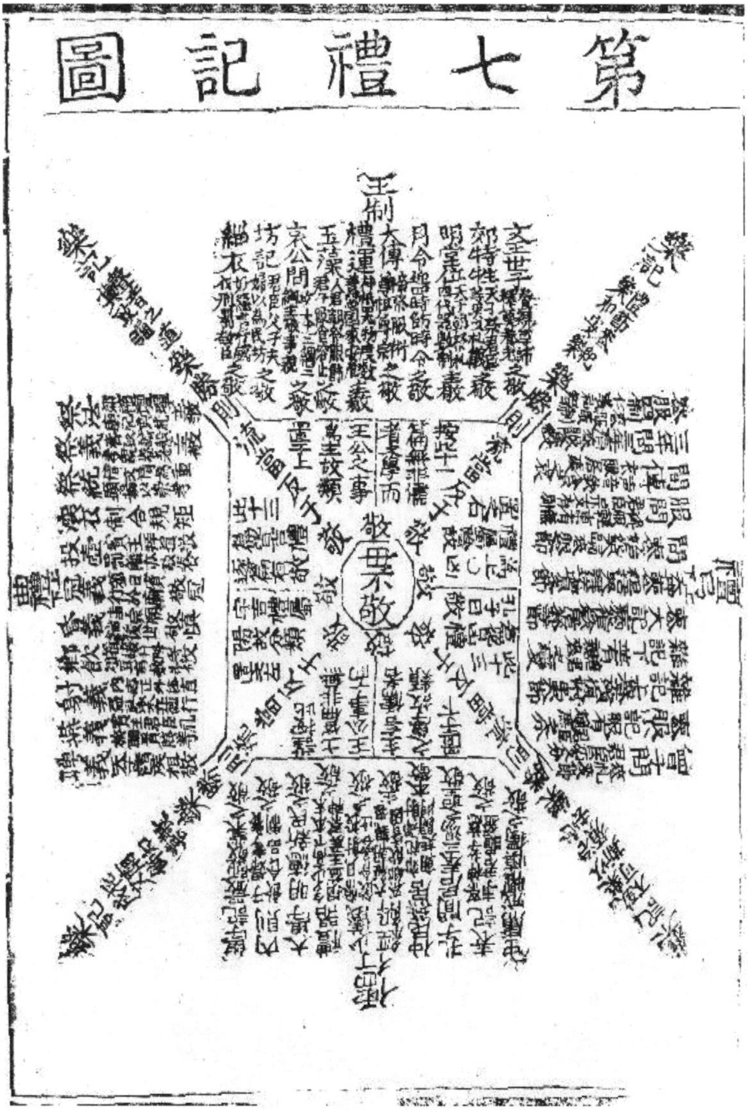


〈그림 4-106〉 최상룡의 〈경서팔도〉 예기도

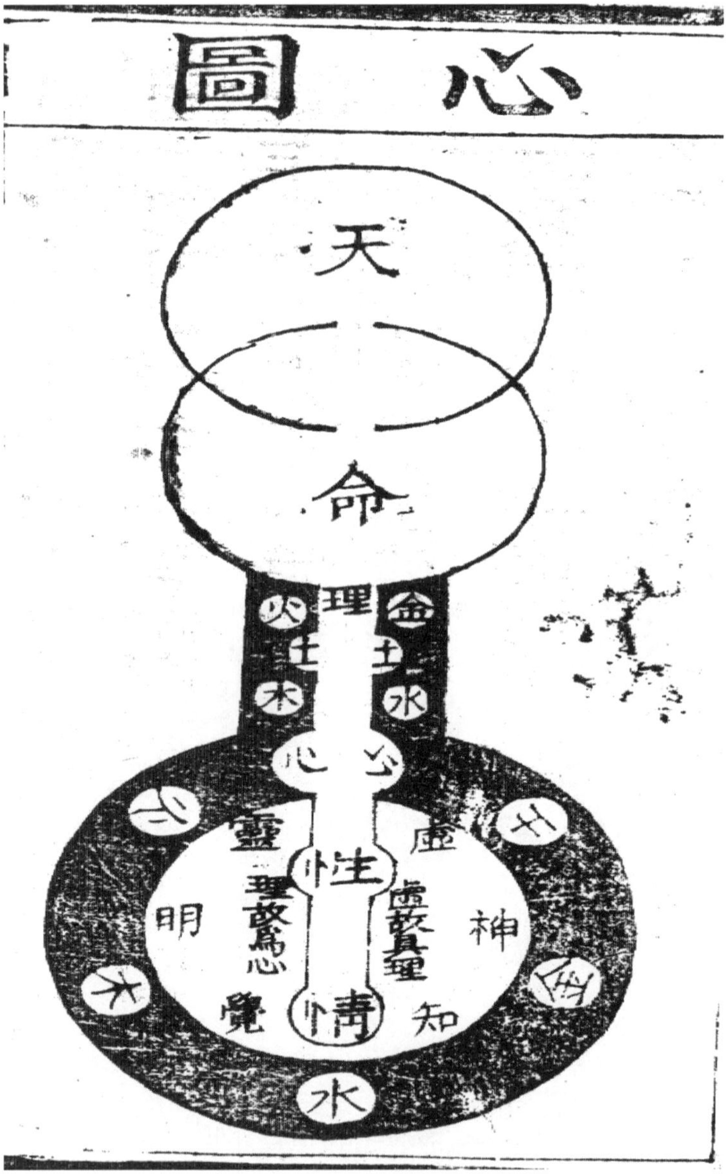


〈그림 4-107〉 최상룡의 〈심도〉

〈표 4-25〉 박기녕 《중용도설》의 도

| 中庸三十三章全編之圖 |
| --- |
| 右畵上下十章之圖 |
| 分畵最上首章第一大節其下第二大節之圖 |
| 畵第三大節第四大節之圖 |
| 畵四大節九經之圖 |
| 畵末章第五大節八引詩之圖 |
| 左畵上下九章之圖1 |

〈白單環〉〈四游儀〉 등의 그림을 병기하였다.

朴箕寧은 《중용도설》(〈표 4-25〉)을 남겼다. 그는 모두 7건의 도를 제작하여 《중용》의 전체적인 구성과 주요 주제를 배분하여 표상하였다. 박기녕의 《중용도설》 가운데 〈중용삼십삼장전편지도〉(〈그림 4-104〉)는 주희의 《중용장구》의 편제에 따라서 전체 33장으로 분류된 편제를 보여준다. 이는 비록 《중용》의 내용 자체에 대한 도해는 아니지만, 《중용》이란 경전의 구도를 이해하는 관점을 제시하는 도해로서 특징을 지닌다. 그 특징은 《중용장구》 장의 순서를 따라서 배열했는데, 배열의 흐름은 도의 좌측으로부터 우측으로 장의 순서대로 흐름을 보여주되 중심축에는 《중용》의 핵심원리로 간주되는 내용을 담은 장을 두었다는 점이다. 도의 중심축을 형성하는 장은 首章, 제12장, 제20장, 제21장, 및 마지막 장(제33장)이다. 그리고 《중용》의 마지막 장(33장)에 인용된 시의 주제어들을 그림의 아래에 배열하였다. 시의 주제어들은 군자의 도를 비유하는 내용이다. 이 그림 다음에 이어지는 6건의 도는 위 그림에서 구획한 구도에 따라 각각의 구획에 속한 《중용》의 장 내용을 좀 더 상세하게 표상한 것이다.

박기녕의 〈中庸八章善惡符應之圖說〉(〈그림 4-105〉)은 《중용》 경문

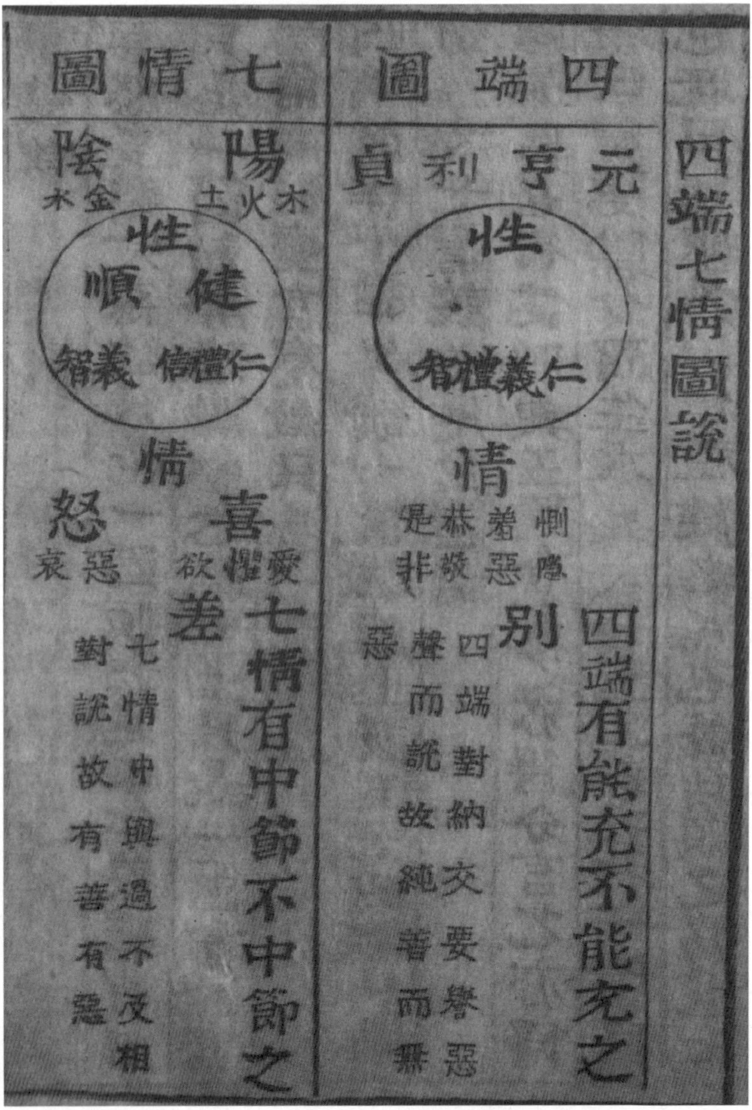


〈그림 4-108〉 이항로의 〈사단도〉 〈칠정도〉

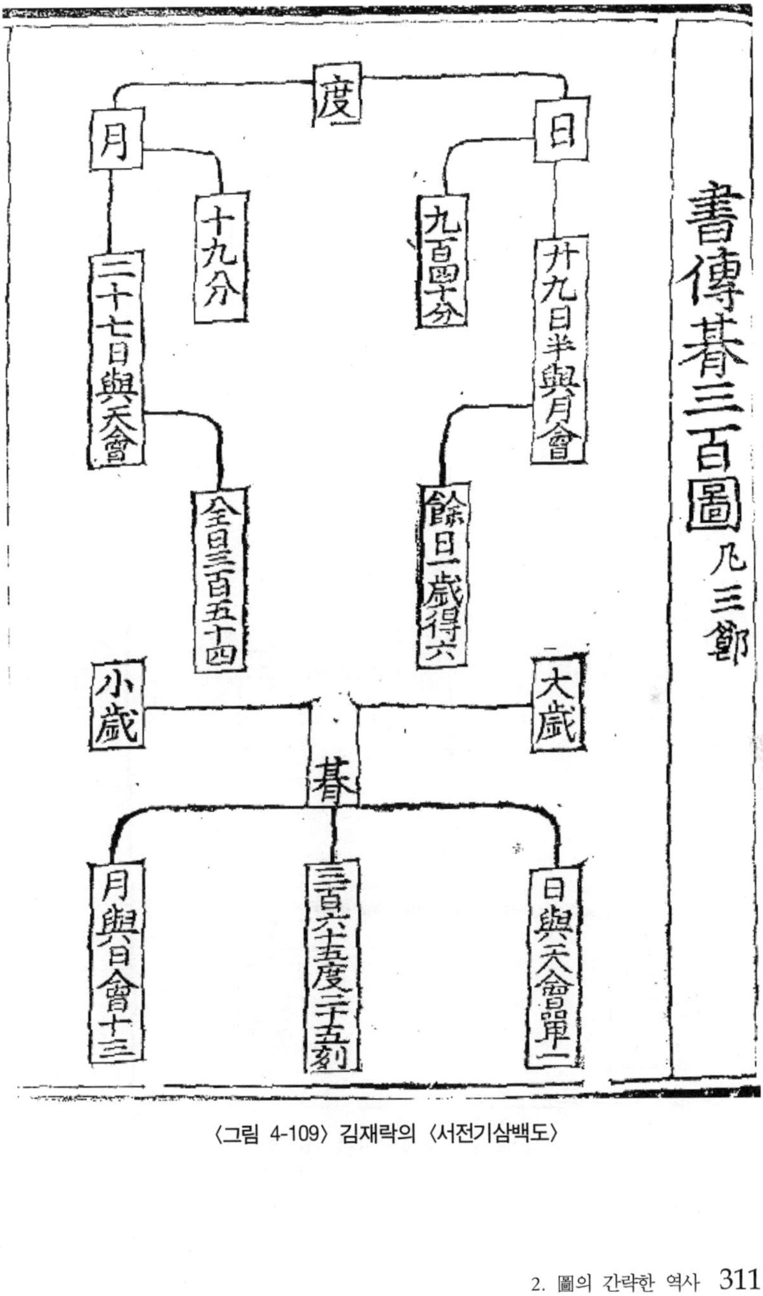


〈그림 4-109〉 김재락의 〈서전기삼백도〉

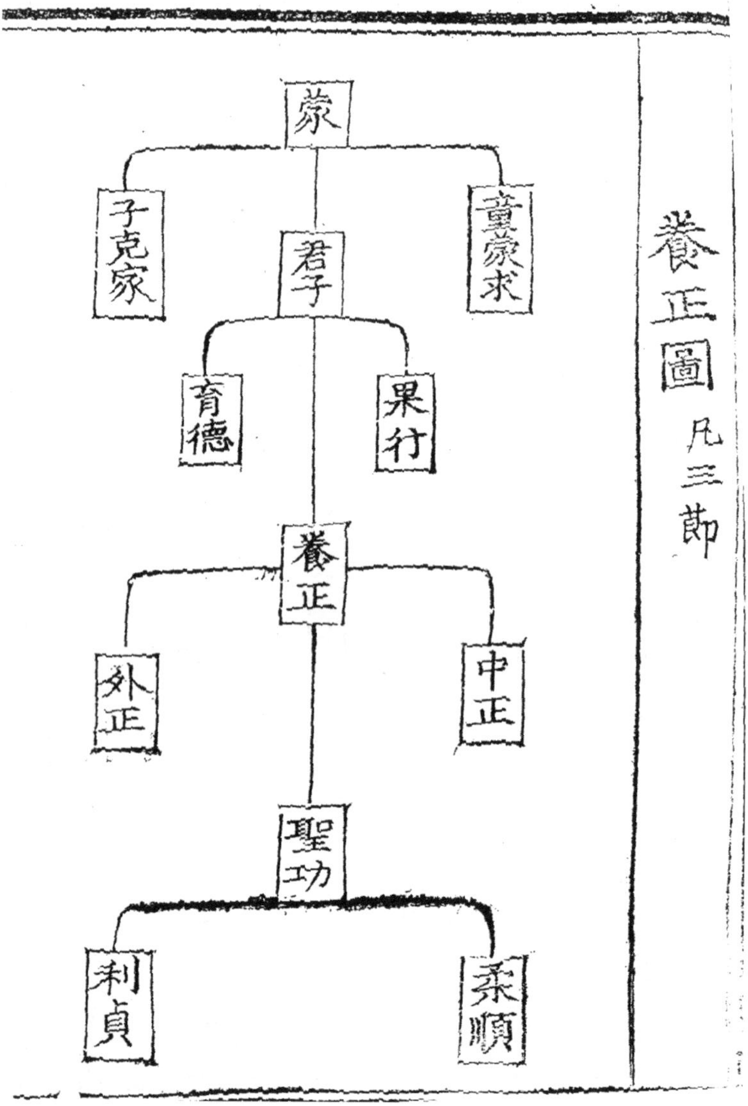


〈그림 4-110〉 김재락의 〈양정도〉

가운데 8개장의 글 요지를 뽑아서 인간의 선한 행위와 악한 행위에는 반드시 천지의 이치가 그에 상응하는 응분의 결과를 준다는 것을 도해하였다. 아이들에게 선한 행위의 당연함을 이해시키려고 천인관계의 필연적 응보가 있음을 《중용》의 내용에 따라서 도해한 것인데, 대체로 《중용》 12장의 글을 전체 도설의 핵심 주제로 삼고, 그것에 대한 해설에 해당하는 13장부터 20장까지의 글을 12장의 내용에 맞추어 배열하였다. 12장의 내용은 군자의 도는 그 작용은 광대하지만 그 본체는 아주 은미하다[君子之道費而隱]는 것이다. 그래서 군자의 도의 출발점은 일상생활에서 비근한 것부터 착실하게 행하는 것이 중요하다는 것, 그리고 그것을 꾸준히 성실하게 확대하여 감으로써 祿(재산), 位(지위), 名(명예), 壽(수명)를 필연적으로[命] 받는다는 것을 도시하였다.

경학 및 유학적 원리의 심화된 고찰을 담은 그림을 남긴 학자로는 崔象龍을 꼽을 수 있다. 그가 제작한 〈經書八圖〉는 사서에 대한 4건의 도와 오경 가운데 《춘추》를 뺀 《詩傳》·《書傳》·《禮記》(〈그림 4-106〉)·《周易》에 관하여 도를 각각 제작하여 모은 것이다. 그림의 구성 방식이 각 도마다 다양하며 각 경서의 주요 원리와 내용을 한 장의 도상 속에 요약하고자 표상의 공간을 배열하고 구분한 것이 매우 독자적인 모습이다. 또 그는 주희의 《역학계몽》 공부의 소산으로 《계몽차의》를 짓고 그 안에 다수의 도를 편집하였다.

최상룡은 〈심도〉(〈그림 4-107〉)를 지어서 심성에 관한 입장을 표명하였다. 그림의 취지는 '심은 기가 된다'(心爲氣)는 뜻을 추연하여 가장 핵심적이고 변하지 않는 심의 정체와 심의 구성요소를 형용하고 그것을 공부의 자료로 삼으면서 스스로 신념을 갖고자 하였다.

李恒老 역시 많은 종류의 도를 제작하였는데, 전체 도의 수는 100여

건 정도 된다. 그가 제작한 도 가운데 중요한 것을 꼽아보면 다음과 같다. 심학에 관해서는 〈성정중화도설〉, 〈사단칠정도설〉(〈그림 4-108〉)을 남겼고, 역학에 관해서는 〈선천후천도괘설〉, 그리고 오행의 생성과 유행을 도해하였으며, 음악에 대해서는 〈율생오성도해〉, 〈팔십사성도해〉, 〈육십조도해〉 등의 그림을 남겼고, 심의의 제도와 관련된 도, 정려에 관한 도 등 매우 다양한 분야의 그림이 있다.

金在洛의 〈도식설〉은 유학자들이 도를 제작하는 이유를 선명하게 보여주는 귀한 글이다. 그는 이 글에서 그림으로써 傳信하는 이유를 두 가지로 설명했다. 하나는 천지의 이치와 성정의 이치는 대단히 묘하여서 드러낼 형상이 없으나, 圖라는 방법을 만난 뒤로 영원토록 그것을 근거로 삼아서 의리를 살피고 그것을 사업에 적용하게 되었고, 다른 하나는 詩書의 序와 후대 중국 북송시대 유학자들의 문집처럼 그림을 담지 않은 것이 없어서 이 서적을 읽고 자신의 뜻을 선하게 하려는 자들은 살피지 않으면 안 된다.[52] 그의 도 구성방식은 독자적인 배치방식을 취하였는데, 그는 이렇게 독자적인 도상을 구성한 이유를 다음과 같이 정리하였다. 당시의 학자들은 익히는 데 열중하다가 진실을 빠트리고, 토론을 하다가 실질을 잊어버려서 자신도 모르게 拘儒와 一曲之士가 되는 것이 현실이었다.[53] 이를 염려한 그의 아우 洪洛이 새롭게 그림을 그려서 학자들에게 도움을 줄 것을 요청하였다. 그가 생각하기에 당시 사람들의 가정은 일가가 모두 유학을 하는 경우도 있지만, 그렇지 않고 일부는 유학을 하고 다른 일부는

---

52) 金在洛, 《養蒙齋先生文集》(국립중앙도서관 소장본) 제2책, 〈圖式說〉, 或有問於余曰 經傳遺集中 印之以圖爲傳信 何也(傳信二字見公羊傳) 曰天地性情至妙 無形著之 橫圖然後 萬世由之 察夫義理而措諸事業 如詩書序 後濂洛集中 亦莫不有圖 所讀是書而欲善其志者 不可不考也.

53) 위와 같은 곳, 今夫讀者 要熟而脫眞 常論而忘實 自不覺拘儒曲士之歸 可勝歎哉.

〈표 4-26〉 박만경 《심역》의 도

| 河圖之圖 | 文王八卦方位圖 |
|---|---|
| 洛書之圖 | 洪範九疇之圖 |
| 天命人事合一之圖 | 初一五行圖 |
| 兩儀四象八卦奇偶圖 | 二五事敬用圖 |
| 四事八情圖 | 三八政農用圖 |
| 圖說作卦用爻 | 四五紀協用圖 |
| 前十卦後十卦圖 | 五皇極建極圖 |
| 理氣說圖 | 會極歸極圖 |
| 太極 性命 心貌 兩儀 四事 四象 八情 八卦圖 | 六三德乂用圖 |
| 心貌 五事 四端 八情 又付干支圖 | 七稽疑明用圖 |
| 方體圖 | 卜五占二圖 |
| 立極圖 | 八庶徵念用圖 |
| 理氣四七人心道心圖 | 休徵圖 |
| 邵子天地四象圖 | 咎徵圖 |
| 道義之交規矩 | 九五福嚮用圖 |
| 伏羲六十四卦次序擬議錄 | 九疇對偶圖 |
| 皇之居極圖 | 九疇應合圖 |
| 天地造化圖(제목확인) | 先天八卦合洛書數圖 |
| 伏羲八卦方位圖 | 後天八卦合河圖數圖 |

다른 학문을 하는 집안(이를 그는 半家라고 한다)도 있어서, 이들에게 근본을 알려줌으로써 이들이 궁극의 경지에 도달하도록 하는 것이 새로운 도를 제작한 목적이었다.[54] 이와 더불어 경전의 내용을 살피되 익히지 않고 행하되 두드러지지 않으면 허탕이어서 나이가 들어도 반은 익고 반은 익지 못하는(半青半黃) 상태가 되는 것이 염려되어 격언을 모아서 도설을 만들었다는 것이 주요한 취지이다.[55] 이러한 취지에

54) 위와 같은 곳. 從弟洪洛 請新圖說以惠學者, 余謂今天下之學於一家半家之中(半云者 盖一家之中 半爲他術 半爲儒業者 見或問小註) 皆得以看圖書 此其不患於無本而不能以達也.

〈표 4-27〉 이진상 《심경관계》의 도

| | |
|---|---|
| 心經章圖 | 中庸首章圖 |
| 心經贊圖 | 葵軒石銘圖 |
| 舜禹傳心圖 | 夜氣箴圖 |
| 敬義齋銘圖 | 聖可學圖 |
| 入敬圖 | 四勿箴圖 |
| 主一箴圖 | 心箴圖 |
| 絶四圖 | 求放心齋銘圖 |
| 克齋記圖 | 好學論圖 |
| 敬恕齋銘圖 | 明誠箴圖 |
| 克復敬恕乾坤道圖 | |

따라서 그는 〈小學明倫圖〉, 〈大學明德圖〉, 〈中庸喜怒哀樂圖〉, 〈孟子不動心圖〉, 〈論語宮墻圖〉, 〈詩傳淸廟瑟圖〉, 〈書傳朞三百圖〉(〈그림 4-109〉), 〈周易卦爻圖〉, 〈養正圖〉(〈그림 4-110〉) 등을 제작하였다. 그의 그림은 대체로 구도가 비슷하고 사용한 상징적 형태도 비슷하다. 즉 직선과 곡선을 사용하여 사각형을 잇고, 사각형 안에는 핵심 개념어를 넣었다. 그리고 전체의 구도는 여러 층의 구별을 두고 위에서 아래로 방향을 잡아서 내용을 이해하도록 했다.

吳致箕는 《周易經傳增解》를 저술하고 이 안에 역학 관련 도 19건을 편집하였고, 張福樞는 《역학계몽》과 《家禮補疑》라는 저술을 남기면서 그 안에 50건이 넘는 도를 함께 넣었다. 또 장복추의 《사서계몽》 모두에 실린 〈鄒書之圖〉(〈그림 4-111〉)는 《맹자》의 내용을 '自任', '述先聖', '論聖賢之道', '論學', '辨異道'를 중심 내용으로 삼는 외에 맹

55) 위와 같은 곳. 然察不習 行不著之弊 只是蕩也 以故一樣工夫 半靑半黃 未得全體之純熟 終至浮生浪老 多未免爲儒門病狂之人 可勝藥哉 惟冀汝曹勉勵 爰輯格言 敢爲之圖說以便考據云.

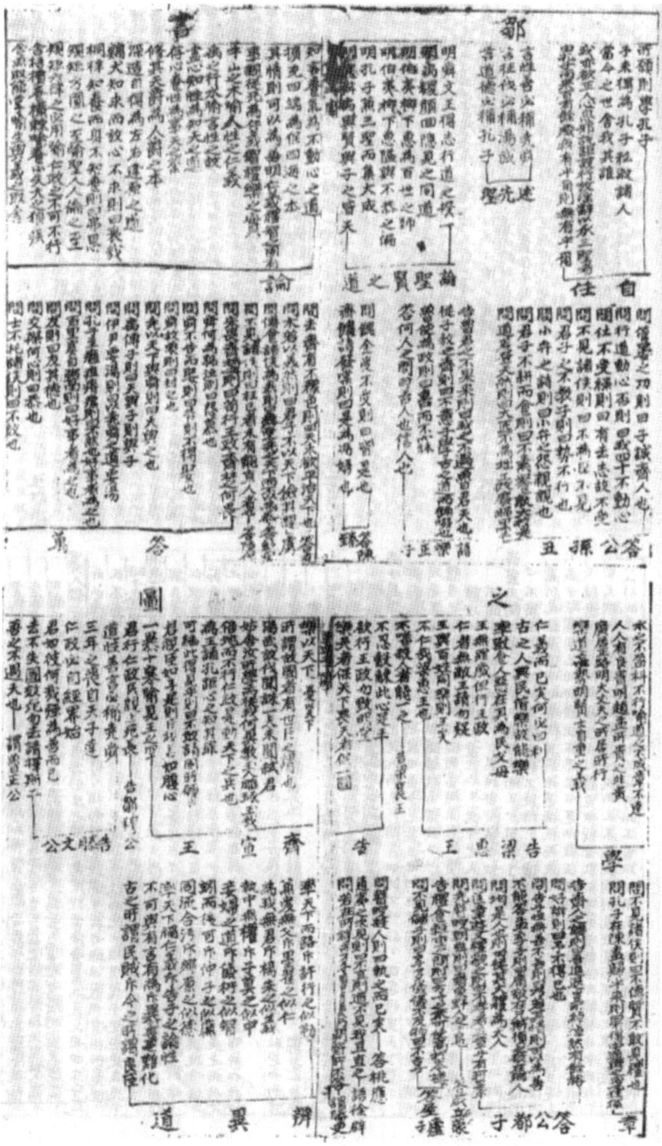

〈그림 4-111〉 장복추의 《사서계몽》 속 〈추서지도〉

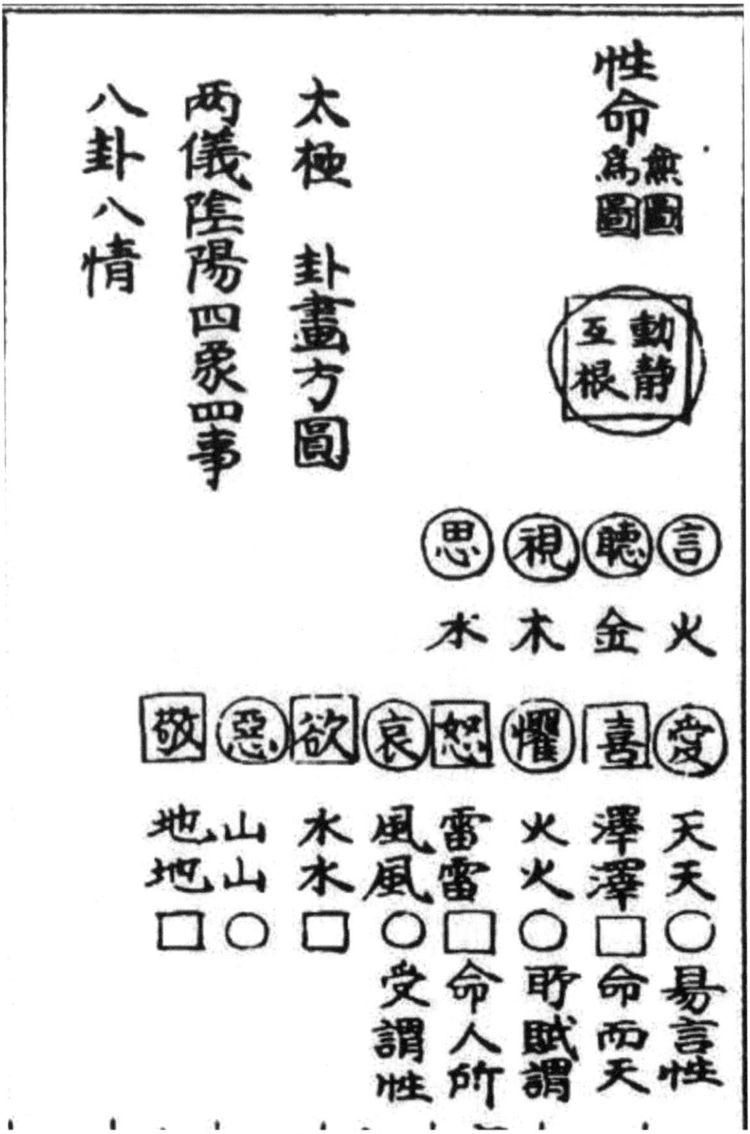


〈그림 4-112〉 박만경의 《심역》 〈천명인사합일지도〉

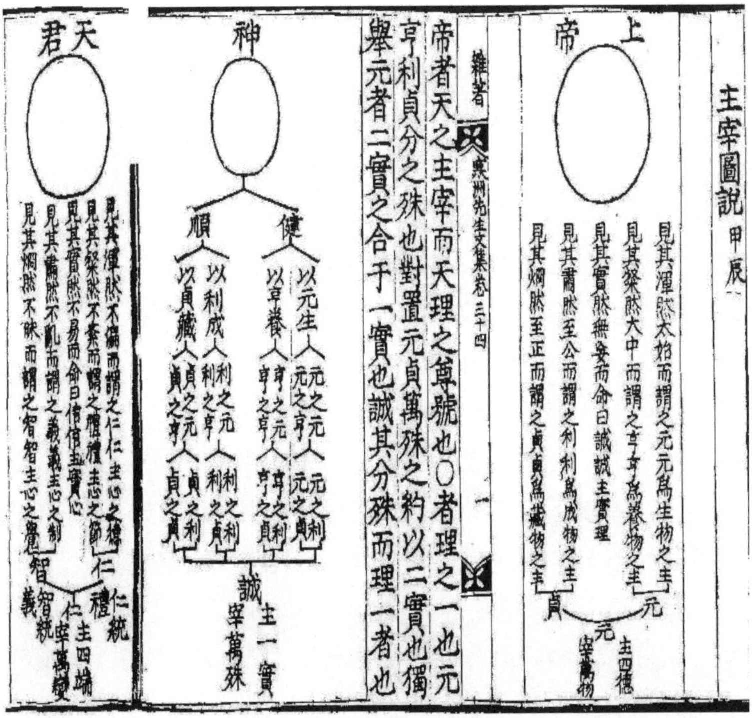

〈그림 4-113〉 이진상의 〈주재도설〉

자의 행적 및 논점과 관련된 내용을 일람할 수 있도록 순서를 지어 배정한 도이다.

朴萬瓊은 心易을 계승하면서 그 내용과 원리를 해명하는 도를 제작하였다. 그 도의 명칭은 〈표 4-26〉과 같다. 박만경의 《심역》은 황덕일의 心易學을 발전시킨 저술이다. 전체 38건의 도가 포함되어 있는데, 그림의 주제들은 주희가 선천과 후천을 역학의 근원으로 삼는 관점을 그대로 심역에도 수용하였음이 처음의 두 도가 〈하도지도〉와 〈낙서지도〉인 점에서 잘 드러난다. 그러나 제3도 〈천명인사합일지도〉(〈그림 4-112〉), 제5도 〈사단팔정도〉, 제8도 〈이기설도〉, 제9도 〈태극 성명 심모 양의 사사 사상 팔정 팔괘도〉, 제10도 〈심모 오사 사단 팔정 우부간지도〉 등은 박만경이 심역을 주희의 역학 체계와 이기설을 응용하여 심역의 체계를 구성하였음을 시사한다. 그리고 특히 홍범구주의 내용을 끌어들여서 심역의 주요 내용으로 삼았음을 제20도 〈홍범구주지도〉부터 제36도 〈구주응합도〉까지의 도들을 통해서 알 수 있다. 특이한 것은 사단과 팔정을 함께 다루면서 기존의 논의되던 칠정을 易의 팔괘에 맞추어 팔정으로 늘린 것이다. 칠정에 추가된 정은 敬이다.

이진상에게서 주목되는 도설집은 《心經竅啓》이다. 이 도설집은 그가 지은 《心經圖說》에 〈心經箚疑〉를 합하여 제작한 도설집이다. 《심경관계》는 앞에 《심경도설》을 두고 뒤에 〈심경차의〉를 붙이는 형태로 편집되었다. 이 저술은 중국 남송의 眞德秀가 편찬한 《心經》의 장마다 圖를 제작하여 설명을 붙인 것이다. 이 체제는 그가 밝히듯이 정복심의 《四書章圖》의 체제를 모방한 것이지만, 그렇다고 해서 《심경》의 원래 章名을 그대로 따라서 도를 제작한 것이 아니고, 자신의 관점과 기준에 따라서 장에 이름을 붙이고 도를 제작하였다.

이외에도 이진상은 심학과 관련하여 〈심역도〉, 〈주재도설〉(〈그림 4-113〉), 〈심역동정도설〉, 〈명덕총괄지도〉 등의 도상과 역학과 관련하여 〈대역도상〉 등의 도, 예제와 관련하여 〈古廟制地盤之圖〉 등의 도 등 120여 건의 도를 제작하였다. 〈주재도설〉은 主宰의 묘한 작용에 관해서 도해한 것인데, 그러한 주재는 궁극적으로 현상과 작용을 통섭하여 서로 조화되게끔 하는 작용이라고 이해된다. 이러한 작용이 가능하기 위해서는 다양한 우주의 만상을 하나로 수렴하면서도 그들 간에 질서를 유지하고 항상 조화롭게 해주는 기능이 있어야 한다. 그것을 이 도설에서는 태극의 기능으로 설명하였는데, 그러한 태극이 하늘에서는 上帝가 행하고 사람에게서는 마음[天君]이 행한다고 본 것이다. 그리고 상제와 천군의 공통점을 理一이라고 설명하였다. 이 도설에서 理一은 특별한 의미가 있다. 그것은 모든 서로 다른 존재와 현상, 작용[分殊]들의 기반에는 실질적으로 그들을 하나로 통합하는 이치가 존재하며, 그러한 존재는 단지 존재하는 데 그치지 않고 分殊들을 하나로 통섭하는 작용을 한다는 관점이 이 도설에 작용한다. 이 그림은 그러한 작용을 하는 것이 하늘 즉 자연세계에서는 상제, 사람에게서는 마음임을 보여준다. 다만 중간에 들어있는 神은 상제와 마음이 보여주는 理의 신묘한 작용을 표상한 것이다. 이진상은 영남 지역의 학풍을 계승하는 가운데 심학과 역학 및 예학 등의 분야에서 많은 도 자료를 제작한 학자이다.

기호학맥에서 이항로의 문인인 柳重教 역시 다수의 도를 남긴 학자이다. 그는 《六經總說》 속 〈易說〉에서 역학의 원리와 관련된 그림을 넣었고, 《대학》을 다룬 〈대학설〉에서는 〈大學古今本圖〉, 〈大學綱目圖〉, 〈小大學合圖〉를 제작하였고, 〈河圖洛書說〉에서는 〈河圖具天地全象圖〉, 〈河圖配四時始終圖〉, 〈洛書陰陽正隅圖〉, 〈洛書五行逆克圖〉, 〈洛書象人爲天地之心圖〉(〈그림 4-114〉), 〈洛書象君爲萬民之表圖〉, 〈洛書大衍局圖〉 등의 도를 남겼다.

〈낙서상인위천지지심도〉는 〈낙서〉가 상징하는 내용이 '사람은 천지의 마음 혹은 중심이 된다'는 점을 상징한다는 도해이고, 〈낙서상군위만민지표도〉는 또 〈낙서〉가 '임금은 만민의 표덕이 된다'는 점을 상징한다는 도해이다. 이 도들은 〈낙서〉라는 상징적 수 배열이 천지자연에서의 인간의 위상, 그리고 인간 사회에서의 임금의 위상을 중앙에 두는 것이 선험적으로 정해진 이치임을 표상하였다. 이러한 사

〈표 4-28〉 유중교 《현가궤범》의 도

| | |
|---|---|
| 拾貳律陰陽辰位相生次第之圖 | 國朝雅樂定律十五章 |
| 拾貳律寸分釐毫絲數 | 樂位圖 |
| 伍聲伍行之象淸濁高下之次 | 社稷大享樂章 奠幣肅安之樂 |
| 伍聲相生損益先後之次 | 社稷大享樂章 初獻壽安之樂 |
| 貳變相生之法 | 社稷大享樂章 徹변豆雍安之樂 |
| 拾貳律正變倍半之法 | 大報壇大享樂章 奠幣肅安之樂 |
| 旋宮捌拾肆聲之圖 | 大報壇大享樂章 初獻壽安之樂 |
| 陸拾調之圖 | 文廟大享樂章 奠幣明安之樂 |
| 十二宮七聲位 | 文廟大享樂章 初獻成安之樂 |
| 七聲損益相生之圖 | 文廟大享樂章 徹변豆娛安之樂 |
| 律呂損益相生之圖 | 書社絃歌恒用二篇 首章黃鍾宮調 |
| 十二律旋宮圖上 | 書社絃歌恒用二篇 小學題辭十章六章章四句四章章八句 |
| 十二律旋宮圖下 | 書社絃歌恒用二篇 六君子畵像贊六章章八句 |
| 琴絃配聲律圖 | 紫陽琴調候詞 |
| 琴律攷定圖 | 七言四韻律格 |
| 琴律調候圖 | 各體詩詞配律 明道先生述懷詩 七言四韻律 |
| 琴體全圖 | 各體詩詞配律 康節先生暮春吟 七言絶句 |
| 律尺 | 各體詩詞配律 晦菴先生壽母詩 七言長篇 |
| 鹿鳴三章八句黃鍾淸宮 | 各體詩詞配律 康節先生冬至吟 五言四韻律 |
| 四牡五章章五句黃鍾淸宮 | 各體詩詞配律 晦菴先生雲谷詩 五言絶句 |
| 皇皇者華五章章四句黃鍾淸宮 | 各體詩詞配律 晦菴先生遠遊篇 五言長篇 |
| 魚麗六章三章章四句三章章二句黃鍾淸宮 | 各體詩詞配律 晦菴先生招隱操二章一章六句一章八句 長短句詞 |
| 南有嘉魚四章章四句黃鍾淸宮 | 各體詩詞配律 反招隱操二章一章六句一章八句 長短句詞 |
| 南山有臺五章章六句黃鍾淸宮 | 各體詩詞配律 晦菴先生復卦贊 四言長篇 |
| 關雎三章一章章句二章章八句無射淸商 | 各體詩詞配律 晦菴先生感春賦 長短句賦 |
| 葛覃三章章六句無射淸商 | 各體詩詞配律 晦菴先生紫陽琴銘 七言長句銘 |
| 卷耳四章章四句無射淸商 | 東謠律格 高山歌 |
| 鵲巢三章章四句無射淸商 | 東謠律格 玉溪操 |
| 采蘩三章章四句無射淸商 | 大報壇大享樂章 徹변豆雍安之樂 |
| 采蘋三章章四句無射淸商 | 開元樂譜風雅十二篇 |

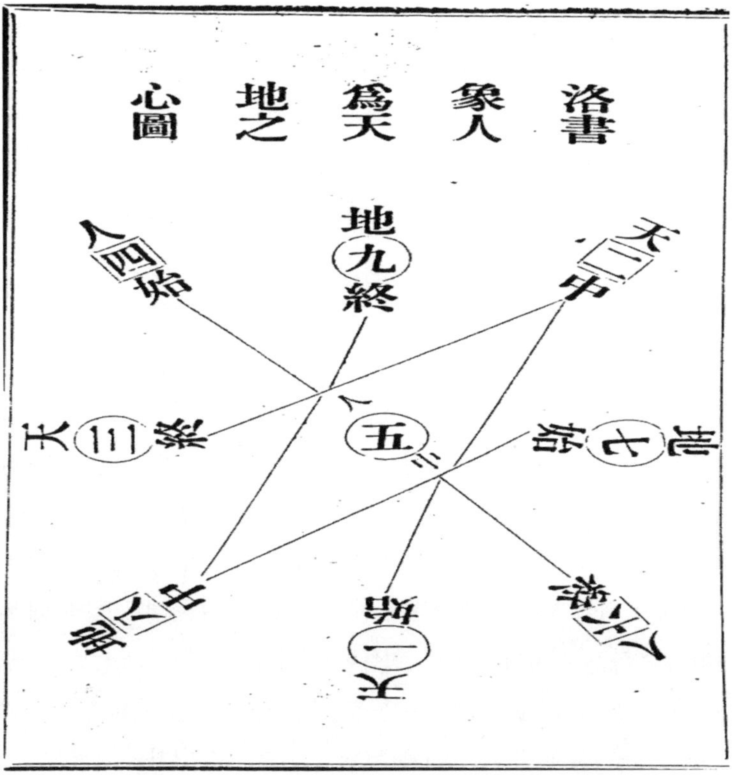


〈그림 4-114〉 유중교의 《하도락서설》 〈낙서상인위천지지심도〉

고는 자연의 사물 속에서 인간을 높이고, 인간 사회에서 임금을 높여야 하는 당위성이 선험적 이치에 근거한 것임을 보여준다.

유중교의 또 하나 중요한 저술은 《성재집》에 포함된 《絃歌軌範》(〈표 4-28〉)이다. 이 저술은 詩와 樂이 하나라는 관점, 그리고 선왕의 뜻을 전하는 것이 詩이고, 樂을 뜻하는 絃歌는 道의 구현에 필요한 도구라는 관점을 취하여 현가를 시대에 적절하게 만들어[因時制宜] 풍속교화에 사용하려는 데에 목적을 두었다.[56] 체제는 본문이 律呂,

琴律, 樂章의 세 부분이고, 부록이 詩律新格, 東謠律格의 두 부분으로 전체 다섯 부분으로 구성하였다.[57] 東謠란 조선사람이 지은 노래를 말한다. 특기할 점으로 《현가궤범》의 이론적 배경은 주희의 악론(律呂之制, 琴律說)에 있으며, 그가 紫陽琴을 제작하여 《현가궤범》에 제시된 악보를 그의 생도들과 함께 강학시에 연주하였다고 한다.[58] 아울러 東謠의 악보에 해당하는 〈高山歌〉, 〈玉溪操〉는 李珥의 〈고산구곡가〉와 자작시 〈옥계조〉에 운율을 붙여서 음높이를 알려주는 것이다.[59]

이 밖에도 유중교는 〈參謁位次圖〉(〈그림 4-115〉), 〈迷源書院撤享後設壇儀節神壇位次圖〉 등 당시 의례의 시행을 기록한 도를 남겼다. 전자는 그의 부친이 73세 때 실제로 집에서 행하였던 참알의 예에서 집안의 가족 및 남녀 노복의 위차를 기록한 것이며, 후자는 미원서원이 철훼된 뒤에 서원을 대신하는 신단을 설치하여 제향을 지낼 때 신위의 위치와 참여자의 위차를 기록한 것이다. 그리고 〈九容九思合圖(竝贊)〉(〈그림 4-116〉)는 구용은 몸을 바르게 하는 법이며[正身之要], 구사는 몸을 움직일 때의 요령[行身之要]으로서 양자의 상호관계를 하나의 틀로 엮어서 보여준다.

최세학의 그림 가운데 〈大學之物有本末事有終始之圖〉(〈그림 4-117〉)는 대학의 내용을 至善에 도달하는 것을 궁극적인 목표로 보고, 이를 성취하기 위하여 다루어야 할 物과 事를 설정하고 그것을 다루는 원리를 本末과 終始로 구분하여 설명하고 이를 하나의 상호보완적 관

---

56) 송지원, 《19세기 유학자 柳重敎의 樂論—《絃歌軌範》을 중심으로〉, 한국음악연구 제28집, 한국국악학회, 2000, 114~116쪽.

57) 위의 논문, 111쪽.

58) 위의 논문, 116-117쪽.

59) 위의 논문, 113-114쪽.

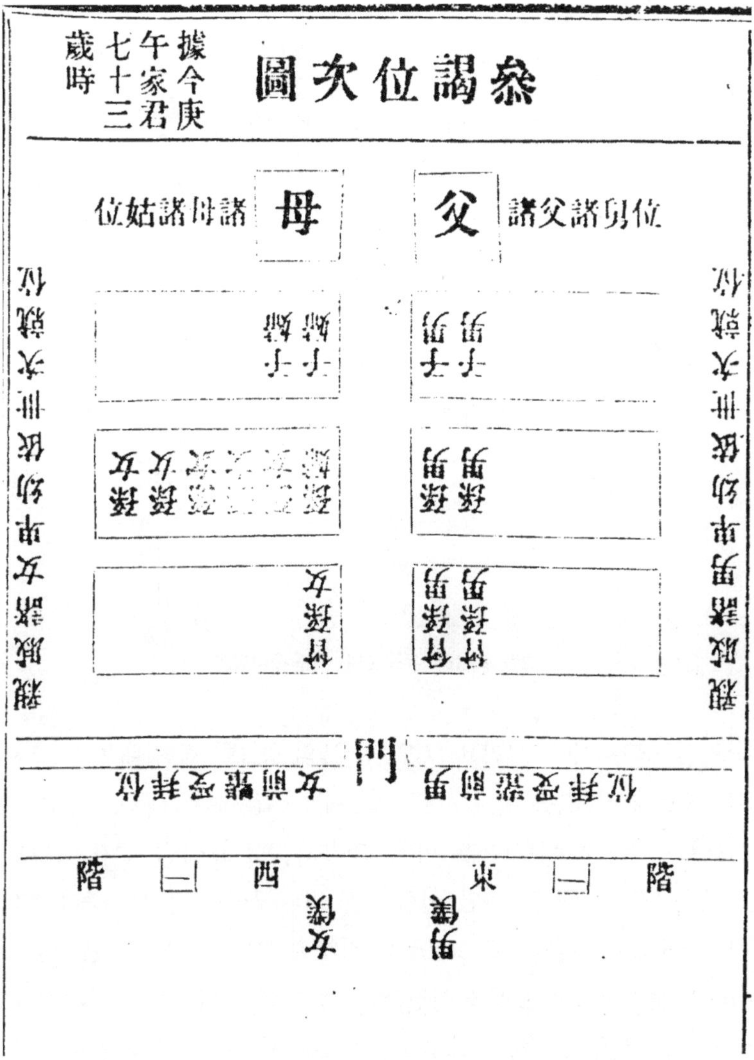


〈그림 4-115〉 유중교의 〈참알위차도〉

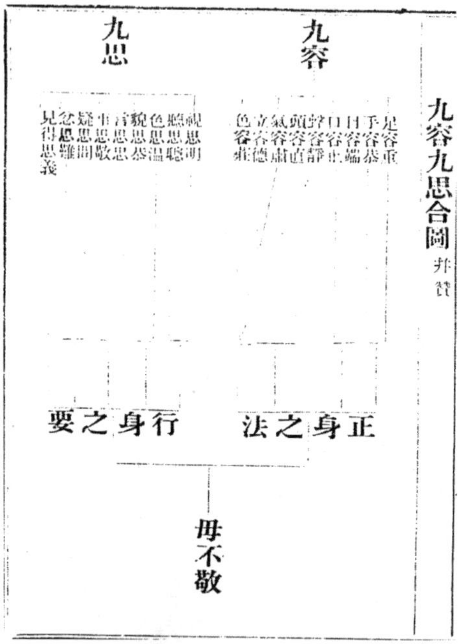


〈그림 4-116〉 유중교의 〈구용구사합도〉

계로 엮은 그림이다. 그리고 그는 《중용》의 중요한 장의 내용을 요약하는 도를 제작하였으니, 〈中庸首章之圖〉, 〈費隱諸章之圖〉, 〈中庸末章之圖〉, 〈天道人道諸章之圖〉이다. 그리고 〈人心道心圖〉(〈그림 4-118〉)는 매우 간단한 구도이지만 인심과 도심의 구별을 잘 보여준다. 그 구별은 중앙에 道를 두고 그로부터 직계로 이어지는 性命, 微, 精一中(이 중 精은 파자)은 도심을 상징하고, 道 자의 위에서 양옆으로 갈라친 사선은 人을 상징하고 그로부터 비롯되는 마음은 形氣를 거치면서 어느 한쪽으로 쏠리게 됨으로써 도심과 상반된 성질과 작용을 한다는 대비의 구도를 만들었다. 그림에 破字를 사용한 것이 특징인데, 이는 이미 〈천명도〉류에서 사용된 적이 있는 방법이다. 또 〈敬圖〉

〈표 4-29〉 김흥락 〈가제의〉의 도

| 主人以下敍立之圖 | 考訂忌祭陳設之圖 |
|---|---|
| 考訂正至陳設之圖 | 更定陳設之圖 |
| 考訂俗節陳設之圖 | 新定墓祀圖 |
| 飯薦新圖 | 春奠酌之圖 |
| 一物薦新圖 | 考訂正朝省墓奠杯之圖 |
| 奉先諸規陳設之圖(合設下同) | 考訂墓所榮奠之圖 |
| 考訂陳設之圖 | |

(〈그림 4-118〉)는 〈태극도〉의 구도를 그대로 가져오되 무극이면서 태극의 형상에 해당하는 맨 위 권역에 敬字를 기입함으로써 경을 가장 근원적이면서도 보편적인 원리로 삼았다. 이는 도의 구성 자체를 원용하긴 했지만, 발상은 매우 참신하다.

김흥락은 《入學五圖》를 짓고 그 안에 다섯 건의 도를 제작하여 넣었으며, 또 《家祭儀》라는 저술 속에는 13건의 도를 그려 넣었다. 《입학오도》의 도들은 〈입지지도〉, 〈거경지도〉, 〈궁리지도〉, 〈역행지도〉, 〈총도〉로 구분된다. 그리고 《가제의》에 게재된 도들은 〈표 4-29〉와 같다. 도 제목들을 보면 주로 제수의 진설 방식 고정을 통해서 자신이 확정한 방식을 도시한 그림들이 대부분이다. 특히 墓祀에 관한 그림은 자신이 새롭게 정립한 것임을 알 수 있다. 그리고 그는 〈정자격치설도〉, 〈주자격치설도〉를 그려서 양자의 학설 차이를 비교하였다.

洪在英은 〈中庸對條〉라는 도설집에서 〈天人心性情圖〉(〈그림 4-119〉), 〈天命新圖〉, 〈未發已發分界圖〉, 일명 〈未發之中時中之中圖〉, 〈道體流行圖〉, 〈心學相傳圖〉 등의 도를 제작하였다. 〈천인심성정도〉는 天의 심성정과 人의 심성정을 각각 하나의 원 속에 배치하여 표상하였다. 주자의 언설에 근거하여 이 도상을 제작하였다고 하지만, 사람

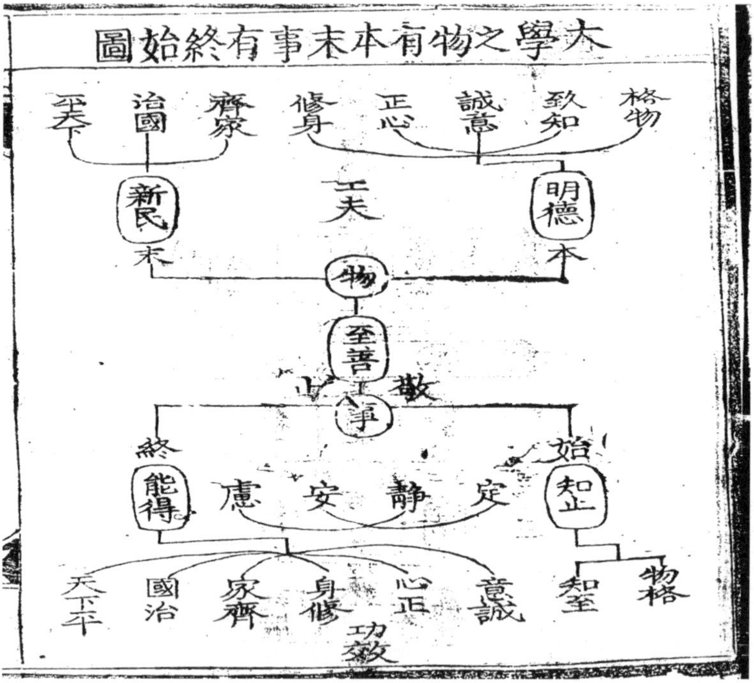


〈그림 4-117〉 최세학의 〈대학지물유본말사유종시도〉

뿐 아니라 하늘의 원리도 심성정이라는 요소로 보는 도상적 형태와 취지는 人天同形의 유비추리로 볼 여지가 큰 독자적인 면이 있다.

李在齡은 《易學記見》에서 易은 하나의 거울과 같아서 비춰보는 바에 따라서 각자 記見이 있는 것이니, 자신의 견지에서 본 것을 기록한 것이라고 했다.[60] 이 도설집은 괘의 성장과 변화에 관한 법칙을 해명하는 도상을 담고 있다. 太極, 始生, 漸長, 旣成을 거쳐서 이루어진 六虛에서의 변화를 제1변부터 제6변까지의 순서로 표상하였다.

60) 《竢菴文集》 권2, 〈易學記見序〉. 但易如一箇鏡子 隨所形而各有記見 然則余亦不可謂之無所見矣.

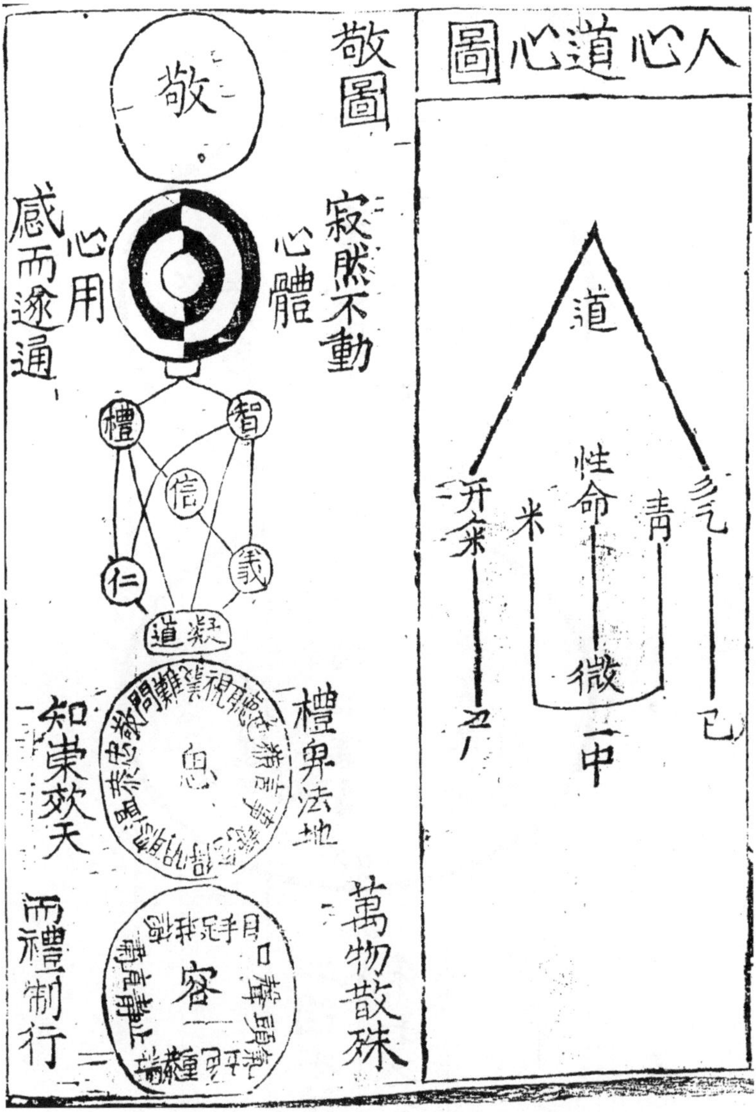


〈그림 4-118〉 최세학의 〈인심도심도〉와 〈경도〉

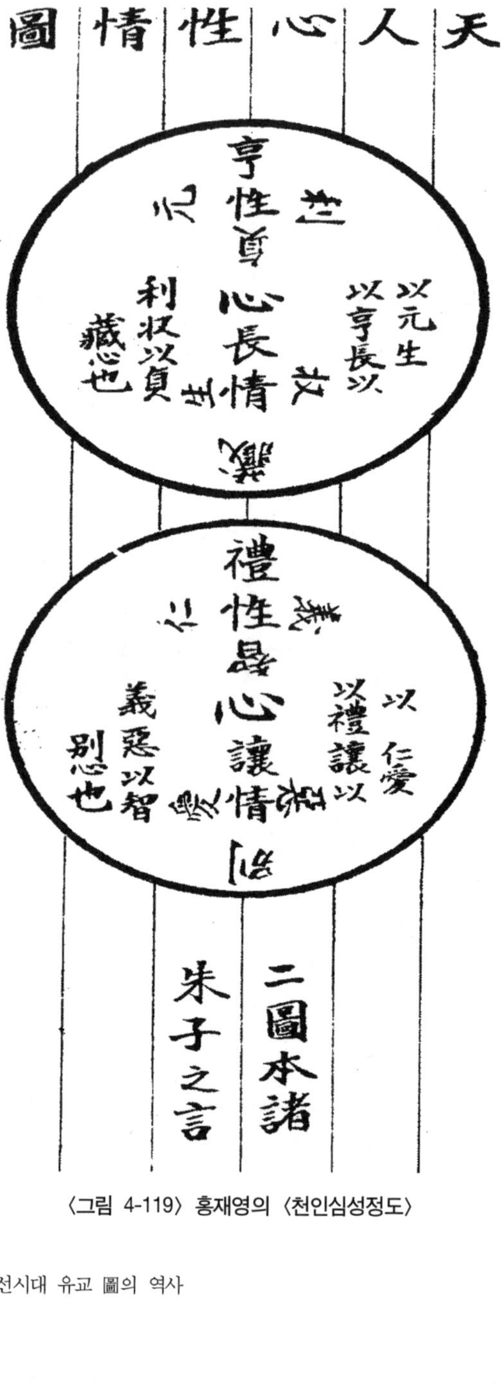

〈그림 4-119〉 홍재영의 〈천인심성정도〉

〈표 4-30〉 박문호 《수사이십칠도설》의 도

| | |
|---|---|
| 洙泗二十七圖說 天文第一 | 洙泗二十七圖說 朋交第十五 |
| 洙泗二十七圖說 地理第二 | 洙泗二十七圖說 觀感第十六 |
| 洙泗二十七圖說 世德第三 | 洙泗二十七圖說 隱遁第十七 |
| 洙泗二十七圖說 年紀第四 | 洙泗二十七圖說 四科四友第十八 |
| 洙泗二十七圖說 異表第五 | 洙泗二十七圖說 弟子序齒第十九 |
| 洙泗二十七圖說 繼開第六 | 洙泗二十七圖說 弟子鄉里第二十 |
| 洙泗二十七圖說 述作第七 | 洙泗二十七圖說 升堂弟子第二十一 |
| 洙泗二十七圖說 博識第八 | 洙泗二十七圖說 弟子淵源第二十二 |
| 洙泗二十七圖說 歷聘第九 | 洙泗二十七圖說 褒崇第二十三 |
| 洙泗二十七圖說 遊覽第十 | 洙泗二十七圖說 俎豆第二十四 |
| 洙泗二十七圖說 窮厄第十一 | 洙泗二十七圖說 配享第二十五 |
| 洙泗二十七圖說 揚善第十二 | 洙泗二十七圖說 啓聖享祀第二十六 |
| 洙泗二十七圖說 遠惡第十三 | 洙泗二十七圖說 後昆第二十七 |
| 洙泗二十七圖說 主停第十四 | |

박문호는 《수사이십칠도설》(〈표 4-30〉)을 비롯하여 〈중국도통도〉, 〈동방도통도설〉, 〈서한경사전수보설〉 〈道學聖統圖說〉, 〈本國分黨圖說〉 등의 도를 통해서 유학의 근원과 도통 전승의 계통, 경학의 전수 계통 및 조선의 붕당 분기 등을 도보 형태로 제작하였다. 그중 《수사이십칠도설》은 洙泗學의 연원과 계보 및 그 주요 인물 활동 등에 관한 내용을 정리한 것으로서, 역시 공자와 맹자에 연원하여 발전해 온 맥락을 종합한 것이라는데 중요한 의의가 있다. 그중 〈地理第二〉(〈그림 4-120〉)는 공자와 맹자가 활동한 중국 산동성의 과거 魯나라 지역의 洙水와 泗水의 위치를 보여준다. 〈동방도통도설〉(〈그림 4-121〉)은 箕子→圃隱(정몽주)→寒暄(김굉필)→靜菴(조광조)→退溪(이황)→栗谷(이이)→沙溪(김장생)→尤庵(송시열)→遂菴(권상하)→南塘(한원진)으로 이어지는 계통을 정통으로 보는 관점에서 제작된 것이다.

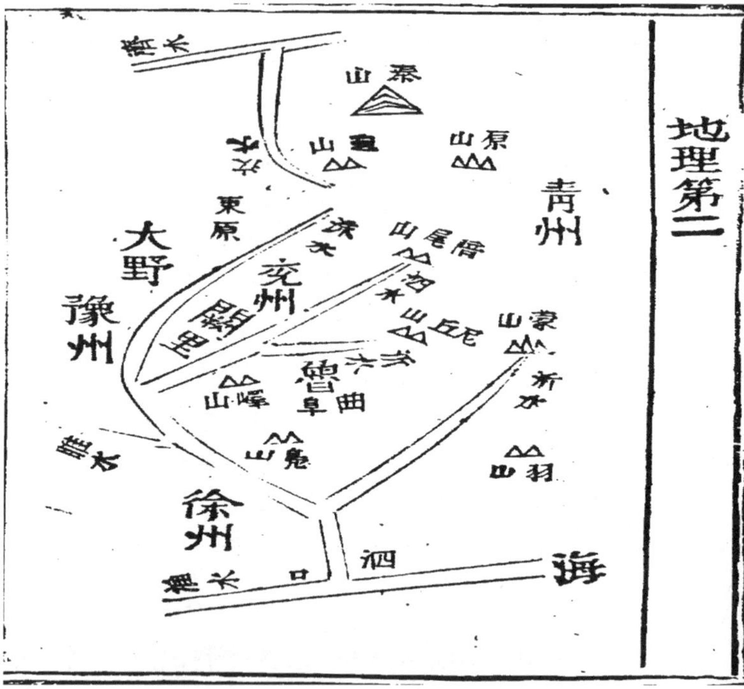


〈그림 4-120〉 박문호의 《수사이십칠도설》의 〈지리제이〉

그 외에도 박문호는 〈性學圖說〉(〈그림 4-122〉), 〈人物性分殊圖說〉 등 인성물성동이논변과 관련된 내용을 그의 입장에서 분석하고 정리하는 도설을 남겼다. 性學이라는 연구 분야가 그에게서 창시된 것은 아니지만, 그는 性에 관한 연구의 구도를 그림으로 표시했는데, 성을 본연과 기질로 나눈 일반론을 더욱 확대하여 理-太極之性, 性-賦與之性, 氣-氣稟之性, 習-習成之性의 네 범주로 나눈 점이 특징이다. 그리고 그는 《周易圖書詳說》을 지어서 역 관련도를 넣었다.

양명학 계열에 속하는 李建昌은 《讀易隨記》를 짓고 그 안에 〈四象圖〉, 〈四象合成八卦圖〉, 〈剛柔推變圖〉 등의 도를 제작하였다.

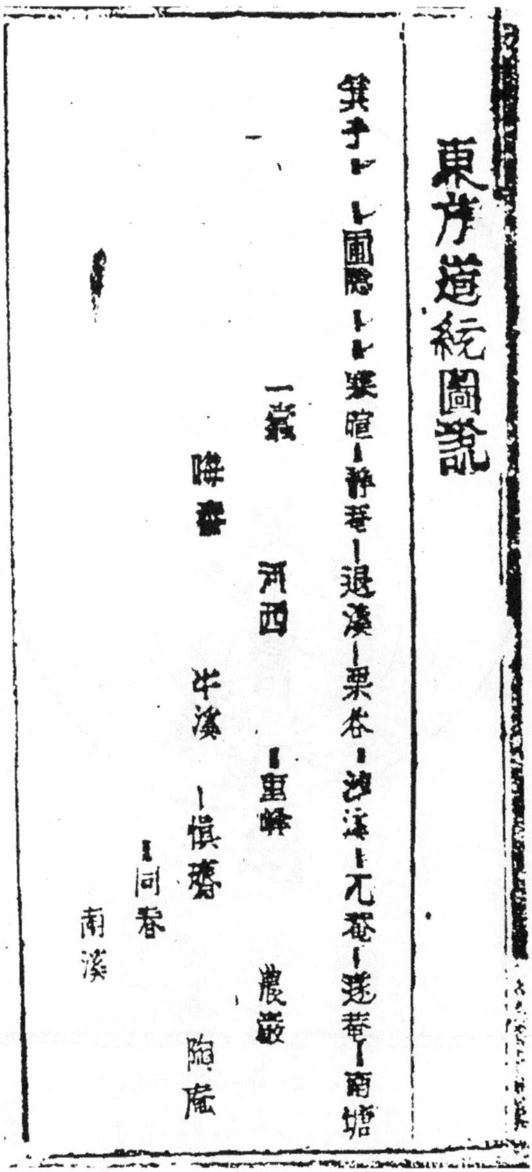


〈그림 4-121〉 박문호의 〈동방도통도설〉

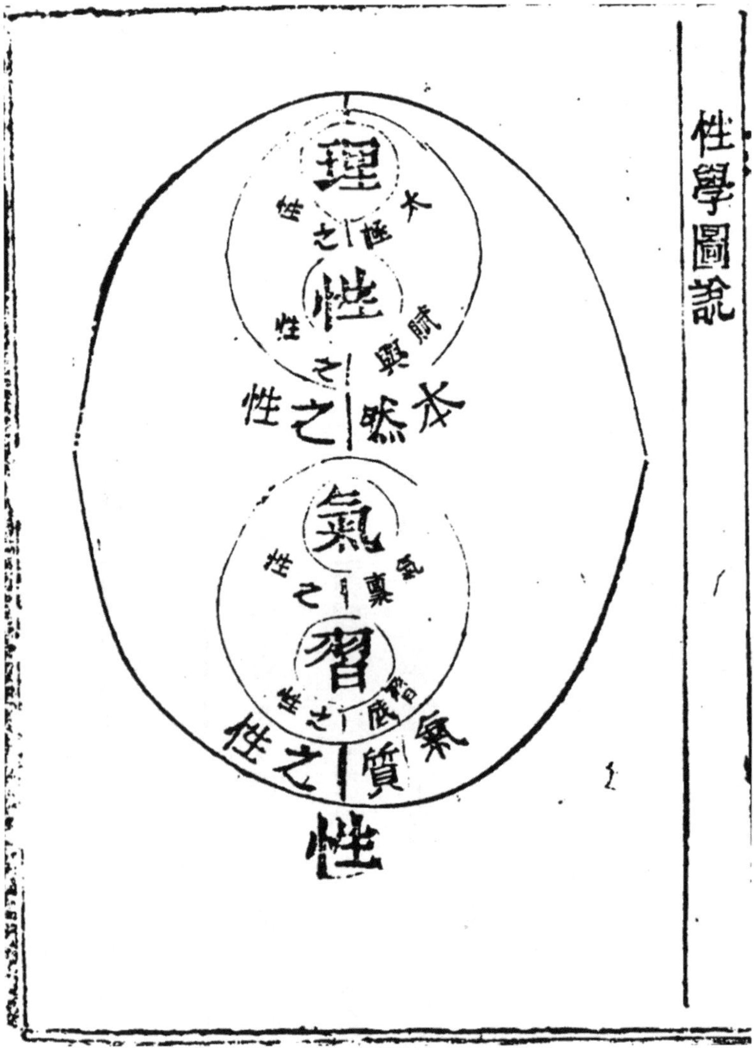


〈그림 4-122〉 박문호의 〈성학도설〉

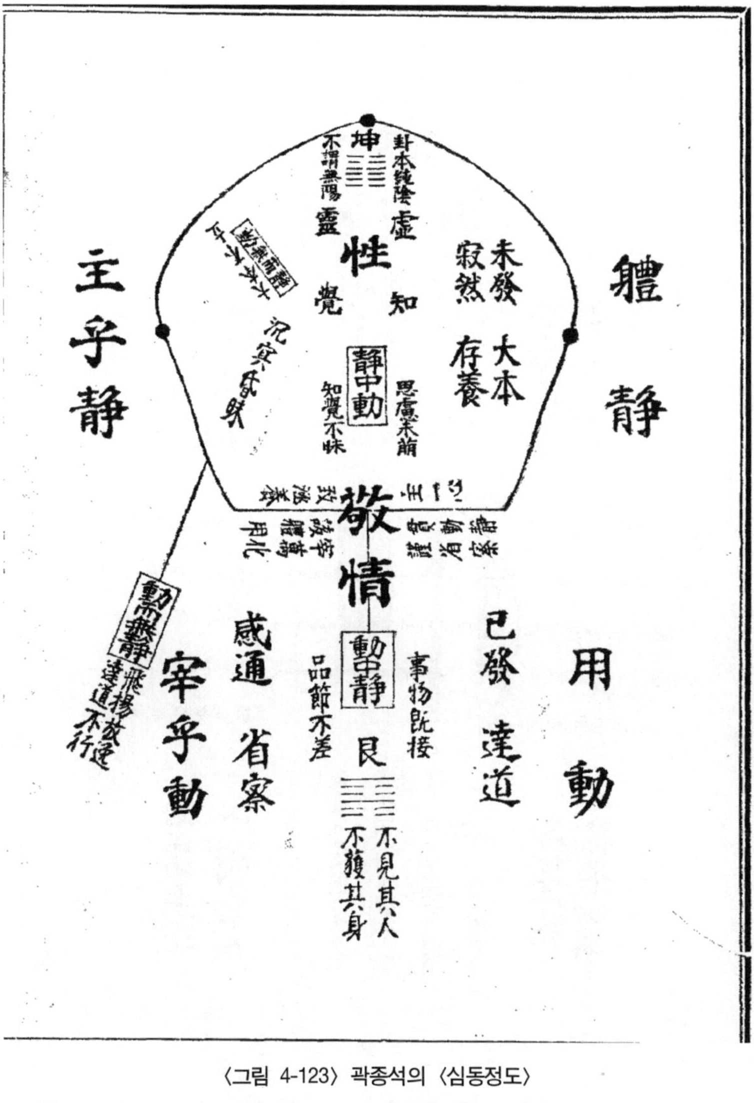


〈그림 4-123〉 곽종석의 〈심동정도〉

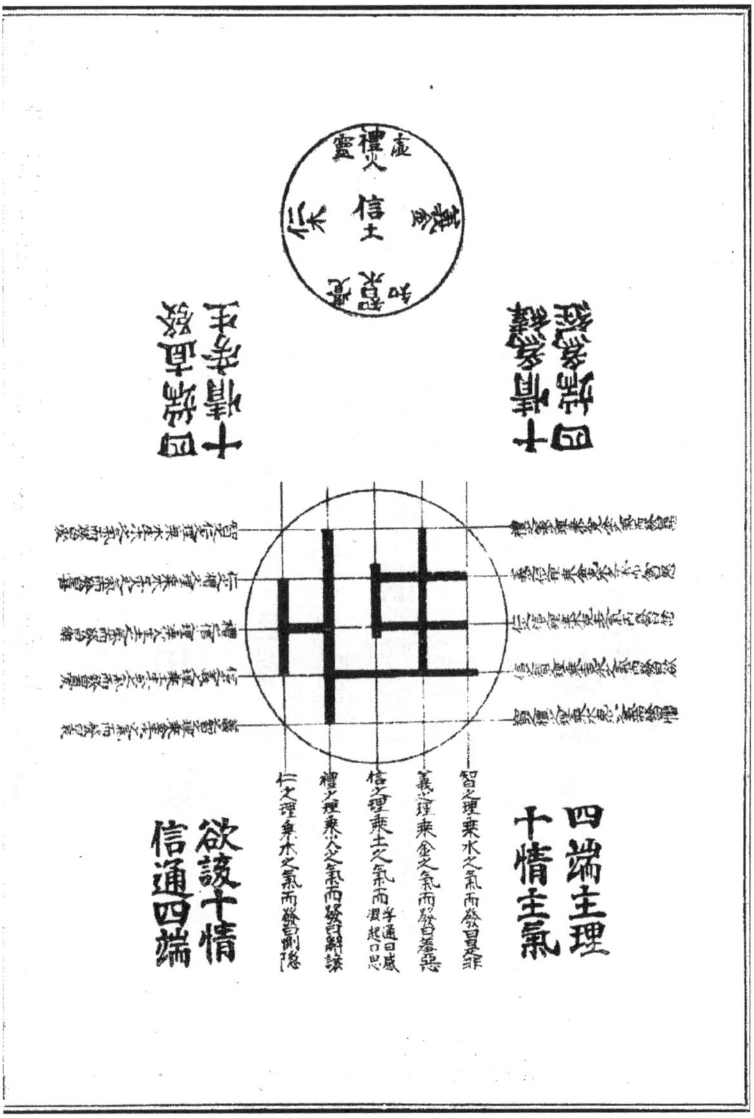


〈그림 4-124〉 곽종석의 〈사단십정경위도〉

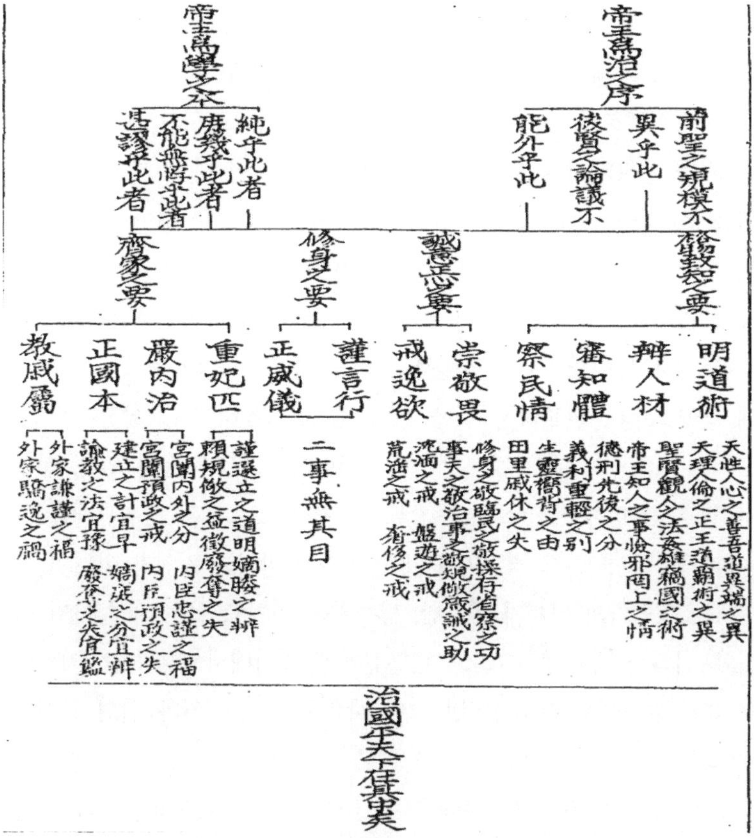

〈그림 4-125〉 김병종의 〈제왕위치위학지도〉

郭鍾錫은 〈中庸支節圖〉, 〈四端十情經緯圖〉, 〈心動靜圖〉(〈그림 4-123〉), 〈人心道心圖〉(6도 연작) 등을 그렸다. 〈심동정도〉는 그의 스승인 이진상의 그것과 다른 형태로 구성하면서 敬을 중심원리로 삼아서 靜에 근본을 두고 動의 상태로 나아가는 방법을 보여주었다. 아울러 〈四七雜記〉는 사단을 理發, 칠정을 氣發로 보는 영남학파의 본원적 입장을 다시 확인하고 그와 관련된 도를 제작하였다. 일련의 〈人心道心圖〉는 本心, 形氣來感, 義理來感, 垂看, 橫看, 道心常爲之主 등의 주제 아래 차례로 分圖를 제작하여 엮은 도설집이다.

〈사단십정경위도〉(〈그림 4-124〉)는 일단 본성으로서의 理가 直發하고 기를 올라타서 나오는 정이 사단이고 이것이 바로 經이며, 理가 기를 올라타고서 곁으로 생겨나는 것(其理之乘氣而旁生者)이 緯이며 그것이 바로 十情이라고 하였다. 그는 사단을 맹자가 말한 개념으로 사용했지만 도상에서는 인간의 본성을 仁義禮智와 信을 합하여 오상으로 도시하고 이들로부터 발출하는 정을 측은·사양·수오·시비 외에 신으로부터 발출하는 것을 感과 思로 설정하였다. 십정이란 愛喜·樂·憂·哀·懼·欲·忿·怒·惡이다. 그런데 흥미 있는 점은 이 열 가지 정이 사단(실제로는 오상으로부터 나오는 정)과 경위관계를 형성한다는 점이다. 그 경위의 관계는 이가 직발하는 것인가 아니면 방생하는 것인가의 차이가 있지만, 방생하는 이치도 실은 다섯 가지 이치와 기의 相生관계, 그리고 相剋관계에 입각해서 비롯되는 것으로 보았다. 그림에서 바둑판처럼 그린 이유도 그러한 경과 위의 관계를 보여주기 위한 데 있다.

김병종은 〈聖學續圖〉 속에 모두 10건의 도를 〈표 4-31〉과 같이 제작하여 배열하였다. 이는 총 10건의 도와 설로 이루어진 도설집이다. 이는 이황의 《성학십도》의 10도로 구성된 체제를 수용하고, 또 그 지향성도 함께 수용하면서도 도상의 주제와 내용은 새롭게 구성하였다. 圖 앞의 총설은 도를 제작하게 된 취지를 상세하게 밝혔는데, 특히 이황의 《성학십도》의 체제를 따르면서도 그것과는 다른 도의 주제를 선택하게 된 점에 대해서 客과의 문답 형식으로 설명하였다. 《성학속도》의 주제는 앞의 4도는 이황의 《성학십도》와 대체로 같거

〈표 4-31〉 김병종 〈성학속도〉의 도

| |
|---|
| 第一太極圖說圖 |
| 第二小學題辭圖 |
| 第三大學經一章圖 |
| 第四中庸圖 |
| 第五鄕黨篇圖 |
| 第六好學論圖 |
| 第七東銘圖 |
| 第八四勿箴圖 |
| 第九心經贊圖 |
| 第十屛銘圖 |

나 유사하지만, 다섯째 이하 마지막 도까지 〈향당편도〉, 〈호학론도〉, 〈동명도〉, 〈사물잠도〉, 〈심경찬도〉, 〈병명도〉 등은 《성학십도》의 도들과는 다른 도이다. 그리고 그는 《대학》과 관련하여 〈帝王爲治爲學之圖〉(〈그림 4-125〉)를 그렸다. 이 도는 제왕이 정치와 학문을 병행할 것을 강조한 점이 가장 중요한 근본적 취지이다. 이는 비교적 최근에 이루어진 도설집으로서 최근까지도 유학자들의 도 제작이 지속되었음을 보여준다. 《성학속도》의 구성에 대해서 김병종은 다음과 같이 설명하였다.

> 의리의 근원은 〈태극도〉에 모두 모여 있고, 《소학》에서 질박하게 모양이 갖춰지며, 《대학》에서 범위가 확립되고, 《중용》에서 높은 이상에 도달하니 〈향당〉편은 곧 의리의 표준이다. 학문의 노력은 〈호학론〉에 기본을 두고, 〈동명〉에 근거하여 닦고 살피며, 공자가 안연에게 가르친 四勿에서 仁하기를 구하고, (퇴계의) 〈심경찬〉에서 중을 잡으니, 〈屛銘〉[61]은 또한 올바른 맥을 모은 것이다.[62]

〈표 4-32〉 정약용 《여유당전서》 문집의 도

| | |
|---|---|
| 戶籍議 家坐表 | 城說-輪 |
| 貼黃 考課條例 | 城說-軸 |
| 貼黃 褒貶題目式 | 城說-伏兎 |
| 貼黃 考功表 | 城說-輿 |
| 靉靆出火圖說1圖 | 起重圖說1圖四足形長架 |
| 靉靆出火圖說2圖 | 起重圖說2圖庚辛爲上滑車橫梁 |
| 靉靆出火圖說3圖 | 起重圖說3圖滑車 |
| 地毬圖說1圖 | 起重圖說4圖轆轤 |
| 地毬圖說2圖 | 起重圖說5圖簇合圖 |
| 地毬圖說3圖 | 起重圖說6圖全圖 |
| 地毬圖說4圖 | |

가장 최근에 생존했던 유학자인 崔秉心은 〈日用存誠圖〉를 남겼다. 후기실학에 속하는 학자들로서 도를 남긴 학자의 수는 많지 않지만, 그들이 남긴 도의 종류는 성리학자들이 취급한 주제와는 달리 실용과 관련된 도 혹은 표, 식 등이 많고 그 수 또한 매우 많다. 다만 정약용은 경학에 관한 저술 속에서 경학의 내용과 관련된 도를 다수 남겼다.

정약용의 도부터 살피면 《여유당전서》 문집 속에 다수의 그림이 실려 있다. 〈표 4-32〉의 목록을 보면 그가 제작한 도는 성리학자들의 도와는 달리 실용적인 주제를 취한 것이 대부분이다.

그의 〈애체출화도〉(〈그림 4-126〉)는 볼록렌즈로 발화하는 이치를 그린 것이다. 그밖에도 그는 地毬, 起重架, 城 등에 관한 도를 제작

61) 〈병명〉은 이황이 제자인 김성일에게 병풍에 써준 글이다.

62) 김병종, 《秀山文集》 권5. 總而論之 義理之原總腦於太極圖 坯樸於小學 範圍於大學 峻極於中庸 而鄕黨篇乃其標準也 學問之功 基本於好學論 修省於東銘 求仁於四勿 執中於心經贊 而屛銘又正脈所統也.

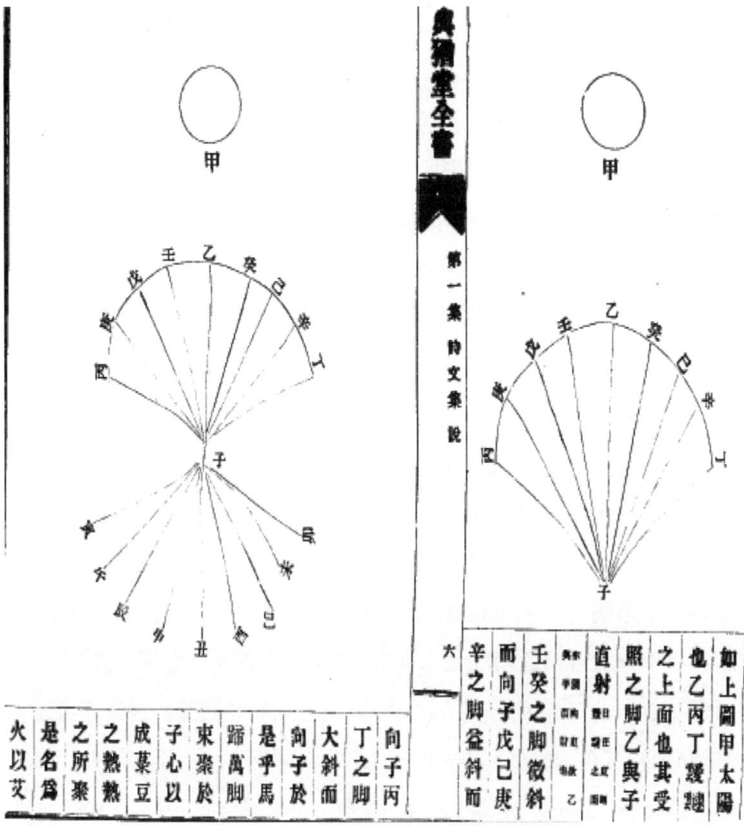

〈그림 4-126〉 정약용의 〈애체출화도〉1 · 2

하였다. 경학의 방면에서 정약용이 제작한 도는 《대학》에 관한 것, 《상서》에 관한 것, 그리고 《주역》에 관한 것, 예학에 관한 것, 樂에 관한 것 등으로 구분된다. 분야가 다른 것으로는 經世에 관한 것, 의학에 관한 것 등이 있다. 다만 그는 圖라는 명칭을 붙이지 않고 表 혹은 式이란 명칭을 붙인 것이 많고, 그러한 명칭조차 붙지 않은 것도 많다. 그리고 사서에 관한 것은 《대학》을 제외하고는 제작된 바가 없는 듯하나, 육경에 대해서는 《詩經》과 《春秋》를 제외하고는 많은 수의 도를 제시하였다.

정약용의 경학은 대체로 성리학자들의 관점과 학설을 비판하면서 자신의 신설을 제시한 특징이 있다. 《대학》에 관해서 제시된 5건의 도는 明明德, 親民, 止至善, 格物, 致知 등의 주제로 제작되었다. 그리고 《尙書古訓》에서는 자신의 독자적 해석을 담은 〈洪範九疇圖〉와 성리학자들이 〈洛書〉와 〈홍범구주〉를 연관 지어 보는 방법을 비판한 그림이 있다. 그리고 《상서》 체제 및 내용의 고증과 관련된 비교표 혹은 목록을 제시하였다.

《周易四箋》에서는 〈周易四箋括例表〉, 〈周易四箋易例比釋〉 등에서 다양한 주제의 표와 도를 남겼다. 《易學緖言》에서는 〈唐書卦氣論〉, 〈辟卦公卦大夫卦表〉, 〈論邵氏八卦方位之圖〉, 〈雜卦明義 四象相交爲十六事圖〉, 〈雜卦明義 互卦圓圖〉, 〈雜卦明義 循環爲互卦(九爻卦)〉, 〈李厚齋互卦之解〉, 〈八句股圖〉 등의 도와 표를 남겼다.

예학 분야의 저술로서 도가 담긴 것은 《喪禮四箋》, 《祭禮考定》, 《喪儀節要》, 《嘉禮酌儀》 등이다. 도의 목록은 〈표 4-33〉과 같다. 《상례사전》은 상례를 喪儀, 喪具, 喪服, 喪期로 나누어 각각에 대해서 〈喪儀匡〉, 〈喪具訂〉, 〈喪服商〉, 〈喪期別〉이라는 제목으로 고례의 원형을 제시한 저술이다. 따라서 매우 치밀한 분석과 경전의 고증을 통해서 고례의 원형을 제시하려고 하였다. 이 저술은 성리학자들이 의존하던 《주자가례》의 상례 의절에 관한 인식의 근거에 오류가 있음을 밝히면서 그것을 바로 잡기 위한 《의례》 및 《예기》, 《주례》 등의 경전 연구를 통해서 古禮의 원형을 제시하려는 취지로 이루어졌다. 저술의 분량에 비해서 도상의 수는 많지 않은데, 도상은 주로 표 형태로 제시하였다.

〈표 4-33〉 정약용의 예학 관련 도

| | |
|---|---|
| 喪禮四箋 遣奠圖 | 喪儀節要 本宗五服圖 |
| 喪禮四箋 首経3 五分殺一法(通典開元禮法) | 喪儀節要 本宗五服經緯表 |
| 喪禮四箋 首経5 経帶五服之差縱橫表 | 喪儀節要 五服沿革表 |
| 喪禮四箋 免制縱橫表 | 祭禮考定 少牢加豆加籩考妣合食之圖 |
| 喪禮四箋 受服表 | 祭禮考定 特牲加豆加籩考妣合食之圖 |
| 喪禮四箋 受葛表 | 祭禮考定 少牢犆享圖 |
| 喪禮四箋 斬衰男子兼服表 | 祭禮考定 特牲圖 |
| 喪禮四箋 齊衰男子兼服表 | 祭禮考定 特豚圖 |
| 喪禮四箋 婦人兼服表 | 祭禮考定 指尺之半 |
| 喪禮四箋 出後(爲所後父之本生父) | 嘉禮酌儀 婚禮 共牢合巹圖 |
| 喪禮四箋 出後(爲本生父之所後父) | 嘉禮酌儀 婚禮 盥饋圖 |

《상의절요》는 《상례사전》의 〈상의광〉이 당시에 실행되던 《주자가례》의 상례 의절과는 근본적으로 다른 고례의 연구와 의절에 대한 해석을 담은 것과는 달리 실제 당시 생활에서 실행할 수 있게 상례 의절을 다듬어서 제시한 것이다. 도는 五服과 관련된 주제로 제시되었다.

《제례고정》은 제례를 祭法, 祭期, 祭儀, 祭饌 네 부분으로 나누어서 고찰하고 자신의 제례의식을 정립한 저술이다. 이 저술에서 정립한 제례는 중국을 천자국으로 조선을 제후국으로 구별하고 제후국의 사대부는 천자국 사대부의 예의 등급으로부터 강등하는 차별을 둔 점이 특징이다. 도상과 관련하여 보면, 정약용은 당시의 풍속에서 제례를 실행할 때 특히 祭饌의 차림에서 (제후국 사대부) 신분의 계한을 넘어서는 僭禮의 현상이 있음을 문제 삼았다. 그래서 도상은 주로 제찬의 규모와 종류 및 배열을 표기한 것이고, 다만 하나의 도만 지척에 관한 것이다.[63] 지척이란 가운뎃손가락의 가운데 마디를 1촌으로

63) 유권종, 〈茶山 丁若鏞의 《祭禮考定》 硏究〉, 공자학 8권, 한국공자학회, 2001년.

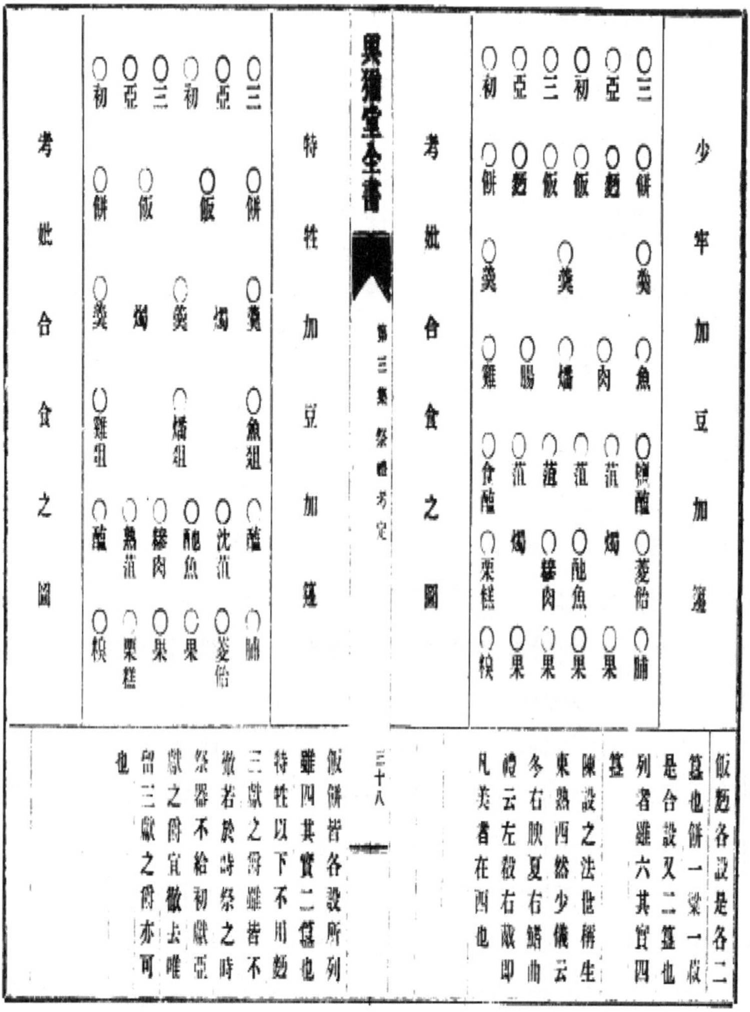


〈그림 4-127〉 정약용의 〈소뢰가두가변고비합식지도〉와 〈특생가두가변고비합식지도〉

참조

삼고 10촌을 1척으로 삼는 도량의 단위이다.

〈소뢰가두가변고비합식지도〉와 〈특생가두가변고비합식지도〉는 정약용의 《제례고정》의 제찬고에 등장하는 그림이다(〈그림 4-127〉). 이 두 도에 대한 설명은 다음과 같다.

> 〈소뢰가두가변고비합식지도〉 메와 면은 각각 설치하니 이는 각각 2궤이다. 떡은 하나는 기장떡이고 하나는 콩떡이니 이것을 합설하면 또 2궤이다. 진열한 것이 비록 여섯이지만 그 식물은 4궤이다. 진설하는 법은 세상에서 날것은 동쪽에 놓고 익힌 것은 서쪽에 놓는다고 말한다. 그러나 『예기』「소의」에서는 〔생선을 진설할 때에〕 겨울에는 생선의 배를 오른 쪽으로 놓고 여름에는 생선의 등을 오른쪽으로 놓는다고 하였다. 「곡례」에서는 왼쪽에 효(뼈를 발라내지 않은 고깃덩어리)를 놓고 오른쪽에 자(크게 썬 고깃점)를 놓는다고 하였다. 곧 무릇 아름다운 것은 서쪽에 놓는 것이다.[64]
>
> 〈특생가두가변고비합식지도〉 메와 떡은 모두 각각 진설한다. 늘어놓은 것이 비록 넷이지만 실은 2궤이다. 특생 이하는 면을 사용하지 않는다. 삼헌의 술잔은 비록 모두 치우는 것은 아니더라도 만약 시제를 지낼 때에 제기가 모자라면 초헌과 아헌의 술잔은 물려야 하고, 다만 삼헌의 술잔을 남겨 놓는 것도 가능하다.[65]

그리고 정약용은 樂學 관련 저술인 《樂書孤存》을 찬하면서 다수의 자료를 남겼다. 《악서고존》은 《여유당전서》에 포함된 저술이다. 《악

64) 飯麪各設是各二簋也 餠一粱一菽 是合設 又二簋也 列者雖六 其實四簋 陳設之法 世稱生東熟西 然少儀云冬右腴夏右鰭 曲禮云左殽右胾 卽凡美者在西也
65) 飯餠皆各設 所列雖四 其實二簋也 特牲以下 不用麪 三獻之爵 雖皆不徹 若於時祭之時 祭器不給 初獻亞獻之爵 宜徹去 唯留三獻之爵 亦可也.

〈표 4-34〉 정약용 《악서고존》의 도

| 禴樂表 | 第一調相生圖(李堪作) |
|---|---|
| 論七音之所起 七音高下表 | 七音高低正位 |
| 辨吹律不可以出聲 三律準周尺作圖 | 毛氏五聲四淸九聲七調二變十二律聲圖 |
| 辨十二律上下相生之法 相生表 | 三紀六平圖 |
| 淮南子上下相生圖 | 六律皆三分損一各生一呂圖 |
| 律歷志上下上生圖 | 五聲差九圖 |
| 律書十二辰之數(算法) | 十二律皆同八十一分圖 |
| 呂氏春秋淮南子三分損益法 | 十二律五聲之差準黃鐘之尺各差表 |
| 寸數表(討寸之法相違表) | 黃鐘之制 |
| 隔八上生圖 | 無射之制 |
| 十二律還宮之法 | 大呂之制 |
| 蔡氏七音圖 | 應鐘之制 |
| 蔡氏七音之數 | 大射宿縣之法圖 |
| 辨京房六十律之謬1圖 | 十二鍾鍾圜表 |
| 辨京房六十律之謬2圖 | 編黃鐘之制 |
| 辨十二律無半聲變半聲之用 | 編蕤賓之制 |
| 準古尺爲管圖 | 編大呂之制 |
| 蔡元定(律呂新書)黃鍾聲氣之元說表 | 編鍾圜徑之差皆視律鍾取三分一比例表 |
| 四通表 | 倨句圖 |

서고존》은 조선 시대의 음악이론, 聲律, 악기 등의 기록을 고증한 음악이론서인데, 서명응의 악학 관련 저술과 더불어 유학자의 악학에 관한 심화된 연구서로서 손에 꼽힐 만하다. 조선 전기에 성현이 편찬한 《樂學軌範》이 중국의 악학 이론을 배경으로 실제 음악에 적용하기 위해 간행된 것인데 반해, 정약용의 저술은 중국에서 전승된 악학 이론의 모순점을 비판하면서 악경에 근거한 악학 이론의 정립을 시도한것으로 평가된다.66) 정약용의 이 저술은 분서갱유 이후 중국이나 한반도에 잘못 전승된 음악이론의 오류를 밝히고, 나아가 그 음악적

66) 권태욱, 〈《악서고존》에서 다산 律論의 음악학적 고찰: 《악학궤범》 권1을 비교대상으로〉, 다산학 66호, 다산학술문화재단, 2005. 47쪽.

오류를 시정함으로써 악론의 올바른 전승을 위한 고증 및 이론 작업의 결실로 보인다.[67] 악론의 정확한 계승과 정립이라는 취지에 따라서 저술된 《악서고존》은 함께 게재한 도상들 역시 악론 및 악기 제작법 등에 집중되어 있다.(〈표 4-34〉) 이점은 《악학궤범》이 각종 의물과 복식, 악기의 형태 및 주법 등에 관한 실물 형태 및 실제 음악 연주와 춤의 실행 방법의 파악을 가능하도록 제작한 도상들과는 그 성격이 다르다.

경세학과 관련된 정약용의 대표적 저술인 《經世遺表》(〈표 4-35〉)와 《牧民心書》에서는 역시 다양한 주제의 표와 도 등의 자료를 제시하였다. 《경세유표》의 〈장인영국도〉(〈그림 4-128〉)는 왕성과 도읍의 공간을 구상하는 원칙을 그림으로 보여준다.

> 왕성은 사방 9리이고 그것을 9구역으로 나누어 각 구역을 사방 3리로 정하는 규모이다. 그리고 각 1구역에 9개의 소구역을 두고 그것은 각각 사방 1리로 정한다고 하였다. 1리의 거리는 300보이다. 그리고 면조 구역에는 모든 관공서를 두고 후시에는 모든 재화의 거래가 이루어지는 상점을 둔다. 왕궁 좌우의 6향은 좌우의 두 향씩 마주보도록 한다. 왕궁은 사방 3리이니 그 내부의 9구역은 각각 사방 1리이다. 그리고 그 1구의 내에 9소구를 나누니 각각 사방 100보이다. 법전을 중앙에 두는데 그것은 옛날의 명당이며, 9궁이 이 제도이다. 4문이 서로 마주보니 사방으로 통하며 만약 重門을 모두 열면 왕성에 들어오는 사람들이 왕좌를 볼 수 있으니 이것이 옛 법이다.

《목민심서》에는 田政 稅法과 관련된 주제로 제작된 도와 표를 제

---

67) 권태욱, 〈《악서고존》에서 다산 律論의 음악학적 고찰: 《악학궤범》 권1을 비교대상으로〉, 다산학 66호, 다산학술문화재단, 2005. 43쪽.

〈표 4-35〉 정약용 《경세유표》의 도

| 職品表 | 一同之地半遭山根不能爲同圖 |
|---|---|
| 馬節制副尉 | 一成之地半遭山根不能爲成圖 |
| 匠人營國圖-王城 | 一井之地半遭山根不能爲井圖 |
| 匠人營國圖2圖-王宮 | 一畉之地半遭山根不能爲畉圖 |
| 王宮詳圖 | 百夫之地遂溝洫澮圖 |
| 面朝詳圖 | 萬夫之地十澮交洫圖 |
| 後市詳圖 | 八道田結時起表 |
| 東上部圖 | 井田議 魚鱗圖 |
| 西上部圖 | 一縣之圖 |
| 東中部圖 | 一鄉之圖 |
| 西中部圖 | 一村之圖 |
| 東下部圖 | 一畦之圖 |
| 西下部圖 | 總計八道四郡之穀數 |
| 六部摠數 | 大淸江蘇省常平倉額貯表 |
| 九等摠數 | 湖北省常平倉額貯表 |
| 一遂九坊圖 | 日本諸郡穀貯表 |
| 諸邑民戶之數 | 諸路戶數額貯數 |
| 諸邑田結之數 | 諸路穀貯之額 |
| 民戶田結合計其數以辨郡縣之大小差爲七等 | 京畿一路諸邑戶總以定穀貯之額 |
| 關北一道列其差級止於六等 | 試取八路各一邑定其穀貯之額又列各種之額 |
| 吏額出率 | 一部十二坊表 |
| 京關考功九等表 | 一部九坊表 |
| 考藝表 | 魚稅表 |
| 守令考功之法分等表 | 湖南鹽法爲從橫表 |
| 十二省考績分等表 | 鹽稅表 |
| 一夫九畉圖 | 均役廳量船尺 |
| 一井四遂四溝圖 | 中外擧人之額表 |
| 百井一成十洫圖 | 州縣擧額開列 |
| 百成一同十澮圖 | 圈點之法 |
| 一同之地中有枉澮不能爲同圖 | 治選之法 治選之額 |
| 一成之地中有枉洫不能爲成圖 | 武科選擧之法 擧人之額 |

〈표 4-36〉 정약용 《목민심서》의 도

| |
|---|
| 下吏履歷表(예) |
| 田政 方田 |
| 田政 直田 |
| 田政 勾股田 |
| 田政 梯田 |
| 田政 圭田 |
| 田政 棱田 |
| 田政 腰鼓田 |
| 稅法 石斂을 묶어서 結斂에 배당한 斜算 |
| 稅法 時行磨勘成冊規式 |
| 稅法 今改定磨勘成冊規式 |
| 稅法 穀簿總數經緯表 |
| 稅法 頒糧分留經緯表 |
| 稅法 頒糧表 |
| 戶籍經緯表 |
| 戶籍 民庫法 先入後出節目草式 |
| 簽丁 東山里尺籍 |
| 勸分私場勸分曆 |
| 賑荒 賑恤事目經緯表 |
| 賑荒 賑曆案 |

시하였다.(〈표 4-36〉)

의학 관련 저술인 《痲科會通》에는 접종과 관련된 내용을 보여주는 도가 세 건이 제시되어 있다. 그것을 이름붙여 구별해 보면 〈種痘方位〉, 〈兩頭宜尖簿利〉, 〈外科小刀〉이다.(〈그림 4-129〉) 〈種痘方位〉는 종두할 때의 살갗을 가르는 방위를 보여주는 그림이고, 〈兩頭宜尖簿利〉는 종두를 시술하는 방식의 그림이고, 그때 사용하는 작은 칼을 그린 것이 〈外科小刀〉이다.

崔漢綺의 도 역시 실용적인 기술과 과학 분야에 해당하는 것이 대

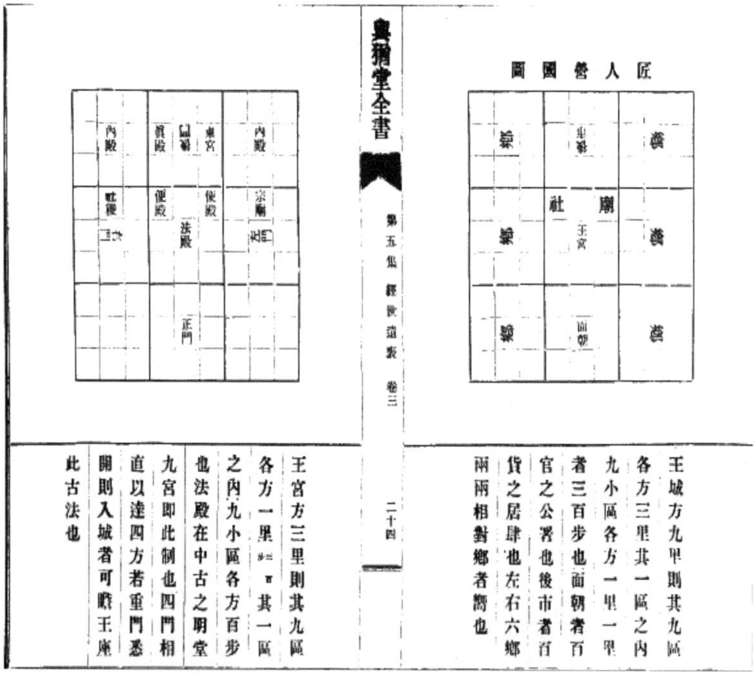

〈그림 4-128〉 정약용의 《경세유표》 〈장인영국도〉 왕성 왕궁

부분이다. 도가 담긴 그의 저술은 《測人》(〈표 4-37〉), 《習算津筏》(〈표 4-38〉), 《儀象理數》(〈표 4-39〉), 《地毬典要》(〈표 4-40〉), 《陸海法》(〈표 4-41〉), 《心器圖說》이다. 먼저 《측인》부터 차례로 도 자료의 목록을 표로 만들어보았다. 이러한 표로써 일단 도의 주제와 그 내용을 파악해 볼 수 있을 것이다. 《측인》의 도는 대체로 인간의 기질과 심덕, 견문, 처지를 비롯하여 그의 기학적 인간의 자질의 측정을 위한 기준과 그 요소들을 도표화한 것과 의례를 집행할 때의 위차나 행사의 방식에 대한 도들이다. 《習算津筏》은 기하학과 대수학을 포함하는 수학적 산법에 대한 도를 제공하는데, 전체 그림의 항목은 24가지로 구분

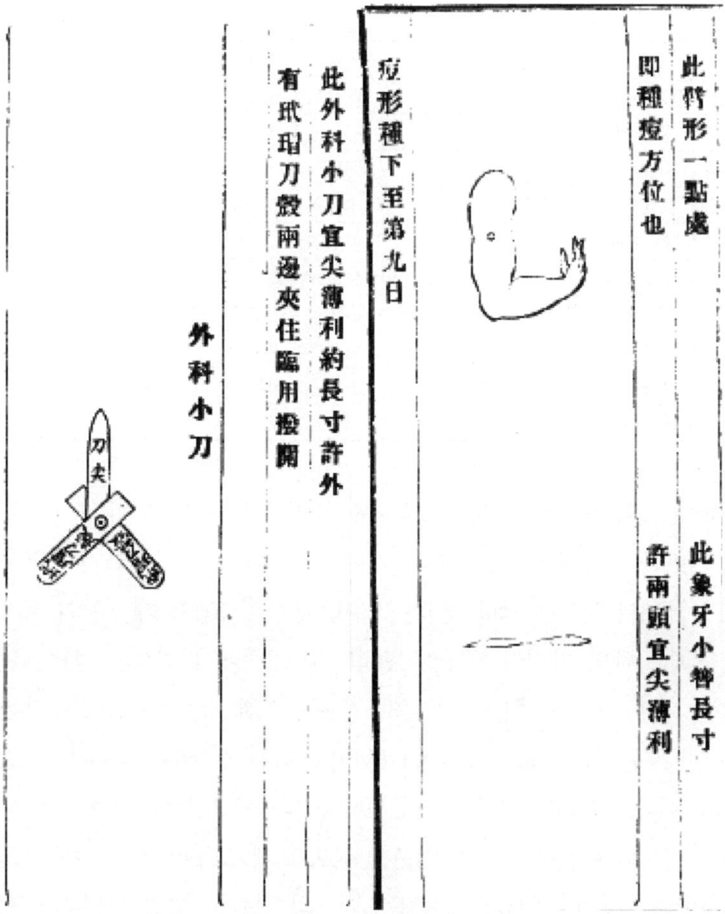


〈그림 4-129〉 정약용의 《마과회통》 〈종두방위〉, 〈양두의첨박리〉, 〈외과소도〉

되지만 실제 그림의 수는 그보다 훨씬 많다.

《儀象理數》는 천문관측과 관련된 70건의 도상이 제시되어 있다. 그 그림을 명칭에 따라 구분하면 모두 21개의 명칭 범주로 나누어진다.

《地毬典要》는 최한기가 정립한 기철학과 서구로부터 연유된 지구

〈표 4-37〉 최한기 《측인》의 도

| | |
|---|---|
| 論氣質 强弱淸濁 | 四科列表 强誠厚周貴 |
| 論心德 誠僞純駁 | 四科列表 弱誠厚周貴 |
| 論心德 厚薄美醜 | 四科列表 淸誠厚周貴 |
| 論見聞 周比雅俗 | 四科列表 濁誠厚周貴 |
| 論處地 貴賤富貧 | 本朝經筵班次圖 |
| 論分數消長 圖表 | 朝淸入侍常參兼圖 |
| 論五具五發 圖表 | 諸臣入侍圖 |
| 論應變 恕己 隨人 始終 杆格 | 晝講入侍諸宰同入圖 |
| 論風度 樂 憂 和 觸 | 道臣師臣入侍圖 |
| 論經綸 通 徧 擧本 趨末 | 夕講入侍同圖 |
| 論措施 逸 勞 勤 怠 | 玉堂座次圖 |

과학이 결합하여 이루어진 저술로서 학계에서는 '기철학과 지구과학에 기반한 地志學'[68]으로 정의되기도 한다. 이 저술은 최한기가 당시에 중국에서 입수한 『地球圖說』, 『海國圖志』, 『瀛環志略』 등의 서적들을 참고하되 자신의 '氣化', '實用' 두 기준에서 취사선택하여 편집한 세계 지리지이다.[69] 저술의 전체는 크게 두 부분으로 구분된다. 한 부는 〈歷象圖〉(〈그림 4-130〉)이고 다른 한 부는 〈諸國圖〉(〈표 4-40〉)이다. 전자에는 지구의 역상을 나타내는 그림에 일련번호를 붙이고 별도의 이름은 붙이지 않는 방식으로 제1도부터 제23도까지 제시하였다. 그러나 〈제국도〉에서는 지구의 모습을 그린 그림부터 세계 각국의 지형도들을 차례로 제시하였다.

《陸海法》은 각종 양수기의 구조 양식과 조립 방법을 담고 있으며 수리기술을 발전시켜서 농업에 도움이 되도록 편찬한 도설집이다.[70]

68) 노혜정, 〈최한기의 지리사상연구—『地球典要』를 중심으로〉 서울대학교 지리학 박사학위논문, 2003년 2월, 국문초록 1쪽.

69) 위의 논문, 국문초록 2쪽.

〈표 4-38〉 최한기 《습산진벌》의 도

| 命位 | 刪策 |
| --- | --- |
| 九數乘訣 | 加法(11圖) |
| 算策 | 減法(8圖) |
| 縱橫位次 | 因乘(12圖) |
| 九九加減習算圖 | 歸除(11圖) |
| 單位乘圖 | 一位歸除捷法(2圖) |
| 十位乘圖 | 平方(18圖) |
| 百位乘圖 | 平方表 |
| 百位除圖 | 帶縱平方(33圖) |
| 十位除圖 | 立方(21圖) |
| 單位除圖 | 立方表 |
| 新製一點算 | 立方帶縱較數(36圖) |

〈표 4-39〉 최한기 《의상이수》의 도

| | |
| --- | --- |
| 日躔(3圖) | 求三均末均(3圖) |
| 清蒙氣差(2圖) | 求交均及黃白大距(6圖) |
| 地半徑差(3圖) | 交食總論(2圖) |
| 太陽天四象限盈縮(3圖) | 用兩經斜距求日月食甚時刻及兩心實相距(3圖) |
| 晦朔弦望 | 求月食初虧復圓時刻 |
| 太陰本天心距地及最高行隨時不同(2圖) | 求日月憲徑與地徑之比例(6圖) |
| 求初均數(4圖) | 求影半徑及影差(2圖) |
| 求一平均(5圖) | 求黃道高弧交角(9圖) |
| 求二平均(4圖) | 求月食初虧復圓併徑黃道交角(4圖) |
| 求三平均(2圖) | 推日出入晝夜時刻法 |
| 求二均數(3圖) | |

전체 上下 두 부분으로 구분되어 있고, 그림은 모두 26건이다. 1834년에 편찬된 《육해법》은 예수회 선교사 우르시스(Sabbathinus de Ursis, 熊

70) 《민족문화대백과사전》 육해법 참조.

〈표 4-40〉 최한기《지구전요》〈제국도〉

| 도 이름 | |
|---|---|
| 제24地球前圖 | 제44瑞士圖 |
| 제25地球後圖 | 제45土耳其圖 |
| 제26皇淸全圖 | 제46希臘圖 |
| 제27亞細亞圖 | 제47意大里亞列國圖 |
| 제28東洋二國圖 | 제48荷蘭圖 |
| 日本圖 | 제49比利時圖 |
| 제29南洋濱海各國圖 | 제50佛郞西圖 |
| 제30南洋各島圖 | 제51西班牙葡萄牙合圖 |
| 제31東南洋大洋各島圖 | 제52英吉利三島總圖 |
| 제32五印度圖 | 제53英吉利英倫圖 |
| 제33五印度舊圖 | 제54英吉利蘇格蘭圖 |
| 제34印度以西回部四國圖 | 제55英吉利阿爾蘭圖 |
| 제35西域各回部圖 | 제56阿非利加圖 |
| 제36歐羅巴圖 | 제57麥西圖 |
| 제37峩羅斯圖 | 제58南北亞墨利加總圖 |
| 제38峩羅斯西境圖 | 제59北亞墨利加英吉利屬部圖 |
| 제39瑞國圖 | 제60米利堅合衆國圖 |
| 제40連國圖 | 제61北亞墨利加各國圖 |
| 제41奧地利亞圖 | 제62南亞墨利加各國圖 |
| 제42普魯士圖 | 제63南亞墨利加巴士圖 |
| 제43日耳曼列國圖 | 제64亞墨利加海灣群島圖 |

三拔, 1575~1620)의 《泰西水法》을 편집한 것이다.[71]

《心器圖說》은 예수회 선교사 테렌츠(Johann Terenz, 鄧玉函, 1576~1630)의 《奇器圖說》을 참고한 것이다.[72] 起重圖가 모두 11도(〈그림 4-131〉), 引重이 모두 4도, 轉重이 2도, 取水 9도, 轉磨 13도, 解木

71) 박성순, 〈崔漢綺의 對西洋認識〉, 《韓國史學報》제8호, 한국사학회, 2003년 8월, 101~102쪽.

72) 위와 같은 논문, 102쪽.

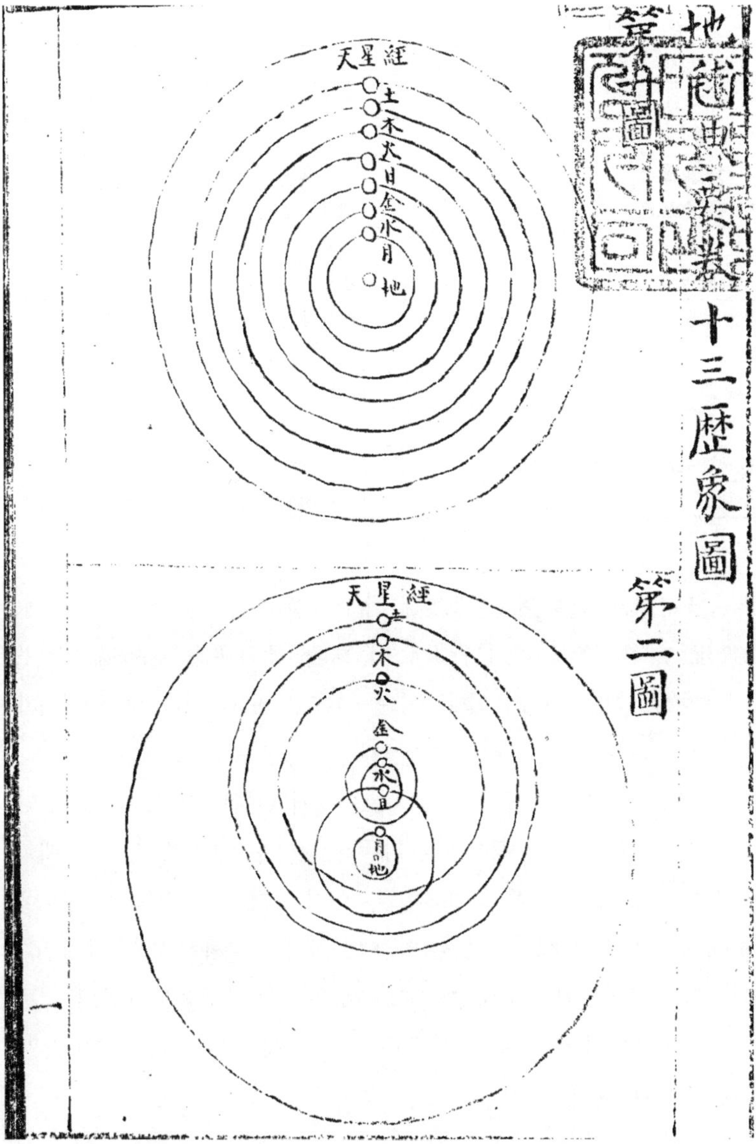


〈그림 4-130〉 최한기의 《지구전요》 역상도 제1도 제2도

〈표 4-41〉 최한기 《육해법》의 도

| | |
|---|---|
| 踏䍐圖說 | 雙篅圖說 |
| 水轉䍐圖說 | 雙提圖說 |
| 筒車圖說 | 壺圖說 |
| 高轉筒車圖說 | 中篅圖說 |
| 驢轉筒車圖說 | 盤圖說 |
| 刮車圖說 | 篅圖說 |
| 桔槹圖說 | 提柱圖說 |
| 轆轤圖說 | 衡軸圖說 |
| 軸圖說 | 架圖說 |
| 墻圖說 | 鶴飮圖說 |
| 圍圖說 | 虹吸圖說 |
| 輪圖說 在圍輪 在軸輪 在樞輪 | 高低測量 |
| 架圖說 | 高低測量1 |

4도, 解石圖說, 轉碓圖說, 書架圖, 水日晷圖說, 代耕圖說 각 1도, 水銃圖說 3, 自行磨圖說, 自行車說, 麵羅圖, 水打羅圖, 油搾圖, 각 1, 新制衡搾圖 2도가 실려 있다. 이 중 일부는 도와 설을 함께 제시하였다.

박지원의 손자인 박규수의 도 자료는 《거가잡복고》(〈표 4-42〉)에 다수가 실려 있다. 이는 예학의 한 분야로 볼 수 있으며, 또한 현대학문에서는 복식학의 분야로 분류될 수 있다. 《거가잡복고》는 사대부에게 복식과 관련된 예법이 朝會와 祭禮 때에는 존재하지만, 사대부와 부녀 및 아동이 평상시[居家]에 착용하는 복식에 관한 예법이 없는 점을 보완하기 위하여 저술한 것이다. 이를 지은 박규수의 입장이 서문에 다음과 같이 나타난다.

藻卿이 얼마 후 나에게 말하기를, "지금의 朝祭하는 法服에는 오히려 周나라의 전형이 남아 있으나, 유독 사대부의 居家의 예가 빠져 衣와 裳이 없으며 부인들의 복식은 더욱 예에 어긋남이 심하여 유식한 선배들이 말한 지 오래입니다. 옛 법을 고구해보면 오직 玄端과 宵衣가 九服 六服 밖에 있어 사대부가의 正服이 됩니다. 예를 의논함은 필부가 할 일이 아니지만, 경전에 의거하여 하나의 설을 내세우면 선유들이 갖추지 못한 점을 보충할 수 있고, 深衣의 의심나는 것을 거의 유별로 가리면 역시 거의 이를 근거로 하여 변석할 수 있을 것입니다."[73)]

이같이 박규수가 《거가잡복고》를 짓게 된 것은 박규수의 동생인 朴珠壽(자는 藻卿)의 조언이 절대적이었던 듯하다. 같은 서문에는 그림을 사용하게 된 이유를 다음과 같이 밝혔다.

조경이 일찍이 말하기를, "장횡거가 의론하되 '한 귀퉁이의 전답을 사서 시험 삼아 몇 井을 그려보려고 한 것은, 참으로 문자로 공허하게 말하는 것을 눈으로 실제 시험해 보는 것만 못해서이다'라고 했으니, 사대부가 참으로 地館이나 亭謝의 즐거움을 옮기고자 한다면 커다란 집 한 채를 짓기란 어렵지 않은 것이다. 珍怪와 玩好를 줄인다면 대나무 방원의 기구를 시험 삼아 해볼 수 있고, 기이하고 편리한 褻服을 버리면 縫掖, 端, 韠을 시험 삼아 만들 수가 있다. 자제가 절하고 꿇어앉는 것을 잘하게 하려 시험 삼아 그걸 입고 오르내리고 揖讓하고 周旋하는 것을 익히게 한 연후에야 마땅히 지금 사람들이 起居 음식에 전혀 법도가 없으며, 周公의 예가 아주 간이하여 지금 행하기가 어려운 일이 아님을 알 수 있다.[74)]

---

73) 박규수 지음, 조효순 옮김, 《역주거가잡복고》, 도서출판 석실, 서울, 2000, 30~31쪽.
74) 위와 같은 책, 31쪽.

〈표 4-42〉 박규수 《거가잡복고》의 도와 표

| | |
|---|---|
| 外服圖 玄冠 | 內服圖 金燧(未詳其制) 今擬火鏡 |
| 外服圖 玄冠側形 | 內服圖 箴管線纊縏 大觿 木燧 |
| 外服圖 深衣 | 內服圖 今擬搔子 今擬石燧囊 |
| 外服圖 玄端 | 內服圖 綬 |
| 外服圖 黃裳 | 內服圖 屨 |
| 外服圖 爵韠 | 內服圖 襦 |
| 外服圖 革帶 | 內服圖 袴 |
| 外服圖 緇帶 組 | 內服圖 今擬蔮 今擬髻樣 |
| 外服圖 緇帶約紐用組 | 內服圖 作笄式 |
| 外服圖 黑屨 | 內服圖 服纚笄宵衣式 |
| 冠衣散形圖 玄冠九辟1 | 內服圖 著蔮式 |
| 冠衣散形圖 玄冠九辟2 | 內服圖 服袴襦式 |
| 冠衣散形圖 玄冠九辟3 | 內服圖 服加袴束帶式 |
| 冠衣散形圖 玄冠九辟4 | 童子服圖 緇布衣 |
| 服玄端式 | 童子服圖 錦紳錦組 |
| 服深衣式 | 童子服圖 黑屨 |
| 服事佩式 | 童子服圖 四揆衫 |
| 著幅巾式 | 童子服圖 長襦 |
| 屈指量寸爲尺 | 童子服圖 今擬卷幘 |
| 深衣裳衽交割 | 童子服圖 雙紒式 |
| 裳衽直邊與直邊合縫邪邊與邪邊合縫 | 童子服圖 著纚服緇布衣式 |
| 深衣方領折諸式 | 童子服圖 服四揆衫式 |
| 內服圖 纚 纚側形 | 童子服圖 服長襦式 兼見雙紒式 |
| 內服圖 總 | 童子服圖 著卷幘式 |
| 內服圖 笄 | 女子服圖 雙紒式 |
| 內服圖 宵衣 | 女子服圖 著纚服衣紳式 |
| 內服圖 絲帶 | 女子服圖 著卷幘式 |
| 內服圖 大帶約紐用組 | 女子服圖 服加袴束帶式 |
| 內服圖 紛帨 | 外內長幼禮服燕服同異表 |
| 內服圖 礪 今擬香團 | 玄端九服之外爲九服之本而爲士之家服表 |
| 內服圖 今擬小觿 | 六服宵衣表 |

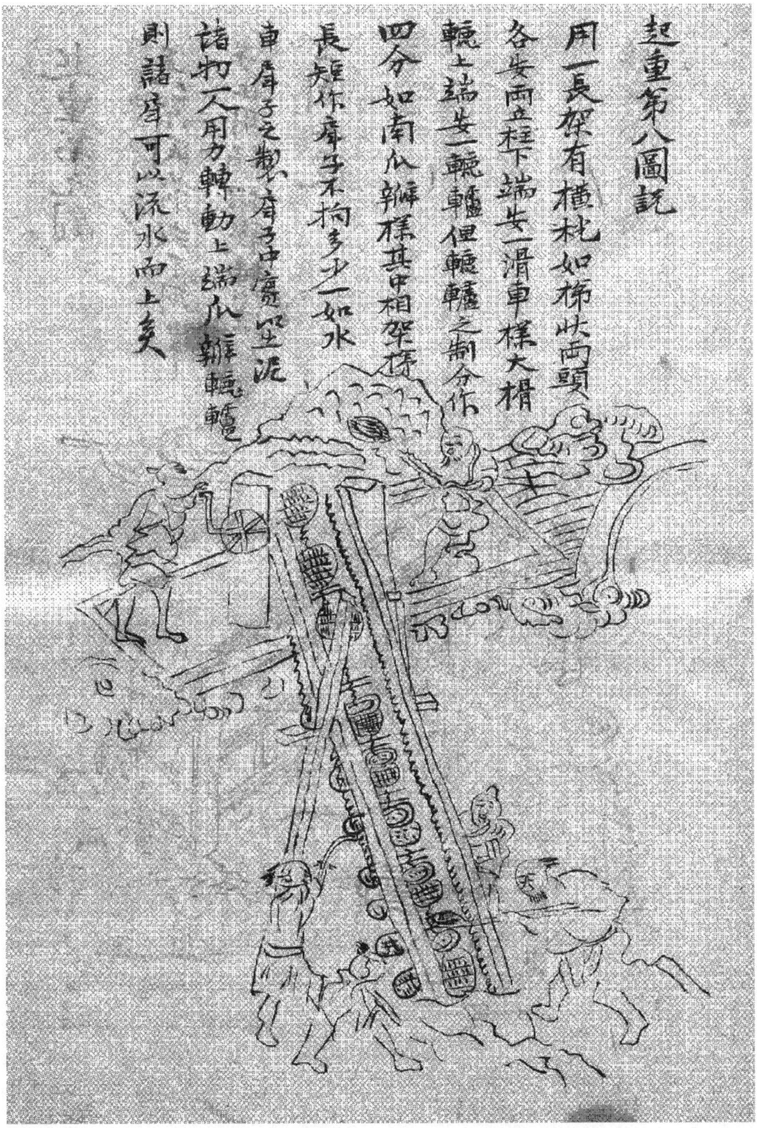


〈그림 4-131〉 최한기의 《심기도설》 기중제8도설

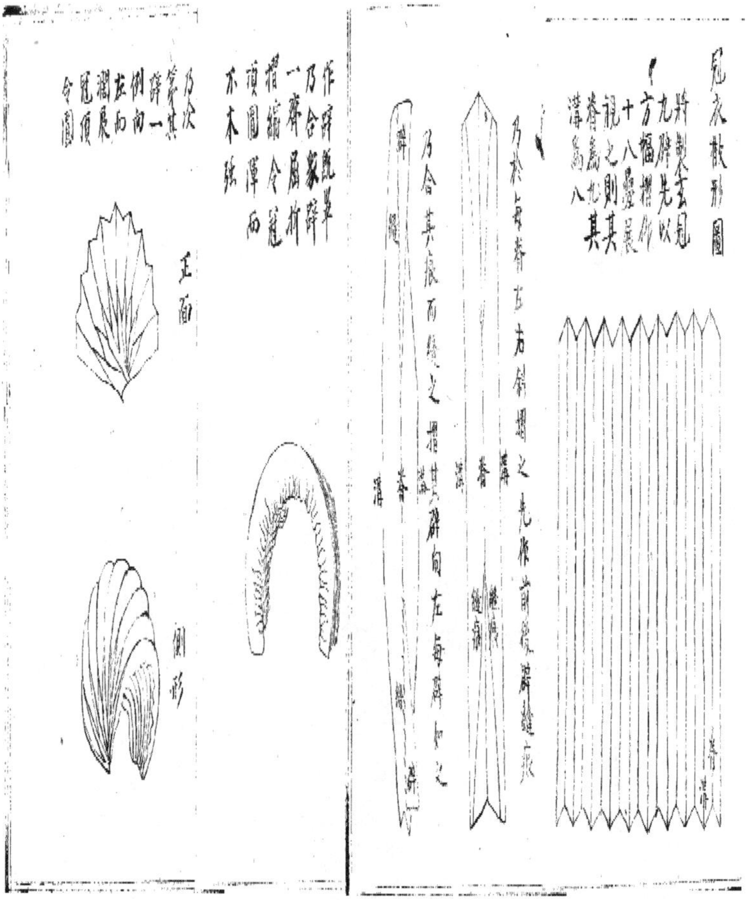

〈그림 4-132〉 박규수 《거가잡복고》 〈관의산형도〉

즉 그는 고대의 복식을 문자만으로 설명하면 제대로 이해시키기 어렵기 때문에 그림을 함께 제시함으로써 이해를 쉽게 하려는 의도로 도를 함께 편집하였다.

《거가잡복고》는 복식의 구분을 外服·內服·童子服·女子服으로

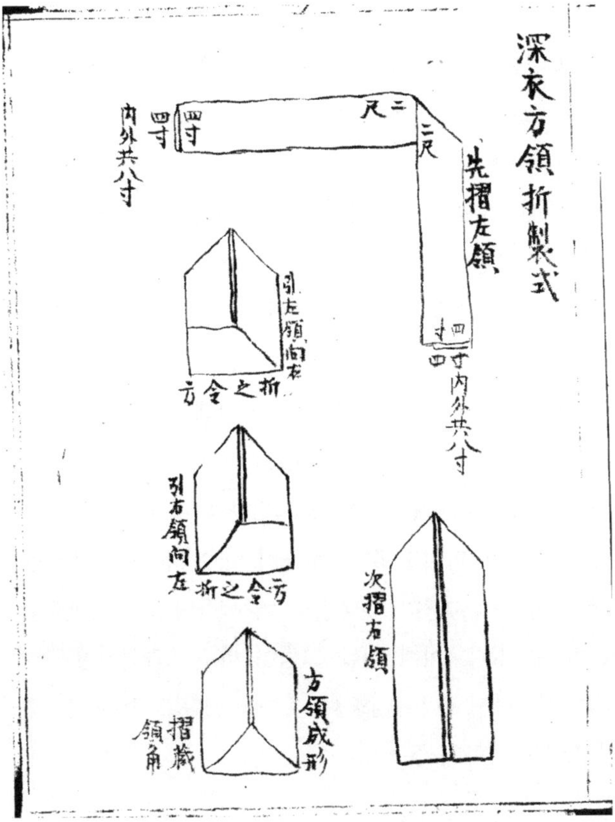


〈그림 4-133〉 박규수의 《거가잡복고》〈심의방령절제식〉

크게 구분하여 각각 해당하는 복식의 도상을 실었으며, 이외에도 冠과 衣를 부분도로 나누어서 그린 冠衣散形圖(〈그림 4-132〉), 玄端·深衣 등을 착용하는 방식을 보여주는 그림들, 深衣의 제도법에 해당하는 그림들, 상황별 혹은 장유별 복식의 차이를 대조하여 일람할 수 있게 해주는 표, 九服의 근본과 士의 家服을 일람하는 표, 六服宵衣를 보여주는 표가 함께 실려 있다.

《거가잡복고》의 그림들 가운데 특히 심의의 제작법과 관련하여 제시된 〈심의방령절제식〉(〈그림 4-133〉)은 복식학적 관점에서 중요한 자료이다. 우선 그의 심의 방령 제작법은 한백겸의 방령 제도를 계승한 것이다. 한백겸의 방령은 원래 목둘레 부분의 옷깃을 만들 때부터 방형이 되게끔 재단하고 몸통 부분은 양 옷깃이 서로 맞닿게[對襟] 제작하는 것이다. 그런데 한백겸의 방령 형태는 매우 널널하여서 가슴 부분이 드러나는 까닭에 심의의 본래의 뜻에 맞지 않는 면이 발생한다. 심의는 몸을 깊숙하게 덮어 가리는 복식이라는 뜻이 있다. 그러므로 이에 관한 논란이 있지만, 박규수는 한백겸이 내놓은 방령의 형태를 다듬어 발전시킴으로써 가슴 부분이 거의 드러나지 않는 형태의 방령을 만드는 법을 개발한 것이다. 그러한 의미에서 그의 심의 제도법에서 매우 중요한 의의를 갖는 부분이 바로 방령을 접는 방식이다. 아울러 관을 접어서 제봉하는 방법도 역시 하나의 복식학적 주요 기술이라고 할 수 있다. 이에 대한 그림이 바로 〈관의산형도〉이다.

박규수는 이외에도 《尙古圖說》을 편찬하였다고 하나, 본 연구에서는 그 자료를 조사하지 못하였다.

# 제 5 장

# 결론: 조선시대 儒教 圖學과 유교 문명

# 제5장 결론: 조선시대 儒教 圖學과 유교 문명

앞에서 살핀 내용은 향후 조선시대 유교의 도 자료들에 관한 연구에 필요한 기초적 사항들을 다만 역사적 흐름에 초점을 맞추어 고찰한 것이다. 자료수집으로부터 저술에 이르기까지 긴 시간이 걸렸지만, 이 저술은 이 분야 연구의 완결이 아니라 시작에 불과하다. 그래서 이 저술에서 다룬 사항들은 앞으로 더 많은 자료의 고증과 분석을 통해서 보완되어야 한다. 그리고 유교의 분야별·학자별로 도 자료에 대한 더 상세하고 구체적인 연구가 필요하다. 물론 도의 내용에 대한 분석과 상징 방식에 관한 세밀한 관찰과 분석이 필수적이다. 그래야만 유학자들의 도 자료들이 보여주는 학문적 의도, 나아가서 문명으로서의 유교의 객관적 모습, 그리고 그것의 의의를 더 상세하고도 분명하게 설명할 수 있기 때문이다. 이제 지금까지 살핀 내용의 골자를 정리하고 향후 과제를 설정하면서 전체적인 저술을 맺고자 한다.

본 저술의 핵심은 고려 말 조선 초부터 조선 말 내지 대한민국 시기까지 등장하는 유학자들이 제작하거나 전하는 도 자료들의 역사를 개괄한 점이다. 그러나 이는 하나의 초안에 불과하고 향후 더 진전되고 심화된 연구가 필요하다. 그 이유는 아직까지 유교의 도 자료를 대상으로 삼아서 그것을 정리하는 방법이나 그 분류 체계를 수립하는 방식에 대해서 논의한 적이 없기 때문이다. 본 저술은 일단 도 자료가 제작된 시간적 순서에 따라서 흐름을 정리하였을 뿐으로, 유학사적 전개에 따른 복잡한 학문 연원이나 학문 이론의 수수관계 및 전개의 맥락에 관한 고찰은 충실하지 못하다. 이는 저자 자신이 아직 한국 유학사에 대한 인식이 부족하고 동시에 도 자료를 중심으로 삼는 학문적 접근법을 갖지 못했기 때문이다.

수집한 도 자료들은 5,000건이 넘고 또 제작된 시기도 6세기에 걸쳐 있다. 이쯤 되면 이들은 그 자체가 연구대상으로서 독립성을 지니는 자료군이라고 할 만하다. 이렇게 많은 수의 자료들을 접하게 됨으로써 기존의 도설 자료에 관한 연구 방식과는 차별성을 추구하게 된 것은 당연하다. 그 차별성이란 다음과 같다. 기존의 도설 자료에 관한 연구는 대체로 어느 한 학자 혹은 학자군의 도 자료들을 선별하여 그들의 학문과 이론 및 도 자료와의 연관성을 분석하고 해명하는 방법으로 접근하는 것이었다. 그로 인하여 도가 함축하고 있는 내용을 그 제작자의 학문 이론 및 사상과의 연관을 통해 설명하는 것이 주된 방법이었다. 그러나 5,000건이 넘는 자료들을 수집하고 이들을 하나의 학문적 연구 대상군으로 설정하려면, 그 자료들에 대해서 일정한 질서와 체계를 부여하고, 도 자료들 자체의 전체와 부분의 관계 형성, 그리고 도 자료들의 학자별·시기별 제작과 전승 등과 관련된 계통과 맥락의 분류와 관련된 준거와 방법 등이 연구의 주요 내용이 될 법하다. 또 도 제작에 동원한 상징의 양식과 구도 설정 방식과 관련된 도상학적 연구법이 필요하다. 지금까지 이 점은 거의 무시되었지만, 만일 도상학적 접근을 한다면 중요한 연구대상이 될 것이다.

이러한 연구를 위하여 본서에서 먼저 기초적 작업으로 시도한 것은 일단 제작자의 생몰연대 순서에 따라서 도 자료들의 시대별 전개 상황을 고찰하는 일이었다. 그런데 도 자료들 가운데 그 제작 연대가 분명한 것이 있고 그렇지 못한 것도 있었다. 따라서 전체적으로는 제작자의 생몰연대를 기준으로 도 자료들의 시간적 선후관계를 정리하는 것이 가능한 방법이었다. 물론 그중에 제작 연대가 분명한 것은 그것을 존중하였다. 시간적 순서에 의한 구분 다음에는 도 자료들이 표방하는 주제 혹은 내용에 따라서 도 자료를 분류하였다. 본 저술에서는 일단 기존의 유학사상을 나누던 주제에 의한 도상의 주제 분류를 시도했다. 그러나 향후의 연구에서는 이를 어떻게 나누는 것이 더 좋은지 그리고 더욱 주제를 분명하게 하는 방법은 무엇인가에 대한 연구가 필요하다. 왜냐하면 도 가운데는 단지 하나의 주제 영역에만 속하지 않고 그 소속 영역이 중첩되는 경우도 발생하기 때문이다. 또 유교를 학문보다 더 넓은 범주인 문명으로 간주한다면 분류법도 변화가 필요하다. 따라서 분류법에 대한 연구가 필요하다.

그리고 본 연구에서는 조선 시대 유교 도의 기원을 중국 유교의 도로부터 찾는 고찰을 하였다. 이 작업은 조선 유교 도가 중국 유교 도에 근원을 두고 시작하였으면서도 많은 변화와 발전을 이룩하였으며 중국 유교와 구별되는 조선 유교의 특징을 명확하게 제시하는 사항들을 확보하기 위해서였다. 본 연구만으로도 일단 중국 유교로부터 조선 유교의 도 자료 주제와 형태의 연원을 구할 수 있다. 그러나 동시에 조선 유교의 도가 단지 중국 유교의 도를 모방하거나 변형하는 데 그친 것은 아니라는 사실도 명확해졌다. 오히려 중국 유학자들과는 달리 매우 적극적인 도 제작 작업을 통해서 교육과 연구의 효과를 제고하려는 노력을 보여주었다. 조선의 유학자들은 중국 유학자들이 손대지 않았던 영역의 주제를 개발하는 것은 물론이고 도상의 형태와 상징의 개발에도 매우 주목할 만한 성과를 창출했고, 그것을 바탕으로 유교 도 제작의 독자적 맥락을 확보하고 있음을 확인하였다. 나아가서 유교 문화의 계몽과 유교 문화의 전승 및 확산을 목적으로 하는 적극적인 도 제작의 노력을 개별적 학자의 성과로만 돌리기보다는 오히려 조선 후기 유학자들의 집단 지성의 작업으로 인식해도 좋을 만큼 튼튼한 학문적 맥락을 형성하고 있었다. 따라서 앞으로 이 점은 더욱 중요한 연구 대상으로 삼을 만하다.

그러나 그렇다고 하여서 본 연구가 한국 유교의 독자성을 도 자료를 통해서 확인하거나 표방하는 것에만 초점을 맞춘 것은 아니다. 이미 중국 유교의 도와 조선 유교 도가 주자학 계통의 성리학으로서 밀접한 친연관계를 맺은 상태에서 이 둘이 함께 빚어내는 유교 문명의 모습도 함께 관찰하고자 한 것이 본 연구의 또 다른 취지이다. 주자학 계통의 성리학이 빚어낸 유교 문명은 비록 시대가 중국 송대로부터 한반도의 조선시대로 바뀌었더라도 성리학의 교양과 의례를 학습하고 실천하는 유학자들이 사명감을 잃지 않고 꾸준히 재생산한 까닭에 공통점이 무척 많다. 그러한 까닭에 그들에게는 국적의 차이를 가르는 것보다는 동일한 성리학 유교 문명을 소유하거나 건립한 주체로서의 공통점이 더 큰 비중을 차지한다고도 할 수 있다. 또 유교 문명은 그것이 사람들에게 요구하고 가르치고자 하는 삶의 기술이 현대 문명의 그것과는 매우 뚜렷한 차이가 있음이 드러난다. 도 자료의 역사적 맥락의 외관을 거칠게 살펴본 소견으로 이러한 차이를 언급하기에는 아직 이르지만, 앞으로는 그것을 다루어 가는 작업을 본격화하는 것이 유교 이해도 더욱 명확하게 하고, 현대 문명과 유교 문명 사이의 소통 가능성에 대한 더욱 실질적인 논의를 일으키는 길이 될 것으로 기대한다.

이러한 의미에서 한국에서의 유교는 비록 한국인에게 대단히 중요한 전통이라 하더라도 즉자적 태도로 연구하지 않고, 대자적 태도로 연구하는 것이 바람직하다고 본다. 즉자적 태도란 유교와 현재 자신이 누리고 있는 문명의 차이를 구별하거나 의식하지 않고 자신이 마치 유교 문명의 주인공인 것처럼 유교를 대하는 것을 말한다. 이러한 태도를 지니면 자신은 실제 유학자나 유교인이 아님에도 불구하고 유교의 대행자처럼 생각하고 행동하게 된다. 현재 한국 유학에 관한 연구에는 이러한 태도들이 은밀하면서도 깊숙하게 배어있는 분위기이다. 이와 달리 대자적 태도는 유교가 비록 우리의 전통이라 하더라도 현대 문명과의 차이를 분명히 하면서 유교를 객관적으로 대하는 태도이다. 이러한 구분이 유교를 객관적 관점으로 보도록 해줄 것이다. 본 연구는 도 자료를 집성해봄으로써 조선 시대 유교 문명의 총상을 찾아보고, 그것을 통해서 유교를 객관화하려고 하였다.

또 본 연구에서 시도한 내용들 가운데 특기할 것은 도를 제작한 학자들의 도에 대한 설명으로부터 도의 전체 혹은 부분을 정의하는 명칭을 끌어내서 그것을 통해서 도상 자체를 분석하는 도구를 마련하고자 한 점이다. 그러나 본 연구에서는 이를 완전하게 제시하지는 못하였으므로 앞으로 이를 더욱 보완하는 것이 중요한 과제가 될 것이다. 그리고 이는 하나의 시도에 불과한 것으로서 앞으로 유교 도상의 해석학적 연구의 기반을 마련하기 위해서는 이 작업이 필수적이다.

조선 시대 유학자들의 도 자료는 본 연구에서 조사한 것 외에도 더 많은 수의 도가 존재할 것으로 판단된다. 저자는 앞으로 본 저술에서 고찰하지 못한 자료들을 수집하고 고찰하는 노력을 기울일 것이다. 아울러 중국과 일본에서 제작된 유교의 도 자료들과 조선 유교의 도 자료들과의 비교하는 작업 역시 또 하나의 과제가 될 것이다.

또 중요한 과제의 하나는 도설집들을 체계적으로 고찰하는 연구, 개별 도상들의 구성과 그 상징적 형태와 그 의미에 대한 연구, 그 표상된 주제에 대한 분석 등의 작업이다. 이러한 것이 뒷받침되어야만 도에 대한 연구는 하나의 학문적 연구성과로서 적절한 인정을 받을 것이다.

서론에서 언급했듯이 본 연구의 또 다른 중요한 목적은 일부 학문 분야에 국한되지 않는 문명으로서의 유교를 전체적으로 관찰할 수 있는 시야를 확보하려는 점이다. 이 점 역시 소기의 성과를 거두었다고 생각한다. 중국의 유교 도상들이 보여주는 세계는 현대 학문분류상 철학이나 인문학에 속하지 않는 내용이 매우 많다. 그 점은 조선시대에 들어와도 더욱 뚜렷하게 드러난다. 도 자료들을 통해서 유교 문명의 다양한 면모들이 논의되고 정착되는 한편, 시대가 흐르면서 그들이 재논의 재생산되는 과정이 있었음을 확인하였다. 천문, 역법, 음악, 건축, 지리, 군사, 음식, 의복, 철학, 의례, 심리학, 등의 영역에 걸쳐서 유학자들은 그들의 여러 주제와 내용을 심도 있게 다루면서 그것의 실용화 혹은 구현에 노력한 흔적을 도 자료로 남겼다. 이러한 작업을 지속함으로써 조선의 유학자들이 그들의 사회와 사람들을 유교로서 문명화하려고 했던 내용의 성격과 의의를 추후 더 명확하게 규정할 수 있을 것이다.

그러나 유학자들의 유교 문명 근거에 대한 접근법이나 유교에 의한 문명화를 지향하는 태도가 획일적이거나 단순하지 않았음을 살펴본 도 자료들이 증명하고 있다. 그리고 유교 내부에 맥락마다 또 후기로 올수록 각각 상이한 입장들이 발달해왔다. 그러는 동시에 도 자료에서 보듯이 유교 내의 다양성이 확장되고 증폭되었던 현상 역시 뚜렷하다. 그런데 그 점은 사실 유교 문명의 체계 지속성을 꾸준히 확보해가는 동력으로 작용했다고 할 수 있다.

당시에 형성된 인맥이나 학맥의 차이에도 불구하고 유교라는 문명을 지향하고 그로써 문명화를 추구하는 학문적 접근법이나 실천적 태도는 유학자들 전체가 보여주었던 통일성이다. 그러나 어느 존재나 실상이든 전면과 후면이 있듯이, 이기론적 세계관을 엄수하면서 대부분의 학자들이 유교 문명에만 몰입하던 모습은 근대국가로 나아가는 서구 문명의 흐름에 무감각 내지 무관심한 상태였음을 보여주었다. 오늘날 상황에서 본다면, 이 점은 조선시대 유교 문명의 한계였다는 지적을 면하기 어렵다. 비록 이기론적 세계관의 부정이나 해체를 시도했던 정약용 역시 유교를 추구하는 대열에서 이탈한 것은 아니었고, 외부세계 혹은 근대문명의 모습을 적나라하게 도상으로 보여주고자 했던 최한기도 실상 유교를 버린 것은 아니었다. 전체적으로 보면, 당대의 사회에 유교와는 다른 문명의 틀을 기반으로 새로운 설정이 가능하다는 점에 대해서 조선시대 유학자들은 전혀 그 가능성조차 가늠한 바가 거의 없었던 듯하다. 아마도 이는 유교라는 문명의 당사자로서 자기를 정당하다고 스스로 믿는 신념에 지나치게 매몰되었기 때문이 아니었을까? 이 부분의 논의는 더 진지하게 해야 할 점이지만, 자기신념에의 몰입 혹은 매몰, 이것이 조선 유교가 도 자료로써 보여주는 모습의 일면이라는 점은 분명하다.

유교를 문명으로 관찰하고자 한 본 연구의 근본적 취지와 관련하여 말한다면, 유교는 어느 하나의 학문 분야, 특히 철학의 연구방법으로 그 모든 것을 감싸서 고찰하기에는 너무 넓고 다양한 분야라는 것은 도 자료들만 한 군데 모아보더라도 확연하게 드러난다. 오늘날의 학문방법에 의하면 도저히 하나의 학문 분야의 연구법으로 그 모든 내용을 다루기가 어렵다는 점은 매우 명백하다. 그럼에도 불구하고 유학자들은 그들의 유학이라는 학문을 통해서 문명의 실제 분야 곳곳에 접근해서 고찰하고 실용화하는 한편, 그에 관한 이론적·경전적 연구를 통한 기존의 지식과 기술을 개선하고 새로운 지식과 기술을 확장할 수 있었다. 그리고 그들에 의하여 조선시대 사람들은 삶에 소요되는 다양한 기술 내지 노하우들을 제공받고 또 그 기술이나 노하우들을 실제 생활에 구현하고자 하였다. 그러한 의미에서 유학자를 단순히 철학이나 인문학을 했던 학자라고 부르는 것은 적절하지 않고 일반적으로는 문명의 조율자로 부르는 것이 더 나을 것이라고 생각한다. 물론 유학자마다 모두 그러한 것은 아니라는 단서는 필요하다.

이상에서 살핀 유학자들의 도 자료들이 말해주는 내용을 정리해보면 그러한 점이 잘 드러난다. 서론에서 질문한 "왜 유교의 도를 연구하는가"에 대한 답을 다음과 같이 내놓을 수 있다. 그에 대해서 밝히기에 앞서서 본 연구를 통해서 얻은 소득과 교훈을 기술한다.

첫째 도 자료를 다루는 방법론의 체계화가 필요하다는 인식의 정착이다. 비록 문자로 이루어진 書의 양에 비해서는 매우 적지만, 문자로 기록된 자료와는 의미 전달의 방식이 매우 다른 것이 도상, 도보, 도표 등의 자료이다. 그러한 자료들이 조선 전기부터 말기까지 일정한 맥락을 형성하면서 지속적으로 생산되었고, 아울러 조사된 것보다도 더 많은 도가 존재한다는 추정이 가능하므로 유교의 도에 대한 체계적인 정리와 연구는 앞으로 필수 과제가 될 것이다. 조선 시대 유교를 이해하고 설명하는 방법의 다양화가 그로 인해서 가능하게 될 것이다.

둘째, 도에 관한 연구는 도 제작의 맥락과 기존의 조선 유학사 혹은 유학 사상사와의 연관성을 풀어가는 일을 중요한 과제로 던져준다. 그러나 그 연관성은 기존의 유학사적 맥락에 관한 견해를 추종하거나 강화하는 것만이 아니라 기존의 견해를 바꾸는 데에도 기여할 것이다. 즉 도 제작과 관련된 전승 내지 상호 교류의 과정을 중심으로 유교 문명화 과정의 복합성을 이끌어낼 것이다. 아울러 도상 해석학이나 도상학이 자리잡게 될 경우에는 도 자료를 중심으로 한 학문적 맥락이 파악됨으로써 유학자들의 학문적 업적에 대한 평가 방식도 다양하게 될 것이다. 그로써 조선 시대 유교를 평가하는 관점과 기준에도 변화가 올 것으로 생각된다.

셋째, 도 자료에 대한 담론은 유교에 관한 현대 학문 간 담론의 생산과 확장에 중요한 기반을 제공할 것으로 보인다. 그것이 일부 학문적 관점과 이론적 틀에 갇혀 있던 유교 연구의 폭을 확장하고 학문 간 협력 연구의 계기를 늘릴 것이다. 예를 들면, 철학이나 교육학은 물론, 심리학·의학·공학·복식학·음식학·천문학·건축학 등 여러 분야의 연구자들이 도 자료를 중심으로 다양한 담론을 펼칠 수 있을 것이다. 그렇게 함으로써 유교에 대한 인식의 지평을 확장하는 한편, 유교가 우리 역사의 문명화 과정에서 어떠한 역할을 수행하였는가 하는 의문에 대해서 현대 학문 제 분야의 연구자들이 참여함으로써 더욱 광범위하고 깊이 있는 소통과 공동의 논의가 가능할 것으로 기대된다. 원래 필자가 도 자료를 중심으로 저술을 하면서 가졌던 저술의 중요한 취지의 하나가 바로 이 점이다. 향후 주제별로 도상에 관한 논의를 한다면 이것이 더욱 실현 가능할 것으로 기대한다.

유교 도 자료들은 다음과 같은 세 가지 큰 범주의 주제로 구분할 수 있다. 첫째는 경학 분야의 도 자료, 둘째는 유교의 원리와 이상에 관한 도 자료, 셋째는 실용적 분야의 도 자료이다. 첫째 경학 분야의 도 자료는 사서와 육경에 관한 도 자료와 《소학》, 《심경》, 《효경》 등에 관한 도 자료들을 가리킨다. 둘째 유교의 원리와 이상에 관한 도 자료들은 철학적 원리, 수양론적 원리, 心學·聖學·性學 등에 관한 원리, 정치적 원리와 이상, 그러한 이상 내지 학문을 구현하고 성취하는 방법론에 관한 자료들을 가리킨다. 셋째 실용적 분야의 도 자료에는 복식, 건축, 천문, 역법, 지리, 병기, 예기, 공예, 기계 기물 등의 도 자료들이 해당된다. 앞으로 도 자료들의 실제 형상과 그 주제에 입각하여 더욱 세분되고 정합적인 분류를 세워간다면, 학문 간 협력의 방식도 정립되고 다양한 협력의 방식이 활성화될 것이다.

넷째, 본론에서 언급된 바가 있지만 도의 제작과 이를 사용하는 교육은 글에 의존하거나 이야기에 의존하는 방법이 거두는 효과와는 또 다른 효과가 발생한다는 것이 현대 교육학에서 취하는 관점이다. 이러한 관점을 조선의 유학자들은 이미 터득하였다. 그러나 그 효과가 어떤 것이고 도를 어떻게 활용하는 것이 교육적 효과를 더욱 제고할 것인가 하는 점은 현대에도 더 논의의 여지가 있다. 특히 마음과 관련된 여러 도상들은 인간의 마음 형태와 작동이나 수양 등의 방식들을 규정하는 것인데, 그러한 도식적 규정이 조선 유학자들이 자기 마음의 인식과 이해에 어떠한 영향을 끼쳤고, 그것이 현대 한국인의 마음 구조에 준 영향은 무엇인가에 대한 논의도 가능하다. 그와 달리 경전에 관한 분석적 도해 혹은 상징적 함축을 담은 도 자료들의 교육적 효과에 대한 논의도 필요할 것이다.

다섯째, 유교의 도 자료들은 유교 문화의 원형 콘텐츠로서의 가치를 무궁무진하게 내포한다. 유교 문화를 보여주기 위한 자료로서 글보다도 더욱 풍부한 상징성을 포함한 도 자료들은 해석의 관점을 더욱 다양하게 할 것이며, 나아가 그것은 디지털 매체와 결합함으로써 더욱 다양한 한국 문화 콘텐츠 제작이 가능하도록 할 것이다. 그뿐 아니라 그것을 중심으로 하는 스토리텔링이 매우 풍성할 것으로 예상된다. 그리고 이는 특히 교육과 관련된 에듀 콘텐츠로서 활용도가 높은 문화콘텐츠 혹은 스토리텔링의 자료로서 역시 무궁무진한 가치를 담고 있다. 문제는 그것을 개발하고 사용하는 사람들의 태도와 안목일 것이다.

마지막으로 서론에서 던진 왜 유학자들은 도를 작성하게 되었는가 하는 의문에 대해 스스로 대답해보겠다. 앞으로 유교 도상에 대한 더 집중적 연구가 필요하다는 것을 전제하면서, 유학자들이 도를 제작한 이유와 목적은 짚어야 할 점이다. 그렇다면 유학자들의 그림이 단순한 묘사이든 아니면 철저하게 구성된 것이든 그 의도와 목적은 무엇인가?

앞으로 더 구체적으로 밝히겠지만, 첫째, 유교적 진실과 유교에 관련된 사실의 보전이 일차적인 목적이었다고 생각된다. 즉 유학자들이 제작한 도들은 유교적 진리의 체계적이고도 정확한 전달, 사실적 형상이나 내용의 정확한 보전과 전달이라는 목적이 담겨 있다. 어떠한 기물이나 건물, 혹은 예식의 장소 구성 등에 관한 그림들은 유교 문화 혹은 문명이 개발하고 사용한 사물이나 현상(악보, 기물, 건물, 예식의 장소 구성 등)의 형상이나 형태를 보전하고 전달하는 경우에 해당한다. 이들은 유교 문명의 정체를 보여주는 표상들이며 이들을 통해서 유교가 무엇인가를 분명하게 보여준다. 이들은 백 마디 말로 설명하는 것보다 그림으로 보여주는 것이 직접적이고 훨씬 정확하다. 백 번 글을 읽어서 이해하는 것이 한 번 실물의 형상을 보는 것만 못하다는 말이다. 그러나 이외에도 유교를 이해하고 실천할 때 기준이 되는 원리와 이념에 관한 내용들의 도해 작업 역시 이 경우에 해당하는 것이다. 즉 중국 송대부터 조선 말 내지 대한민국 시기까지 經傳의 원리와 내용, 유교 이념의 도해와 도식 작업이 지속되었다. 유교 이념의 구도나 방향, 혹은 관련 내용들의 전체적인 연관성 등을 이해하기 쉽게 표시하는 것은 문장의 구성만으로는 한계가 있다. 오히려 도를 통해서 한눈에 알아보도록 작업하는 것이 훨씬 효과적이다. 이러한 목적의 성취에 圖는 매우 유용한 수단이다. 특히 중국 송대부터 유학자들은 천지자연의 원리 혹은 형이상적 이치에 접근하는 방법으로서 書보다 圖에 제일의적 중요성을 두었다. 그러한 까닭에 송대부터 조선시대 말까지 유학자들은 형이상적 원리를 도로 표현하는 것에 심혈을 기울였던 것으로 이해된다.

둘째, 이러한 목적은 자연스럽게 유교의 정확한 이해와 실천을 위해 필요한 규준을 제시하고 확보하려는 목적과 연관된다. 유교적 규준은 다른 학문들(예를 들면 도교 · 불교 · 기독교 등)로부터 유교를 구분하고 그 영역을 지키는 핵심적 장치이다. 그리고 그것은 유교를 신봉하는 사람들이 공유하여야 한다. 유교 신봉자들의 이해와 생각, 그리고 태도를 동기화해주고 그들을 일사불란한 행동으로 나아가도록 하는 것이 규준이고, 그 규준을 공유하는 것이 유교의 문명화이자 유교의 생활화이다. 규준의 필요성은 사실과 현상의 영역에서 사물이나 기물 · 건물 등에 관한 도해, 예식 공간의 구성과 절차에 관한 도식 등이 해당되고, 이념과 원리의 영역에서는 경서의 이념과 내용, 철학적 원리, 도덕의 원리, 교육의 원리, 의례의 구성과 근거 등이 해당된다.

셋째, 교육과 계몽의 효과를 높이기 위한 것 역시 유학자들의 도 제작의 목적에 해당한다. 百聞이 不如一見이라는 표현을 빗대어 표현하여 百文이 不如一圖, 즉 많은 글을 읽는 것이 하나의 도를 보는 것만 못하다는 것이 도의 효과라고 한다면 그것은 다음과 같은 효과라고 할 수 있다. 즉 글[書]을 읽고 의미의 연관성을 머릿속에서 파악하고 정립하는 사고 작용을 필수로 하는 것이 문장이다. 문장은 時

系列에 따른 순차적 연결성이 이해의 과정을 지배한다. 그렇지만 도는 그것보다는 전체와 부분들 간의 연관성을 한눈에 알아보도록 도와준다. 즉 전체에 대한 直覺의 효과가 그림을 봄으로써 나타난다. 또한 전체와 부분의 직각을 도와주는 그림은 연상작용의 풍성함이 문장에 비해서 더 뛰어날 수 있다. 물론 사람에 따라서 다른 면이 있기도 하다. 그러한 까닭에 사고의 작용을 직각 작용에 의해 보완할 수도 있고, 사고의 작용을 직각 작용으로 대체할 수도 있다. 그것이 어떠한 경우라도 교육과 계몽에 이보다 더 좋은 것은 없다. 이러한 도의 효과는 유교적 인문을 담당할 지식인의 양성뿐 아니라 일반인들의 계몽에도 잘 나타난다.

넷째, 유교의 이론과 원리 이념 등에 관한 논쟁에서 각각의 견해를 분명히 할 필요가 있을 때 유학자들은 도를 제작하였다. 이는 글로써 설명할 때 겪는 어려움, 즉 장황하고, 그 때문에 읽는 사람은 혼란스럽고, 그리하다가 의미의 핵심을 놓치는 문제점 등이 발생할 수 있다. 이러한 경우에 도해는 글의 장황함을 피하고 의미의 소재를 명확히 하는 방법이 된다. 또 논쟁 당사자들 간에 나타나는 어떤 관념이나 원리의 이해에서 나타나는 양자의 차이점, 전 시대의 학설이나 이념과의 차이를 뚜렷이 표시할 때도 도해는 매우 긴요한 방법이 된다. 실제로 이러한 사례가 조선시대에는 빈번하게 나타나면서 유교 연구와 실천에 진전을 가져왔다.

다섯째, 매우 많고 복잡한 사실들을 일정한 기준에 따라 분류하여 일목요연하게 파악하여 효율적인 정보 전달을 위한 수단으로서 도를 사용했다. 예를 들면 도표, 혹은 표, 도보 등의 명칭이 붙은 경우가 그에 해당한다. 이는 우선 사실들의 분량이나 종류가 많거나 단순하지 않을 때 파악하기 쉽도록 분류하고 일정한 기준에 따라서 검토하고 이해할 수 있게 한다.

여섯째 기물이나 지역(지리) 및 기술 관련 정보의 효과적 전달을 위한 사실적 묘사를 위한 목적도 있다. 이러한 목적은 이미 오래된 도 제작의 작업이 지속되는 과정 속에서 수시로 나타났는데, 조선 말기 서구의 신기술과 관련된 기물과 지리 정보를 기록하고 전달하기 위해서 도를 사용한 예가 있다.

일곱째 형이상적 세계, 이기론이나 선천학에 의해서 뒷받침되는 천인합일의 이념 및 그것의 구현 가능성에 관한 투철한 공동의 신념을 구체화하고자 형이상적 영역에 속하는 내용의 도 제작에 심혈을 기울인 것으로 보인다. 앞에서 보았듯이 조선시대 유교의 도 자료들 가운데는 철학적 이치나 이념과 가치 구현의 방식 등에 관한 것들이 매우 많다. 또 그 때문에 그림의 구성에 개념적 요소들을 강조하는 문자의 사용이 빈번한 것이 특징이다. 김재락이 그의 〈도식설〉에서 밝혔다시피 무형의 원리에 대한 인식과 이해에 도의 효과가 컸기에 유교의 도상에 형이상적 주제가 많으며, 그것들이 대부분 기호적 상징은 최소화하면서 문자의 竝用을 주저하지 않았던 이유라고 생각된다. 그러한 면에서 유교의 도는 불교의 도상이나 도교의 도상, 그리고 기독교의 성화들과 그 표현 방식이나 표상의 영역에서 뚜렷하게 구별되는 특징이 될 법하다. 이에 대해서는 향후 비교연구를 통해서 확인할 필요가 있다.

결론의 서술을 마무리하면서 한 가지 밝힐 것은 도에 관한 자료 정리와 분류에 따른 심화된 연구가 필수적이라는 점이다. 이것이 유교의 도상에 관한 연구를 발전시키는 길이라고 생각한다.

# | 참고문헌 |

<원전류—조선 유교 자료>
權近, 入學圖說(국립중앙도서관)(이하 국중도)
崔恒·韓繼禧, 易學啓蒙要解(경학자료집성—역학(이하 경역) 1책)
金宏弼, 景賢附錄
朴英, 松堂集(국중도)
張可順, 人事尋緖目(花潭及門諸賢集上)(국중도)
周世鵬, 心圖(중국 북경대학 소장본)
黃孝恭, 龜巖先生易範圖(국중도)
李滉, 退溪集(한국문집총간(이하 총간) 29, 30, 31)
____, 啓蒙傳疑(국중도)
曺植, 南冥先生文集(국중도)
____, 南冥先生學記類篇(국중도)
鄭之雲, 天命圖解(고려대학교 중앙도서관)
______, 秋巒實記
金麟厚, 河西全集(총간 33)
李楨, 龜巖集(총간 33)
盧守愼, 穌齋集(총간 35)
黃俊良, 錦溪集(총간 71)
柳贇, 易圖目錄(경역 2책)
趙穆, 月川集(총간 38)
金隆, 勿巖集(총간 38)
奇大升, 高峯集(총간 40)
鄭介淸, 愚得錄(花潭及門諸賢集下, 여강출판사 영인본 총간 40)

高應陟, 杜谷集(국중도)
權好文, 松巖集(총간 41)
宋翼弼, 龜峯集(총간 42)
成渾, 牛溪集(총간 43)
李珥, 栗谷全書(총간 44)
金誠一, 鶴峯集(총간 48)
柳雲龍, 謙菴集(총간 49)
權春蘭, 晦谷先生進學圖
李德弘, 心經講錄(心經叢編 2卷, 學民文化社 영인본)
_______, 艮齋集(총간 51)
柳成龍, 西厓全書
_______, 西厓集(총간 52)
鄭逑, 寒岡全集(국중도)
趙憲, 重峰集(국중도)
李舜臣, 李忠武公全書(총간 55)
曺好益, 芝山集(총간 55)
_______, 芝山 大學童子問答(경학자료집성 대학)
_______, 芝山續集
金長生, 石潭及門諸賢集(아세아문화사 영인본)
韓百謙, 久菴遺稿(총간 59)
張顯光, 旅軒全書(仁同張氏 南山派宗親會)
______, 易學圖說(旅軒學研究會)
鮮于浹, 遯菴全書(총간 93)
權克中, 周易參同契註解(경역 5책)
朴仁老, 蘆溪集(총간 65)
鄭經世, 愚伏先生別集(총간 68)
崔晛, 訒齋集(총간 67)
張興孝, 敬堂集(총간 69)
申欽, 象村稿(총간 72)

權杠, 方潭文集(경역 5책)
金致寬, 亦樂齋集(국중도)
申敏一, 化堂集(총간 84)
趙翼, 浦渚集(총간 85)
李植, 澤堂集(총간 88)
河弘度, 謙齋集(총간 97)
許穆, 記言(총간 98)
沈之漢, 滄洲集(국중도)
金烋, 敬窩集(총간 100)
李休運, 石屛文集 心經章圖(심경총편 3권)
柳元之, 拙齋集(국중도)
權諰, 炭翁集(총간 104)
兪啓, 家禮源流(국중도)
李惟泰, 草廬集(총간 118)
宋時烈, 宋子大全(총간 112)
_______, 尤菴易說(경역 6책)
_______, 宋書續拾遺(총간 116)
吳達濟, 忠烈公遺稿附錄(총간 119)
尹宣擧, 家禮源流(국중도)
_______, 魯西遺稿(총간 120)
尹鑴, 白湖全書(白湖先生文集刊行會)
金萬烋, 魯魯齋文集(국중도)
丁時翰, 愚潭集(총간 126)
李玄逸, 洪範衍義(경학자료집성 서경편)
朴尙玄, 寓軒集(총간 134)
尹拯, 明齋遺稿(총간 135, 136)
南九萬, 藥泉集(총간 132)
朴世采, 南溪集(총간 140)
_______, 南溪集外集(총간 141)

______, 南溪集續集(총간 142)
李嵩逸, 恒齋集(총간 137)
權尙夏, 寒水齋集(총간 150)
金楷, 易學啓蒙覆釋(경역 6책)
韓汝愈, 遁翁集(국중도)
崔錫鼎, 明谷集(총간 154)
金榦, 厚齋集(총간 155, 156)
鄭齊斗, 霞谷全集(여강출판사 영인본)
______, 霞谷集(총간 160)
金昌協, 農巖集(총간 162)
宋徵殷, 約軒集(총간 164)
金昌翕, 三淵集拾遺(총간 167)
李衡祥, 甁窩集(총간 164)
權斗經, 蒼雪齋集(총간 169)
朴光一, 遜齋集(총간 171)
李泰壽, 止谷遺稿(경학자료집성 사서편)
金錫文, 易學二十四圖解(국중도)
金柱臣, 壽谷集(총간 176)
崔斗柄, 坪菴集(국중도)
徐聖耉, 訥軒文集(국중도)
李萬敷, 息山集(총간 178)
______, 息山集續集(총간 179)
______, 息山全集(국중도)
李載亨, 松巖集(총간 179)
姜碩慶, 喫眼窩集別集(국중도)
金春澤, 北軒集(총간 185)
申益愰, 克齋集(총간 185)
權榘, 屛谷集(총간 188)
李煥模, 斗室寤言(경학자료집성 사서편)

李柬, 巍巖遺稿(총간 190)
李縡, 四禮便覽(국중도)
尹鳳朝, 圃巖集(총간 193)
李瀷, 星湖全書(총간 199)
尹鳳九, 屛溪集(총간 204)
成以心, 盤谷先生人易(국중도)
韓元震, 南塘集(총간 201)
林象德, 老村集(총간 206)
蔡之洪, 鳳巖集(총간 205)
李世珩, 恕軒文集(국중도)
吳光運, 藥山漫稿(총간 210)
南國柱, 鳳洲先生文集(국중도)
柳觀鉉, 陽坡集(국중도)
沈潮, 靜坐窩集(국중도)
楊應秀, 白水集(心經叢編 5卷)
柳正源, 易解參攷(국중도)
金元行, 渼湖集(총간 220)
宋明欽, 櫟泉集(총간 221)
桂德海, 鳳谷桂察訪遺集(경역 14책)
尹光紹, 素谷遺稿(총간 223)
宋文欽, 閒靜堂集(총간 225)
李象靖, 大山集(총간 226, 227)
任聖周, 鹿門集(총간 228)
金謹行, 庸齋集(경학자료집성 사서편)
_______, 易學啓蒙箚疑(경역 14책)
申景濬, 旅菴遺稿(총간 231)
安鼎福, 順菴集(총간 230)
_______, 易象補遺(국중도)
_______, 易學圖(국중도)

_______, 後天窺管(국중도)
徐命膺, 保晩齋 啓蒙圖說(규장각)
_______, 保晩齋叢書(규장각)
白鳳來, 四書通理(九龍齋先生文集)
_______, 三經通義(九龍齋集)
黃胤錫, 理藪新編(국중도)
鄭赫臣, 性堂集(국중도)
金履安, 三山齋集(총간 238)
柳長源, 四書纂註增補-孟子(경학자료집성-맹자)
洪良浩, 耳溪集外集(총간 242)
金相岳, 山天易說(국중도)
沈定鎭, 霽軒集(경학자료집성 서경편)
宋煥箕, 性潭集(총간 244)
李㦿, 農隱集(경역 20책)
金奎五, 最窩集(경역 20책)
曺垣淳, 復菴集(국중도)
李種徽, 修山集(총간 247)
洪大容, 湛軒書內集(총간 248)
朴琮, 鐺洲集(국중도)
_____, 周易講義(경역 20책)
徐有臣, 易義擬言(경역 25책)
李萬運, 默軒集(총간 251)
金相進, 濯溪集(국중도)
_______, 濯溪鄕飮禮攷證(국중도)
成允信, 愼默齋文集(국중도)
趙鎭寬, 柯汀遺稿(국중도)
李德懋, 靑莊館全書(총간 259)
_______, 紀年兒覽(靑莊館全書)(국중도)
黃德壹, 拱白堂集(총간 260)

黃德吉, 下廬集(총간 260)
李祘, 弘齋全書(총간 263)
李東馩, 砧山文集(국중도)
裵相說, 槐潭遺稿(안동 국학진흥원 소장본)
尹弘圭, 陶溪遺稿(국중도)
成海應, 研經齋全集外集(총간 275, 276, 278)
尹行任, 碩齋稿(총간 287)
丁若鏞, 與猶堂全書(신조선사본)
徐有榘, 楓石全集楓石鼓篋集(총간 288)
姜必孝, 海隱集(국중도)
河友賢, 豫菴集(국중도)
柳徽文, 好古窩別集(국중도)
金性昊, 一齋先生文集(국중도)
_______, 易圖發揮, 圖卦會通(경역 27책)
柳致明, 定齋集(총간 297)
朴慶家, 鶴陽集(국중도)
朴箕寧, 荷叟集(국중도)
權敦仁, 頤齋集(국중도)
柳懿睦, 守軒集(경학자료집성 사서편)
金虎運, 心經疑義(雨澗集)(심경총편 5권)
崔象龍, 鳳村集(국중도)
李恒老, 華西集(국중도)
金在洛, 養蒙齋集(국중도)
金坐鎭, 訂窩集(국중도)
崔漢綺, 明南樓全集(국중도)
吳致箕, 周易經傳增解(경역 35)
朴珪壽, 居家雜服攷(국중도)
張福樞, 四未軒集
朴萬瓊, 壺隱遺稿(경역 31책)

李震相, 心經窾啓(心經叢編7卷)
______, 寒洲全書(국중도)
金平默, 重菴集(국중도)
李埈, 槐園集(국중도)
柳重教, 省齋集(총간 323, 324)
崔世鶴, 惺巖集(국중도)
金興洛, 西山先生文集(총간 321)
徐基德, 石南居士私稿(규장각)
金永三, 丹邱遺稿(경학자료집성 사서편)
許薰, 舫山集(국중도)
洪在英, 芝坡遺稿(국중도)
李欽, 桂陽遺稿(경학자료집성 사서편)
安泰國, 暘谷集(경학자료집성 사서편)
金鼎默, 過齋遺稿(총간 255)
李在齡, 竢菴集(국중도)
朴文鎬, 壺山全書(아세아문화사 영인본)
______, 周易圖書詳說(경역 32책)
李承熙, 大溪集(국중도)
李建昌, 讀易隨記(경역 33책)
郭鍾錫, 勉宇集(국중도)
金秉宗, 秀山文集(국중도)
金鳳煥, 晦峰集(경학자료집성 사서편)
崔秉心, 欽齋集(국중도)
權相翊, 省齋集
沈錥, 樗村遺稿(총간 208)
白啓河, 易經解義(경역 34책)
尹衡老, 戒懼菴集(총간 219)
閔白炻, 心經集解(심경총편 권6)
金時洛, 莊菴文集(심경총편 권7)

金弘任, 三圓觀散稿
南元裳, 測量圖解
心經註解叢編

<원전류—중국 유교 자료>
中國基本古籍庫
性理大全
周易傳義
書傳
詩經集傳
洪範皇極內篇(性理大全)
律呂新書一(性理大全)
邵雍, 皇極經世書
____, 心易梅花數
朱熹, 朱子全書, 上海古籍出版社 安徽教育出版社, 2002.
____, 易學啓蒙(朱子全書)
____, 儀禮經傳通解
____, 朱子家禮
易學啓蒙(玉齋胡氏通釋附圖)
程復心, 四書章圖(국중도)
楊復, 儀禮圖
余應虬, 四書翼經圖解
三才圖會
六經圖
四庫全書圖鑑, 中國東方出版社, 2004.

<논저류>
현상윤, 《朝鮮儒學史》, 玄音社, 1982.
이병도, 《韓國儒學史》, 亞細亞文化社, 1987.

윤사순, 《退溪選集》, 玄岩社, 1982.
윤사순, 《한국유학사》 상·하, 지식산업사, 2012.
한국사상연구회, 《도설로 보는 한국 유학》 예문서원, 2000.
금장태, 《성학십도와 퇴계철학의 구조》, 서울대학교출판부, 2001.
금장태, 《조선유학의 주역사상》, 예문서원, 2007.
신귀현, 《어느 서양철학자의 퇴계연구 30년: 퇴계 이황: 예 잇고 뒤를 열어 고금을 꿰뚫으셨소》, 예문서원, 2001.
이광호 옮김, 《성학십도》, 홍익출판사, 2012.
곽신환, 《주역의 이해: 주역의 자연관과 인간관》, 서광사, 1991.
고려대 민족문화연구원 한국사상사연구소 편, 《역주와 해설 성학십도》, 예문서원, 2009.
고려대학교 민족문화연구원 편, 《여헌 장현광의 학문세계 4: 여헌학의 전망과 계승》, 예문서원, 2012.
여헌학연구회 지음, 《여헌학의 이해: 여헌 장현광의 학문과 사상》, 예문서원, 2015.
충남대학교 유학연구소 편, 《명재 윤증의 학문연원과 가학》, 예문서원, 2006.
고지마 쓰요시 지음, 신현승 옮김, 《송학의 형성과 전개》, 논형, 2004.
최귀묵 역저, 《김시습 조동오외요해의 역주 연구》, 소명출판, 2007.
최재목, 《쉽게 읽는 퇴계의 성학십도》, 예문서원, 2004.
김경호, 《인격 성숙의 새로운 지평—율곡의 인간론》, 정보와사람, 2008.
한형조, 《성학십도, 자기구원의 가이드맵》, 한국학중앙연구원 출판부, 2018.
김용헌, 《주자학에서 실학으로》, 고려대학교 민족문화연구원, 2019.
박규수 지음, 조효순 옮김, 《역주거가잡복고》, 도서출판 석실, 2000.
廖名春·康學偉·梁韋弦 지음, 심경호 옮김, 《주역철학사》, 예문서원, 1995.
施雄 主編, 《周易八卦圖解》, 四川出版集團 巴蜀書社, 2003.

에케 하르트 캐멀링 편집, 이한순·박지형·송혜영·홍진경 옮김, 《도상학과 도상해석학》, 사계절, 2005년.

에르빈 파노프스키 지음, 이한순 옮김, 《도상해석학연구》 시공사, 2002년.

김규선, 〈읽기 학습 지도의 효율화를 위한 도식 조직자(圖式組織者, Graphic Organizer)의 활용 연구〉, 대구교육대학교 논문집 제39집, 대구교육대학교, 2004.

김종도, 〈영상도식변형연구〉, 《현대문법연구》 12, 현대문법학회, 1998.

정상헌, 〈언어표현의 영상도식적 가치 분석〉, 《현대문법연구》 12, 현대문법학회, 1998.

강영안, 〈칸트의 선험적 도식론의 기능〉, 《철학연구》

김석현, 〈칸트 윤리학에 있어서 실천적 도식론으로서의 전형론과 시간〉, 철학논총 제11집, 새한철학회, 1995.

이승종, 〈칸트의 도식론—규칙론적 접근〉, 철학연구 제46집, 철학연구회, 1999.

정석해, 〈圖式과 形象〉, 인문과학 14집, 연세대학교 인문학연구원, 1966.

이건환, 〈의미 확장에 있어서 도식의 역할〉, 《담화와 인지》 제5권 2호, 담화·인지언어학회, 1998.

안형관·이태호, 〈화이트헤드의 상대성원리와 범주도식〉, 《철학논총》, 새한철학회, 2002.

김정희, 〈中國道敎의 十王信仰과 圖像〉, 《미술사학》 6집, 미술사학연구회, 1994.

이한순, 〈루터와 크라나흐의 프로테스탄트 圖像學〉, 《미술사논단》 1998-01, 한국미술연구소, 1998.

박진원, 〈宗敎學에 있어서의 宗敎圖像硏究의 필요성과 그 방법을 중심으로-〉, 《宗敎學硏究》 9집, 한국종교학연구회, 1990.

천병기, 〈조선시대 도설교재 사용에 관한 연구〉, 효성여자대학교 박사학위논문, 효성여자대학교, 1988.

조수정, 〈헬레나와 콘스탄티누스대제의 도상학 연구-카파도키아의 비잔틴 교회를 중심으로〉, 《서양중세사연구》 13호, 한국서양중세사학회, 2004.
이훈선, 〈輪回梅의 再現과 그 工藝史的 硏究: 「靑莊館全書」 所載 '輪回梅十箋'을 中心으로〉, 漢陽大 敎育大學院 석사학위논문, 1987.
천병기, 〈조선시대 도설교재 사용에 관한 연구〉 효성여자대학교 박사학위논문, 1988.
김필수, 〈旅軒易學의 道德論的 根據에 관한 硏究: 易學圖說을 中心으로〉, 동국대학교 박사학위논문, 1990.
천혜봉, 〈世祖朝 新鑄의 '戊寅字'와 그 刊本 - 主로 그 鑄字의 考證을 中心으로〉, 《한국비블리아학회지》 제2집, 한국비블리아학회, 1974.
金容雲, 〈崔錫鼎의 魔法陣〉, 《論文集》 8, 한양대학교, 1974.
허남진, 〈聖學十圖와 聖學輯要의 연구〉, 《空士論文集》 제18집, 공군사관학교, 1984.
금장태, 〈성학십도 주석과 조선후기 퇴계학의 전개〉, 《퇴계학보》 48집, 퇴계학연구원, 1985.
배종호·이광호, 〈南冥思想에 있어서 〈聖學十圖〉〉, 《경남문화연구》 11집, 경상대학교 경남문화연구소, 1988.
유명종, 〈樗村 沈錥의 心學에 관한 연구〉, 《동양철학연구》 제13집, 동양철학연구회, 1992.
전병윤, 〈남명조식의 「神明舍圖」 고찰〉, 《남명학연구》 1집, 경상대학교 남명학연구소, 1991.
정병련, 〈秋巒의 『天命圖說』 製作과 退溪의 訂正〉, 《철학》 38집, 한국철학회, 1992.
최석기, 〈南冥의 「神明舍圖」·「神明舍銘」에 대하여〉, 《남명학연구》 4집, 경상대학교 남명학연구소, 1994.
김용헌, 〈김석문의 우주설과 그 철학적 성격〉, 《동양철학연구》 제15집, 동양철학연구회, 1995.
김윤제, 〈조선전기 心經의 이해와 보급〉, 《한국문화》 18권, 서울대 한국문화연구소, 1996.

김윤제, 〈심도 해제〉, 《규장각》 제29집, 서울대 규장각 한국학연구원, 1996.
황광욱, 〈사재 장가순의 생애와 사상〉, 《한국철학논집》 6집, 한국철학사연구회, 1997.
송지원, 〈徐命膺의 音樂관계 著述 硏究〉, 《韓國音樂硏究》 제27집, 韓國國樂學會, 1999.
순남숙, 〈茶山 丁若鏞의 深衣制度에 관한 硏究〉, 한복문화 3집, 사단법인 한복문화학회, 2000.
송지원, 〈19세기 유학자 柳重教의 樂論: 『絃歌軌範』을 중심으로〉, 《韓國音樂硏究》 제28집, 韓國國樂學會, 2000.
장숙필, 〈김석문의 역학이십사도해〉, 《도설로 보는 한국 유학》, 예문서원, 2000.
이애희, 〈圖說을 통해본 青植의 性理說〉, 《한국사상사학》 제15집, 한국사상사학회, 2000.
이현중, 〈圖書原理의 내용인 曆數原理〉, 《철학논총》 24집, 새한철학회, 2001.
이현중, 〈도서원리와 시간성〉, 《범한철학》 24집, 범한철학회, 2001.
정대환, 〈『入學圖說』을 통해 본 權近의 性理學〉, 《범한철학》 제26집, 범한철학회, 2002.
김낙진, 〈황윤석의 동서양 자연학의 종합〉, 《과학사상》 제43호, 범양사, 2002.
한형조, 〈퇴계의 『聖學十圖』: 주자학의 이념과 聖學의 설계도〉, 南冥學硏究 제16집, 경상대학교 남명학연구소, 2003.
최봉근, 〈退溪의 『天命圖說』에 비친 理의 全一的 生命性〉 《양명학》 제11호, 한국양명학회, 2004.
김용재, 〈하곡 정제두의 체용론 분석-「良知體用圖」를 중심으로〉, 《동양철학연구》 제40집, 동양철학연구회, 2004년.
서경요, 〈韓國 性理學의 圖說學的 理解〉, 《유교사상문화연구》 24집, 한국유교학회, 2005.
남상호, 〈하곡 정제두의 中極論〉, 《陽明學》 제13호, 한국양명학회, 2006.

금장태, 〈成以心의 《人易》과 易의 도학적 확장〉, 《퇴계학보》 119집, 퇴계학연구원, 2006.

정순우, 〈주세붕의 《심도》 편찬과 그 사상사적 의미〉, 《퇴계학보》 123집, 퇴계학연구원, 2008.

송일기 · 노기춘, 〈權春蘭의 《進學圖》에 관한 연구〉, 《서지학연구》 45집, 한국서지학회, 2010.

이태호 · 송일기 · 노기춘, 〈《進學圖》와 《聖學十圖》 圖說의 比較 硏究〉, 《서지학연구》 47집, 한국서지학회 2010.

신현승, 〈퇴계의 《성학십도》와 즙산의 《성학종요》 비교연구〉, 《퇴계학논집》 제6권, 영남퇴계학연구원, 2010.

장숙필, 〈盤谷 成以心의 〈人易擬議圖說〉과 그 사상적 특징〉, 《민족문화연구》 54집, 고려대학교 민족문화연구원, 2011.

김학권, 〈成以心의 《人易》에 나타난 實踐哲學으로서의 易學〉, 《공자학》 29집, 한국공자학회, 2015.

조희영, 〈조선 圖書學의 효시—권근의 《入學圖說》〉, 《민족문화연구》 72호, 고려대학교 민족문화연구원, 2016.

전병욱, 〈《태극도설》 해석에 나타난 朱子와 張南軒의 工夫論〉, 《유학연구》 제44집, 충남대학교 유학연구소, 2018.

이대승, 〈서명응 선천학의 스펙트럼과 초점〉, 《한국실학연구》 33집, 한국실학학회, 2017.

심의용, 〈성이심의 《인역》과 스피노자의 感情論〉, 《대동철학》 83집, 대동철학회, 2018.

오지혜, 〈조선시대 樂器圖說 기록에 대한 비교 고찰〉, 《정신문화연구》 2019 여름호 제 42권 제2호(통권 155호), 한국학중앙연구원, 2019.

김상현, 〈천명도와 천명도설의 판본문제에 대한 재검토〉, 《대동철학》 제86집, 대동철학회, 2019.

김동민, 〈權近 《大學》圖說의 구조적 특징과 그 학술사적 의의〉《한국철학논집》 제62집, 한국철학사연구회, 2019.
강진선, 〈李德懋의 《輪回梅十箋》에 나타난 지식의 편집양상과 그 의미〉, 《한국한문학연구회》 제74집, 한국한문학회, 2019.
전용훈, 〈易學二十四圖解에 나타난 김석문의 우주론〉, 《정신문화연구》, 41(3), 한국학중앙연구원, 2018.
유권종, 〈茶山 丁若鏞의 深衣說 연구〉, 《퇴계학보》 105집, 퇴계학연구원, 2000.
유권종, 〈茶山 丁若鏞의 《祭禮考定》 硏究〉, 《공자학》 8호, 한국공자학회, 2001.
유권종, 〈天命圖 비교 연구: 秋巒, 河西, 退溪〉, 《한국사상사학》 19권, 한국사상사학회, 2002.
유권종, 〈退溪의 《天命圖說》 연구〉, 《공자학》 9권, 한국공자학회, 2002.
유권종, 〈藥泉 南九萬의 儒學 思想〉, 《한국인물사연구》 3, 한국인물사연구소, 2005.
유권종, 〈訥齋 梁誠之의 敎育思想〉, 《유교사상문화연구》 제22집, 한국유교학회, 2005.
유권종, 〈중국 유학의 도설과 의의〉, 《중국학보》 53권, 한국중국학회, 2006.
유권종, 〈윤증 유학사상의 예학적 연원〉《명재 윤증의 학문연원과 가학》, 충남대학교 유학연구소, 2006.
유권종, 〈朝鮮時代 易學 圖像의 역사에 관한 연구〉, 《동양철학연구 》제52집, 동양철학연구회, 2007.
유권종, 〈《입학도설》과 조선 유학 도설〉, 《철학탐구》 제21집, 중앙대학교 철학연구소, 2007.
유권종, 〈尤庵의 禮學-예학적 진실의 구조에 대한 접근〉, 《유학연구》 제17집, 충남대 유학연구소, 2008.
유권종, 〈關于韓國儒學心學圖說的考察(한국유학의 心學도설에 관한 고찰)〉,

《儒家經籍與詮釋學》 1, 중국 北京大哲學系, 2008.
유권종, 〈儒敎 圖像의 분류 체계에 관한 연구〉, 《유학연구》 제20집, 충남대학교 유학연구소, 2009.
유권종, 〈晦谷 權春蘭의 생애와 학문—進學圖 성립 배경 연구〉, 《철학탐구》 제26집, 중앙대학교 철학연구소, 2009.
유권종, 〈權春蘭의 《進學圖》 硏究 緖論〉, 《동양철학연구》 제60집, 동양철학연구회, 2009.
유권종, 〈晦谷 權春蘭의 太極統體人事圖 硏究—進學圖의 爲己之學 방법론 설계와 관련하여〉, 《유교사상연구》 42, 한국유교학회, 2010.
유권종, 〈21세기 유교담론의 새로운 구도와 전망-爲己之學의 연구에 대한 성찰을 중심으로-〉, 《유교사상연구》 44, 한국유교학회, 2011.
유권종, 〈旅軒의 《易學圖說》의 禮관념〉, 《동양고전연구》 제45집, 동양고전학회, 2011.
유권종, 〈旅軒 張顯光의 實學的 設計—《易學圖說》과 爲己之學〉, 《동양고전연구 제49집, 동양고전학회, 2012.
유권종, 〈爲己之學의 개념화 과정〉, 《철학탐구》 32, 중앙대학교 철학연구소, 2012.
유권종, 〈주희의 위기지학 고찰〉, 《철학탐구》 33, 중앙대학교 철학연구소, 2013.
Yoo, Kwon Jong, Ethical activism with consideration of the routine of food culture, Encyclopedia of Food and Agricultural Ethics, Springer Reference.com, 2013.

## | 찾아보기 |

### ㄱ

ㅅ

ㅈ

## ㅊ



## ㅋ



## ㅌ



## ㅎ

# 아산재단연구총서

001 전환기의 중국경제
김윤환 외 | 단국대 경제학과

002 폴란드 경제의 변천 개혁과 그 전망
김광수 | 숭실대 경제학과

003 재소한인
이광규 외 | 서울대 인류학과

004 소련산림과 임업
홍성천 외 | 경북대 임학과

005 아세안의 정치경제
김국진 외 | 외교안보연구원

006 태국의 사회변동과 경제발전
최석만 외 | 전남대 사회학과

007 중국의 사회경제 통계분석
신한풍 외 | 고려대 통계학과

008 중국의 정치와 경제
박두복 외 | 외교안보연구원

009 동유럽의 개혁과 시장경제의 도입
허만 외 | 부산대 사범대학

010 동유럽의 개혁운동
박영신 | 연세대 사회학과

011 현대 러시아 연구
기연수 외 | 한국외대 노어과

012 전략적 선택과 기업의 국제경쟁력
이장호 | 서강대 경영대학

013 협동사회의 정착과 정부의 역할
이종범 외 | 고려대 행정학과

014 한국 제조기업 생산성의 동적 분석
노부호 외 | 중앙대 경영대학

015 분배의 정의
변형윤 외 | 서울대 경제학과

016 도덕적 행동의 강화
이훈구 외 | 연세대 심리학과

017 관료부패와 통제
김해동 외 | 서울대 행정대학원

018 한국경제의 내실 있는 성장
정창영 외 | 연세대 경제학과

019 한국국민정신운동의 역사와 발전방향
박수명 외 | 부산대 사범대학

020 한국대학생의 가치성향과 상담효과
이영희 외 | 숙명여대 교육학과

021 가출청소년과 학교관리체제
안창규 외 | 부산대 교육학과

022 동북아 정세변화와 한 · 일관계
한승조 외 | 고려대 정치외교학과

023 언론과 부정부패
정대철 외 | 한양대 신문방송학과

024 한국의 고등학교 교육
이원호 외 | 부산대 교육학과

025 가족과 방송
김학수 외 | 서강대 신문방송학과

026 재정개혁의 전망과 재산세제의 개편과제
오연천 | 서울대 행정대학원

027 청소년을 위한 전자게임 프로그램의 규제 및 평가체계 개발
박혜원 외 | 울산대 가정관리학과

028 정신장애자 가족의 사회심리적 특성
이근후 외 | 이화여대 의과대학

029 가족의 관계역동성과 문제인식
이광규 외 | 서울대 인류학과

030 현대인과 한국전통음식
승정자 | 숙명여대 식품영양학과

031 기업의 초고속정보통신망활용
안중호 | 서울대 경영학과

032 지역발전을 위한 교육자치제의 개선방안
김남순 | 조선대 사범대학

033 전환기의 공무원 가치관
조경호 | 울산대 행정학과

034 지방자치와 사회복지의 과제
김영모 | 중앙대 사회복지학과

035 WTO체제하의 지방중소기업 지원정책
최명주 외 | 계명대 통상학부

036 현대한국의 시민운동
이효선 | 중앙대 사회학과

037 기업 세계화의 단계 및 정도의 측정
허영도 외 | 울산대 경영학과

038 가족복지를 위한 가족주치의 시범사업의 효과
이혜리 외 | 연세대 가정의학교실

039 한국대학생의 삶의 만족도
김재은 외 | 이화여대 교육심리학과

040 지역경제와 지역산업구조의 개편방향
정기화 외 | 전남대 경제학부

041 중국기업의 소유형태별 경영특성
노철화 외 | 부산대 무역학과

042 남북한의 인성 · 사상교육
한승조 외 | 고려대 정치외교학과

043 연계적 뇌기능 조언을 위한 의료용 멀티미디어 시스템의 설계
유선국 | 연세대 의용공학교실

044 다민족국가의 민족문제와 한인사회
최협 외 | 전남대 인류학과

045 저소득층지역 청소년 여가문화와 소집단 활성화
박문수 외 | 서강대 사회학과

046 삶의 질의 국제비교와 지역간 비교분석
이재기 외 | 울산대 경제학과

047 21세기 지역주민의 삶의 질
양종회 외 | 성균관대 사회학과

048 삶의 질에 대한 국가간 비교
조명한 외 | 서울대 심리학과

049 외국인 노동자의 노사관계와 사회적 적응
석현호 외 | 성균관대 사회학과

050 한국의 사법제도와 발전 모델
정종섭 | 건국대 법학과

051 고령화사회와 중상층 노인의 사회활동
조성남 외 | 이화여대 사회학과

052 한국의 서비스 시장 개방정책
한홍렬 | 한양대 경제학부

053 한국과 AFTA간의 교역증진 및 경제 협력방안
손일태 외 | 경희대 경제통상학부

054 물류비 절감을 위한 무역업체의 정보화전략
이영수 외 | 경북대 경제통상학부

055 사회주의 체제전환과 사회정책
오정수 외 | 충남대 사회복지학과

056 남북통일 이후 농업생산체계 개편
홍성규 외 | 건국대 농업경제학과

057 국제화와 세계화
하영선 외 | 서울대 외교학과

058 IMF 개혁정책의 평가와 한국경제의 신(新) 패러다임
조동근 | 명지대 경제학과

059 구조개혁과 실업대책
박동운 | 단국대 경제무역학부

060 21세기 신노사관계
심윤종 외 | 성균관대 사회학과

061 학교에서의 집단 따돌림
이춘재 외 | 가톨릭대 심리학과

062 한국노인의 정신건강실태와 건강증진
조맹제 외 | 서울대 의과대학

063 혁명과 개혁 속의 중국 농민
김광억 | 서울대 인류학과

064 중국의 경제환경과 한국기업의 진출 전략
지용희 외 | 서강대 경영학과

065 김대중 대통령의 시스템 사고
김동환 | 중앙대 공공정책학부

066 실업과 가족해체
최일섭 외 | 서울대 사회복지학과

067 합리적 부채비율 조정방안
오상근 | 동아대 경제학과

068 한국 중산층의 생활문화
문숙재 외 | 이화여대 소비자 · 인간발달학과

069 계층간 갈등상태에서 최적소득세
김진욱 | 건국대 경상학부

070 글로벌 경쟁력 제고를 위한 기업전략과 조직구축
이만우 외 | 고려대 경영학과

071 의료보험과 국민연금의 관리효율화를 위한 통합방안
사공진 외 | 한양대 경제학부

072 정부개혁의 과제와 전략
박우서 외 | 연세대 행정학과

073 책임운영기관 제도에 관한 비교분석
김근세 | 가톨릭대 행정학과

074 새로운 패러다임하에서의 한국기업의 바람직한 지배구조
최운열 외 | 서강대 경영학과

075 현대 한국사회의 계층구조
양춘 외 | 고려대 사회학과

076 한국의 산업정책과 산업구조조정
강인수 | 숙명여대 경제학부

077 기업구조조정
김석진 | 경북대 경영학부

078 지식경영을 위한 인적자원 개발 및 관리체계
장영철 | 경희대 경영학부

079 뉴 비즈니스 모델
전성현 | 국민대 정보관리학부

080 중산층의 정체성과 소비문화
함인희 외 | 이화여대 사회학과

081 외국관광객 유치를 위한 마케팅 전략
박상규 | 강원대 경영학과

082 한국인의 세대별 문학의식
이동순 | 영남대 국문과

083 공공부문의 효율성 평가와 측정
김재홍 외 | 울산대 사회과학부

084 한국 청소년의 정치의식과 형성요인
김광웅 외 | 숙명여대 아동복지학과

085 한국 대학생의 정치의식
배한동 | 경북대 윤리교육과

086 산업의 정보화와 산업발전
이기동 | 계명대 통상학부

087 한국 제조업의 고용조정 분석
이종원 외 | 성균관대 경제학부

088 지식자산에 대한 경영전략적 평가모형 개발
배재학 외 | 울산대 컴퓨터 · 정보통신공학부

089 관광사업을 위한 한국적 이미지의 휴식복 개발
채금석 | 숙명여대 의류학과

090 한국 정치제도의 개혁
신정현 | 경희대 사회과학부

091 e비즈니스와 아웃소싱 전략
정승화 외 | 연세대 경영학과

092 집단 따돌림의 진단 및 치료방안
홍준표 | 중앙대 인간생활환경학과

093 16대 총선과 낙선운동
조기숙 | 이화여대 국제대학원

094 부동층 유권자 행태 분석
진영재 | 연세대 정치외교학과

095 사이버 공동체의 성공요인
이재관 | 숭실대 경영학부

096 온라인 소비자 행동의 이론과 실증
윤성준 | 경기대 경영학부

097 글로벌 시대 정약용 세계관의 가능성과 한계
**차성환** | 한일장신대 역사사회학과

098 러시아의 체제전환 과정에서 나타난 국가의 역할과 그 전망
**이상민 외** | 부산대 정치외교학과

099 남북한의 경제발전 수준과 산업구조 비교, 그리고 경제교류 협력방향
**주성환** | 건국대 경제학과

100 집단따돌림과 교육해체
**한준상** | 연세대 교육학과

101 공적연금제도의 효율성과 개선방안
**유금록** | 군산대 행정복지학부

102 벤처기업-대기업의 성공적인 협력 모델
**나중덕** | 경산대 경영학과

103 북한의 재외동포정책
**조정남 외** | 고려대 정치외교학과

104 사이버 공동체 형성의 역동적 모형
**장용호** | 서강대 신문방송학과

105 기업이론과 기업의 소유지배구조
**김일태 외** | 전남대 경제학부

106 가축분뇨 자원화를 위한 공동이용 조직에 대한 농가선호도 분석
**유덕기** | 동국대 생명자원경제학과

107 개혁정책과 전문가 집단
**이경원 외** | 제주대 행정학과

108 현대 한국사회의 이중가치체계
**신수진 외** | 이화여대 가정관리학과

109 한국의 산업구조 변화와 기업집단 다각화 전략
**김용학 외** | 연세대 사회학과

110 지식정보사회의 경제적 모형 설정 및 사례 연구
**김범환** | 배제대 경영정보학부

111 변호사징계제도
**오종근** | 한림대 법학부

112 인터넷 특허법
**김순석** | 광주대 법학과

113 e-비즈니스 시대의 금융 및 재정정책의 새로운 패러다임
**이종욱** | 서울여대 경제학과

114 청소년의 하위문화와 정체성
**조성남** | 이화여대 사회학과

115 디지털금융시대의 금융구조변화와 정부규제 및 정책
**이충열** | 고려대 경제학부

116 지식경영을 위한 기업의 조직설계방안
**김경수 외** | 전남대 경영학과

117 전자금융의 발달과 경제정책의 새로운 패러다임
**이명훈** | 명지대 경제학과

118 동아시아의 안보와 유엔체제
**강성학 편저** | 고려대 정치외교학과

119 유료 치매노인 그룹홈의 개발과 관련 정책
**최정신 외** | 가톨릭대 소비자 · 주거학과

120 소비자 지향적 문화산업 정책
**홍영준** | 호남대 광고홍보학과

121 국제 · 국가 · 지방 환경규제의 연계
**정준금 외** | 울산대 행정학과

122 현행 회사 합병 · 분할제도의 평가와 개선방안
**옥무석 외** | 이화여대 법학과

123 배려지향적 도덕성과 정의지향적 도덕성
**정옥분 외** | 고려대 사범대학

124 기업구조조정에 대한 채권금융기관 및 금융감독기관의 역할과 책임
**이중기** | 한림대 법학과

125 실업대책으로서 한국의 법정기준근로 시간 단축
**박영범** | 한성대 경제학과

126 프랑스어의 비분리성 소유개념 표현
**노윤채** | 연세대 언어정보연구원

127 지방채의 효율적 관리방안
**강태구** | 호원대 법행정학부

128 21세기 산업구조 변화와 과학기술정책
**임채성 외** | 그리스도신학대 경영정보학부

129 인터넷 쇼핑몰 이용자의 불평행동
**예종석** | 한양대 경영학부

130 한국기업의 성과급제도 현황, 효과 및 개선방안
**김성수** | 서울대 경영학과

131 전자상거래와 소비자보호
**서민교 외** | 경일대 인터넷국제통상학과

132 평생학습 사회에서의 인적자원개발을 위한 사회적 파트너십 구축
**김영화** | 홍익대 교육학과

133 한국 공교육의 새로운 구상과 전략
**권대봉 외** | 고려대 교육학과

134 한국의 정부개혁
**김태룡** | 상지대 행정학과

135 지방정부 생산성 측정의 이론과 실제
**이은국 외** | 연세대 행정학과

136 불가 시문학론
**배규범** | 경희대 학술연구 교수

137 남북경제교류의 법적 문제
**제성호** | 중앙대 법학과

138 경제위기와 청소년 발달
**구인회** | 서울대 사회복지학과

139 생명과학기술의 응용과 기본권보호적 한계
**정상기 외** | 한남대 법학과

140 경제발전과 정치환경의 한 · 일 비교분석
**정갑영 외** | 연세대 동서문제연구원

141 한국 공교육의 진단
**윤정일 외** | 서울대 교육학과

142 우리나라 지방자치 발전을 위한 자치단체장의 역할
**정성호 외** | 경기대 사회과학부

143 의료보험제도의 개혁방안
**권순원** | 덕성여대 경제학과

144 중등 도덕교육의 현실과 문제
손동현 외 | 성균관대 철학과

145 사이버공동체 발전론
이명식 | 상명대 경영학과

146 남북경협 확대에 대비한 북한 담보제도의 정비방안
박훤일 | 경희대 법과대학

147 한국 공무원 인사제도 개혁
김판석 | 연세대 행정학과

148 교사화법 교육
임칠성 외 | 전남대 국어교육과

149 세계화의 문화정치학
임혁백 외 | 고려대 정치외교학과

150 효과적인 e-SCM을 위한 의사결정조정 시스템 모형
이원준 | 성균관대 경영학부

151 환경거버넌스
김종순 외 | 건국대 행정학과

152 자동차산업의 인적자원관리
이덕로 | 서원대 경영학부

153 한국과 영국 간 지식기반산업 비교
이명호 | 한국외대 경영학과

154 한국 벤처기업의 기술네트워킹 및 기술마케팅 전략
장영일 | 인제대 경영학부

155 회사변호사의 윤리
오승종 | 성균관대 법과대학

156 미디어교육론
이정춘 | 중앙대 신문방송학과

157 조선시대 서원과 양반
윤희면 | 전남대 역사교육과

158 환경문제와 철학
박찬국 | 서울대 철학과

159 노인보건복지 이론과 실제
김명 외 | 이화여대 보건교육학과

160 북한의 법체계
권재열 외 | 숭실대 법학과

161 생명공학기술의 안전성 확보에 관한 법적 고찰
이재협 | 경희대 법학부

162 청소년복지학
김성이 외 | 이화여대 사회복지학과

163 변화하는 세계, 변화하는 복지국가
조영훈 | 동의대 사회복지학과

164 의리의 윤리와 한국의 유교문화
김낙진 | 진주교대 도덕교육과

165 미국의 통상정책과 통상법
윤충원 | 전북대 무역학과

166 사회복지 프로그램 평가
김학주 | 경상대 사회복지학과

167 환경주의와 지속가능한 발전
정대연 | 제주대 사회학과

168 무역과 환경
김기홍 외 | 경기대 경제학부

169 산업계 유해폐기물의 위험과 관리
김금수 | 호서대 경상학부

170 백범 김구의 지적 계발과정 탐색
문용린 | 서울대 교육학과

171 태평양전쟁 발발 이후 일제의 인적 지배와 그리스도교계의 대응
윤선자 | 전남대 사학과

172 거버넌스 상황에서 갈등관리를 위한 대체적 분쟁해결제도
서순복 | 광주대 법정학부

173 시장경제의 유형과 민주주의
최배근 | 건국대 경상학부

174 일본고전소설 총론
김현정 | 국립한국전통문화학교

175 국어 교육을 위한 국어 문법론
이관규 | 홍익대 국어교육과

176 율곡의 군주론
전세영 | 부산교대 윤리교육과

177 동북아시아 환경협력
정서용 | 명지대 법학과

178 기후변화협약과 기후정책
신의순 외 | 연세대 경제학과

179 인터넷과 국제 학술정보 네트워크-하이퍼링크 분석
박한우 | 영남대 언론정보학과

180 국내 기업복지의 활성화 방안
최수찬 | 연세대 사회복지대학원

181 세계화와 인간안보
김우상 외 | 연세대 정치외교학과

182 세계문화유산 종묘 이야기
지두환 | 국민대 국사학과

183 한국 평생교육의 사회철학적 과제
곽삼근 | 이화여대 교육학과

184 강점모델
정순둘 | 이화여대 사회복지학과

185 글로벌시대의 계약법
박영복 | 한국외대 법과대학

186 배심제와 시민의 사법참여
안경환 | 서울대 법학과

187 동북아공동체
김재한 | 한림대 정치외교학과

188 정치 참여와 탈물질주의
김욱 | 배재대 정치외교학과

189 퍼지전문가회로망을 이용한 금융기관의 사이버 기업여신결정 지원시스템의 개발
권혁대 | 목원대 경영학과

190 환경정책과 환경법
송인성 | 전남대 지역개발학과

191 포스트모던 시대의 평생교육학
한숭희 | 서울대 교육학과

192 현대 한국인의 세대경험과 문화
박길성 외 | 고려대 사회학과

193 서구의 근로연계복지
김종일 | 건국대 사회복지학과

194 사회복지운동론
현외성 | 경남대 사회복지학과

195 외국의 역모기지 사례
유선종 | 건국대 부동산학과

196 옛이야기와 어린이문학
이지호 | 진주교대 국어교육학과

197 노인사회복지관광의 정책과제와 방안
김창수 | 경기대 관광학부

198 복지서비스의 민간위탁 시스템 분석
김순양 | 영남대 행정학부

199 새로운 빈곤층의 대두와 정부의 정책과제
김진욱 | 건국대 경제학과

200 문화행정론
김정수 | 한양대 행정학과

201 스칸디나비아 노인용 코하우징의 계획과 적용
최정신 외 | 가톨릭대 생활과학부

202 북한의 자연생태계
공우석 | 경희대 지리학과

203 통계로 이해하는 러시아
전홍찬 | 부산대 정치외교학과

204 사회복지법인의 경영과 회계
이동규 | 충남대 회계학과

205 의약분업 정책과정
차흥봉 | 한림대 사회복지학과

206 지역공동체와 평생교육
오혁진 | 동의대 평생교육학부

207 아동보호서비스의 실제
한미현 | 백석대 사회복지학부

208 그린마케팅
박재기 | 충남대 경영학부

209 아동권리와 아동복지
이혜원 | 성공회대 사회복지학과

210 국제 이주와 인도인 디아스포라
김경학 | 전남대 인류학과

211 질병과 의료의 사회학
조병희 | 서울대 보건대학원

212 북한이탈주민의 사회통합을 위한 지역복지실천의 모색
이기영 | 부산대 사회복지학과

213 치매노인케어론
조유향 | 초당대 간호학과

214 노인상담입문
서혜경 외 | 한림대 대학원 사회복지학과

215 '통일 이후 통일과정'으로서의 독일 통일영화
이준서 | 이화여대 독어독문학과

216 중국의 사회보장
오정수 | 충남대 사회복지학과

217 환경자원의 경제적 가치와 환경오염의 사회적 비용
김재홍 | 울산대 사회과학부

218 사회복지프로그램의 경제적 평가방법
박창제 외 | 상주대 사회복지학과

219 자유의지와 결정론
안건훈 | 강원대 철학과

220 심리학자들이 쓴 행복한 결혼의 심리학
채규만 외 | 성신여대 심리학과

221 현대 해석학 강의
양해림 | 충남대 철학과

222 한국인의 주거 빈곤과 공공주택
하성규 | 중앙대 도시및지역계획학과

223 IMF 경제위기와 한국 출산력의 변화
김두섭 | 한양대 사회학과

224 동아시아의 영토분쟁과 국제법
이석우 | 인하대 법학부

225 독일 복지국가와 사회복지서비스
정재훈 | 서울여대 사회사업학과

226 사회복지사를 위한 실용 비모수통계
엄명용 | 성균관대 사회복지학과

227 피해자학 연구
이윤호 | 동국대 경찰행정학과

228 광고언어창작론
박영준 외 | 부경대 국어국문학과

229 환경규제 패러다임의 전환
한철 | 한남대 법학과

230 고령사회의 노동환경변화와 고용 시스템의 문제점 및 법적 대응
고준기 | 국립군산대 법학과

231 세계화와 소득불평등
이성균 외 | 울산대 사회과학부

232 유비쿼터스 사회의 이해
안중호 외 | 서울대 경영학과

233 국제환경책임법론
박병도 | 건국대 법학과

234 한국의 선거와 민주주의
윤종빈 | 명지대 정치외교학과

235 한국 시민운동의 구조와 동학
조대엽 외 | 고려대 사회학과

236 또래관계
송영혜 | 대구대 재활심리학과

237 해외 한국기업과 현지인 노동자
석현호 외 | 에스콰이아학술문화재단

238 독일 국가복지에서 민간복지단체의 역할과 의미
차성환 외 | 한일장신대 사회복지학부

239 청정공학
조정호 | 동양대 생명화학공학과

240 한국전통연희론
심상교 | 부산교육대 국어교육학과

241 정신장애와 가족
**서미경** | 경상대 사회복지학부

242 빈곤통계의 작성과 활용
**김주환** | 동국대 정보통계학과

243 인터넷과 한국정치
**강원택** | 숭실대 정치외교학과

244 북한의 시장경제이행
**정영화 외** | 서경대 법학과

245 시스템사고로 본 지속가능한 도시
**문태훈** | 중앙대 도시및지역계획학과

246 실버산업과 유비쿼터스 컴퓨팅
**고일상** | 전남대 경영학부

247 재활상담과 사례관리
**나운환** | 대구대 직업재활학과

248 영유아교육기관에서의 장애 이해 교육
**유수옥** | 우석대 유아특수교육과

249 장애의 사회적 의미와 사회통합
**박수경** | 대진대 사회복지학과

250 경제분석의 수리적 기초
**조인성** | 공주대 경제통상학부

251 비영리부문의 비교연구
**김승현** | 서울산업대 행정학과

252 고등교육경제학
**반상진** | 전북대 교육학과

253 과학윤리교육의 이론과 방법
**조희형** | 강원대 과학교육학부

254 결혼이민자가족의 이해
**김오남** | 대불대 사회복지학과

255 동아시아 국가의 공공부조
**신동면** | 경희대 사회과학부

256 특수아동 진단 및 평가
**이나미** | 대불대 특수교육과

257 계약형 사회복지와 권리옹호시스템
**이명현** | 경북대 상주캠퍼스 사회복지학과

258 실내공기질 및 위해성 관리
**양원호** | 대구가톨릭대 산업보건학과

259 충남 방언 문법
**한영목** | 충남대 국어국문학과

260 교육권론
**노기호** | 군산대 법학과

261 도시경관계획론
**임승빈** | 서울대 조경 · 지역시스템공학부

262 교통의 새로운 패러다임
**김형철** | 경원대 도시계획 · 조경학부

263 노인의 삶의 질 향상을 위한 주거환경 디자인
**천진희** | 상명대 디자인대학 실내디자인전공

264 사회복지와 문화
**박병현** | 부산대 사회복지학과

265 장애인복지의 이론과 실제
**이선우** | 인제대 사회복지학과

266 창의성 개발을 위한 디자인교육 콘텐츠
**김선영** | 인천가톨릭대 조형예술대학 환경디자인학과

267 구성주의 사회복지 실천 기술론
**고미영** | 서울신학대 사회복지학과

268 장애아교육학
**김기흥** | 부산교육대 유아교육과

269 지역사회복지와 자원부문
**한상진 외** | 울산대 사회학과

270 환경관리회계
**육근효** | 부산외국어대 회계학부

271 인권 관점에서 보는 장애인복지
**유동철** | 동의대 사회복지학과

272 정신증상
**송지영** | 경희대 의과대학병원 신경정신과

273 사이버공간의 사회심리학
**이성식 외** | 숭실대 정보사회학과

274 노인에 대한 사회적 돌봄과 돌봄서비스의 질 보장
**최희경** | 신라대 가족노인복지학과

275 아동 심리치료의 실제
**신현균** | 전남대 심리학과

276 사회복지와 위험관리
**노충래** | 이화여대 사회복지전문대학원

277 국제 탄소시장의 이해
**양승룡** | 고려대 식품자원경제학과

278 타자의 초상
**신문수** | 서울대 영어교육과

279 한국정치와 환경정치
**나정원** | 강원대 정치외교학과

280 북한이주민
**윤인진** | 고려대 사회학과

281 음주의 사회경제적 비용
**정우진 외** | 연세대 보건대학원

282 지방정치와 동북아 도시거버넌스
**박재욱** | 신라대 행정학과

283 노숙인 복지론
**남기철** | 동덕여대 사회복지학과

284 유럽통합과정과 지역협력
**이규영** | 서강대 국제대학원

285 사회복지재정 연구
**지은구** | 계명대 사회과학대학 사회복지학과

286 지역사회 교육개혁을 위한 시민사회 조직의 참여
**김영화** | 홍익대 교육학과

287 복지사회를 대비한 국민연금의 구조개혁
**박영석 외** | 서강대 경영학부

288 한미 FTA 지재권 협상에 따른 의약품 분야 사회후생 변화
**오근엽** | 충남대 무역학과

289 산업입지, 환경 그리고 지역경제
**이기동 외** | 계명대 국제통상학과

290 감성지능 개발을 통한 삶의 질 향상
김경수 외 | 전남대 경영학부

291 교육복지론
이용교 외 | 광주대 사회복지학부

292 인간과 행복에 대한 철학적 성찰
박찬국 | 서울대 철학과

293 유럽연합의 사회통합 사례와 교훈
이무성 | 명지대 정치외교학과

294 민영화와 사회후생
이상호 | 전남대 경제학부

295 북한의 교육학 체계 연구
최영표 외 | 동신대 교육대학원

296 한국 지속가능발전의 구조와 변동
정대연 | 제주대 사회학과

297 우리나라의 공익 연계 마케팅에 관한 연구
임승희 | 전주대 경영학부

298 시각장애인복지론
김영일 | 조선대 특수교육과

299 그린에너지와 환경촉매
정석진 | 경희대 화학공학과

300 취약학교 초등학생을 위한 온라인 보건교육 프로그램
박경옥 | 이화여대 보건관리학과

301 신탁제도를 통한 고령자의 보호와 지원
최수정 | 서강대 법학전문대학원

302 사회적 약자계층에 대한 실태분석 및 정책방안
이은우 외 | 울산대 경제학과

303 한류 문화와 동북아 공동체
최혜실 | 경희대 국어국문학과

304 노동유연화와 해고보호법
권혁 | 부산대 법학전문대학원

305 사회복지 위험관리의 이해
박미은 | 한남대 사회복지학과

306 의료기관의 회계와 세무
노준화 | 충남대 경영학부

307 여성인적자원의 전문성 확보를 위한 경력개발
백지연 | 이화여대 국제사무학과

308 정신병리
강선경 | 서강대 신학대학원

309 바다의 반란 적조
윤양호 | 전남대 해양기술학부

310 한국 장애인 복지 발달사
이성규 | 서울시립대 사회복지학과

311 서양예술 속의 동양 탐색
진상범 | 전북대 독어독문학과

312 한국인의 도덕성 발달 진단
문용린 | 서울대 교육학과

313 영국정치와 국가복지
고세훈 | 고려대 공공행정학부

314 인간학적 사유를 여는 중도 · 중복장애 교육학
이숙정 | 단국대 특수교육과

315 개별화 교육과정
이소현 | 이화여대 특수교육과

316 인간의 긍정적 성품
권석만 | 서울대 심리학과

317 지방자치와 지역여성의 전망
이혜숙 | 경상대 사회학과

318 한국 현대 노년소설 연구
전흥남 | 한려대 교양학부

319 정보격차 해소를 위한 창의적 정보교육 프로그램
이영준 외 | 한국교원대 컴퓨터교육과

320 한국 가족과 젠더
손승영 | 동덕여대 교양학부

321 한국의 복지혼합
김진욱 | 서강대 신학대학원

322 사회자본과 자원봉사
김태룡 외 | 상지대 행정학과

323 농촌교육복지연구
박삼철 | 단국대 교양학부

324 사회정체성 평가 차원에 대한 국제비교조사
이명진 | 고려대 사회학과

325 캐나다 복지국가 연구
조영훈 | 동의대 사회복지학과

326 한국의 소수자운동과 인권정책
전영평 외 | 서울대 행정대학원

327 한국과 미국의 보육서비스 전달체계와 품질 비교분석
김근세 외 | 성균관대 국정관리대학원

328 한국사회의 소득불평등과 국민 의료이용
이용재 | 호서대 사회복지학과

329 정보시대의 인간안보
조화순 | 연세대 정치외교학과

330 가족의 사회경제적 특성과 아동발달
김광혁 | 전주대 사회복지학과

331 초 · 중 · 고등학생의 학업소진 진행과정 및 경로분석
이상민 | 고려대 교육학과

332 다문화사회의 사법통역
이지은 | 이화여대 통역번역대학원

333 동아시아 지역주의
유현석 | 경희대 정치외교학과

334 환경친화적 공공시설관리와 지역공동체의 삶의 질
이소영 | 중앙대 실내디자인 · 주거환경학과

335 의료보험의 법정책
김나경 | 성신여대 법과대학

336 양극화 시대 가족해체와 청소년의 적응에 관한 한국과 미국의 비교 연구
오승환 외 | 울산대 사회복지학과

337 기업의 사회적 책임과 지역경제사회 발전 연구
허영도 외 | 울산대 경영학부

338 노인의 삶의 질 향상을 위한 온라인 소셜 네트워크 구축 방안
김진우 | 연세대 경영학과

339 청소년 생활역량
윤명희 외 | 동의대 평생교육학과

340 외국인 배우자의 다양성과 국제결혼의 안정성
김두섭 | 한양대 사회학과

341 정보인권의 규범구체화
이민영 | 가톨릭대 법학과

342 한국 사회복지실천의 고유성
최성재 외 | 서울대 사회복지학과

343 스웨덴의 환경책임 실천모형
최희경 | 경북대 행정학부

344 자율운동과 주거공동체
윤수종 | 전남대 사회학과

345 한국인의 공공봉사동기
김상묵 | 서울과학기술대 행정학과

346 한국 이혼가정 아동의 성장
김혜숙 | 경인교육대 교육학과

347 동양 사상과 노인 복지
홍승표 외 | 계명대 사회학과

348 노동과 사회보장의 연계
오문완 | 울산대 법학과

349 학습장애 위험군 아동의 조기선별을 위한 읽기검사 표준화 연구
김애화 외 | 단국대 특수교육학과

350 신 · 재생에너지에 기초한 녹색성장과 사회통합
김인호 | 이화여대 법학전문대학원

351 문화교류역량과 다문화 경영이 기업 경영성과에 미치는 영향
임병학 외 | 부산외대 경영학부

352 빈곤영유아의 발달과 적응
정익중 외 | 이화여대 사회복지학과

353 민사법질서와 인권
양천수 | 영남대 법학전문대학원

354 성년후견제도와 사회복지제도의 연계
신권철 | 서울시립대 법학전문대학원

355 한국 다문화사회의 이방인
김순양 | 영남대 행정학과

356 현대 시민사회와 소비자계약법
이병준 | 한국외대 법학전문대학원

357 개인의 사회적 정보보호를 위한 공공 정보서비스 개선 연구
장항배 | 상명대 경영학과

358 여성교육투자에 대한 교육경제학적 탐색
백일우 외 | 연세대 교육학부

359 사회적 기업과 지속가능한 지역발전
임업 외 | 연세대 도시공학과

360 다문화가정 구성원에 대한 투트랙 한국어 교육방안 연구
박시균 | 군산대 국어국문학과

361 아시아의 빈곤과 한국기업의 역할
한인수 | 충남대 경영학부

362 유치원 · 초등학교 연계 환경교육
박희숙 | 공주대 유아교육학과

363 비정규 고용과 사회정책
구인회 외 | 서울대 사회복지학과

364 사생활의 자유에 관한 비교법적 연구
이창현 | 서강대 법학전문대학원

365 다중융합 환경 기반의 미디어스킨을 활용한 문화콘텐츠 디자인 적용방안에 관한 연구
오문석 외 | 광운대 미디어영상학부

366 북한이탈주민 여성의 성인식 관련 기초 조사
한인영 외 | 이화여대 사회복지학과

367 노인주택 파노라마
유선종 | 건국대 부동산학과

368 시설보호 청년의 적응
정선욱 | 덕성여대 사회복지학과

369 다수 집단과 소수 집단의 심리
김혜숙 | 아주대 심리학과

370 바이오 휴머니티
권택영 | 경희대 영어학부

371 프랑스 다문화교육의 이해
이경수 | 상명대 불어교육과

372 한 · 중 서비스산업의 비교분석과 교역 확대 방안
김상호 | 리츠메이칸 아시아태평양대 국제경영학부

373 현대의학에 있어서 생명의 시간과 인간의 존엄
김학태 | 한국외대 법학전문대학원

374 0~3세 영유아의 영상물 과몰입 실태조사 및 정신건강증진 프로그램 개발과 적용
이경숙 | 한신대 재활학과

375 복지국가의 조세와 정치
양재진 외 | 연세대 행정학과

376 청소년기 자살행위 실태와 관련 요인
박선희 | 경희대 간호과학대학

377 기술혁신에 따른 지역 간 정보격차
최정혜 외 | 연세대 경영대학

378 한국 사회의 이중구조와 생애주기적 불평등
안상훈 편 | 서울대 사회복지학과

379 소비자의 친환경행동에 영향을 미치는 사회적 · 경제적 가치에 대한 고찰
송재기 | 텍사스테크대 경영학과

380 어머니 양육행동 관련 변인들과 유아 사회정서행동 간의 구조모형 분석
심숙영 | 숙명여대 원격대학원

381 조선족 여성, 동남아시아 여성 그리고 새터민의 적응 유형 분석 및 삶의 질 향상 방안 모색
정태연 | 중앙대 심리학과

382 세계의 연금, 한국의 연금
허만형 | 중앙대 공공인재학부

425 지속가능발전목표(SDG) 시대 한국의 복지와 행복지표 측정
한준 외 | 연세대 사회학과

426 지방정부 간 사회복지 불균형과 시민 행복
장용석 외 | 연세대 행정학과

427 일 · 여가의 변화와 행복 복지
유홍준 외 | 성균관대 사회학과

428 가족시간과 삶의 질
이윤석 외 | 서울시립대 도시사회학과

429 사회복지사의 유데모니아: 사회복지의 가치와 보람, 그리고 행복
송인한 외 | 연세대 사회복지대학원

430 행복을 위한 움직임
안문경 | 국민대 교양대학

431 읽기 장애 조기 선별검사의 측정학적 적합성 연구
여승수 | 부산교육대 유아교육학과

432 문화적 다양성과 창의성: 심리학적 관점
장재윤 | 서강대 심리학과

433 내일의 종언(終焉)? 가족자유주의와 사회 재생산 위기
장경섭 | 서울대 사회학과

434 산림공유자원관리로서 금송계 연구
배수호 외 | 성균관대 행정학과

435 한국 경제발전의 문화적 기원: 추격성장, 발전국가 그리고 문화적 혼종성
김명수 | 한양대 정보사회학과

436 4차 산업혁명의 일자리 진화
이민화 | KAIST 미래전략대학원

437 금융 분야에 있어서 4차 산업혁명 시대와 일자리 대책
고동원 | 성균관대 법학전문대학원

438 노동의 디지털화와 산업노동의 미래: 독일 산업 4.0을 중심으로
임운택 | 계명대 사회학과

439 4차 산업혁명과 고등교육 개혁
김민희 외 | 대구대 교직부

440 4차 산업혁명과 일자리 정책의 미래
권혁 외 | 부산대 법학전문대학원

441 복지공급론: 보건복지의 수단과 체계
강창현 | 단국대 공공관리학과

442 생각 중심 교육
박주용 | 서울대 심리학과

443 청소년 독자의 정체성과 문식 활동
이순영 | 고려대 국어교육과

444 인간의 심리를 조작하는 사회공학기술
김석수 | 한남대 멀티미디어학부

445 한국사회 이타적 행동에 대한 이해
강철희 외 | 연세대 사회복지대학원

446 이주민의 사회적 배제: 세대 간 전이와 민족 계급화를 중심으로
최혜지 | 서울여대 사회복지학과

447 사회복지, 업의 변화와 마케팅
이원준 | 청주대 경영학과

448 충남 민속의 이해
이필영 | 한남대 역사교육과

449 한국 청소년들의 공동체지향목표
신종호 외 | 서울대 교육학과

451 지방 인구구조의 변화와 지역 사회복지 전달체계
기정훈 | 명지대 행정학과

452 고령 친화적 도시재생뉴딜: 일본의 고령 친화 주거지재생 정책 사례 연구
김현주 | 서울연구원 초빙 부연구위원

454 남자가 출산휴가를 간다면?: 아빠노동자 형성을 위한 남성 육아휴직 사례 연구
최새은 외 | 한국교원대 가정교육학과

455 한국 다문화 사회의 교육과 복지 실천
김영순 외 | 인하대 사회교육과

456 뉴미디어와 이주민: 소셜미디어시대 서울 지역 중국동포들의 미디어 이용과 적응
김용찬 | 연세대 언론홍보영상학부

457 제1기 헌법재판소: 헌법재판의 황무지에 단단한 초석을 놓다
임지봉 | 서강대 법학전문대학원

458 저소득층 초등학생을 위한 식생활교육 프로그램 개발: 심리 · 사회적, 영양학적 요인을 중심으로
김경원 외 | 서울여대 자연과학대학 식품영양학전공

459 지역공동체 참여의 이론과 현실: 지속가능하고 포용적인 공동체를 위한 대안의 모색
한상일 | 연세대 글로벌행정학과

460 한국가정과 다문화가정 내 배우자 폭력의 유형 및 특성 비교 연구
그레이스 정 | 서울대 아동가족학과

461 한국 유교 圖像의 역사
유권종 | 중앙대 철학과

# 아산재단연구보고서

001 한국인의 도덕성 연구
배해수 | 고려대 국문학과

002 산업화와 청소년 진로
이원호 | 울산대 교육학과

003 공동체의식과 시민운동
김영섭 | 한양대 행정학과

004 한국청년의 삶의 의미 충족도와 만족적 태도
안정수 | 경희대 철학과

005 중국조선족의 사회발전과 한 · 중관계의 위상
손장권 | 고려대 사회학과

006 해송림 "솔껍질깍지벌레"의 천적 및 주요 종의 생태
김규진 | 전남대 농생물학과

007 사회정의와 실천윤리
박종대 | 서강대 철학과

008 동구개혁의 영향
김달중 | 연세대 정치외교학과

009 한국청소년의 의식세계
김문조 | 고려대 사회학과

010 고강도 철근 콘크리트 구조의 실용화
정헌수 | 중앙대 건축학과

011 신기술의 연관형태 및 출현예측의 구조모형
권철신 | 성균관대 산업공학과

012 민간기업의 연구개발을 위한 조세정책
권영훈 | 한양대 경제학부

013 기술개발 활성화방안
송승구 | 울산대 화학공학부

014 부패의 현상과 진단
이문조 | 영남대 정치외교학부

015 연구투자의 지역적 편중화와 부산지역의 기초과학연구 활성화방안
윤웅찬 | 부산대 화학과

016 GATT의 신구 덤핑방지협정과 그 대응 방안
전창원 | 동국대 무역학과

017 한국사회의 도덕성 제고를 위한 진단과 처방
황경식 | 서울대 철학과

018 새로운 노사관계 방향
이진규 외 | 고려대 경영학과

019 21세기 동북아 정세예측과 한국의 전략적 대응방안
최평길 외 | 연세대 행정학과

020 소련의 한국에 대한 정책목표분석
신승권 | 한양대 정치외교학과

021 메모리 커패시터용 $Pb(Zr_xTi_{1-x})O_3$ 강유전체 박막의 제작과 특성
장지근 외 | 단국대 전자공학과

022 러시아 국제법학의 전통
김용구 | 서울대 외교학과

023 유럽연합의 현황과 전망
김동현 외 | 성균관대 행정학과

024 중국의 정치동원
송영우 외 | 건국대 정치외교학과

025 산업적 활용을 위한 이동로보트 시스템의 개발
박민용 외 | 연세대 전자공학과

026 중국조선족의 정치사회화과정과 동화적 국민통합의 방향
전인영 외 | 이화여대 사회생활학과

027 공적부조의 이론과 실제
최일섭 외 | 서울대 사회복지학과

028 대외통상환경의 변화와 법제개편
서헌제 | 중앙대 법학과

029 기업금융의 국제화
최생림 | 한양대 경영학부

030 자동차부품공업의 노사관계
김호진 외 | 고려대 행정학과

031 산업화 과정에서의 한국가족의 실태와 전망
정창수 외 | 성균관대 사회학과

032 공무원 가치관 실태와 정립방안
배병룡 외 | 경상대 행정학과

033 해외귀국청소년의 국내적응연구
이장영 | 국민대 사회학과

034 초고속정보통신망에서 LAN서비스 제공방안
이재용 | 연세대 전자공학과

035 WTO체제의 정책적 대응
김병진 외 | 경희대 행정학과

036 유럽의 통합정치
최수경 외 | 충남대 정치외교학과

037 유기질폐기물을 이용한 고단백사료원인 조류의 생산공정
최정우 외 | 서강대 화학공학과

038 초고속정보통신망의 수용성과 정책방향
박영상 외 | 한양대 신문방송학과

039 중국의 강남사회와 한중교섭
조영록 외 | 동국대 사학과

040 세계화시대의 사회 · 문화의식
신행철 외 | 제주대 사회학과

041 국내 외국인 노동자의 문제와 대책
성규탁 외 | 연세대 사회복지학과

042 노인인력 활용정책과 프로그램
김정후 외 | 강원대 법과대학

043 한일간 학술교류 현황과 활성화방안
정홍익 외 | 서울대 행정대학원

044 계량모형에 의한 한일 경제관계의 이해
김명직 외 | 한양대 경제학부

045 직장인의 음주행태와 삶의 질
진기남 외 | 연세대 보건행정학과

046 유통정보 시스템의 구조와 설계
정용길 | 충남대 경영학과

047 남북통일 이후 사회통합을 위한 교육의 역할
안기성 외 | 고려대 교육학과

048 대중음악에 심취한 청소년들의 심리적 특성
김인경 외 | 연세대 인간행동연구소

049 멀티미디어 시스템을 활용한 교육환경의 개선방안
김한일 | 제주대 컴퓨터교육학과

050 탈냉전기 한일관계의 쟁점
최상룡 | 고려대 정치외교학과

051 자치시대 새로운 '삶의 질' 지표의 모색
김형기 외 | 경북대 경제통상학부

052 유럽통합의 역내외 협력과 갈등
이호재 외 | 고려대 정치외교학과

053 21세기를 대비한 신노사관계
김재원 | 한양대 경제학부

054 대학의 시간제학생 등록제
안규철 외 | 전남대 교육학과

055 21세기에 대비한 방송통신정책
한진만 외 | 강원대 신문방송학과

056 주민참여를 통한 혐오시설 관리운영방안
박균성 외 | 경희대 법학부

057 여성의 정치적 권리인식과 정치참여
전경옥 외 | 숙명여대 정치외교학과

058 한국인 위장질환과 식생활 · 환경요인 및 *H. pylori* 감염과의 관계
이양자 외 | 연세대 식품영양학과

059 학생과 시민의 자원봉사활동
윤정일 외 | 서울대 교육학과

060 동북아 환경문제와 지역환경협력의 모색
신연재 외 | 울산대 정치외교학과

061 노인 자원봉사활동을 통한 사회통합 프로그램 개발
김동배 | 연세대 사회복지학과

062 물류정보 시스템
김태현 | 연세대 경영학과

063 전자식 문서교환을 이용한 항공화물 운송체계
민재형 | 서강대 경영학과

064 청소년과 성
이근후 | 이화여대 의과대학

065 민족통합과 무궁화호 위성의 남북한 공동활용방안
방정배 | 성균관대 신문방송학과

066 채식주의가 20대 여성의 영양상태와 에스트로겐 대사에 미치는 영향
성미경 | 숙명여대 식품영양학과

067 가상정보공간을 통한 지역개발 활성화 전략
유재천 외 | 한림대 언론정보학부

068 조산아 관리현황 및 정책수립 방안
박상기 외 | 조선대 의과대학

069 남북한관의 의식조사와 통일교육 개선 방안
김동규 외 | 고려대 북한학과

070 동양 전통 자연사상 탐구
장동순 | 충남대 환경공학과

071 초고속정보망의 시뮬레이터 구현
한기준 | 경북대 컴퓨터공학과

072 유통원가 시스템의 유효성
정다미 | 명지대 경영학과

073 국악과 문화관광의 만남
정익준 외 | 동아대 국제관광통상학부

074 기업의 지식경영 활용사례
김창은 | 명지대 산업공학과

075 선진국과 한국의 직업교육 · 훈련제도의 특성과 한계
정주연 | 고려대 경제학과

076 제주지역 성인 여성의 자원봉사활동
이상철 외 | 제주대 사회학과

077 M&A와 문화충돌 관리
박원우 | 서울대 경영학과

078 폐금속광산 인근 주민들의 중금속 오염실태
정종학 외 | 영남대 의학과

079 북한 농촌 · 농업실태와 인력자원개발 시스템을 통한 북한 농민의 구호방안
박성열 | 건국대 교육공학과

080 중소 소매점의 경쟁력과 소매성과
채명수 외 | 한국외대 무역학과

081 고령자를 위한 쾌적한 실내온도와 착의량의 설정
정운선 | 안동대 의류학과

082 지역문화 이벤트 PR
박종민 | 경희대 언론정보학부

083 인터넷 지역정보화의 실태와 전략
유평준 외 | 연세대 행정학과

084 여성 삶의 질 향상을 위한 사회교육 활성화 방안
김양희 | 중앙대 가족복지학과

085 벤처기업과 벤처금융
강대석 외 | 충남대 무역학과

086 구조조정기에 있어서 실업대책과 사회 안전망 구축
박천익 | 대구대 경제학과

087 한국 유아의 조기교육
이명조 외 | 한국외대 교육대학원

088 남북한 경제공동체 형성전략
이상만 | 중앙대 경제학과

089 지방자치회계의 투명성과 주민의 알 권리
권찬태 외 | 경북대 경영학부

090 정치지도자의 정책리더십
이해영 | 경일대 행정학과

091 경제위기와 한국인의 복지의식
신광영 외 | 중앙대 사회학과

092 북한의 노동
김강식 | 한국항공대 경영학과

093 우리나라 중소기업의 정보기술 활용 현황과 경쟁력 강화를 위한 제안
정승호 | 부산외대 정보시스템학과

094 인간배아복제의 법적 · 윤리적 문제점과 그 해결방안
최병규 | 한경대 법학부

095 가치변화에 따른 투표행태
조찬래 외 | 충남대 정치외교학과

096 인터넷 경매에서의 계약체결과 소비자 보호
이기수 외 | 고려대 법과대학

097 세계화시대 남북한 통합의 방향과 과제
윤민재 | 서울대 사회발전연구소

098 글로벌 시대 지방정부의 문화마케팅 전략
박흥식 | 중앙대 행정학과

099 대졸여성실업의 실태분석 및 대학-노동시장 간 효율적 연계방안
이은우 외 | 울산대 사회과학부

100 그린 투어리즘의 분석
이응진 | 대구대 관광학부

101 지방자치단체장의 부정부패
오일환 | 한양대 아태지역연구센터

102 산업화가 유교체제하 중국여성의 지위에 미친 영향
천성림 | 배재대 사회과학연구소

103 움직이는 말하기
유혜숙 외 | 나사렛대 교양학부

104 장애학생을 위한 특수교육공학의 활용
김용욱 | 대구대 중등특수교육과

105 지식기반사회의 평생교육 이해와 평생교육 프로그램 개발
박성열 | 건국대 교육공학과

106 N세대의 미술교육
김동철 | 대구교육대 미술교육학과

107 노후계획과 투자
권택호 | 여수대 국제통상학과

108 영화산업
양영철 | 경성대 연극영화학부

109 동유럽의 변혁과 언론의 역할
정대수 | 경남대 정치언론학부

110 환율, 임금, 물가가 국제경쟁력 및 수출입산업에 미치는 영향
하인봉 | 경북대 경제통상학부

111 일본기업의 기술혁신 전략
위정현 | 중앙대 상경학부

112 노후보장정책과 역저당연금제도
조덕호 외 | 대구대 행정학과

113 유비쿼터스 라이프와 미래 사회
김석수 | 한남대 멀티미디어공학과

114 죽음과 관련된 생명윤리적 문제들
구인회 | 가톨릭의과대 인문사회과학교실

115 경제적 세계화와 빈곤문제, 그리고 국가
김준현 | 한일장신대 인문사회과학부

116 한국의 세계불교유산
김종명 | 한국학중앙연구원 한국학대학원

117 복지레저서비스론
고태규 | 한림대 국제학부

118 자생적 철학체계로서 인간중심철학
선우현 | 청주교대 윤리교육과

119 전략적 통합과 한반도 평화체제
김승채 | 고려대 정책대학원

120 환경사법론
전경운 | 경희대 법학부

121 인터넷 자료를 통해 본 한국의 이혼문화와 사회복지
성정현 외 | 협성대 사회복지학과

122 유럽연합의 사회정책에 관한 연구
문진영 | 서강대 신학대학원 사회복지학과

123 여성건강의 통합적 관점
김혜원 | 관동대 간호학과

124 복잡계 네트워크 과학
강병남 | 서울대 물리천문학부

125 경제적인 3세대 전원주택 개발
박근준 | 호서대 건축공학과

126 사회복지와 인적자원개발
이상일 | 인제대 국제경상학부